Evangelische Katholizität

Hans Hartog

Evangelische Katholizität

Weg und Vision Friedrich Heilers

Mit einem Nachwort von Theodor Schneider

Matthias-Grünewald-Verlag · Mainz

2. Auflage 1996

© 1995 Matthias-Grünewald-Verlag, Mainz

Umschlag: Harun Kloppe, Mainz
Foto: privat
Druck und Bindung: Weihert-Druck, Darmstadt

ISBN 3-7867-1836-9

Für Birgitta

VORWORT

Dieses dem Gedenken meines geistlichen Vaters, meines Doktor- und dann auch meines Schwiegervaters gewidmete Buch soll nicht hinausgehen ohne einen tiefen, herzlichen Dank. Kurz nachdem es in einer ersten Fassung fertiggeworden war, erkrankte ich so schwer, daß ich praktisch die Feder aus der Hand legen mußte. Dennoch darf das Werk nun in anspruchsvoller Umgebung erscheinen: Der Mainzer Matthias-Grünewald-Verlag hat die Veröffentlichung übernommen. Ein Wagnis in zweifacher Hinsicht: Friedrich Heiler ist fast dreißig Jahre nach seinem Tod ein beinahe schon vergessener Mann, und er, der einstige Katholik, hat in jungen Jahren den Schritt über die Grenzen seiner Mutterkirche hinaus gewagt und dann als evangelischer Theologieprofessor gelehrt, gewirkt und geschrieben. Aber er tat es als ein Verfechter der Una Sancta. Gewährsleute des Verlags gewannen den Eindruck, daß die Erinnerung an Heilers Konzeption von „Evangelischer Katholizität" - er war einer der ersten, die diesen Begriff gebrauchten und ihm Gestalt gaben - den heutigen ökumenischen Dialog bereichern könne.

So, wie es anfangs war, konnte das Manuskript nicht in Druck gehen. Ein wissenschaftlicher Apparat war nur in Andeutungen vorhanden. Da und dort war wohl auch der Text noch nicht „in Ordnung". Er enthielt zudem Aussagen, die katholischerseits nicht ohne berichtigende und klärende Bearbeitung bleiben konnten. Das Fehlende zu ergänzen, übernahmen ganz selbstverständlich und so, als wäre es das Natürlichste von der Welt, die katholischen Freunde Frau Dr. Dorothea Sattler und Herr Dr. Peter-Otto Ullrich aus Mainz. Frau Lucie Lehr erstellte mit großer Sorgfalt die Druckvorlage für dieses Buch. Die Hochkirchliche Vereinigung Augsburgischen Bekenntnisses, die Johannes-Bruderschaft und Freunde Friedrich Heilers trugen durch großzügige Zuschüsse dazu bei, daß dieses Werk gedruckt werden konnte. Professor Theodor Schneider danke ich für sein Interesse an der Veröffentlichung und für sein Nachwort. Für mich, den evangelischen Theologen, ist dieses Entgegenkommen „von drüben" eines der späten Wunder meines Lebens. Aber es geht nicht um mich, sondern um meinen mir teuren Lehrer. Wenn sich die katholischen Freunde Dorothea Sattler und Theodor Schneider in ihrer positiven Einschätzung meiner Darstellung nicht geirrt haben sollten, wäre das der größte Lohn meiner Arbeit, in der Friedrich Heiler - so hoffe ich - bei weitem stärker zu Wort kommt als ich selbst.

Möge das Buch wirklich der großen Sache zugutekommen, der wir, katholische wie evangelische Christen gleichermaßen, verpflichtet sind. Denn ein anderer noch als Friedrich Heiler hat uns eingeschärft, die Glaubwürdigkeit, ja das Leben der Kirche hänge davon ab, ob ihre Glieder zusammenhielten bzw. wieder zusammenfänden, sofern sie um der großen Sache willen in Streit geraten wären. Wir dürfen uns nicht damit zufriedengeben, daß wir mit den Glaubensbekenntnissen der Alten Kirche immer neu an eine unsichtbare Einheit zu glauben bereit sind. Diese Einheit muß sichtbare Gestalt annehmen, wenn die Kirche wieder werden soll, was sie in aller Mannigfaltigkeit ihrer Lebensäußerungen einst gewesen sein muß, nämlich ein unübersehbares Zeugnis für den noch heute lebendigen und Leben schaffenden Herrn, für sein Wirken, Leiden und Sterben und seine Auferstehung. Man muß uns wieder nachsagen können, was die Umwelt den ersten Christen nachsagte: „Wie haben sie einander so lieb".

Im Oktober 1994   Hans Hartog

Vorwort zur zweiten Auflage

In kaum einem Jahr war die erste Auflage dieses Buches vergriffen. Ich bin sehr froh darüber, daß evangelische und katholische Christen Friedrich Heilers pionierhafte Bedeutung gegenwärtig neu entdecken. Heiler machte nicht nur Programme, sondern er lebte auf dem Boden evangelischer Freizügigkeit mit einem kleinen Kreis von Glaubenden auch, was ihm als das Ziel der christlichen Gemeinschaft vor Augen stand. Die Zeitläufe brachten es mit sich, daß dieser Weg sich nicht so auswirkte, wie er es verdient hätte. Nun, da er wieder lebendig vor uns steht, empfinden offenbar nicht wenige, wie sehr er uns heute noch angeht, die wir von neuem die verlorene Einheit der Kirchen zurückzugewinnen trachten.

Für diese Neuauflage wurden einige Unstimmigkeiten im Text beseitigt und wenige sachliche Korrekturen vorgenommen. Erneut standen mir Theodor Schneider und die katholischen Freunde hilfreich zur Seite.

Bad Oeynhausen, 05. August 1996   Hans Hartog

INHALTSVERZEICHNIS

9

Hinführung

Auf dem Münchener Ostfriedhof steht auf der Grabplatte Friedrich Heilers:
„Ein Erforscher der Religionen und ihres Geheimnisses
Ein Lehrer der Theologie und Priester der Kirche Christi
Ein Künder der Einheit der Christenheit und der Menschheit".
Es folgt das Zitat: „Ut omnes unum". - Sicher gehören diese drei Felder seines
Wirkens in der Tiefe zusammen. Fragen wir aber nach der inneren Mitte, die
alles ausgelöst hat und allem Halt gibt, kann es nur eine Antwort geben: Sie
liegt in jenem Glauben, darinnen Heiler selber zum „Leben" kam und in dem
er sich lehrend und priesterlich wirkend bewähren mußte.

Dieser Glaube verschlug ihn dorthin, wo man ihn eigentlich nicht leben kann:
Er geriet zwischen die Fronten der großen Kirchen und Konfessionen. Er war
in den Augen seiner Zeitgenossen nicht mehr katholisch und zugleich zu katholisch, um evangelischer Theologe sein zu können. Stand er nicht überdies
als Wiederentdecker der Ostkirchen auch deren Kirchlichkeit gefährlich nahe?
Er aber wollte in diesem Zwischenbereich nicht zerrieben werden.

Es wird die Aufgabe dieser Arbeit sein, zu beschreiben, nicht nur wo und wie
er geistlich überleben konnte, sondern wie ihm dieses Schicksal zur Le-
bensaufgabe, ja wie er zu einem priesterlich wirkenden Wegbereiter einer
wieder geeinten, heiligen, katholischen und apostolischen Kirche Christi wurde.

11

Der verheißungsvolle, aber schwierige Werdegang

Der 1892 als Sohn eines Lehrerehepaares in München Geborene wuchs daselbst in einem der katholischen Kirche treu ergebenen Elternhaus auf. Als Schüler und Gymnasiast war er nicht nur ein „Überflieger", sondern zugleich ein tieffrommer Bub. Früh verstand es sich für ihn von selbst, in seiner Gemeinde Ministrantendienste zu tun und - da es ihm auch an musikalischer Begabung nicht mangelte - sich an der Orgel als Hilfskantor zu bewähren. Bald war es sein Herzenswunsch, Priester zu werden, und wenn einer dazu bestimmt schien, dann dieser Junge. Aber er hatte noch etwas anderes in sich: einen unbändigen Drang nach dem Einklang der Glaubenslehren mit wissenschaftlich gesicherten Fakten. Im Sommer 1911 legte er am Wilhelmsgymnasium die Reifeprüfung ab und studierte danach an der Münchener Universität zunächst in der Philosophischen, nach den ersten drei Semestern in der Theologischen Fakultät. Einen breiten Raum nahmen sprachliche Studien ein, besonders, vom dritten Semester an, das Sanskrit. Ein kurzer Sanitätsdienst trug ihm eine Lungeninfektion ein, derentwegen er vom Kriegsdienst freigestellt wurde. 1918 schloß Heiler das Studium mit der Promotion zum Dr. phil. ab, wobei er einen Teil seines Buches „Das Gebet" als Dissertation vorlegte. Das umfangreiche Buch erschien wenige Monate später und hatte 1923 die fünfte Auflage erreicht.[1]

Noch im gleichen Jahr habilitierte sich Heiler in der Philosophischen Fakultät mit einer Schrift über „Die buddhistische Versenkung"[2]. Seine Probevorlesung hatte das Thema: „Luthers religionsgeschichtliche Bedeutung"[3]. Die Bestallungsurkunde trug noch die Unterschrift des bayerischen Prinzregenten, was Heiler selbst gelegentlich mit Stolz vermerkte.

Wie war aus dem jungen katholischen Theologen ein Religionshistoriker geworden? - Das wird niemand besser erklären können als er selbst. Seinem Münchener Doktorvater Aloys Fischer war er zwar dankbar und verehrungsvoll zugetan, sein eigentlicher Mentor aber war, wenn auch von ferne, der schwedische Erzbischof Nathan Söderblom geworden. Seinetwegen hat Heiler Schwedisch gelernt. Söderbloms religionswissenschaftliche Schriften waren für Heiler ein Licht auf dem Weg geworden. Das Tiele-Söderblomsche Kompendium der Religionsgeschichte[4] hatte er fast auswendig gelernt. Er hätte den riesigen Stoff für „Das Gebet" kaum gliedern können, wäre ihm nicht die

[1] Heiler, Friedrich, Das Gebet. Eine religionsgeschichtliche und religionspsychologische Untersuchung, München 1918.

[2] ders., Die buddhistische Versenkung. Eine religionsgeschichtliche Untersuchung, München 1918.

[3] ders., Luthers religionsgeschichtliche Bedeutung, München 1918.

[4] Söderblom, Nathan, Tiele-Söderbloms Kompendium der Religionsgeschichte, Berlin-Schöneberg [5]1920

13

Söderblomsche Unterscheidung zwischen mystisch und prophetisch geprägter Frömmigkeit zu Hilfe gekommen. So hatte er Söderblom das „Gebet", kaum daß es erschienen war, als Zeichen seiner Verehrung und Dankbarkeit übersandt. Dieser zollte dem Werk alsbald hohe, uneingeschränkte Anerkennung, fügte einige ergänzende und kritische Anmerkungen hinzu, erwog eine Übersetzung ins Schwedische und schloß mit der Bemerkung: „Im Heiligtum der Religion weilt Ihr Buch." [5] Heiler hat postwendend geantwortet und diesen Brief zum Anlaß einer ausführlichen Schilderung seines Werdegangs genommen[6]:

„Sie wunderten sich, daß ich als Katholik Luthers Persönlichkeit wie der evangelischen Frömmigkeit mit so verständnisvoller Sympathie gegenüberstehe. Dies gibt mir Anlaß, Ihnen einiges aus meiner inneren Entwicklung mitzuteilen. Ich entstamme einer streng katholischen Familie, nahm von Jugend an eifrig am katholischen Gottesdienstleben teil und kannte keinen höheren Wunsch als katholischer Geistlicher zu werden. In den letzten Jahren meiner Gymnasialzeit begann die religiöse Krisis; ich beschäftigte mich damals ständig mit dem griechischen Neuen Testament, was zur Folge hatte, daß mir die bibelkritischen und dogmengeschichtlichen Probleme in ihrer ganzen Schwere aufgingen; die Fundamente der katholischen Dogmatik gerieten für mich ins Wanken. In dieser Zeit kam von Rom die Forderung des Antimodernisteneides; zahlreiche meiner Freunde und Bekannten waren damals in schwerer Gewissensnot ... Für mich selbst begann nun ein stetes qualvolles Schwanken in der Berufsfrage ..." (81f) „In dieser zwiespältigen Seelenstimmung begann ich meine Universitätsstudien. Ich studierte erst semitische und arische Philologie, dann Philosophie und Psychologie, fand aber nirgends rechte Befriedigung. Mein Lieblingsstudium war immer Theologie. In der Hoffnung, mit der Kirche doch wenigstens zu einem äußeren Kompromiß zu kommen, ließ ich mich von meinem 3. Universitätsjahre als Theologe immatrikulieren. Vorlesungen hörte ich aber meist nur bei dem mir geistig nahestehenden Prof. Adam ... und dem kritischen alttestamentlichen Exegeten Goettsberger. Alle anderen Vorlesungen waren mir eine Qual ... So stillte ich meinen theologischen Heißhunger im privaten Studium der protestantischen Theologie. In meinem 2. Universitätsjahre fiel mir Ihre Neubearbeitung des Thieleschen Kompendiums in die Hand; es hatte für mich einen solchen Reiz, daß ich es fast auswendig lernte. Dieses Buch wies mir den Weg zu Ihren anderen Schriften und zu der vergleichenden Religionswissenschaft, die meinen Neigungen zusagte. Im Frühjahr 1914 nahm sich Aloys Fischer meiner an und erklärte, mir den Weg zur Habilitation für Religionswissenschaft ... ebnen zu wollen. Er veranlaßte damals dieses Werk. Fischer als Psychologe dachte an eine psychologische Arbeit; ich selbst bin kein großer Freund von der eigentlichen Religionspsychologie; ich schuf ein religionsgeschichtliches Werk." (82f)

---

[5]   Brief Söderbloms vom 4. Mai 1918 an Heiler, in: Misner, Paul (Hg), Friedrich von Hügel. Nathan Söderblom. Friedrich Heiler. Briefwechsel 1909-1931, Konfessionskundliche Schriften des Johann-Adam-Möhler-Instituts Nr. 14, Paderborn 1981, 79.

[6]   Brief Heilers vom 15. Mai 1918 an Söderblom, in: Misner, 80-87.

„Trotzdem sich durch die Beschäftigung mit dem Gegenstand meine religiösen und wissenschaftlichen Anschauungen sehr geklärt hatten, trug ich mich noch im verflossenen Herbst ernstlich mit dem Gedanken, mich zum Priester weihen zu lassen und mich der Seelsorge zuzuwenden; denn ich habe ein unausrottbares Bedürfnis nach dem Dienst im Heiligtum ... Der Plan scheiterte aber schon daran, daß ich dann auf die Veröffentlichung meines Buches in der jetzigen Form hätte verzichten müssen, was ich nie über mich gebracht hätte. Jetzt sind die Brücken mit der katholischen Theologie endgültig abgebrochen, da mein Buch in katholischen Kreisen, wie ich nicht anders erwartet habe, nicht geringen Anstoß erregt hat." (83f)

„Den Gedanken eines Übertrittes in eine evangelische Landeskirche habe ich oft erwogen. Was mich davon zurückhält, ist einmal Pietät gegen meine Eltern, ferner die Neigung zum Sakramentalismus, die ich mit Tyrell teile und die der Protestantismus nicht befriedigen kann. Ich bin im Grunde evangelischer Christ; trotz aller Sympathie für die Mystik bin ich selbst kein eigentlicher katholischer Mystiker wie es die echten katholischen Modernisten sind (Hügel ... Philipp Funk, Joseph Bernhart ...) ... Aber der *äußere Rahmen* meines persönlichen Christentums ist das mystisch-sakramentale Gottesdienstleben der katholischen Kirche. Mit dem starren Dogmatismus und dem politisch-hierarchischen Institut der katholischen Kirche habe ich völlig gebrochen. Aber das eucharistische Mysterium, der Mittelpunkt ihres Gottesdienstlebens fesselt mich an diese Kirche ... Vom Standpunkt des Kirchenrechtes aus bin ich natürlich als exkommuniziert zu betrachten. Doch dieser Konflikt, den ich klar und scharf sehe, hindert mich nicht ... weiterhin an dem sakramentalen Leben der katholischen Kirche teilzunehmen. Die Halbheit und Inkonsequenz dieses Standpunktes erkenne ich wohl. Aber vielleicht wird dieses merkwürdige mixtum von katholischer und evangelischer Frömmigkeit irgendwann und irgendwo noch in der Geschichte realisiert werden. Mich beschleicht bisweilen die stille Hoffnung, daß im Laufe der Zeit noch eine Synthese zwischen dem evangelischen Geist und den wertvollen religiösen Formen der katholischen Kirche gefunden werden wird. Das Herz des Christentums freilich muß biblisch-evangelisch sein; aber der sakramentale Symbolismus und das universalistische Ideal der una sancta lassen sich, wie ich glaube, in den Dienst des inneren Christentums stellen, ohne daß dieses (wie es im Katholizismus aller Jahrhunderte der Fall war) dadurch ständig bedroht wird." (84f; Hervorhebung von F.H.)

Klärungen in Schweden

Im Frühsommer 1919 erhielt Heiler eine Einladung Söderbloms zu Vorträgen in Schweden. Ende Juli folgte er ihr. In Uppsala war er Gast der bischöflichen Familie. Nicht lange, dann durfte er den Erzbischof auf einer Visitationsreise begleiten und erfuhr so, was dieser als Seelsorger und Liturg bedeutete. In Vadstena geschah es dann. Hier hatte Heiler am 7. August vor einer Priestersynode seinen ersten Vortrag gehalten. Beim Gottesdienst in der St. Birgitta-Kirche war er mit unter den Kommunikanten und empfing das Abendmahl in beiderlei Gestalt. Vermutlich waren eingehende Gespräche vorausgegangen. In Schweden gilt das als ein bekenntnishafter Akt und verbindlicher Ausdruck des Übertritts. Was Heiler in Deutschland nie über sich gebracht hätte, empfand er in Schweden in vollem Bewußtsein der Konsequenzen als Gebot der Stunde. Es war für ihn der Schritt in die evangelische Freiheit. Hier durfte er ihn tun, ohne sich ausdrücklich und in juridischer Form von seiner Mutterkirche zu trennen. Nun war Söderblom für ihn auch zum geistlichen Vater geworden.

Insgesamt sechs Vorträge hielt Heiler in Schweden. Um ihretwillen blieb er dort bis Dezember. Miteinander ergaben sie ein stattliches, in sich zusammenhängendes Werk.[7] Bei aller Liebe zu seiner Mutterkirche wird hier auch die zur Kritik befreiende Distanz deutlich, die der Aufenthalt in Schweden zur Folge hatte. In diesen Vorträgen treten zum ersten Mal jene Gedanken hervor, die Heilers „Ringen um die Kirche" fortan bestimmen sollten. Einer dieser Vorträge zeigt bereits in seiner Überschrift das ganze zukünftige Programm Heilers: „Evangelische Katholizität".

Hier führt Heiler aus, katholische und evangelische Frömmigkeit hätten sich zwar weit auseinanderentwickelt, die Unterschiede seien aber keineswegs unüberbrückbar. Sie könnten dazu dienen, einander zu korrigieren und aus der Einseitigkeit zu befreien, in die man durch die Trennung geraten wäre. Die wahre Katholizität werde in Rom „durch viele unterchristliche und widerchristliche Elemente" verfälscht und sei gefesselt durch die Machtansprüche der römischen Kurie und engherziger Hierarchen. Nur auf evangelischer Basis könne sie verwirklicht werden. Umgekehrt bedürfe das freischwebende persönliche Christentum auf evangelischer Seite der lebendigen religiösen Gemeinschaft und tragenden Kraft einer universalen Kirche (97). Näherhin seien es fünf „kostbare, unvergleichliche Werte, welche das evangelische Christentum dem Katholizismus entnehmen und in evangelischem Geiste umgestalten muß: der Einheitsgedanke, das religiöse Führeramt, die individuelle Seelsorge, das Gottesdienstleben und die mit diesem eng verbundene Mystik." (98) Zum ersten heißt es, ganz ökumenisch: „Es soll Mannigfaltigkeit sein, ebenso aber E i n h e i t muß sein in dieser Mannigfaltigkeit, und diese Einheit muß sich auch nach außen hin kundgeben im gemeinsamen Zusammenschluß. Es

---

[7] Heiler, Friedrich, Das Wesen des Katholizismus, München 1920.

ist unchristlich, sich spröde von der großen Christengemeinde abzusondern; es ist pharisäischer Selbstdünkel, die Christlichkeit nur für den kleinen Gemeinschaftskreis zu beanspruchen, dem man angehört, und jede Gemeinschaft mit anderen christlichen Körperschaften zu verweigern." (99, Hervorhebung von F.H.) Von Kirche Christi kann im Sinne Jesu nur die Rede sein, wenn sie zu ihrer Einheit zurückfindet.

Ich übergehe Wichtiges und wende mich dem Gottesdienstleben zu. Heiler sagt, es sei die Lichtseite der römischen Kirche, daß in ihr das alte eucharistische Mysterium als Brennpunkt des Gottesdienstes fortlebe. „Das Tiefste und Höchste, was die Christenheit kennt, Jesu Opfertod am Kreuze, spielt sich in einem heiligen Drama .. ab." (106) Der evangelische Gottesdienst habe zwar auch einen Höhepunkt, das „Vaterunser", mit dem Verlust des Altarsakramentes sei ihm jedoch gleichsam das Herz herausgeschnitten. Es fehle ihm „das Symbol von Christi realer Nähe" (109). Ihm das zurückzugeben und dabei alle Werte des evangelischen Gottesdienstes zu erhalten, sei keine Utopie. Schon die ältesten Gottesdienste der Christenheit seien so evangelisch gewesen wie sie katholisch waren. An ihrer Gestaltung sei die Gemeinde nicht minder aktiv und verantwortlich beteiligt als der Priester, „ja, das gemeinsame Gebet war nie in der Geschichte der Religion so kraftvoll und lebendig wie in der ältesten Christenheit" (109). Heute könne man solche evangelisch-katholischen Gottesdienste etwa bei den Altkatholiken wieder erleben. Aber auch in der anglikanischen und in der schwedischen Kirche sei das Ideal bereits annähernd verwirklicht (109). Zum ersten Mal erwähnt Heiler in diesem Zusammenhang die noch junge Hochkirchliche Bewegung als ein Beispiel dafür, wie man sich in Deutschland nach evangelisch-katholischen Gottesdiensten sehne. Sie habe ihr Zentrum in Schlesien und erstrebe „eine Ergänzung des subjektiven Wortgottesdienstes durch den objektiven Sakramentsgottesdienst" (109).

17

Evangelischer Theologieprofessor in Marburg

Die beiden großen Erstlingswerke Heilers, „Das Gebet" und „Die buddhistische Versenkung", hatten in Deutschland Furore gemacht, auf evangelischer Seite mehr noch als auf katholischer. Es war so, wie Heiler im Brief an Söderblom konstatiert hatte: Seine katholischen Freunde hatten erkannt, daß er sich mit dem Werk über das Gebet de facto weit von seiner Mutterkirche entfernt hatte. Vor allem der Marburger Professor für Systematische Theologie und Religionsgeschichte, Rudolf Otto, sah in Heiler einen großen Hoffnungsträger. Als er davon hörte, daß Heiler in Schweden durch Abendmahlsempfang zum Protestantismus übergetreten sei, bewog Otto die Fakultät, einen Lehrstuhl für vergleichende Religionsgeschichte und Religionsphilosophie für den jungen Gelehrten ins Auge zu fassen. Da der preußische Kultusminister Becker zustimmte, wurde Heiler berufen. Heiler selbst hat darüber in späten Erinnerungen geschrieben: „Rudolf Otto ist mir .. nicht nur durch das Buch [„Das Heilige"] begegnet; er hat persönlich tief in mein Leben eingegriffen. Er holte mich 1920 ... in die Marburger theologische Fakultät, und zwar gegen mein lebhaftes Sträuben ... Ich suchte Otto klar zu machen, daß ich als Vertreter einer 'evangelischen Katholizität' in eine evangelische theologische Fakultät nicht hineinpasse. Er suchte mir das auszureden, indem er schrieb: 'Was Sie als evangelische Katholizität bezeichnen und was ich ein modernes Hochkirchentum nennen würde, das suche ich selbst, und dazu brauche ich Helfer, die nur aus einem tief durchlebten, aber innerlich überwundenen Katholizismus kommen können'". [8]

Heiler ließ sich daraufhin „führen, wohin er nicht wollte", und übersiedelte im April 1920 nach Marburg. Als 28jähriger war er wohl der jüngste Professor an den deutschen Universitäten. Kaum hatte er dort seine Arbeit aufgenommen, überkam ihn angesichts der evangelischen Gottesdienste, auf die er sich nun angewiesen fühlte, schmerzliche Ernüchterung. Nach der evangelischen Katholizität schwedischer Meßfeiern suchte er hier vergeblich. An seinen katholischen Briefpartner Friedrich von Hügel schreibt er am 2. Mai 1920 nach London: [9] „Ich bin nun hier Professor der Religionsgeschichte in der protestantisch-theologischen Fakultät. Sobald dieses 'fait accompli' geschaffen war, gingen mir neue Erkenntnisse auf; heute sehe ich das Problem Katholizismus - Protestantismus in einem anderen Lichte ... als bei der Abfassung meiner schwedischen Vorträge." (128) „Gestern war ich in der Kirche der heiligen Elisabeth, die jetzt evangelisch ist, und wohnte dort einem Gottesdienst bei. Wenig Menschen, ohne tiefe Andacht, eine tödlich langweilige, rhetorische Predigt - und das alles in ... einem der ältesten [Dome] Deutschlands. Dann ging ich in die kleine katholische Kirche und wohnte der Messe

[8]   Heiler, Friedrich, Meine ökumenischen Begegnungen, in: Vom Werden der Ökumene. Beihefte zur ökumenischen Rundschau Nr.6, herausgegeben und mit einem Vorwort versehen von Hanfried Krüger, Stuttgart 1967, 5-26, Zit.15.
[9]   Brief Heilers vom 2. Mai 1920 an Hügel, in: Misner, 127ff.

bei, hörte aus dem Munde eines jungen Geistlichen eine naive, aber warme Marienpredigt. Die fromme Gemeinde, die die Kirche bis auf den letzten Platz füllte, sang dieselben Marienlieder, die ich in meiner bayerischen Heimat als Kind schon sang. Das war alles sehr wenig evangelisch, aber es war so fromm ..." (129)

Heiler stand im Begriff, in Marburg alles rückgängig zu machen und wieder nach München zurückzukehren. Was hielt ihn zurück? Was veranlaßte ihn, durchzuhalten und bei dem zu bleiben, was er begonnen hatte? - Es war zunächst die Reaktion Söderbloms. Heiler beschreibt sie in seinen späten Vorlesungen „Vom Werden der Ökumene", indem er aus an ihn gerichteten Briefen Söderbloms zitiert: „'Wie ich Ihnen mehrmals geschrieben und Ihnen und anderen gesagt habe, gehören Sie zu jenen, welche verurteilt sind, Pilger auf Erden zu sein ... Keine äußere Kirchengemeinschaft kann völlig dem innersten Bedürfnis der Seele entsprechen ... Hätten Sie sich in Ihrer neuen Umgebung zufriedengestellt gefühlt, so hätte ich darin eine gewisse Untreue gegen Sie selber erblickt.' Später schrieb er mir: 'Die Pilgerschaft kann schwer sein für einen Jünger des Erlösers, der das schmerzliche, wenngleich für seine Mitchristen unendlich wertvolle Los hat, in seiner Person die trennenden Mauern niederzubrechen und das Beste in evangelischer und römischer Mystik zu vereinen. Ich selbst pflegte zu sagen, wenn ich von beiden Seiten heftig angegriffen wurde und werde, daß der, welcher von rechts und links gepufft wird, dahin kommen muß, den Weg geradeaus voran zu gehen. Das ist bisweilen ganz bitter, doch wo ein rechter evangelischer Geist waltet, wird die Gemeinschaft der Herzen dadurch inniger.' 'Wir wollen beide unter dem Himmel leben und uns nicht in die Pferche hineinstopfen lassen, welche Freunde und Gegner uns anweisen, und nichts beweist die Una Sancta besser als die Tatsache, daß wir zwei von so ungleicher Herkunft und Umgebung ... einander so innig gut verstehen ohne vorausgehende Übereinkunft. Diese Katholizität gehört zum göttlichen Geheimnis des Lebens und der Ewigkeit.'" [10]
Dem war nichts entgegenzuhalten. Wenn man mit seiner Berufung nur nicht so allein, so isoliert stehen würde! Doch nicht lange, dann ergab sich für Heiler eine Möglichkeit, mitten in protestantischer Dürftigkeit Boden unter die Füße zu bekommen!

[10] Nathan, Söderblom, in: Heiler, Meine ökumenischen Begegnungen, 17.

19

Anfänge einer Evangelischen Katholizität in Marburg

Am 8. Juli 1920 kann Heiler Friedrich von Hügel berichten: „Das quälende Heimweh nach meiner Mutterkirche, das mich in den ersten Wochen meines Hierseins befallen hatte, hat sich allmählich wieder verloren, seit ... ich .. in einem engen Gemeinschaftskreise den religiösen Anschluß fand, den ich brauche. Ich wirke neben meiner akademischen Lehrtätigkeit auch praktisch-religiös, halte Studentengottesdienste ..." [11]

Anne Marie Heiler berichtet: „Es handelte sich um eine studentische Gruppe, die ein Jahr zuvor während eines Pfings[s]t[t]reffens den Anstoß bekommen hatte, regelmäßige Andachten - zunächst einmal: tägliches Morgengebet - miteinander zu halten. Vor allem die Theologen unter ihnen spürten, daß sie sich als künftige Pfarrer oder Religionslehrer nicht nur exaktes Wissen ... anzueignen hatten ... sondern daß auch das Frömmigkeitsleben gepflegt werden müsse. Sie konnten diese Morgenandachten in der alten Kapelle auf dem Pilgerfriedhof gegenüber der Elisabethkirche, dem 'Michelchen', halten. Im Winter kamen länger ausgedehnte Wochenschlußandachten dazu ... In diesen Kreis kam Heiler und wurde bald ... zu einer tragenden Figur." [12]

Über diese Studentengottesdienste schreibt Heiler an Friedrich von Hügel: „Ich möchte den 'puritanischen' Gottesdienst der Gemeinde durchaus nicht mehr als *das* Ideal des Gottesdienstes bezeichnen, wohl aber als *ein* Ideal, das *neben* der katholischen Sakramentsliturgie seine Berechtigung hat. Ich habe seit dem letzten Sommer reiche Erfahrung in Wortgottesdiensten gesammelt, da ich in einer kleinen Gemeinde, die sich in Marburg um mich geschart, regelmäßig Gottesdienste gehalten und solchen von Freunden gehaltenen beigewohnt habe. Neben Schriftlesung und Predigt, dem gebundenen und freien Gebet, der Psalmodie im Wechselchor, dem Choral der Gemeinde, pflegen wir besonders den 'silent worship'. Ich habe stets sehr tiefe Eindrücke von dieser Art des 'unsakramentalen' Gottesdienstes empfangen. Es besteht hier ein ganz enger persönlicher Kontakt zwischen Liturg und Gemeinde, den ich im römisch-katholischen Gottesdienst stets schmerzlich vermißt habe. Freilich sind solche Gottesdienste nur in engeren Kreisen möglich ... Aber sie stellen doch einen besonderen religiösen Wert dar, der innerhalb der katholischen Kirche nicht voll verwirklicht ist. Damit will ich aber nicht bestreiten, daß die größere *Wert*fülle (nicht nur *Lebens*fülle) dem katholischen Gottesdienst ... eignet ... Aber der Rückweg ist mir versperrt, weil an Bedingungen geknüpft, die eine Preisgabe meiner wissenschaftlichen und religiösen Wahrhaftigkeit bedeuten." [13]

[11] Brief Heilers vom 8. Juli 1920 an Hügel, in: Misner, 134.

[12] Heiler, Anne Marie, Friedrich Heiler. Daten seines Lebens. Aufgezeichnet für die Hochkirchliche Vereinigung, Privatdruck, Marburg 1976, 8, Anm. 1.

[13] Brief Heilers vom 30. März 1921 an Hügel, in: Misner, 148f (Hervorhebung von F.H.).

Vielleicht darf in diesem Zusammenhang etwas Privates erwähnt werden, gehört es doch auch zu den Anfängen einer gottesdienstlichen Erneuerung in Marburg: Heiler hatte sich im Frühjahr 1921 verlobt! Die Braut war Mitglied jener kleinen studentischen Gemeinschaft, in der Heiler so etwas wie eine neue gottesdienstliche Heimat gefunden hatte, von der er spät in seinem Leben einmal sagen konnte, in ihr habe die liturgische Bewegung in Deutschland ihren Anfang genommen. Anne Marie Ostermann war eine Pastorentochter aus Bielefeld-Brackwede. Sie studierte Theologie, Philosophie und Germanistik. Ihr verdankte der Andachtskreis, daß man psalmodieren konnte. Sie hatte es auf einer Mädchenschule des einstigen Klosters Marienberg gelernt, wo das gottesdienstliche Leben von Wilhelm Löhe geprägt war.

Nachdem die Braut ihr Staatsexamen mit Bravour hinter sich gebracht hatte - bei Frauen war das Studium an einer Universität damals noch etwas Ungewöhnliches -, wurde geheiratet. Der Brautvater traute das Paar am 14. April 1921 im heimatlichen Brackwede. Nun hatte Heiler in Marburg ein Zuhause, war umsorgt und wußte sich als Freund der „schönen Gottesdienste" noch ganz anders getragen als zuvor. Dem Paar wuchsen schon bald und kurz hintereinander drei Töchter zu. Das hinderte die tüchtige Frau und Mutter nicht, ihrem Mann schon in den zwanziger Jahren auch eine zunehmend unentbehrliche wissenschaftliche Hilfskraft zu werden.

Zwischenbemerkung

An dieser Stelle mag es erlaubt sein, innezuhalten. Worum geht es bei der vorliegenden Arbeit? Was ist ihre Zielrichtung? - Der Leser hat wohl schon bemerkt: Biographisches spielt hinein, aber von einer Biographie im eigentlichen Sinne kann keine Rede sein. Es fehlt auch etwas anderes - mancher mag es schmerzlich vermißt haben: eine Würdigung der großen wissenschaftlichen Arbeiten, mit denen Heiler bereits als junger Gelehrter nach dem Ersten Weltkrieg hervortrat und Epoche machte. Neben den beiden schon genannten denke ich an jenes erstaunliche konfessionskundliche Werk, das die Gemüter nicht nur bei seinem ersten Erscheinen 1923, sondern auch bei seiner Neuauflage 1970 erregte: „Der Katholizismus, seine Idee und seine Erscheinung" [14].

Dieser Mangel liegt darin begründet, daß der Verfasser bei dem bleiben möchte, was Heiler schon 1919 als sein kirchliches Lebensprogramm bezeichnet hatte: „Evangelische Katholizität". Diese Formel hatte sich fast zwangsläufig aus dem Glaubens- und Lebensschicksal ergeben. Sie wurde ihm in Schweden unter dem Einfluß Söderbloms zur Richtschnur. Der Erzbischof selbst hatte den Begriff „katholisch" stets als genuin christlich empfunden und nie daran gedacht, auf ihn verzichten zu wollen. Heiler verdanken wir die folgende Äußerung Söderbloms: „Das Wort 'katholisch' darf uns nicht erschrecken, denn es ist ein Ehrenname. Alt und jung, bekennen wir bei jedem Gottesdienst und bei jeder Taufe unsern Glauben an die eine, heilige, katholische Kirche. 'Römisch' und 'katholisch' streiten wider einander. Denn der Name 'römisch' bindet an Formen unter der Herrschaft des Papstes. Aber katholisch bedeutet allgemein im Gegensatz zu sektiererisch. Die Kirche kann nicht in Wahrheit katholisch, allumfassend werden, wenn sie nicht in ihrer Gesamtheit die evangelische Freiheit einsieht und anwendet" [15].
Heiler hat das letztere unterstrichen und historisch unterbaut: „Söderblom kennzeichnet somit die wahre Katholizität als die 'evangelische Katholizität' - die Wortverbindung geht meines Wissens auf Johann Gerhard zurück, der von der wahren christlichen Lehre als von der *doctrina catholica et evangelica* spricht und darunter die Lehre der Confessio Augustana versteht. Aber trotz des Beiwortes 'evangelisch' wirkt der Ausdruck katholisch auf alle streitbaren Protestanten aufreizend. Es ist darum wohl verständlich, daß Söderblom häufig statt dieses umstrittenen Wortes die weniger verfänglichen Ausdrücke 'ökumenisch' oder 'universell' gebraucht. Diese Ausdrücke, und nicht der Terminus 'katholisch' waren die offiziellen der Stockholmer Konferenz." (181, Hervorhebung von F.H.)

---

[14] Heiler, Friedrich, Der Katholizismus, seine Idee und Erscheinung. Völlige Neubearbeitung der schwedischen Vorträge über Das Wesen des Katholizismus, München 1923.

[15] ders., Der Streit um die evangelische Katholizität. Meine Stellung zu Erzbischof Söderblom, in: ders., Evangelische Katholizität. Gesammelte Aufsätze und Vorträge, Bd.I, München 1926, 179-198, Zit. 181.

Heiler ist bei „evangelisch-katholisch" geblieben. Er darf deshalb als der eigentliche und erste Vertreter „evangelischer Katholizität" gelten. Er sah in diesem „programmatischen Schlagwort" seine eigene „persönliche Stellung vom römischen Katholizismus wie vom landläufigen deutschen Protestantismus abgegrenzt" (181). Er bevorzugt es aber auch, weil hier mit dem ökumenischen Gedanken bestimmte hochkirchliche Tendenzen verflochten waren, die ihm wichtig waren.

Das Lebensthema „evangelische Katholizität" leuchtet als Maßstab durch fast alles hindurch, was Heiler in seinen der Kirche Christi gewidmeten Büchern geschrieben hat. Dieser Spur zu folgen, wäre reizvoll, würde hier aber zu weit führen. Heiler war als „evangelischer Katholik" nicht nur Theoretiker. Er verfocht, was er dachte, nicht nur literarisch; er hat es auch zu leben und als Priester zu verwirklichen getrachtet. Meine Absicht ist es deshalb, mich im wesentlichen auf das zu beschränken, was solcher Verwirklichung diente, und darzutun, wie sie sich im evangelischen Bereich, aber auch in seiner Mutterkirche auswirkte. Dazu gehört, was Heiler um dieser Realisierung willen sagte und schrieb. Schon das ist ein weites Feld.

Ich habe mich gefragt, ob dazu nicht auch seines umfangreichen Beitrages zu den Anfängen der ökumenischen Bewegung gedacht werden müsse. Heiler war als Freund Söderbloms von diesem zu den beiden großen Weltkirchenkonferenzen in Stockholm (1925) und Lausanne (1927) geladen worden. Söderblom hatte damit die Absicht verbunden, einen kompetenten und kongenialen Berichterstatter für den deutschen Sprachraum zu gewinnen. Wenn einer diesem Auftrag gerecht geworden ist, objektiv informierend, kritisch abwägend und mit dem Herzen beteiligt, dann war es Friedrich Heiler. Hier im Buch ist nachzulesen, in wieviel großen Zeitungen und Zeitschriften er seinem Auftrag nachgekommen ist.[16] Ich nenne hier nur die beiden großen Würdigungen: „Die Weltkonferenz für praktisches Christentum in Stockholm" sowie die Berichterstattung über die Lausanner Konferenz für Glaube und Kirchenverfassung.[17] Auf diesen Konferenzen ist es um nichts anderes gegangen als um die Verwirklichung einer „evangelischen Katholizität". Zum tiefen Bedauern vor allem Söderbloms war die römisch-katholische Kirche nicht beteiligt.

Was in Stockholm und Lausanne die Wiedervereinigung der getrennten Kirchen anbahnen sollte, ein gemeinsames Liebeswirken (Life and Work) und eine Annäherung in den Hauptartikeln des Glaubens und seine Folgerungen (Faith and Order), wurde von Heiler wärmstens befürwortet. Er selber versuchte dem großen Ziel allerdings auf einem anderen Weg näherzukommen:

---

[16] Vgl. Bibliographie (3. Kirchliche Einigungsbestrebungen, Hochkirchliche Bewegung),
[17] Heiler, Friedrich, Die Weltkonferenz für praktisches Christentum in Stockholm, in: ders., Evangelische Katholizität, 56-150.
ders., Ergebnisse und Folgerungen der Lausanner Weltkonferenz, in: ders., Im Ringen um die Kirche. Gesammelte Aufsätze und Vorträge, Bd. II, München 1931, 301-321.

auf dem Felde des Gottesdienstes. Dort hatten die Kirchen und Konfessionen noch immer so viel Gemeinsames, daß er es für möglich hielt, hier zuerst zu einer relativen Übereinstimmung zu gelangen. Wäre sie erreicht, könnte man wieder zusammen beten, auf das Wort Gottes hören und das Gedächtnis des Todes und der Auferstehung Christi begehen. Dann wäre die eine, heilige, „katholische" Kirche schon Realität, auch wenn eine Einigung in der Lehre und organisatorische Zusammenschlüsse noch auf sich warten lassen würden. Die lex orandi würde die lex credendi nach sich ziehen und beides würde zu jener heiligen Unruhe führen, die letztendlich bei großer Mannigfaltigkeit in Einzelzügen jene Einheit bewirkt, die der Abschied nehmende Herr seinen Jüngern als lebensnotwendig aufgetragen hatte.

Es wird möglicherweise Überschneidungen geben. Heiler war und blieb seinem geistlichen Vater Söderblom und dessen Bestrebungen bis zuletzt dankbar verpflichtet. Ich aber möchte vor allem dem nachgehen, was Heiler um seines ihm eigenen evangelisch-katholischen Lebenstraumes willen unternahm und wie es sich auswirkte.

Die „Gemeinde" Heilers wird größer

Bei der kleinen Marburger Gemeinde von Studenten, die sich um Heiler scharte, sollte es auf die Dauer nicht bleiben. 1919 hatte er in seinen schwedischen Vorträgen auf einen Zusammenschluß evangelischer Pfarrer und Laien aufmerksam gemacht, dessen Zielsetzung seinen Vorstellungen von evangelischer Katholizität nahestünde: die „Hochkirchliche Vereinigung". Sie war am 9. Oktober 1918 in Berlin gegründet worden. Einige Sätze aus ihrem damaligen, auf der Gründungsversammlung revidierten Programm: „Die Hochkirchliche Vereinigung erstrebt die Ausgestaltung der Kirchen der Reformation hinsichtlich ihrer Verfassung und ihres Kults ... Die Hochkirchliche Vereinigung erstrebt die volle Selbständigkeit dieser Kirchen ... Hierzu erachtet sie die Durchführung der bischöflichen Verfassung, welche auch dem Geiste der Heiligen Schrift durchaus gemäß ist, für erforderlich ... Die Hochkirchliche Vereinigung wünscht ein maßvolles Zurücktreten der Predigt, eine stärkere Betonung der Bedeutung der Heiligen Sakramente und ihres objektiven Charakters ... und eine reichere liturgische Ausgestaltung der Gottesdienste ... Sie will darauf hinarbeiten, daß in den Gottesdiensten (durch Kirchen- und Altarschmuck, Musik, reicheren Ornat u.a.) dem Sinn für das Schöne, Edle und wahrhaft Volkstümliche immer mehr Rechnung getragen und der heilige Inhalt stets auch in heiligen, würdigen Formen dargeboten werde ... Sie hält eine wirksame Reform der Beicht- und Abendmahlspraxis ... für unerläßlich und die Wiedereinführung der fakultativen Privatbeichte für wünschenswert ... Als eine ihrer Aufgaben betrachtet sie die Schaffung eines evangelischen Breviers ..."[18]

Vieles von dem, was hier gefordert wird, entsprach in der Tat Heilers eigenen Vorstellungen. So wußte er schon bald, daß er mit seiner Sehnsucht nach einer Erneuerung des evangelischen Gottesdienstes, ja dessen, was man zusammenfassend „evangelische Kirche" nannte, nicht allein stand. Umgekehrt war die Hochkirchliche Vereinigung ihrerseits früh auf Friedrich Heiler aufmerksam geworden: „Auch Prof. Heilers bedeutsame Schrift 'Das Wesen des Katholizismus' hat uns in dieser Zeit wertvolle Schrittmacherdienste geleistet, indem sie den Gedanken der auch von uns vertretenen 'evangelischen Katholizität' in weitere Kreise hineingetragen hat."[19]
So nimmt es nicht wunder, daß Heiler 1921 gebeten wurde, ein Referat auf dem Hochkirchentag zu halten. Weshalb er dieser Bitte nicht nachkommen konnte, geht aus den mir zugänglichen Quellen nicht hervor. 1924 erfuhr das Werk Heilers „Der Katholizismus. Seine Idee und seine Erscheinung" eine ausführliche, positive Würdigung in der „Hochkirche". Es sollte aber bis Ende 1925 dauern, bis Heiler und die Hochkirchliche Vereinigung endgültig zu-

---

[18] Niepmann, Helmut Martin, Chronik der Hochkirchlichen Vereinigung Augsburgischen Bekenntnisses e.V. über die ersten 50 Jahre ihres Bestehens 1918-1968 (EHK N.F. Nr. 2), Bochum 1988, 11.

[19] AaO. 17.

sammenfanden. Warum nicht früher? - Ein Grund liegt darin, daß die Hochkirchliche Vereinigung an einem inneren Gegensatz litt. Es gab einen ökumenisch und einen landeskirchlich ausgerichteten Flügel. Die Spannung führte 1924 zum Bruch. Als sich ein hochkirchlich-ökumenischer Bund bildete, sah Heiler keinen Grund mehr, abseits zu stehen. Er trat dem Bund bei und wurde bald eines seiner führenden Mitglieder. Als Heiler am 2. - 4. September 1925 auf dem X. Internationalen Altkatholiken-Kongreß in Bern über „Morgenländischer und abendländischer Katholizismus" [20] sprach, hörten ihm Pfarrer Mosel, der Vorsitzende der Hochkirchlichen Vereinigung, sowie der ebenfalls hochkirchliche Leiter des Schweizerischen Diakonievereins Pfarrer Glinz zu. Beide kamen zu der Überzeugung, daß, was Heiler zu sagen habe, *alle* Hochkirchler angehe. Wenn einer - so glaubten sie - dazu beitragen könne, die Spaltung im Lager der Hochkirchlichen Vereinigung zu überwinden, dann Heiler. So baten sie ihn, am bevorstehenden Hochkirchentag in Magdeburg den Hauptvortrag zu übernehmen. Heiler sagte zu und hielt am 1. Dezember 1925 sein großes, umfassendes Referat über „Evangelisches Hochkirchentum" [21]. Die Chronik enthält darüber folgenden Vermerk: „Etwa 150 Personen 'lauschen den Heilerschen Ausführungen mit sichtlicher Ergriffenheit, so daß eine Aussprache sich nicht anschließt ... So wird auch die Magdeburger Tagung nicht ohne Früchte bleiben ...'" [22]

Heiler greift an keiner Stelle seines Vortrags in den schwelenden Streit zwischen den beiden hochkirchlichen Gruppierungen ein. Aber von Anfang an wird deutlich: Hochkirchler kann nicht sein, wer als evangelischer Christ nicht der bis in 9. Jahrhundert hinein gemeinsamen Wegstrecke aller christlichen Kirchen verbunden bleibt, ja an einen in Christus noch immer bestehenden Zusammenhang aller Kirchen glaubt: „Wenn wir diesen universellen Kirchengedanken mit derselben Kraft und Freude bejahen wie das reine, köstliche Evangelium von Gottes allein wirkender Gnade, dann haben wir den tiefsten Sinn der evangelischen Katholizität, des evangelischen Hochkirchentums erfaßt." [23]
Heiler bezieht sich dabei auf die Confessio Augustana. Sie ist nicht nur das dogmatische Dokument reformatorischen Evangeliums von der gratia sola, sondern „sie legt Zeugnis ab von dem Willen des alten Luthertums, die unverbrüchliche Kontinuität mit der alten Kirche zu bewahren. Um dieser doppelten Grundtendenz willen ist die *Confessio Augustana* die *magna charta* für alle kirchliche Reformarbeit innerhalb des Luthertums." (216, Hervorhebung von F.H.) Zu dieser Reformarbeit gehöre die Rückgewinnung des altkirchlichen Bischofsamtes, wie es in der Lutherischen Kirche Schwedens erhalten

---

[20] Heiler, Friedrich, Morgenländischer und abendländischer Katholizismus, in: IKZ 16 (1926) 1-30. Erweiterte Fassung: Morgenländisch-orthodoxes, römisch-katholisches und evangelisches Christentum, in: ders. Im Ringen um die Kirche, 61-97.
[21] Heiler, Friedrich, Evangelisches Hochkirchentum. Vortrag auf dem 7. Hochkirchentag, in: ders., Evangelische Katholizität, 198-250.
[22] Niepmann, Chronik, 38.
[23] Heiler, Friedrich, Evangelisches Hochkirchentum, 209f.

geblieben sei. Nur dann sei dieses Amt voll evangelisch und voll katholisch, wenn es in ununterbrochenem geschichtlichem Zusammenhang mit dem Lehr-, Priester- und Hirtenamt der Apostel stehe, auf das sich das Bischofsamt gründe. „Die Bedeutung der apostolischen Nachfolge liegt nicht in der Übermittlung eines magischen Fluidums, sondern in der symbolischen Bekräftigung der unzerstörbaren Kontinuität der christlichen Kirche." (219) „Aber nur wenn sie [die Bischöfe] als Brüder kommen und nicht als Herrscher, sind sie wahre Stellvertreter Christi." (217)

Heiler fährt fort: „Universalkirche, Dogma und Episkopat bleiben für uns starre Institutionen, wenn wir sie nicht im persönlichen Frömmigkeitsleben zu unserem Eigentum machen. Der Leib Christi wird für uns nur dann lebendig, wenn das Blut des s a k r a m e n t a l e n Lebens durch unsere geistigen Adern strömt ... Nichts ist aber dem heutigen Protestantismus so fremd geworden wie die altkirchliche Hochschätzung des Sakraments ... Und doch ist die ganze Wunderkraft des Gotteswortes im Sakrament eingeschlossen. Das Sakrament ist ja, wie schon Augustinus lehrte, das sichtbare Gotteswort, und sein Inhalt ist kein anderer als der des verkündeten und geschriebenen Wortes: Gottes sich selbst hingebende Liebe und Barmherzigkeit." (221) Dieses „sichtbare" Gotteswort sei deswegen unentbehrlich, weil ihm im Gegensatz zu dem verkündigten Wort das zwar unumgängliche, aber immer auch einschränkende Moment der Subjektivität nicht anhafte. Im Gegenteil: „ ... in dem allgemein gültigen sakramentalen Zeichen redet Gottes barmherziger Heilswille in seiner reinen, seiner göttlichen Objektivität." (221) „ ... nirgends wird das dreifache Heilsmysterium der Menschwerdung, des Kreuzestodes und der Auferstehung dem Christen so sichtbar wie gerade bei der Feier der Eucharistie ..." (226) „Diese Hochschätzung der Eucharistie ist gewiß katholisch ... Und doch ist nichts so evangelisch wie die Liebe zum Sakrament der Sakramente. Denn nirgends werden wir vom Gedanken der *gratia sola* so überwältigt wie in der sakramentalen Gegenwart unseres Erlösers ... Und nirgends sonst erfährt der Mensch das Gnadenwunder der Vergebung, der Rechtfertigung und Heiligung so tief wie am Abendmahlstisch ..." (228, Hervorhebung von F.H.)

Der Vortrag Heilers enthält das ganze, riesige Programm kirchlicher Erneuerung, wie es sich aus dem Prinzip evangelischer Katholizität ergibt. Wer davor zurückschreckt, den verweist Heiler auf das anglikanische Beispiel, näherhin auf die rekatholisierenden Auswirkungen der Oxford-Bewegung in England von etwa 1830 an. Sie habe in einer gleichfalls hoffnungslos scheinenden Situation dazu geführt, daß im Anglikanismus unter ein und demselben Kirchendach drei verschiedene Gruppen miteinander lebten: High Church Party, die katholische, traditionell-ritualistische Richtung; Low Church Party, die evangelische, calvinisch-puritanische Richtung, und Broad Church Party, die protestantische, freisinnig-aufklärerische Richtung.

Abschließend sagt Heiler: „Nein, wir Hochkirchler wollen nicht die Mannigfaltigkeit des evangelischen Christentums zerstören. Aber wir fordern für uns im Namen des Evangeliums jene Freiheit, die wir den andern Richtungen von Herzen gönnen. Wer uns diese Freiheit nicht zugesteht und uns als katholisierende Verräter des evangelischen Christentums bezeichnet, der hat überhaupt noch nicht erfaßt, was evangelische Freiheit im Sinne des deutschen Reformators ist." (245f)

Die Wirkung dieses Vortrages war ungeheuer. Das Schisma innerhalb der Hochkirchlichen Vereinigung wurde als das erkannt, was es war: als lebensbedrohendes Auseinanderbrechen zweier Wesenselemente, die unerläßlich zusammengehören, als Anzeichen eines Rückfalls in einen evangelischen Provinzialismus, den zu überwinden die Hochkirchliche Vereinigung angetreten war. Ein Jahr später, am 18. und 19. Januar 1927, wird eine Zusammenarbeit beider Gruppen auf arbeitsteiliger Grundlage[24] beschlossen. Als kurz darauf der Vorstand der Hochkirchlichen Vereinigung den Vorschlag des ökumenischen Bundes aufgreift, sich zur Augsburgischen Konfession als gemeinsamer Richtschnur zu bekennen, sind die Gräben endgültig zugeschüttet. Heiler hat an dieser „Wiedervereinigung" mitgewirkt und schreibt darüber 1930: „Die Umgestaltung des 'Hochkirchlich-Ökumenischen Bundes' einerseits wie die Milderung des konfessionell-lutherischen Elements in der 'Hochkirchlichen Vereinigung' andererseits machten die Heilung jenes Bruches möglich. Nach der Aussöhnung ... konnte das katholische Element innerhalb der 'Hochkirchlichen Vereinigung' sich immer kräftiger und konsequenter entfalten ... Hatte man früher in dem ängstlichen Bemühen um das Wohlwollen der Kirchenbehörden und in der schonenden Rücksicht auf protestantische Vorurteile sich mehr auf eine theoretische Vertretung der hochkirchlichen Ideale beschränkt, so hat man in neuerer Zeit deutlicher eingesehen, daß es nottut, die hochkirchlichen Ideale in entschlossener Tat zu verwirklichen und, wo es nötig ist, zur Bildung selbständiger, wenn auch den Zusammenhang mit der Landeskirche nicht lösender Gemeinschaften zu schreiten." [25]

Nicht genug mit dieser, eine lebensbedrohende Spaltung abwehrenden Wirkung des Magdeburger Vortrages. Die Vereinigung findet nun die Kraft zu einer Verwirklichung ihrer Ideale in einem bisher nicht gekannten Umfang. Nie hat es in der Hochkirchlichen Vereinigung derartig viele Aktivitäten gegeben wie in den Jahren von 1926 bis 1930. Zu den schon bestehenden lokalen Schwerpunkten kommen neue hinzu. Eine Arbeitstagung löst die andere ab. „Hochkirchliche Thesen" werden konzipiert und machen in zwei Fassungen die Runde.[26] Die Arbeit an einem evangelischen Brevier wird intensiviert. Man faßt die Herausgabe eines hochkirchlichen Gemeindeblattes - zusätzlich zu der monatlich erscheinenden „Hochkirche" - ins Auge. Der liturgische Ausschuß wird neu gebildet. Im September 1927 kommt die erste Fas-

---

[24] Niepmann, Chronik, 42f.
[25] AaO. 43f.
[26] Vgl. aaO., 45ff.

28

sung einer „Eucharistiefeier der Hochkirchlichen Vereinigung" (zum Preis von einer Mark) heraus. Das Thema des 9. Hochkirchentages im Oktober 1927 ist die Neubesinnung auf die Einzelbeichte. Ab 1. Januar 1928 erscheint die „Hochkirche" im Verlag Ernst Reinhardt in München, dem Verlag Friedrich Heilers. Sie ist mit dem neuen Herausgeber, Lizentiat Paul Schorlemmer, auch redaktionell auf eine neue Grundlage gestellt. Zur Ergänzung der nun stärker in die Gesamtkirche hinein wirkenden Zeitschrift wird an die Mitglieder der Hochkirchlichen Vereinigung ein Korrespondenzblatt versandt. In Bielefeld-Spiegelsberge soll ein hochkirchliches Freizeitheim entstehen, nachdem Carla Freifrau von Spiegel auf ihrem Waldgut ein geeignetes Gelände ausgewiesen und bereitgestellt hat.[27] Realisiert wird von diesem Projekt allerdings nur der Bau eines ersten evangelisch-katholischen Gotteshauses, einer Waldkapelle, die Friedrich Heiler 1930 geweiht hat. Man spürt, daß Heiler, auch wenn er sich seiner Art entsprechend nirgends aufdrängt, überall seine Hand im Spiel hat.

Von Anfang an geht es nicht nur um theoretische Vergewisserungen und um ein Ringen an der „äußeren Front". Man kommt vor allem um der gemeinsamen Feier der heiligen Geheimnisse willen zusammen. Den Sakramentsgottesdiensten vorzustehen, war Heiler zunächst verwehrt. Als Theologieprofessor hatte er zwar die venia legendi, konnte Predigt und Predigtgottesdienste halten, aber zu Sakramentsgottesdiensten bedurfte es einer landeskirchlichen Ordination. Sie zu erbitten, hatte Heiler wohl deswegen nicht gewagt, weil seine gottesdienstlichen Vorstellungen mit denen der Behörde so gar nicht übereinstimmten. Als die Freunde der Hochkirchlichen Vereinigung von diesem Dilemma Heilers hörten, fand sich bald ein Ausweg. Einer von ihnen, der evangelisch-reformierte Pfarrer Gustav Adolf Glinz, hatte als Vorsteher des „Schweizer Diakonievereins" die Befugnis und Vollmacht zu ordinieren. Zu Beginn des Jahres 1927 empfing Heiler im Kirchlein zu Rüschlikon durch Glinz in hochkirchlicher Form die Priesterweihe. Nur so ist dieser Vorgang angemessen zu beschreiben.[28]

Über die Kräfte, die dieses Ereignis in ihm freisetzte, berichtet die Chronik der Hochkirchlichen Vereinigung. Nach ihr hat Heiler vom 7. bis 11. Juni 1927 in Badenweiler im Haus des Schweizer Diakonievereins eine Freizeit geleitet. Paula Schaefer schreibt darüber: „Überhaupt: ein Wunder hat sich in jenen Tagen begeben. Fremde Menschen kamen zusammen, brachten nichts mit als ein Häuflein Zweifel, halbe Erwartung und den guten Willen, sich einige Tage in diese Welt einzufügen ... Es war einfach die Gewalt des Objektiven, die hier schuf. Ein Innewerden der ungeheuren Kräfte der heiligen Eucharistie. Aus ihr und aus ihr allein, aus dem ewig gegenwärtigen und sich täglich neu schenkenden Christus ist Tod und Leben, Gegenwärtiges, Vergangenes und Zukünftiges zu verstehen und zu ertragen. Ja, eine ungeahnte Le-

---

[27] Vgl. aaO., 49f.
[28] Vgl. Heiler, Anne Marie, Friedrich Heiler, 12.

bensfreudigkeit entsteht hier ... Und alle Mitglieder unserer Bewegung müssen helfen, daß unsere Idee marschiert, und zu denen, die noch zaudernd am Wege stehen, kann man nur sagen: komm und siehe!" [29]

In Marburg war zuvor nach der Ordination Ähnliches geschehen: „Nun hielt Heiler, in Alba und weißer Stola, eine 'Evangelische Messe'. Die Absicht hatte sich schon vorher herumgesprochen, so daß viele gekommen waren, die sonst nicht an diesen abendlichen Andachten teilnahmen. Obwohl die Feier ganz schlicht gehalten war, löste sie doch - mindestens bei den Mitgliedern des 'Evangelischen Bundes' - Empörung aus und hatte eine Protestversammlung im Evangelischen Gemeindehaus zur Folge. Und die Folge davon: die Elisabethkirchengemeinde wagte nicht mehr, Heiler die Kapelle zu überlassen; sie meldete Eigenbedarf an. Die Konsequenz unsererseits: wir richteten uns eine Hauskapelle ein ..." [30]

Unter den Teilnehmern am Meßgottesdienst war auch Karl Bernhard Ritter, Pfarrer an der Marburger Universitätskirche, der Mitbegründer der Berneuchener und spätere Leiter ihrer Michaelsbruderschaft. Als er die Kapelle verließ, erklärte er nachdrücklich - Heiler hat es schmunzelnd des öfteren erzählt: „Nein, so geht es nicht!" Kaum ein Jahr später war er, so fügte Heiler dann hinzu, anderen Sinnes und zum Initiator ähnlich evangelisch-katholischer Gottesdienste bei den Berneuchenern geworden.

In Marburg hätte man sich kaum so aufgeregt, hätten Heilers Gottesdienste nicht bei manchen der Teilnehmenden einen tiefen Eindruck hinterlassen. Diese vorerst einzige öffentliche „evangelische Messe" hatte glücklicherweise keine kirchenrechtlichen Folgen. Heiler selbst muß seinerzeit eine solche „Freudigkeit" gehabt haben, daß ihn die öffentliche Erregung kaum berührte. Ihm half, daß er „seine" Hochkirchler hinter sich wußte.

Deren geistliche Erweckung hatte Anfang des Jahres eine besondere Frucht gezeigt. Am 1. Januar 1927 hatte Heiler die „Evangelische Franziskanerbruderschaft der Nachfolge Christi / Evangelische Franziskanertertiaren" ins Leben rufen können. Zu den Mitbegründern gehörte Paula Schaefer. Auch die Dresdnerin Elisabeth Hempel, später eine tragende Säule dieses Dritten Ordens, war wohl schon von Anfang an dabei. Friedrich Heiler schrieb im Schicksalsjahr 1933 über die Bruderschaft in der „Hochkirche" [31] : „Das franziskanische Lebensideal ist kein anderes als das urchristliche, d.h. die schlichte Nachfolge Jesu, jene Nachfolge, welche die Welt nicht versteht, welche vielmehr der Welt ein Ärgernis ist. Zwar gilt heute die geschichtliche Gestalt des Armen von Assisi als liebens- und bewundernswert ... zugleich aber ruft man einem jeden, der heutzutage wahrhaft franziskanisch zu leben sucht, dasselbe Schimpfwort entgegen, das seine Landsleute ihm nachschrien: pazzo, pazzo (Narr)." (266, Hervorhebung von F.H.)

[29] Niepmann, Chronik, 49.
[30] Heiler, Anne Marie, Friedrich Heiler, 12.
[31] Heiler, Friedrich, Franziskanischer Brief aus dem Heimatlande des Poverello, in: Hki 15 (1933) 265-274.

„Alle Religion und insbesondere das Christentum ist wesentlich Heroismus, freilich nicht ein Heroismus, der sich im wilden Dreinschlagen auf andere Menschen offenbart, sondern ein Heroismus der Liebe, der Hingabe, des Opfers, des Verzichtens, des Duldens und Kreuztragens. Und gerade dieser Heroismus ist heute am allerwenigsten im Kirchenchristentum zu finden. Selbst der 'Heide', der 'Gottlose', der 'Materialist' kann, ohne daß er es weiß und ahnt, in seinem heroischen Lieben, Leiden und Opfern etwas vom göttlichen Mysterium enthüllen. 'Gott kann sich auch von den Lippen eines Atheisten offenbaren' - dieses paradoxe Wort keines geringeren als des großen schwedischen Erzbischofs Söderblom hat mich von jeher tief ergriffen; und dieses Wort ist durch meine Erfahrungen mit Christen und Nichtchristen immer wahrer geworden." (267)

„Wie unter den 'heidnischen' Hindu, so finden sich heute wahre Jesusnachfolger auch unter den vielverlästerten Juden ... Gerade unter den Leiden, denen die Juden heute ausgesetzt sind, vollzieht sich eine wunderbare religiöse Erweckung des Judentums ... Für mich, der ich - offen gestanden - a l s C h r i s t in den letzten Monaten unter der antijüdischen Propaganda schwer gelitten habe, ist die Beobachtung dieser religiösen Erneuerung des Judentums ein großer Trost gewesen ..." (268, Hervorhebung von F.H.)

„Während wir heute in der außerchristlichen, ja außerreligiösen Welt erstaunliche Beispiele franziskanischer Jesusnachfolge schauen, tritt uns in den Reihen der Christen eine geradezu erschütternde Untreue gegen die Forderungen der christlichen Wahrheit und Liebe entgegen." (269)

„Wenn das Evangelium Jesu Christi verdunkelt und verfälscht wird, wenn die aus der Gottesliebe geborene Bruderliebe geschwächt und ertötet wird, dann ist auch das schönste Hochkirchentum mit Bischofsamt und reicher Liturgie nur tönendes Erz und klingende Schelle. Wir brauchen martyres, die mit der Offenheit und der Unerbittlichkeit der Apostel ... für ... das ganze, unverkürzte, unverdorbene Evangelium vor jedermann einstehen. Zu diesem Zeugnis gehört auch, daß sie laut ihre Stimme erheben gegen jede Verletzung des christlichen Sittengesetzes ... Wenn ein Christ nicht den Mut hat, demjenigen, der an unserem Nächsten Unrecht tut, wie Johannes der Täufer ein warnendes Non licet entgegenzurufen, so fällt auf ihn selber die Verantwortung zurück." (271, Hervorhebung von F.H.)

„In einer Welt, welche von Gott getrennt ist, weil sie ohne Liebe ist, in welcher die Dämonie des Hasses, der Rachsucht, der Machtgier die Menschen besessen macht, in dieser Welt wandelt der Christ als Bote der ewigen Liebe, jener göttlichen Liebe, die sich demütigt, die opfert, die rettet, die heilt, die beseeligt. Das höchste Maß der Liebe schuldet der Christ denen, welche am elendsten und hilflosesten sind." (272)

Bei der Ablegung ihres Gelübdes versprechen die Brüder und Schwestern, „zu wandeln in Demut vor Gott und den Brüdern, in innerer Freiheit von allem Besitz, in Reinheit des Leibes und der Seele, in willigem Gehorsam gegenüber meinen Oberen, in Gemeinschaft mit der einen, heiligen, katholischen und apostolischen Kirche, in göttlicher, heiliger Freude, in dienender und opfernder Liebe zu allen Geschöpfen, großen und kleinen, insonderheit zu allen Brüdern und Schwestern, Starken und Schwachen, Gesunden und Kranken, Heiligen und Sündern, Freunden und Feinden und bitten Gott demütig, er möge meiner großen Schwachheit zu Hilfe kommen und mir die Kraft geben, in seiner Gnade diese heiligen Gelübde zu erfüllen und auszuharren bis zu einem seligen Ende." [32]

Auch weil dieser Orden andere als Hochkirchler in sich aufnehmen konnte, selbst Katholiken, so wurde er für die Vereinigung zu einem sonderlichen Kraftzentrum. Eng war von Anfang an die Verbindung mit katholischen Franziskanerinnen in einem umbrischen Eremo. Ihre Leiterin, Sorella Maria (gestorben 1961), wurde zu einem Vorbild für manche, die sie kennenlernen durften. Friedrich Heiler sah in ihr seine "geistliche Mutter".

Noch heute gibt es unter den Hochkirchlern Angehörige dieser Bruderschaft. Doch lebt ihr Vermächtnis vor allem in einem besonderen Zusammenschluß fort. Elisabeth Hempel schreibt darüber: „Eine schon 1936 bei uns eingetretene Jugendleiterin und eine ihrer Gehilfinnen haben zusammen mit christl. Pfadfinderinnen in herrlicher Gegend Frankens eine wunderbar gesegnete, großartige Arbeit aufgebaut: Betreuung von vielen Einzelgruppen, 'Lager' am laufenden Band, Errichtung einer Hauswirtschaftsschule, Erholungsfürsorge und allerlei anderes schaffen ein vielseitiges fröhliches Leben in zwei großen Häusern und auf einer hochgelegenen mittelalterlichen Burg ... Wir freuen uns, unserem lieben Heiligen und der ev.-oek. Bewegung einen gewissen Einfluß auf den spezifischen Charakter dieses weit ausstrahlenden Werkes zuschreiben zu dürfen." [33]
Die Rede ist von den „Frauen vom Casteller Ring", deren Gründerin Christel Schmidt in dieser nicht mehr als „Dritter Orden" zu bezeichnenden ordensmäßigen Lebensgemeinschaft vieles von dem verwirklichte, was Friedrich Heiler in letzter Konsequenz vor Augen stand.

Nach alledem wird es niemanden mehr überraschen, daß auf dem 11. Hochkirchentag am 3. und 4. Oktober 1929 Professor Friedrich Heiler anstelle des um die Vereinigung gleichfalls hochverdienten Pastors Mehl zum Vorsitzenden der Hochkirchlichen Vereinigung gewählt wird. Zum Schriftführer wird in Wiederwahl Pfarrer Schorlemmer bestimmt. Was bewog die Mitglieder der Hochkirchlichen Vereinigung zu dieser Wahl? - Sicher haben sie sich gefragt, ob dieser in theologisch-literarischer Hinsicht so Befähigte, ob dieser auch priesterlich Vorbildliche das Charisma der Leitung habe. Daß er in Auseinandersetzungen schlichten, Streitende zusammenführen konnte, hatte er bewiesen. Wie aber stand es mit seiner Durchsetzungskraft? Konnte er organisieren und delegieren? War er nicht als über den Konfessionen Stehender den ihrer

---

[32] ders., Evangelisches Franziskanertum, in: ders., Im Ringen um die Kirche, 517-535, Zit. 524.

[33] Hempel, Elisabeth, Die evangelischen Franziskanertertiaren, in: EHK 29/II (1957/58) 81-88, Zit. 85.

jeweiligen Landeskirche Verpflichteten zu weit voraus? Würde seine gebrechliche Gesundheit den Aufgaben gewachsen sein? - Einige dieser Fragen beantwortet eine Stimme von damals: „Manche, darunter ich, hatten indes starke Bedenken ihn zu wählen. Wir waren gut landeskirchlich und er erschien uns irgendwie unheimlich.

Unter dem Eindruck seiner überragenden geistigen Bedeutung und einer Frömmigkeit, die ihn ganz und gar durchdringt - wir spürten das trotz seiner großen Zurückhaltung und Schweigsamkeit, so lange er nicht zur Sache sprach - schlug die Stimmung während der informellen Vorversammlung völlig um". [34]

Ich vermute, daß es in Dresden angesichts der Sachkunde und geistlichen Autorität Heilers in allen Arbeitsfeldern der Bewegung keine andere Alternative gab, als auf ihn zuzugehen. Was seine körperliche Anfälligkeit betraf, so wurde dieses Manko allermeist durch seine immense Arbeitskraft mehr als wettgemacht. Überdies hatte man sich vergewissert: Heiler war bereit, sich das Amt auferlegen zu lassen.

Sein bald nach der Wahl erschienener Artikel „Hochkirchliche Aufgaben" vermittelt den Eindruck, daß er sich freute, seine Existenz als Einzelkämpfer in der evangelischen Kirche hinter sich zu lassen und vom Boden einer größeren Gemeinschaft aus um eine Erneuerung ringen zu können. [35] Aus seinen programmatischen Äußerungen das Wichtigste: „Unsere Bewegung hat nur eine Zukunft, wenn wir entschlossen und konsequent katholisch sind ...
Katholisch sein heißt im Gegensatz zu allem häretischen Subjektivismus die g a n z e Schrift bejahen ... katholisch sein heißt, die Schrift selbst im Lichte des ganzen christlichen Lebensreichtums betrachten, denn sie ist selbst nur eine, wenn auch die reinste geschichtliche Erscheinung des Lebensstromes, der aus Christus entsprungen ist und durch seine Kirche strömt ... Katholisch sein heißt treu die ganze einheitliche Überlieferung bewahren, welche die ungeteilte Kirche des Ostens und Westens hinterlassen hat ... Katholisch sein heißt: die ökumenische Kirche über die Teilkirchen, das ökumenische Bekenntnis über die konfessionellen Bekenntnisse, die ökumenische Tradition über die landeskirchlichen Sondertraditionen stellen." (320f, Hervorhebung von F.H.)
„Das Hindernis, das heute einem engeren Kontakt mit den Anglokatholiken und Orthodoxen im Wege steht, ist das Fehlen der apostolischen, besser gesagt der episkopalen S u k z e s s i o n auf unserer Seite; dieser Umstand macht es jenen Kirchen unmöglich, uns als katholisch im vollen Sinne des Wortes anzuerkennen." (323, Hervorhebung von F.H.) „Wollen wir die volle ökumenische Gemeinschaft, so müssen wir unsere unvollkommeneren Weihen - gewiß nicht für ungültig erklären, aber ergänzen und vervollkommnen, indem wir uns in die episkopale Sukzessionslinie einreihen lassen." (324)
„Die evangelische Katholizität als die wahre Katholizität ist das leuchtende Ideal, das der hochkirchlichen Bewegung vor Augen schwebt. Diese erweist

[34] dies., Rückblick auf hochkirchliche Anfänge, in: EHK 29/II (1957/58) 90-94, Zit. 92.
[35] Heiler, Friedrich, Hochkirchliche Aufgaben, in: Hki 11 (1929) 318-331.

sich darin als die getreue Interpretation der C o n f e s s i o A u g u s t a n a , welche ja den Nachweis dafür liefern will, daß es möglich ist, zugleich den evangelischen Rechtfertigungsglauben und die katholische Tradition zu bekennen." (328, Hervorhebung von F.H.) „Die Widerstände gegen unsere Bewegung sind ungeheuer groß ..., sie werden, trotz unserer Berufung auf das lutherische Grundbekenntnis, in dem Maße wachsen, als wir unsere evangelisch-katholischen Grundsätze konsequent und energisch durchführen und von der hochkirchlichen Theorie zur hochkirchlichen Übung schreiten werden. Als theoretisches Programm kann unser heutiger Protestantismus entsprechend seiner intellektualistischen Einstellung das Hochkirchentum noch eher ertragen, aber nimmermehr als lebendige sakramentale Kultgemeinschaft." (329) „Eine Bewegung, die nicht durch die Feuerprobe der Anfeindungen und Verfolgungen hindurchgeht, kann niemals den Sieg über die Geister und Herzen erringen." (330)

Heiler ist auch deshalb bereit, die Herausforderung der Vorstandswahl anzunehmen, weil für ihn die Stunde des Handelns gekommen ist. Um dessentwillen läßt er sich zu Beginn des Jahres 1930 die Schriftleitung der „Hochkirche" aufbürden. In Stunden der Anfechtung mag er sich damit getröstet haben: Der Gebende wird nicht nur er sein. In der Hochkirchlichen Vereinigung waren Frauen und Männer, Theologen und Laien vereint, mit denen zusammenzuarbeiten sich lohnte, und mit denen sich auseinanderzusetzen gleichfalls gewinnbringend war. Arbeit in einem kompetenten Team, hatte ihm das bisher nicht gefehlt? Waren die anstehenden Aufgaben anders zu bewältigen als in Gemeinschaft mit berufenen und ausgewiesenen Gefährten? - Sie gab es seinerzeit in der Hochkirchlichen Vereinigung.

Hier einige Namen derer, die als Weggenossen für Heiler wichtig werden konnten: Dr. Paula Schaefer, Elisabeth Hempel, Carla Freifrau von Spiegel, der literarisch hochbefähigte Paul Schorlemmer, der Heiler zum Freund gewordene reformierte Theologe Gustav Adolf Glinz, Superintendent Dr. Walter Leonhard, der Wegbereiter der Hochkirchlichen Vereinigung, Pastor Heinrich Hansen, der einstige Vorsitzende, Pfarrer Mosel, Studienrat Martin Leuner, Lehrer Wiechert, Pfarrer Galster, der als Anreger unentbehrliche Pfarrer Oskar Johannes Mehl, Pfarrer Walter Drobnitzky, Pfarrer Wilhelm Nachtigal, Prof. von Martin, Pfarrer Dr. Gustav Diettrich. Ein großer Teil von ihnen war - wie Heiler selbst - in den besten Jahren.

Die Bischofsweihe

Die Wahl Friedrich Heilers zum ersten Vorsitzenden der Hochkirchlichen Vereinigung war mit einer bestimmten, festen Hoffnung eines größeren Teils der Mitglieder verbunden. „Mit dieser Wahl Heilers begann ein neuer Abschnitt in der Geschichte der Hochkirchlichen Vereinigung, der nicht zuletzt durch das Bestreben geprägt wurde, die Frage der Apostolischen Sukzession für die Vereinigung zu lösen ... Bereits in einem Schreiben von Pastor G. A. Glinz zum 10. Deutschen Hochkirchentag kann derjenige, der mit der Materie vertraut ist, zwischen den Zeilen lesen, daß die Frage der Apostolischen Sukzession die Hochkirchliche Vereinigung vor ernste Entscheidungen stellt: 'Ich zweifle nicht daran, daß uns in Bälde ein förmlicher Kampf um unser engeres Dasein bevorsteht.' Alle Versuche, die Landeskirchen dazu zu bewegen, die Übernahme des Bischofstitels mit dem bischöflichen Amtsverständnis im Sinne der Apostolischen Sukzession zu verbinden, scheiterten ...' Bereits unter dem 17.11.1929 deutet das HV-Mitglied Klünder in einem Brief, in dem er über die Wahl Heilers zum ersten Vorsitzenden der HV berichtet, die Weihen von Heiler und Glinz zu Vorstehern der Bruderschaft im bischöflichen Amt an." [36]

Tatsächlich waren schon 1926 hochkirchliche Freunde an Heiler mit der Bitte herangetreten, er möge seine ökumenischen Beziehungen nutzen, um eine die presbyteriale Ordination ergänzende episkopale Weihe denen zu ermöglichen, die das wünschten. Heiler entschloß sich daraufhin zu einer diesbezüglichen Anfrage bei seinem väterlichen Freund, Erzbischof Söderblom. Erhalten geblieben ist nur dessen Antwortschreiben vom 14. Januar 1927:

„ ... sagen Sie Ihren Freunden, daß, wie überall in der Kirchengeschichte, die Frage der episkopalen Ordination vorsichtig und gründlich genommen werden muß. In der Kirche darf man nicht Eile haben. Die Sache kommt doch mit Notwendigkeit. Sie wissen auch aus Headlams Buch, daß die apostolische Sukzession nicht die Unabgebrochenheit der Handauflegung bedeutet, sondern daß ein Bischofsstuhl nicht vakant war. Ganz töricht und dilettantisch wäre es, sich an einen episcopus vagans wie Herford zu wenden. Das wäre betrüblich. Wir müssen uns gestatten, eingehender darüber zu sprechen. Ich will gerne dabei behilflich sein, aber diese Sache fordert große Vorsicht, zumal es sich um außerhalb meiner Jurisdiktion stehende Priester handelt. Die einfachste Lösung wäre wohl, daß diejenigen, die so wünschen, sich bei dem von mir geweihten deutsch-baltischen Bischof Dr. Poelchau, Riga, melden, einem weitherzigen und intelligenten Mann, an den Sie sich frei und aufrichtig wenden können. Kein englischer Bischof würde sich zu einem solchen Akt hergeben ohne die Zusage des Erzbischofs von Canterbury, und der denkt evangelisch." [37]

[36] Niepmann, Chronik, 57f.
[37] Brief Söderbloms vom 14. Januar 1927 an Heiler, in: Misner, 268.

Wenn ich diese Zeilen recht verstehe, warnt der Erzbischof vor Ungeduld in dieser Sache. Früher oder später würden die deutschen evangelischen Kirchen um eine Entscheidung nicht herumkommen; ohne apostolische Sukzession werde es ein Zusammenwachsen der Kirchen Christi nicht geben. Die nur presbyterale Ordination wiege nicht so schwer, weil die Kette der apostolischen Sukzession keineswegs lückenlos sei. Ein Vorangehen einzelner stelle jeden Ordinator vor die Frage der Jurisdiktion, insofern er allein diejenigen weihen dürfte, die sich seiner bischöflichen Verantwortung unterstellen.

Für Heiler und seine Freunde war diese Antwort insofern enttäuschend, weil das Zuwarten, das Söderblom empfahl, in ihren Augen bedeutete, das ihnen so wichtige Anliegen auf den Sankt Nimmerleinstag zu vertagen. Daß bei ihren Landeskirchen in absehbarer Zeit im erhofften Sinn etwas in Gang kommen konnte, daran hegten sie in Anbetracht ihrer bisherigen Erfahrungen berechtigte Zweifel. Auf den von Söderblom vorgeschlagenen Ausweg einzugehen, hieße, das Weihebegehren zu einem privaten Anliegen weniger verkümmern zu lassen. Das aber stand mit dem hochkirchlichen Ziel, das (altkirchliche) Bischofsamt den deutschen evangelischen Kirchen zurückzugewinnen, nicht mehr im Einklang. Sollte man deshalb nicht gleich die Weihe eines Bruders aus den eigenen Reihen zum Bischof ins Auge fassen?

Heiler hat lange Zeit so weit nicht gehen wollen. Er hoffte, wenn nicht die schwedischen Lutheraner, so eine andere, von deutschen evangelischen Christen geachtete Kirche für den Dienst einer Zusatzordination gewinnen zu können. Auch dies würde aufhorchen lassen, aber das Ärgernis bliebe verhältnismäßig klein. So richtete er am 10. August 1928 ein längeres Schreiben an die altkatholische Bischofskonferenz.[38] Er schrieb nicht im Namen einiger Freunde, sondern im Namen der Evangelischen Franziskanertertiaren-Bruderschaft. Anders als bei der Korrespondenz mit dem schwedischen Erzbischof blieb diesmal Heilers Anfrage, nicht aber die Antwort der Bischofskonferenz erhalten. Das Schreiben Heilers hat - leicht gekürzt - folgenden Wortlaut:

„Die evangelische Franziskanertertiaren-Bruderschaft richtet an die hochwürdigste altkatholische Bischofskonferenz die ehrerbietige Bitte, ihrem unterzeichneten Leiter sowie ihrem Mitleiter Pfarrer G. A. Glinz in Müllheim (Schweiz), die beide nur im Besitze von nichtepiskopalen presbyterialen Ordinationen sind, die katholische Priesterweihe durch einen altkatholischen Bischof erteilen zu lassen. Sie bittet ferner, daß späterhin evangelische Geistliche und Theologen, die der Bruderschaft beitreten, auf Ansuchen ebenfalls die Priesterweihe durch einen altkatholischen Bischof erhalten.

Seit dem Entstehen der Hochkirchlichen Bewegung in Deutschland (1918) bestand bei einzelnen Vertretern derselben der Wunsch, durch Reordination durch einen katholischen Bischof die eigenen evangelisch-presbyterialen Or-

---

[38] Die Altkatholiken waren ihm brüderlich nahe. Noch 1925 hatten sie ihn zu einem größeren Vortrag geladen (vgl. oben Anm. 20).

dinationen zu ergänzen und sich so in die volle apostolische Sukzession im traditionellen Sinne einzureihen ... Sie haben deshalb mit Bischöfen verschiedener Kirchen Fühlung genommen ... Der mariawitische Erzbischof sowie der administrateur spirituel der gallikanischen Kirche hatten sich bereit erklärt; der Bischof der Evangelical Catholic Communion in Oxford (der von einem syrischen Bischof konsekriert ist) hatte sich wiederholt zur Erteilung von Weihen, sogar einer Bischofsweihe, spontan angeboten ... Die 'Hochkirchliche Vereinigung' ... umfaßt zu viele konfessionell-lutherische Mitglieder, als daß sie schon heute als Körperschaft mit katholischen Bischöfen in Verhandlungen treten könnte ... Deshalb hat der Unterzeichnete in Übereinstimmung mit den beiden Mitleitern der evangelischen Franziskanertertiaren, Pfarrer G. A. Glinz und Pfarrer M. Heinz, Zürich (christkatholisch), es für richtig erachtet, im Namen dieser Bruderschaft mit der Bitte um die Priesterweihe heranzutreten.

Es schien uns geboten, uns in erster Linie an die altkatholischen Bischöfe zu wenden, da die altkatholische Kirche die älteste und größte katholische Kirchengemeinschaft außerhalb Roms darstellt und da ihre Weihen (im Unterschied von den anglikanischen) von der ganzen Ostkirche wie von der römischen Kirche anerkannt sind ...

Hinsichtlich unserer dogmatischen Stellung besteht keinerlei Schwierigkeit. Unsere Grundsätze ... decken sich mit denen der Utrechter Erklärung der altkatholischen Bischöfe. Der Unterzeichnete hat diese Grundsätze in einer Reihe von Veröffentlichungen vertreten, desgleichen Pfarrer Glinz in seinen Aufsätzen in der 'Una Sancta' ... Wir lehnen den jurisdiktionellen Universalepiskopat des Papstes im Sinne des Vatikanums ab, betonen aber den historischen und providentiellen Primat des römischen Bischofs als einen Primat der Ehre und geistlichen Leitung in demselben Sinne wie ihn die Väter der alten Kirche und die ökumenischen Konzile anerkannt haben.

Wenn wir trotz unseres altkirchlichen Standpunktes nicht einfach zur altkatholischen Kirche konvertieren, so ... weil wir uns berufen fühlen, in den evangelischen Kirchen den wahrhaft katholischen Geist zu erwecken ... In dem Augenblick, wo wir einen formellen Übertritt zur altkatholischen Kirche vollzögen, würden wir unser ganzes bisheriges Werk zerstören und uns jede Möglichkeit einer Beeinflussung protestantischer Kreise abschneiden. Dazu kommt, daß wir bestimmte, uns wesentliche reformatorische Erkenntnisse festhalten und uns liebgewordene evangelische Traditionen weiterpflegen wollen ...

Zwei weitere scheinbare Schwierigkeiten bedürfen der Klärung. Die erste betrifft die Frage der kirchlichen Jurisdiktion. Bei der zahlenmäßigen Kleinheit unserer erst vor eineinhalb Jahren gegründeten Bruderschaft und ihres Freundeskreises dürfen wir nicht um die Konsekration eines eigenen Bischofs nachsuchen, obgleich dadurch diese Schwierigkeit wegfiele. Wir sind jedoch bereit, uns unter die Jurisdiktion der jeweiligen altkatholischen Bischöfe zu stellen, ähnlich wie das in der anglikanischen Kirche bei den einzelnen Ordensgesellschaften der Fall ist. Wir sind bereit, Ihnen regelmäßig Bericht über unsere Arbeit zu erstatten, vor jedem neuen Schritt Sie von diesem in Kenntnis zu setzen und uns Ihrer Zustimmung zu versichern ...

Die zweite scheinbare Schwierigkeit betrifft unsere Stellung zu den evangelischen Kirchen, deren Rahmen durch die Aufrichtung einer selbständigen Organisation gesprengt zu werden scheint ... Doch innerhalb der evangelischen Kirchen bestehen nicht wenige ähnliche Sondergruppen. So die Herrnhuter Brüdergemeine, die katholisch-apostolische Kirche, eine Reihe von sogenannten evangelischen 'Gemeinschaften' ... und die sehr verbreitete Christengemeinschaft ... Mit dem gleichen Recht können auch wir ... eine evangelisch-katholische Gemeinschaft innerhalb der evangelischen Kirchen aufbauen und einer katholischen Richtung innerhalb der evangelischen Theologie und Kirche vorarbeiten...

Wir hoffen, daß wir ... besonders in Freizeiten ... innerhalb des kontinentalen Protestantismus eine ähnliche Bewegung hervorrufen können wie die Oxfordbewegung innerhalb der anglikanischen Kirche ..." [39]

Trotz seines großen Entgegenkommens in der Frage der Jurisdiktion muß Heiler einen abschlägigen Bescheid erhalten haben. Auch von altkatholischen Bischöfen konnten nur solche Priester geweiht werden, die den Übertritt zur altkatholischen Kirche nicht scheuten. So war in dieser schwierigen Sache nur dadurch weiterzukommen, daß man die Bischofsweihe für einen oder zwei Brüder ins Auge faßte und auf das Angebot eines der im gerade zitierten Schreiben genannten, zum Entgegenkommen bereiten Bischöfe einging. Diese hatten allerdings nur kleine kirchliche Gemeinschaften hinter sich. Aber Zweifel an der Gültigkeit ihrer Weihen waren nicht möglich. Und das war entscheidend.

Heiler hat lange gezögert, auch nur als Anwärter für das Amt eines apostolischen Vorstehers gelten zu sollen. Er hat das Bischofsamt nie angestrebt.[40] Als er 1929 in Dresden zum ersten Vorsitzenden der Hochkirchlichen Vereinigung gewählt worden war, schien ihm eine eigene Anwärterschaft allein deshalb nicht möglich, weil er ja nun auch dem landeskirchlich orientierten Flügel der HV gerecht werden mußte.

Um in der Sache weiterzukommen, beschloß man die Bildung eines von der Hochkirchlichen Vereinigung unabhängigen Aktionskreises. Im Herbst 1929 wird die „Evangelisch-Katholische Eucharistische Gemeinschaft" ins Leben gerufen und zu ihrem Vorsitzenden Friedrich Heiler gewählt. Heiler selbst war auf diesen Ausweg gekommen.[41]

---

[39]   Heiler, Friedrich, Schreiben an die altkatholische Bischofskonferenz vom 10. August 1928 (unveröffentlicht).

[40]   „Er selbst hatte das Bischofsamt nie angestrebt, glaubte aber, daß ein landeskirchlicher Pfarrer in der damaligen Zeit noch größere Schwierigkeiten haben werde als er. Und bei ihm waren sie - von Mißtrauen bis zu Anfeindungen in Fakultät und Landeskirche - groß genug." (Heiler, Anne Marie, Friedrich Heiler, 13).

[41]   Niepmann, Chronik, 58f.

Wie nicht anders zu erwarten, hatte dies zu Irritationen geführt. Pfarrer Mosel stand im Begriff, um dieser „Machenschaften" willen die Hochkirchliche Vereinigung zu verlassen. Heiler hat das gerade noch mit einem verdeutlichenden Brief vom 1. Januar 1930 verhindern können. Weil er weiteres Licht in die Vorgeschichte der Weihen bringt und das Verhältnis der Hochkirchlichen Vereinigung zur Evangelisch-Katholischen Eucharistischen Vereinigung erläutert, sei er hier nahezu in vollem Umfang wiedergegeben:

„Von Herrn Wiechert vernahm ich, daß Sie wegen der Berliner Weiheaktion Bedenken trügen, weiterhin Mitglied der HV zu bleiben. Ich glaube, daß dabei ein Mißverständnis vorliegt. Bei meinem Antritt des Amtes eines ersten Vorsitzenden hatte ich den Berlinern ausdrücklich erklärt, daß die HV als solche keinerlei Aktion hinsichtlich der Weihen unternehmen dürfe. Ich empfahl, daß die zahlreichen Mitglieder der HV, welche die Erlangung der Weihen als wünschenswert betrachten, sich zu einer selbständigen 'Evangelisch-Katholischen Eucharistischen Gemeinschaft' zusammenschlössen. Ich hatte mich ursprünglich auch geweigert, bei der Übertragung der Weihen als Mittler zu dienen mit Rücksicht auf meine Stellung als erster Vorsitzender, und meinen Freund Glinz dafür empfohlen. Da dieser aber sehr leidend ist (er wird sein Pfarramt aufgeben), habe ich mich schließlich dem Wunsche der Mitglieder der neu gegründeten Gemeinschaft gefügt. Wahrscheinlich werde ich aber nicht direkt von dem gallikanischen und dem armenischen Bischof die Weihen empfangen, sondern nur indirekt von Pfarrer Glinz. Die Frage ist noch nicht vollständig geregelt. Jedenfalls wird die HV als solche mit der Angelegenheit offiziell nichts zu tun haben. Auch habe ich von Anfang an ausdrücklich erklärt, daß innerhalb der HV nach meinem eventuellen Empfang der Weihen keinerlei Abstufungen gemacht werden dürfen und etwa diejenigen hochkirchlichen Geistlichen, die sich den Weihen nicht unterziehen, als 'hochkirchlich zweiten Grades' angesehen werden dürften. Ich selbst lege auf die 'apostolische Sukzession' längst nicht das Gewicht wie die Anglikaner und wie viele aus unseren Reihen, schon deshalb, weil ich als Historiker den späten Ursprung der Sukzession kenne ... Ich verstehe wohl, daß Sie mit meiner grundsätzlichen ökumenischen Haltung nicht ganz einverstanden sein können. Es ist mir bei meiner ganzen Vergangenheit und bei meinen ökumenischen Erfahrungen unmöglich, einen ausgesprochen landeskirchlich-konfessionellen Standpunkt einzunehmen. Ich glaube auch nicht, daß von einem solchen Standpunkt aus eine wirksame Reform der Landeskirchen möglich ist. Aber derartige Verschiedenheiten scheinen mir die Zusammenarbeit mit der konfessionell gerichteten Minorität der HV nicht zu hindern ... [Ich] nehme alle Rücksicht auf sie und bin bemüht, alle extremen Tendenzen ... zu zügeln." [42]

Diesem Brief zufolge war also Glinz aus gesundheitlichen Gründen als Hauptanwärter für das Vorsteheramt ausgeschieden. - Aus welchen Gründen hat Heiler seine Zurückhaltung aufgegeben und sich selbst zur Verfügung

---

[42] Brief Heilers in: Niepmann, Chronik, 67.

gestellt? Gab es keine anderen Kandidaten? - Es hätte wahrscheinlich geeignete gegeben. Vermutlich waren es zwei Argumente, die Heiler schließlich umstimmten. Zum ersten sein Rang als ökumenischer Theologe. Wenn *er* sich zu einem solchen Schritt entschlossen haben würde, hätte das ein anderes Ansehen und Gewicht und würde ernster genommen werden als bei einem mehr oder weniger unbekannten Geistlichen. Was weiter ins Gewicht gefallen ist, war Heilers relative Unabhängigkeit als Hochschullehrer. Was einen landeskirchlichen Pfarrer damals um seine Stellung gebracht hätte, werde man einem Hochschullehrer eher durchgehen lassen, so die Hoffnung vieler. Und schließlich: Heiler selbst hatte zum Ernstmachen aufgerufen. Wo sich die Frage eines entscheidenden Schrittes mit solcher Dringlichkeit stellte, sah er sich um der eigenen Glaubwürdigkeit willen genötigt, seine Zurückhaltung aufzugeben. Überdies war der Priester in ihm wohl schon lange bereit, das Amt, wenn es denn sein sollte, auf sich zu nehmen.

Am 27. und 28. August 1930 waren die an der Bischofsweihe unmittelbar Beteiligten im Kirchlein des Schweizer Diakonievereins zu Rüschlikon versammelt: der gallikanische Bischof Pierre-Gaston Vigué (Bischofsname Petrus) als Konsekrator, der mit ihm weihende Bischof Aloys Stumpfl (Bischofsname Timotheus), ein von dem evangelisch-katholischen Bischof Vernon Herford geweihter Vorsteher einer kleinen österreichischen Gemeinschaft, sowie die beiden hochkirchlichen Geistlichen Gustav Adolf Glinz und Friedrich Heiler. Da auch Glinz Heiler die Hände auflegen sollte, empfing er die apostolische Vollmacht am 27. August. Am 28. folgte ihm Heiler. Alles ging nach der Ordnung des Pontificale Romanum vor sich. Glinz erhielt den Namen Johannes, Heiler durfte sich Irenäus nennen. Die Dokumente der Bischofsweihe weisen eine Reihe beachtlicher Vorgänger auf. Heiler hat es immer als beglückende Verpflichtung empfunden, daß ein Strang seiner „Ahnenschaft" über die syrischen Jakobiten auf das Patriarchat von Antiochien zurückging.[43]

So war also nun doch geschehen, was Söderblom hatte verhindern wollen. Anne Marie Heiler hat dazu vermerkt: „Da alle anderen Versuche (über die schwedische oder die anglikanische Kirche) fehlschlugen, sah H. den eingeschlagenen Weg zwar als Notlösung, aber als absolut richtig und gültig an."[44] Dem Haupteinwand Söderbloms hat Heiler später einmal folgendes entgegengehalten: „Der Einwand, daß es sich bei den Bischöfen der gallikanischen Kirche um *episcopi vagantes*, d.h. Bischöfe ohne Gemeinden handele, ist un-

[43] „Nach Peter F. Anson, Bishops at Large, London 1964, S. 309 mit 312 wurde Pierre-Gaston Vigué vom christkatholischen Bischof E. Herzog, Bern, zum Priester und am 28.12.1921 von Louis-Marie-François Giraud zum Bischof geweiht. Vigué war noch im Jahre 1956 tätig. Seine Sukzessionslinie ging ... über Joseph René Vilatte (1854-1929) auf Mar Julius (Antonio Alvarez aus Goa, Bischof einer kleinen schismatischen Kirche hauptsächlich in Ceylon) und Mar Ignatius Peter III, jakobitischer Patriarch von Antiochien im späten 19. Jahrhundert, zurück." (in: Misner, 338, Anm. 2).

[44] Heiler, Anne Marie, Friedrich Heiler, 13.

zutreffend: die gallikanische Kirche, die Nachfolgerin der Napoleonischen *Petite Eglise*, besitzt ein geordnetes Kirchenwesen mit mehreren Kirchen und Pfarreien und mit geregelter Seelsorge. Auch ist die Gültigkeit einer Weihe unabhängig von dem Vorhandensein einer Gemeinde ..." [45]

Nach der Weihe kam es - wie erwartet - zum Eintritt einer Reihe von Geistlichen der Hochkirchlichen Vereinigung in den altkirchlichen ordo der Kirche. Ebenfalls empfing eine nicht geringe Zahl von Laien das Sakrament der Firmung. Darüber hinaus wurden Franziskanertertiarinnen zu Diakonissen im altkirchlichen Sinn geweiht.

In diesem kritischen Augenblick gelang es Heiler, die Hochkirchliche Vereinigung zusammenzuhalten. Im Grunde wollten alle, Geweihte wie Nichtgeweihte, dasselbe. Nur darin war man verschiedener Meinung, ob es ratsam sei, den Landeskirchen voran einen ersten, entscheidenden Schritt zu tun. Manche hatten sich weihen lassen aus der Sehnsucht heraus, in ihrem Dienst den Aposteln, ja dem Herrn der Kirche enger verbunden zu sein. Andere dachten wie Heiler vor allem an den Symbolwert und die ökumenische Bedeutung der Handlung. Ein mutiger Schritt war es in jedem Fall. Um dieses Mutes willen galten die Geweihten vielfach als eine Art „Vorausabteilung". In der Tat war es diesen Vorwärts-Stürmenden zu verdanken, daß auch in gottesdienstlicher Hinsicht manches anders und besser wurde. Alle waren sie damals von dem Gedanken beflügelt: Bei uns wird nicht mehr nur geredet, sondern gehandelt.

Noch freilich wollte man das Geschehene nicht an die große Öffentlichkeit bringen. Es war zu frisch, und wie es sich in den eigenen Reihen auswirken würde, mußte erst abgewartet werden. Aber wie so oft bei derartigen Ereignissen kam die Bischofsweihe Heilers durch die Unvorsichtigkeit eines Mitwissers früh ans Licht. Der „Evangelische Bund" erneuerte seine Angriffe auf den ersten Vorsitzenden der Vereinigung. Nicht wenige evangelische Christen - darunter auch Theologen - sahen in dem Schritt Heilers einen Verrat heiligster evangelischer Güter. Noch heute steht mir vor Augen, wie eines Tages unser Religionslehrer am Bielefelder Gymnasium uns Primanern mit allen Zeichen des Entsetzens berichtete, was sich da ein evangelischer Theologieprofessor aus Marburg herausgenommen habe. Wenn das Schule mache, wäre es bald um die von Luther errungene „Freiheit eines Christenmenschen" geschehen; ein Rückfall der evangelischen Kirchen in die Botmäßigkeit der Kirche Roms läge in der Luft!
Nun erwies es sich als richtig, daß eben Friedrich Heiler das apostolische Amt auf sich genommen hatte. Er hatte Angriffe vorausgesehen und Vorsorge getroffen. In drei großen Artikeln hatte er das Vorgehen der Evangelisch-

---

[45]   Heiler, Friedrich, Apostolische Sukzession, in: Hki 12 (1930) 34-54. Erweitert und verändert in: ders., Im Ringen um die Kirche, 479-516, Zit. 510f, Anm. 701 (Hervorhebung von F.H.).

Katholischen Eucharistischen Vereinigung begründet.[46] Nichts, so wurde klar, hatte ihm und seinen Freunden ferner gelegen, als die Gültigkeit der presbyterialen Ordination im deutschen Protestantismus anzuzweifeln. „Es gilt auch zu bedenken, daß in den Wirren der Reformation das bischöfliche Amt (wenigstens im Luthertum) gar nicht bewußt abgeschafft wurde, daß vielmehr oft mangels an evangelischen Bischöfen einfache Priester die nötigen Ordinationen vorzunehmen gezwungen waren." [47]

Nach Heilers Auffassung ist eine presbyteriale Ordination auch eine Form apostolischer Sukzession, entspricht sie doch der Weitergabe des Amtes in der Urkirche. Für ihn aber war und blieb sie eine Notordnung, die im ökumenischen Zeitalter der Kirche durch die alte episkopale Ordination ersetzt werden sollte. Haben doch an ihr wie am Amt eines Oberhirten nicht nur alle katholischen, sondern auch eine Reihe evangelischer Kirchen festgehalten. Nach Heiler erfordert allein die Bedeutung des Bischofsamtes als eines „ökumenischen Organs" eine rasche Wiedereinführung.

Bei der apostolischen Sukzession geht es noch um mehr als um die Rückgewinnung des Bischofsamtes. „Die apostolische Sukzession ist ein wundervolles Sinnbild für den ununterbrochenen Lebenszusammenhang der Kirche von heute mit der Kirche vergangener Zeiten bis hinauf zur Kirche der Apostel, ein Unterpfand für die Mitteilung des Heiligen Geistes und der göttlichen Gnade." (504) Dahinter steht die Überzeugung, „daß das kirchliche Amt nicht eine menschliche, sondern eine göttliche Einrichtung ist ..." (504) „Die Eingliederung in die apostolische Sukzession ist das S i e g e l und die Vollendung unserer ganzen k a t h o l i s c h e n Bestrebungen. Wir haben - o h n e e i n w a h r h a f t e v a n g e l i s c h e s G u t v e r l o r e n z u h a b e n - nun alle wahrhaft katholischen Glaubenswahrheiten, Kult- und Frömmigkeitsformen zurückgewonnen ..." (504, Hervorhebung von F.H.) „Wir müssen den A n s t o ß beseitigen, den wir Brüdern der orthodoxen, römischen und anglikanischen Kirchen damit geben, daß wir die Eucharistie und die übrigen Sakramente im katholischen Sinne feiern, ohne durch vollkatholische Weihen dazu ermächtigt zu sein ... Eine I n t e r k o m m u n i o n mit diesen Kirchen ist jedoch nur dadurch zu erlangen, daß wir uns ... in die episkopale Sukzession eingliedern lassen." (508, Hervorhebung von F.H.)

Heiler zitiert in diesem Zusammenhang Siegmund-Schultze, der nach der Lausanner Konferenz erklärte: „An diesem Punkte wird in künftigen Jahren das eigentliche Problem der organisatorischen Einigung der Kirchen zu suchen sein." [48] Heiler ist sich darüber im klaren, daß viele evangelische Christen die Annahme der episkopalen Amtsübertragung als ein „Zu-Kreuze-

---

[46] Heiler, Friedrich, Hochkirchliche Aufgaben, in: Hki 11 (1929) 318-331; ders., Apostolische Sukzession, in: Hki 12 (1930) 34-54; ders., Im Kampf um die apostolische Sukzession, in: Hki 13 (1931) 276-284.

[47] ders., Apostolische Sukzession, in: Im Ringen um die Kirche, 499.

[48] Siegmund-Schultze, Friedrich, Die Weltkonferenz in Lausanne, Erster Gesamtbericht, Berlin 1927, 164; hier zitiert nach Heiler, Friedrich, Apostolische Sukzession, 509.

Kriechen" empfinden werden. Doch im Reiche Christi sei, so sagt er, derjenige der Größte, der sich am tiefsten demütige. Nur einer in dieser Sache zuvorkommenden Demut sei es verheißen, die Einheit der Kirche anzubahnen.[49] Wer dazu bereit sei, habe auch das Recht, ja die Pflicht, wesentliche evangelische Überzeugungen in das Verständnis der successio apostolica einzubringen. Dies laufe auf ein Dreifaches hinaus:

1. „Die Eingliederung in die apostolische Sukzession darf nur Symbol und Unterpfand für etwas Inneres, Geistiges sein, nämlich für die Mitteilung des Heiligen Geistes und die innere Kontinuität mit der Kirche des christlichen Altertums ... die bloße äußere Kontinuität und Legitimität kann uns schlechterdings nichts geben ..." (513)

2. Deshalb verbietet sich ein geistlicher Hochmut von selbst. „Wer, im Besitz der vollen apostolischen Sukzession befindlich, mit einem verächtlichen Seitenblick auf andere sich seiner 'gültigen' Weihen rühmen wollte, der 'rühmte sich am Fleische'... der verfiele dem Fluch des Apostels über jene, welche unsere Freiheit in Christo bedauern (Gal. 2,4)" (514).

3. „Damit wir aber frei bleiben von jedem Mechanismus und von jeder frommen Selbstüberhebung, gilt es, ein Gegengewicht gegen die Anerkennung dieser rechtlichen Institution zu schaffen ... Wir dürfen nur dann ehrwürdige altkirchliche Institutionen erneuern, wenn wir zugleich das p h r o p h e - t i s c h - p n e u m a t i s c h e Element des Urchristentums wieder in sein Recht einsetzen." (514, Hervorhebung von F.H.) „Wenn schon in den großen Tradi-tionskirchen neben dem Priesteramt das Laienwirken steht, dann kommt erst recht uns Verfechtern der evangelischen Katholizität die Aufgabe zu, für die rechte urchristliche Harmonie von kirchlichem Amt und freiem Prophetismus zu wirken." (514f)

Es waren wohl diese Darlegungen, um derentwillen der durch den Protestantismus gehende Sturm der Entrüstung für Heiler und seine hochkirchlichen Freunde ohne kirchenrechtliche Auswirkungen blieb. Innerhalb der evangelischen Freiheit hatte vieles Raum; so mußte man - wohl oder übel - auch diesen Kreis evangelisch-katholischer Avantgarde gewähren lassen. Die Weiheaktion war um ihres „privaten" Charakters im Rahmen der Evangelisch-Katholischen Eucharistischen Gemeinschaft willen nicht zu beanstanden. Ihre ökumenische Begründung und Zielrichtung mußte respektiert werden. Man war davon überzeugt, daß der Kreis von Heißspornen um den konfessionellen Grenzgänger Heiler bald merken würde, wie sehr er durch seine Aktion ins Abseits geraten wäre.

Heiler selbst haben die Anwürfe und Verdächtigungen schwer zugesetzt.[50] Er wußte aber: Die Aufregung war deswegen so groß, weil er einen neuralgischen Punkt berührt hatte. Die Hoffnung war also nicht unbegründet, daß der Aufregung eine ernsthafte Besinnung folgen werde. - Bald freilich wurde alles

---

[49]   Heiler, Friedrich, Apostolische Sukzession, 509.
[50]   Vgl. Niepmann, Chronik, 72f.

43

überlagert durch die lebensbedrohende Herausforderung, in welche die beiden großen christlichen Konfessionen durch das Erstarken der Nationalsozialisten und ihre „Machtergreifung" am 30. Januar 1933 gerieten. Durch diese Ereignisse kam auch die Hochkirchliche Vereinigung erneut in eine schwere Krise (vgl. „Das schlimme Jahr 1933").

Die Meßordnung der „Evangelisch-katholischen Eucharistischen Gemeinschaft" (1931)

Zwischen der Bischofsweihe und einem wieder auf altkirchlichem Grund ruhenden ökumenischen Gottesdienst hat Heiler immer einen engen Zusammenhang gesehen. Darum hieß die „Vorausabteilung" der Hochkirchlichen Vereinigung gleich „eucharistische" Gemeinschaft. Darum rief Heiler, kaum daß das erste große Ziel erreicht war, zur Konzentration auf die Feier der Eucharistie auf. Auch in Anbetracht der durch den deutschen Protestantismus gehenden Welle der Empörung durfte man weder innerhalb noch außerhalb der Hochkirchlichen Vereinigung auf die Bischofsfrage fixiert bleiben.

Im Mai 1931 diente ein Heft der „Hochkirche" dem Abdruck eines neuen Gottesdienstformulars. Es trägt die Überschrift „Eucharistiefeier der Evangelisch-katholischen Eucharistischen Gemeinschaft" [51]. Im vorausgehenden Heft 3/4 hatte Heiler die Ordnung - wie der Chronist richtig bemerkt - mit einem großen Aufsatz gleichsam vorbereitet.[52]

Einige der Hauptgedanken: Die Ohnmacht des protestantischen Gottesdienstes liegt darin begründet, daß in ihm das Mysterium erloschen ist. Mag dieser Gottesdienst gegenüber dem römischen und ostkirchlichen unverkennbare Vorzüge besitzen, sie wiegen das Fehlen des in den katholischen Kirchen treulich bewahrten Mysteriums nicht auf. Im Protestantismus hat sich die Theologie derart in einen puritanischen Gottesdienstbegriff verrannt, daß sie außerstande ist, den sakramentalen Charakter des urchristlichen Gottesdienstes zu erkennen oder, wenn sie ihn erkannt hat, ihn gar als Abfall von einem ursprünglich „geistigen" Gottesdienst brandmarkt.

Wer als Pfarrer und Laie gegen diese Reduktion ankämpfen möchte, sieht sich einer fast geschlossenen Abwehrfront gegenüber. Er kann in seiner Liebe zum Sakrament nur durchhalten, wenn er durch Gottesdienste im Kreis Gleichgesinnter gestärkt wird. Gelegentliche Sakramentsgottesdienste auf hochkirchlichen Tagungen genügen nicht. Auch die in einzelnen Ortsgruppen angebotenen Gottesdienste reichen im Hinblick auf die im deutschen Sprachraum überall verstreuten Mitglieder nicht aus. Daher kam der Gedanke einer besonderen Bruderschaft zur Pflege des sakramentalen Lebens auf. Sie hält entschieden fest an der evangelischen Grundhaltung, an allem wirklich Großen und Wertvollen des reformatorischen Erbes, zugleich aber bejaht sie den wahrhaft katholischen Sakramentalismus und schlägt damit die Brücke zur alten Kirche. Sie erstrebt - in innerer Fühlung mit der liturgischen Bewegung innerhalb der römischen Kirche wie mit der ökumenischen Bewegung - eine schöpferische Erneuerung des frühchristlichen sakramentalen Glaubens und Lebens. Die wichtigste Aufgabe der eucharistischen Bruderschaft ist die häufige und regelmäßige Feier der Eucharistie.

---

[51] in: Hki 13 (1931) 145-162.
[52] Heiler, Friedrich, Vom Neuentzünden des erloschenen Mysteriums, in: Hki 13 (1931) 102-116. Vgl. Niepmann, Chronik, 70f.

Und nun wörtlich: „Laßt uns nicht erschrecken vor dem Geschrei derer, welche mit dem Mißbrauch des Wortes 'katholisch' die Zurückbringung des urchristlichen Mysteriums in den evangelischen Gottesdienst verhindern wollen. Lasset uns das sein, was der Apostel von sich sagt: 'Haushalter über Gottes Geheimnisse' (1. Kor. 4,1); wir wollen entschlossen das Geheimnis in unser weithin entseeltes Kirchentum und in unsere großenteils entseelte Menschheit hineinstellen, damit von ihm das ganze Leben erneuert und verklärt werde." [53]

Eine Frage ist nun nicht mehr länger zurückzuhalten: Erst im September 1927 hatte die Hochkirchliche Vereinigung eine neue verbindliche Meßordnung herausgegeben. Warum genügte sie so bald nicht mehr? - Ich habe dieses frühere Formular leider nie zu Gesicht bekommen. Ich vermute, hierin waren die liturgischen Erfahrungen und Einsichten des neuen Vorstehers noch nicht oder wenigstens nicht voll zum Tragen gekommen. Es entsprach in mancher Hinsicht noch nicht dem eben entwickelten Ideal. Es war noch zu konfessionell-evangelisch, als daß es seiner ökumenischen Bedeutung und Aufgabe gerecht geworden wäre.

Die Ordnung von 1931 soll deshalb die erste sein, auf die ich näher eingehe. Auf eine detaillierte Erläuterung freilich möchte ich verzichten, denn auch diese Ordnung wurde 1939 durch eine vorläufig endgültige ersetzt. Ihre Neuherausgabe 1948 erfuhr keine wesentlichen Veränderungen. Erst diese „Deutsche Messe" hat Heiler selbst bis in die Einzelheiten hinein begründet. Davon soll hier nicht zu viel vorweggenommen werden. Immerhin ist das Formular von 1931 eine wichtige Station auf dem Wege der Hochkirchlichen Vereinigung. Und wenn irgendetwas die sogenannte liturgische Bewegung in den dreißiger Jahren innerhalb der evangelischen Kirchen initiiert und befruchtet hat, dann war es diese Ordnung.

„Evangelisch-katholische Eucharistiefeier" - schon die Wahl des Titels zeigt, daß man von vornherein mit offenen Karten spielen wollte. Die sehr alte Bezeichnung „Eucharistie" war nicht nur im evangelischen, sondern auch im katholischen Lager so gut wie vergessen. Das griechische eucharistia deutet ein Verhalten an, das aus göttlicher Gnade (charis) hervorgeht und empfangene Liebe zurückstrahlt. Ein der Kommunion vorausgehendes großes Dankgebet, das auch die Einsetzungsworte enthielt, wurde schon anfangs des 2. Jahrhunderts als „Eucharistie" bezeichnet und gab dem ganzen Gottesdienst diesen Namen. Das war insofern gerechtfertigt, als über dem Mahl des Gedächtnisses von vornherein der Glanz des himmlischen Freudenmahles lag. Wenn Heiler diese in Vergessenheit geratene Bezeichnung wieder ans Licht und zum Tragen brachte, tat er es in der Hoffnung, von solch überirdischer Freude würde auch auf evangelischer Seite wieder etwas begriffen.

---

[53] Heiler, Friedrich, Vom Neuentzünden, 115f.

Im übrigen waren die evangelischen Gläubigen mit dieser Ordnung nicht in der Fremde. Selbstverständlich vollzog sich alles in der Muttersprache. Bestimmend war das Lutherdeutsch der biblischen Texte. Die Gemeinde war mit Responsorien stark beteiligt. Einen nur dem am Altar dienenden Priester vorbehaltenen Passus gab es nicht. Das evangelische Liedgut kam voll zu Ehren.

Die beiden Hauptteile - der Wort- und der Sakramentsgottesdienst - werden wie in der altkirchlichen Didache (Zwölfapostellehre) als „Vormesse (Katechumenenmesse)" und „Gläubigenmesse" bezeichnet. Man hat das als unnötig archaisierend empfunden. Heiler aber schien es damals wohl wichtig, damit die in der alten Kirche geübte Arkandisziplin nicht in Vergessenheit geriete. Die noch Ungetauften und noch nicht Eingeweihten sollten wie die Büßenden der Kommunionfeier fernbleiben.

Die „Vormesse" beginnt mit einem Gemeindelied (145). Ihm folgt - während der Priester mit dem Diakon einzieht - der im Wechsel zweier Gemeindehälften oder der Gemeinde mit dem Chor gesungene Eingangspsalm (145). Der Priester und Diakon halten vor den Stufen des Altars inne. Der Priester betet abwechselnd mit der Gemeinde das sogenannte Stufengebet (145), das zum größeren Teil aus Psalm 43,1-5 besteht. Es folgt das dadurch gut vorbereitete Sündenbekenntnis des Priesters vor den Ohren der Gemeinde und der Gemeinde vor den Ohren des Priesters, wobei eins für das andere die Vergebung Gottes erfleht. Das Kyrie eleison (147f) erscheint sodann als das, was es von Anbeginn her war: als gemeindliches Responsorium eines (ersten) allgemeinen und jeweils vom Diakon angesprochenen Fürbittengebetes. Auch das Ehre sei Gott in der Höhe (148f) steht nicht so isoliert wie heute zumeist. An seiner (auch schon frühen) Entfaltung ist die Gemeinde wiederum respondierend beteiligt. Nun betet nach der Salutatio der Priester das Gemeindegebet (149) Die Gemeinde bestätigt es mit ihrem Amen. Die ursprünglich drei Schriftlesungen sind auf eine Epistel- und eine Evangelienlesung geschrumpft (149f). Der Gradual-Psalm zwischen ihnen erklingt möglichst wieder im Wechsel zwischen Chor und Gemeinde. Die nun folgende Predigt wird durch Liedverse der Gemeinde eingerahmt und beschließt den Wortgottesdienst (150).

Die „Gläubigenmesse" beginnt mit dem gemeinsamen Glaubensbekenntnis, dem Nicaenum; mit Rücksicht auf die Ostkirchen fehlt das „filioque" (150f). Das darauffolgende „Offertorium" heißt hier einfach Gabendarbringung (151ff). Der Diakon leitet es mit der altkirchlichen Aufforderung zu brüderlicher Gesinnung ein: „Ehre den Herrn mit deinem Gut und mit den Erstlingen deines Einkommens, so werden deine Scheunen voll werden und deine Keller überfließen von Most. Wohlzutun und mitzuteilen vergesset nicht, denn solche Opfer gefallen wohl." (151) Während der Darbringung der Gaben kann statt eines Psalms ein Gemeindelied gesungen werden. Im Darbringungsgebet heißt es ganz evangelisch: „Wir sind nicht würdig, Dir irgend ein Opfer darzubringen, doch bitten wir Dich: nimm an diesen unseren schuldigen Dienst ...

In diesen Erstlingen unserer Habe stellen wir Dir uns selber dar mit Seele und Leib ... O Gott, der Du unsere Schwachheit kennst: ... hilf uns, Dir hinfort treuer zu dienen ..." (152)

Einem Weihrauchgebet - ja, in der Tat! - sowie einem Gebet zur Handwaschung des Priesters folgt der Kernbereich der Messe. Heiler hat ihn unter dem Begriff *Eucharistisches Hochgebet* zusammengefaßt. (153). Darin ist ihm später seine Mutterkirche gefolgt. Es enthält die sogenannte Präfation mit dem „Sanctus" und dem „Benedictus" (153f). Nach einer tiefen Stille folgt - die Gemeinde kniet nieder - das Weihegebet, die von der Ostkirche als konsekratorisches Moment hochgehaltene *Epiklese* (154). Sie enthält die Bitte an den Heiligen Geist, Gaben und Empfangende zu segnen, daß „die vergänglichen Güter der Erde geweiht werden zur himmlischen, verklärten, Dir wohlgefälligen und vor Dir gültigen Opfergabe Deines geliebten Sohnes."

Nun leitet der Diakon mit dem Deutewort „Geheimnis des Glaubens!" zu den *Einsetzungsworten* über (154f). Die Römische Messe hatte es als Parenthese im Kelchwort bewahrt. Heiler kommt das Verdienst zu, es aus diesem „Versteck" herausgeholt und als Vorspruch den Verba testamenti insgesamt zugeordnet zu haben. Das Geheimnis der Einsetzungsworte ist es doch wohl, daß in ihnen der Herr selbst gegenwärtig ist.

Es dürfte wiederum auf Heiler selbst zurückgehen, daß der Diakon die den Einsetzungsworten folgende Stille mit dem Pauluswort aus 1.Kor 11,26 beschließt: „So oft ihr von diesem Brote esset und aus diesem Kelche trinket, sollt ihr des Herrn Tod verkündigen, bis daß Er kommt." (155)

Beides war Heiler wichtig: die Verkündigung bzw. die Vergegenwärtigung des Todes Christi im Heiligen Mahl wie - zugleich - der Aus- und Aufblick auf seine Wiederkunft! Beides klingt in der Anamnese, dem *Gedächtnis des Opfers Christi* an (155). Nun hat alles Gebetscharakter und enthält den unvergeßlichen Passus: „Blicke hin auf das vollgültige und ewig genugsame Opfer, das Dein Sohn einmal für die Sünden der ganzen Welt am Kreuze dargebracht hat ... Nimm um Seinetwillen auch dies Opfer des Lobes gnädig an wie Du huldreich ansahst die Opfergaben unserer Väter. Uns aber und Deinem ganzen Volke schenke ... die kostbare Frucht jenes allerheiligsten Opfers: Vergebung der Sünden und ewiges Leben ..." (155)

Einem *Gedächtnis der Heiligen* (155f) folgt die *Fürbitte für die Lebenden und Abgeschiedenen* (156f). Unmittelbar vor der Kommunion fühlt man sich letzteren sonderlich nahe. Dieses (zweite) Fürbittengebet ist ausführlicher als das erste. Beim Gedächtnis der Entschlafenen respondiert die Gemeinde: „Herr, gib ihnen die ewige Ruhe und das ewige Licht leuchte ihnen." (157)

Diese Fürbitten münden - ganz evangelisch - in ein gemeinsam gesprochenes Vater Unser (157). - Das alles wird gleichsam tathaft besiegelt durch den *Friedensgruß* (157f), die urchristliche Pax, der im einstigen Missale Romanum nur noch im Pontifikalamt und als Kuß der Kleriker untereinander überdauert hatte. Danach singen Priester (P) und Gemeinde (G) im Wechsel das *Agnus Dei* (158). Über der vom Priester vollzogenen Brechung der Hostie und einer Elevation des Kelches kommt es zu einer letzten *Danksagung* (158f). Sie lautet zum Schluß:

P.: „Wie dieses gebrochene Brot auf den Bergen zerstreut war und gesammelt eins wurde, so laß Deine Gemeinde von den Enden der Erde zusammengeführt werden zu Deinem Reiche."

G.: „Denn Dein ist das Reich ..." (159)

Dem Gang zum Altar gehen Gebete zur Bereitung auf die Kommunion voraus. Die *Kommunion* (159ff) beginnt mit den sehr alten Zurufen von Priester und Gemeinde:

P.: „Das Heilige den Heiligen!"

G.: „Einer ist heilig, einer der Herr, Jesus Christus, zur Ehre Gottes, des Vaters, Amen." (159)

In der römischen Messe fehlt auch dieser uns mit der Urgemeinde so unmittelbar verbindende Wortwechsel.

Danach kommuniziert zuerst der Priester. Halblaut schickt er die abgewandelten Worte des heidnischen Hauptmanns Mt 8,8 voraus: „O Herr, ich bin nicht würdig, daß Du eingehst unter mein Dach, aber sprich nur ein Wort, so wird gesund meine Seele." - Dann darf er alle Anwesenden einladen: „Kommet, denn es ist alles bereit. Schmecket und sehet, wie freundlich der Herr ist ." (160) Während der Kommunion ist der Gesang eines Kommunion-Psalmes bzw. eines Abendmahlsliedes vorgesehen (160).

Für die *Danksagung* werden drei verschiedene Fassungen zur Wahl gestellt (161), darunter das in lutherischen Agenden gebräuchliche Gebet: „Wir danken Dir, allmächtiger Gott, daß Du uns durch diese heilsame Gabe hast erquicket ..."

Vor der *Entlassung* und dem *Segen* (161f) kann im Wechsel von Priester und Gemeinde der Lobgesang des Simeon (Lk 2,29ff) gebetet werden. Nach dem Segen zum Ausgang rezitiert der Priester leise Joh 1,1-13. Bei den Worten „Und das Wort ward Fleisch" beugen alle die Knie. Die Gemeinde singt ein Schlußlied, während Priester und Diakon ausziehen.

Bei dieser Meßordnung von 1931 meint man deutlich Heilers Handschrift zu spüren. Charakteristisch ist sein der heiligen Handlung angemessener langer Atem. Bemerkenswert ist nicht nur die im Aufbau manchmal unverkennbare Anlehnung an das Missale Romanum, sondern sind auch die von ihm abweichenden und aus der alten bzw. der Ostkirche übernommenen Stücke. Aber so viele für evangelische Christen neue Bestandteile diese Evangelisch-katholische Eucharistiefeier auch enthält, alles erscheint wie aus einem Guß, und das ausgezehrte Gebilde evangelischer Abendmahlsordnungen wird plötzlich zu einem lebendigen Organismus, zu einem zielgerichteten Meditationsweg, der unter das Kreuz Christi und zur Erfahrung eines Lebens über den Tod hinaus führen kann. Mit dieser Ordnung mündet der protestantische Sonderweg in den Strom des allen Kirchen Gemeinsamen. Wer hier mitfeiert, weiß sich auf dem Boden der einen heiligen Kirche der altkirchlichen Glaubensbekenntnisse.

Ich selbst habe diese ältere hochkirchliche Ordnung sehr geliebt. Von ihr 1939 Abschied zu nehmen, ist mir nicht leicht gefallen. Als ich sie 1937 kennenlernte, war sie für mich der erste Gottesdienst, der wirklich „hinübertrug", der mich zu Glaube, Liebe und Hoffnung verpflichtete. Als beglückend erfuhr ich, daß er meine ganze Hingabe verlangte. Die Gemeinde ist beinahe ebenso gefordert wie der Priester. Darüber konnte es zu einer Vergewisserung unseres Heils kommen, wie sie mir selbst ein charismatischer Prediger nie hatte vermitteln können. Ich war aus einem religiösen Einzelgänger zum Glied einer großen heiligen Familie geworden. Ja selbst die geliebten Abgeschiedenen waren so entrückt nicht mehr, und das Ziel alles Lebens war voller Verheißung. Nun begriff ich auch, warum mein Lehrer an der Universität ohne diese Gottesdienste nicht leben konnte, warum er nicht nur Lehrer, sondern Priester war.

Das Evangelisch-katholische Brevier

Kaum hatte die Hochkirchliche Vereinigung 1927 ein Meßformular herausgebracht, sollten Tagzeitengebete - man sprach von einem Brevier - folgen. Unter Leitung von Pfarrer Mehl war ein liturgischer Ausschuß fleißig am Werk. In der Folgezeit werden - so die Chronik - laufend Arbeitsfortschritte gemeldet. Im August 1929 kann mit der Drucklegung begonnen werden. Da distanziert sich die Versammlung des 11. Hochkirchentages (3./4. Oktober 1929) überraschend von dem Vorhaben. „Das liturgische Gebet" - so die Begründung - „kann nicht die literarische Schöpfung eines Einzelnen sein".[54] Nach Fertigstellung des größten Teils des Breviers hatte Mehl dem ersten Vorsitzenden, Friedrich Heiler, eine Einsichtnahme gestattet. „Dabei ergab sich, daß das Mehlsche Brevier ein subjektivistisch gefärbtes literarisches Werk ist, das sicher als privates Andachtsbuch gute Dienste zu leisten vermag, das jedoch wegen des Mangels einer objektiv-korporativen Grundhaltung weniger dazu geeignet ist, als liturgisches Gebetbuch der hochkirchlichen, evangelisch-katholischen Gemeinde zu dienen."[55] Um einer freundschaftlichen Lösung willen empfahl Heiler, das Werk solle in der persönlichen Verantwortung seines (Haupt)Verfassers als „Evangelisches Andachtsbuch für das Kirchenjahr" erscheinen, die Hochkirchliche Vereinigung solle ihrerseits unverzüglich an die Herausgabe eines hochkirchlichen, evangelisch-katholischen Breviers herangehen. Daraufhin wurde der Verlagsvertrag gelöst, Mehl gab seine Arbeit als Privatwerk heraus, und eine neu zusammengesetzte liturgische Kommission ging unter Heilers Leitung von neuem ans Werk.[56]
Man könnte denken, die Turbulenzen um die bald folgende Bischofsweihe sowie die Mühen der Herausgabe der Eucharistiefeier von 1931 hätten die Arbeit am Brevier lange aufgehalten. Doch bereits im Dezember 1932 erscheint das „Evangelisch-katholisches Brevier, Erster Teil. Sonderhaft der Hochkirche. Im Auftrag der Brevierkommission der Hochkirchlichen Vereinigung, herausgegeben von Friedrich Heiler."[57]

Heiler bezeichnete die Arbeit in seinem Geleitwort als vorläufigen und mancherlei Ergänzung bedürftigen Entwurf, fügte aber hinzu, sie biete dennoch eine Gesamtübersicht und könne - bei Heranziehung der im Text genannten Quellen - einen praktischen Gebrauch ermöglichen. Der zweite Teil werde im Laufe des kommenden Jahres erscheinen. Hier solle das Brevier in vorläufig endgültiger Form vorliegen. Es sei dann möglichst viel von dem vereint, was jetzt noch in der Vorlage nachgeschlagen werden müsse, das Ordinarium mit Angaben aus dem Psalterium, Lektionarium und Hymnarium. Man fände dort auch, was im derzeitigen Text an de-tempore-Stücken noch fehle: die Antiphonen, die Responsorien und Väterlesungen. Dieses Material könne vorerst

---

[54]   Niepmann, Chronik, 58.
[55]   AaO. 65.
[56]   Vgl. aaO. 65f.
[57]   Hki 14 (1932), Heft 12 als Sonderheft im Taschenformat.

aus dem Römischen bzw. Laacher Laienbrevier sowie dem Martyrologium von Wilhelm Löhe entnommen werden.

Das neue Tagzeitengebet beruht auf dem Stundengebet der Kirchen des Ostens und Westens. Es hat sehr alte Wurzeln und hat im Westen vor allem in den benediktinischen Klöstern eine vorbildliche Gestalt gefunden. Dementsprechend enthält das hochkirchliche Brevier acht Tagzeitengebete (Horen): die Mette (Matutin), die Laudes, die Prim, die Terz, die Sext, die Non, die Vesper sowie die Komplet. Im Ordinarium der Prim findet sich das an Sonntagen statt des Apostolikums zu betende Athanasianum. Ebenso sind bei der Sext die dort vorgesehenen Seligpreisungen der Bergpredigt ausgedruckt. Bei der Vesper muß man zwar den Lobgesang der Maria, das „Magnificat" (wie das „Benedictus" in den Laudes und das „Nunc dimittis" in der Komplet) nachschlagen. Die Bittrufe jedoch, die mit dem „Kyrie eleison" alternieren, sind im Text vorhanden. Am reichhaltigsten ist die Komplet ausgestattet. Hier sind die tageweise abwechselnden Lesungen, die an den Wochentagen statt des Schuldbekenntnisses zu betenden Bußpsalmen mit ihren Absolutionstexten schon im Ordinarium vermerkt. Das schöne Responsorium („In Deine Hände, Herr, befehle ich meinen Geist") wird wie fast alles Folgende vollständig dargeboten (7-27).

Dem Ordinarium folgt im Brevier-Entwurf ein *Psalterium*. Es gilt zuerst den Psalmen für die Horen an den Tagen einer Woche, danach denen der Feste und Festzeiten (28-36).

Ein ausführliches *Lectionarium* schließt sich an. Es enthält die großen Lesungen (in der 1. und 3. Nokturn der Mette sowie in der Vesper). Es folgen die den Heiligentagen, auch dem Reformationsfest, zugeordneten Lesungen. Eine Zusammenstellung der Kurzlesungen (für die Laudes, die „kleinen" Horen und die Komplet) schließt sich an. Insgesamt ein riesiges Programm (37-69).

Nun kommt es zu einem Verzeichnis ausgesprochen evangelischen Charakters. Es trägt zwar die Überschrift *„Hymnarium"*, bezieht sich aber vornehmlich auf evangelisches Liedgut, das zumeist an die Stelle der altkirchlichen Hymnen treten soll. Man hat das Deutsche Evangelische Gesangbuch eifrig durchforstet (70-90). So werden z.B. für den Tag des Reformationsgedächtnisses folgende Lieder vorgeschlagen:

Mette: „Fahre fort, fahre fort"
Laudes: „O daß doch bald dein Feuer brennte"
Prim: „Erneure mich, o ewges Licht"
Terz: „Verzage nicht, du Häuflein klein"
Sext: „Herr, nun selbst den Wagen halt"
Non: „Erhalt uns, Herr, bei Deinem Wort"
Vesper: „Ein feste Burg"
Komplet: „Ach bleib mit Deiner Gnade" (vgl. 87).

Es bleibt nachzutragen, daß dem Ordinarium ein - mit großen evangelischen Glaubenszeugen durchsetzter - Heiligenkalender vorangestellt ist (1-6).

Zum Gebet der Psalmen werden folgende Erläuterungen gegeben:
„Die P s a l m e n werden wechselweise gesprochen oder gesungen, und zwar die erste Psalmhälfte vom Vorbeter, die zweite von der Gemeinde bzw. Familie. Sind genügend Teilnehmer anwesend, so können sie in zwei Halbchören gesungen oder rezitiert werden. Für das Rezitieren und Singen der Psalmen empfiehlt sich der Hommelsche Psalter aus Neuendettelsau." (95, Hervorhebung im Original)
Hier merkt der Kenner: Es wurde Zeit, daß die Alpirsbacher sich der Psalmodie annahmen!

Worauf es Heiler und den Verantwortlichen in diesem Entwurf ankam, warum sie sich für die Übernahme des altkirchlichen Stundengebetes und nicht für den Weg Mehls und der Berneuchener mit deren weit verbreitetem „Gebet der Tagzeiten" entschieden hatten, geht aus dem „Geleitwort" Heilers so schön, so klar und deutlich hervor, daß es hier nicht fehlen darf:
„Das Brevier enthält das Stundengebet der K i r c h e ; es ist darum nicht der subjektive Gebetserguß einer Einzelseele, sondern die Stimme der Gesamtkirche, ja ... die Stimme des lebendigen Christus, der als unser einziger Mittler unablässig vor dem Thron des Vaters für uns betet. Dieses überindividuelle Gebet umfaßt das Beten der alttestamentlichen und christlichen Gottesmänner: der Propheten und Psalmisten, der Apostel und Märtyrer, der Kirchenlehrer und Hymnensänger ...
Im Stundengebet der Kirche ist das Ewige und Heilige hineingebannt in die dahinfließende Zeit. Im Ablauf des Tages, der Woche, des Jahres spiegelt sich unaufhörlich das große heilsgeschichtliche Drama ab, das seinen Gipfel hat im Auferstehungsgeheimnis. Die frühe Morgenstunde der Laudes, die Stunde der Auferstehung, der Sonntag, der Tag der Auferstehung, und das hohe Osterfest, das Fest des Sieges Christi über Tod und Hölle, sind im kirchlichen Stundengebet die Höhepunkte des Tages, der Woche, des Jahres. Der Weg zu diesen Höhepunkten geht immer wieder über das Golgathamysterium: die Non ist die Todesstunde des Herrn am Tage, der Freitag Sein Todestag in der Woche, der Karfreitag Sein großes Totengedächtnis im Kirchenjahr.
Das Stundengebet der Kirche umrankt jene allerheiligste Feier, bei welcher in schlichter Gleichnishandlung das große Heilsgeschehen in der Krippe zu Bethlehem, am Kreuze auf Golgatha und im Grabe zu Jerusalem lebendig vor unser Auge tritt: das Mysterium der Eucharistie ...
Die alten Kirchen des Ostens wie die lateinische Kirche ... rechnen die Formulare des Stundengebets ... zu ihren kostbaren liturgischen Schätzen. Im Protestantismus sind diese Schätze zum großen Teil verloren gegangen. Die anglikanische Kirche hat in ihrem Book of Common Prayer wenigstens den Kern ... erhalten, während in den lutherischen Vespern und Metten nur Bruchstücke ... übrig blieben. Es ist Aufgabe der evangelisch-katholischen Bewegung, ... wieder das altkirchliche Stundengebet in seinem grandiosen ... Aufbau herzustellen und die verlorenen liturgischen Schätze wieder auszugraben. Dabei gilt es, im Wesentlichen der abendländischen Überlieferung zu folgen, schon deshalb, weil sowohl der Anglikanismus wie das Luthertum

noch die Anknüpfungspunkte an das alte abendländische Stundengebet bieten. Es gilt die klassischen Formen des benediktinischen und römischen Breviers in das evangelische Beten und Leben herüberzunehmen.

Gilt es so auf der einen Seite, nichts von den großen Werten des abendländischen k a t h o l i s c h e n Stundengebets ungebraucht zu lassen, so ergibt sich auf der anderen Seite die Aufgabe, die köstlichen Formen des e v a n g e - l i s c h - r e f o r m a t o r i s c h e n Glaubenslebens in jenen gewaltigen Gebetsdom einzubauen: Luthers unübertroffene Bibelübersetzung, das lutherische Kirchengebet und vor allem das evangelische Kirchenlied ... Die mehr persönlichen 'Ich-Lieder' mit ihrem mystisch-pietistischen Einschlag mußten dabei zurücktreten ...

Dem evangelischen Charakter des Breviers entsprach es auch, daß die großen Persönlichkeiten des reformatorischen Christentums neben den katholischen Heiligen ihren Platz im Kalender erhielten ...

Der evangelische Charakter des Breviers zeigt sich ferner in der Korrektur jener Mängel, die dem römischen Brevier anhaften. Im Unterschied von letzterem nimmt hier die Schriftlesung einen viel breiteren Raum ein; das ganze Neue Testament und alle wichtigeren Stücke des Alten Testaments kommen im Lauf des Kirchenjahres zur Verlesung. Die Zahl der Psalmen ist verkürzt; die Racheabschnitte der Psalmen sind weggelassen. An die Stelle der stereotypen 'Kapitel' (kurzen Lesungen) ist eine Mannigfaltigkeit von Schriftworten getreten, und zwar gerade der evangelischen 'Kernworte'. Durch die stärkere Variabilität sollte der unausweichlichen Gefahr der Monotonisierung und Mechanisierung des Breviergebetes vorgebeugt werden. Aus diesem Grunde ist das Gebet des Herrn nur zweimal am Tage und zwar auf liturgischen Höhepunkten vorgesehen." (91 ff, Hervorhebungen im Original)

Heiler gibt unumwunden zu, wie wenig Rücksicht dieses evangelisch-katholische Brevier auf die zurückgegangene Gebetsfreudigkeit des heutigen Menschen nimmt. Nur zu gut weiß er, daß evangelische Christen angesichts des Ausmaßes dessen, was ihnen da zugemutet wird, nur erschrecken können. Dabei sei die hochkirchliche Vorlage noch wesentlich kürzer als die römische! Kaum ein berufstätiger Mensch sei, so sagt Heiler selbst, imstande, täglich das ganze Brevier zu beten. Man habe aber nicht etwas nur dem Augenblick Geltendes vorlegen wollen. Man habe bewußt „das Ganze für das Ganze" vor Augen gehabt. Ein beigefügtes *Kürzungsschema* könne dazu helfen, angesichts dieses Riesengebäudes nicht von vorneherein zu resignieren. Und nun wieder wörtlich: „Das vorliegende Bevier soll vor allem dienen:
1. Für die im Entstehen begriffenen evangelischen Ordensgemeinschaften. Das Stundengebet der monastischen Familie ist das Abbild der betenden Gesamtkirche. Von solchen unscheinbaren Gebetszentren strahlt eine wunderbare Kraft auf Kirche und Welt aus.
2. Für die hochkirchlichen Pfarrer. Zu den Pflichten eines Priesters und Hirten gehört vor allem das stellvertretende Gebet für seine Gemeinde ... Dieses stellvertretende Beten ist nicht nur ein Liebesdienst an der Gemeinde, sondern auch eine gewaltige Kraftquelle für die eigene Arbeit ...

3. Für liturgische Exerzitien. Was den Laien meist nicht möglich ist bei ihrer Berufsarbeit, das wird ihnen ermöglicht in den 'Freizeiten', wo der Rhythmus des kirchlichen Stundengebets den Tageslauf bestimmt ..." (93f).

Mit diesem recht umfassenden „Entwurf" eines evangelisch-katholischen Breviers hat Heiler die hochkirchliche Bewegung in kürzester Zeit auf die drei Säulen gestellt, die evangelische Katholizität begründen: auf das wieder in die successio apostolica eingegliederte Amt der Kirche, auf die Eucharistiefeier und auf das altkirchliche Stundengebet. Er vermochte das freilich nur, weil ihm Mitarbeiterinnen und Zuarbeiter zur Seite standen, wie sie in solcher Anzahl, Kompetenz und Motivation nur in jenen Jahren in der Hochkirchlichen Vereinigung vorhanden waren, und weil die Vereinigung als Ganze um 1930 von dem großen Ziel evangelischer Katholizität ergriffen war wie nie zuvor.

Noch freilich war das Stundengebet ein nur mit Mühe brauchbarer Torso. Warum stockte die Arbeit an der Vollendung des Breviers, kaum daß dieser, das Ganze in sich bereits enthaltende Entwurf erschienen war? - Was nun folgen sollte und mußte, war zwar eine zeitraubende und mühevolle Zusammenstellung, die aber - sofern die Hochkirchliche Vereinigung zustimmte - in Anbetracht des bereitliegenden Materials innerhalb weniger Monate zu bewältigen gewesen wäre.

Es hatte dies, soweit ich sehe, vor allem zwei Gründe: Kurze Zeit nach Erscheinen des Entwurfs von 1932 kam es zur Machtergreifung Hitlers und der Nationalsozialisten. Damit zog nicht nur für die deutsche evangelische Christenheit als Ganze, sondern auch für die Hochkirchliche Vereinigung eine lebensbedrohende Krise herauf, deren Bewältigung auf Jahre hinaus beinahe alle Kraft kostete.[58] Der andere Grund für das Stocken der Arbeit am Brevier lag m.E. darin, daß zwischenzeitlich aus einem Zweig am Baum der Hochkirchlichen Vereinigung eine eigenständige Gruppierung geworden war, welche die Arbeit am Stundengebet der Kirche aufgegriffen hatte und sich ihr mit erstaunlicher Intensität widmete.

Die Rede ist von der 1933 entstandenen „Kirchlichen Arbeit Alpirsbach". Auch auf dieses Phänomen müssen wir in einem eigenen Abschnitt zu sprechen kommen. Soviel sei immerhin angedeutet: Diesem Kreis ging es vor allem um die musikalische Gestalt, um das Singen des Stundengebetes, näherhin um eine nicht mehr lateinische, sondern deutsche Gregorianik. Doch damit stand auch der Text des Ganzen auf dem Prüfstand. Ein Antiphonarium ließ sich nicht mehr herstellen ohne die Vorarbeit der Alpirsbacher. Da diese den Dichter Rudolf Alexander Schröder zur Mitarbeit gewonnen hatten, verfügten sie bald über einen Schatz vorbildlicher Übersetzungen altkirchlicher Hymnen, den man ebenfalls nicht mehr unberücksichtigt lassen konnte. Schließlich durften die Erfahrungen, die dieser Kreis auf seinen viermal im

---

[58] Ihre Darstellung würde den Zusammenhang dieses Kapitels sprengen. So soll sie als große Prüfung evangelischer Katholizität einem eigenen Abschnitt vorbehalten bleiben (Auch die hochkirchliche Vereinigung hat unter Bedrängnissen zu leiden).

Jahr stattfindenden „Kirchlichen Wochen" mit einem selbst verordneten Pensum von Stundengebeten machte, nicht in den Wind geschlagen werden. Kurzum: Es erwies sich als ratsam, mit einer „vorläufig endgültigen" Gestalt eines evangelisch-katholischen Breviers noch zu warten.

Unversehens zogen bald drohende Kriegswolken herauf und so galt es, auch angesichts der mittlerweile „konkurrierenden" liturgischen Bewegungen der Berneuchener wie der Alpirsbacher wenigstens eines noch vor einem neuen Weltkrieg zum Abschluß zu bringen: die Revision der Eucharistiefeier von 1931. Dann aber brach 1939 der verheerende Weltenbrand aus, der in seinen Folgen fast alle Initiativen - wie eben die Fertigstellung des evangelisch-katholischen Breviers - auf lange Zeit erstickte.

Danach waren mehr als vier Jahrzehnte ins Land gegangen. Heiler hatte das Zeitliche gesegnet, als einer von den einstigen Mitarbeitern in den Jahren seines Ruhestandes das unvollendet gebliebene Vorhaben des evangelisch-katholischen Breviers wieder aufgriff und tatsächlich zum Abschluß brachte: Pfarrer Walter Drobnitzky, der lange in Münster an der Apostelkirche gewirkt hatte. Er konnte sich nicht nur auf die Erträge der Alpirsbacher, sondern auch auf Erfahrungen der Michaelsbruderschaft und der dänischen, schwedischen und holländischen Lutheraner stützen. Zur wichtigsten Vorarbeit wurden ihm die „Kirchlichen Gebetsordnungen" des um die Hochkirchliche Vereinigung verdienten, damals „ostzonalen" Pfarrers Dr. Albrecht Volkmann von 1950. Als Drobnitzky schließlich fertig war, kam ihm bei den organisatorischen Vorarbeiten der Drucklegung ein einstiges Glied seiner Gemeinde, die in Bochum lebende Oberstudienrätin Ursula Kisker zu Hilfe. Sie vermochte ihm auch die letzten Hürden aus dem Weg zu räumen. So konnte das umfangreiche Werk als „Evangelisch-katholisches Stundengebet" in handlicher und zugleich dem Inhalt angemessener kostbarer Gestalt 1982 erscheinen. Damit das Stundengebet auch gesungen werden konnte, fügte 1986 Frau Dorothea Paul aus Dresden einen kleinen Notenanhang mit von den Alpirsachern erarbeiteten Modellen hinzu.

Das schlimme Jahr 1933

Heiler muß schon ein Jahr zuvor geahnt haben, welche Gefahr seinem Lebenswerk drohte. Er merkte, wie anfällig ein gut Teil seiner liebenswerten jungen Freunde von der Hochkirchlichen Vereinigung für die nationalen und sozialen Parolen Hitlers und seiner Spießgesellen waren. Sie glaubten an die Phrase vom positiven Christentum und meinten gar, hochkirchliche Vorstellungen von einer geeinten evangelischen Kirche in Deutschland unter bischöflicher Leitung würden ähnlich auch im Nationalsozialismus vertreten. Heiler war über diese Gutgläubigkeit tief beunruhigt. Im März 1932 glaubte er nicht länger mehr schweigen zu dürfen. Der Chronik zufolge hat er in den Mitteilungsblättern vom 7. März und vom 14. April 1932 - also gleich zweimal - Stellung zum Nationalsozialismus und zur Reichspräsidentenwahl Hindenburgs genommen.

Der Chronist zitiert folgende Sätze: „An die reichsdeutschen Mitglieder der Hochkirchlichen Vereinigung: ... ich muß betonen, daß jede Förderung des Nationalsozialismus unvereinbar ist mit evanglisch-katholischer Haltung, ja, mit christlicher Haltung überhaupt. Ich weiß und anerkenne, daß unsere nationalsozialistischen Freunde von idealen Motiven geleitet sind; auch anerkenne ich, daß die nationalsozialistische Bewegung einen Wahrheits- und Wertkern besitzt; denn jeder Irrtum hat seine Kraft über die Menschen aus dem Rest von Wahrheit, den er in sich trägt. Aber das, was wirklich wertvoll ist am Nationalsozialismus und was sich mit unserem eigenen Ideal einer zwar im Wesen ökumenischen, in der Prägung aber nationalen Kirche, Liturgie und Frömmigkeit berührt, ... das kann nur dann zur Geltung kommen, wenn es scharf getrennt wird von jener machtpolitischen Bewegung, die bei einer Alleinherrschaft Deutschland politisch, kulturell und kirchlich in den Abgrund stürzen muß .. Wir denken nicht daran, die Hochkirche in den Strudel des politischen Lebens hineinzuziehen, aber wir halten es für unsere Pflicht, die Tatsachen der nationalsozialistischen Polemik gegen Christentum und Kirche unseren Freunden zur Kenntnis zu bringen und ihnen die Augen darüber zu öffnen, daß wir nicht zugleich Vorkämpfer der Kirche Christi und Anhänger des Nationalsozialismus sein können. In dieser Überzeugung wissen wir uns nicht nur eins mit den römisch-katholischen Bischöfen Deutschlands (obgleich wir natürlich ihre[r] Verurteilung einer deutschen Nationalkirche nicht zustimmen können), sondern auch mit einer Reihe von national gesinnten evangelischen Theologen und Pastoren wie Strathmann, Schreiber, K. B. Ritter und anderen. Was der deutschen Christenheit im gegenwärtigen Augenblick nottut, ist eine evangelisch-katholische Einheitsfront gegen alle das Christentum in seinem Kern bedrohenden Mächte, mögen sie nun von rechts oder links kommen." [59]

Hier warnt Heiler mit geradezu prophetischer Hellsichtigkeit zu einem Zeitpunkt, als noch kaum ein evangelischer oder katholischer Theologe das für nötig hielt. Er blieb jedoch mit diesem warnenden Wort ein einsamer Rufer.

[59]   Niepmann, Chronik, 74f.

Er blieb es sogar in seiner Hochkirchlichen Vereinigung! Als Schriftleiter der „Hochkirche" kann er selbst in der von ihm redigierten Zeitschrift nicht umhin, Stimmen aus dem anderen Lager zu Gehör zu bringen.[60]

Es kam, wie Heiler es befürchtet hatte. Am 30. Januar 1933 ergriff Hitler die Macht, um sie fortan mit niemandem zu teilen und sie - bis zum bitteren Ende 1945 - nicht mehr aus den Händen zu lassen. Nicht wenige Mitglieder der Hochkirchlichen Vereinigung sahen in diesem Umbruch - Heiler zum Trotz - ein Signal der Hoffnung, und das nicht nur in politisch-wirtschaftlicher, sondern auch in kirchlicher Hinsicht. Sie träumten von einer zugleich deutschen und kirchlichen Neugeburt. Zu diesem kirchlichen Neuwerden wollten sie ihren Beitrag nicht schuldig bleiben. So verfaßten um Ostern 1933 zwei der aktivsten Mitglieder, der schlesische Pfarrer Walter Drobnitzky und sein badischer Kollege Wilhelm Schildge, einen Aufruf „an alle evangelischen Geistlichen und Glaubensgenossen", den wesentlichen Grundsätzen der Hochkirchlichen Vereinigung zu einer inneren Erneuerung Gehör zu schenken. Bis auf das Stichwort „evangelische Katholizität" war alles aufgeführt, wofür man kämpfte: hochkirchliche Gedanken zur kirchlichen Verkündigung, zur Kirchenverfassung, kirchlichen Amt, zum Kultus der Kirche, zur Feier des Altarsakramentes und des Stundengebetes. Der Aufruf schließt mit den Worten: „Das Letzte, was wir erstreben, faßt alles Andere in sich: wir wollen, daß auch bei den Menschen des 20. Jahrhunderts in der Ordnung ihrer Lebenswerte Gottes Sache, Gottes Reich, Gottes Kirche wieder ganz obenan zu stehen komme, uns wieder das Größte, das Wichtigste werde. Nur dann werden wieder Kräfte heroischen Dienens und Opferns lebendig werden, an denen es uns jetzt weithin fehlt."[61]

Da der von den sogenannten „Deutschen Christen" eingeleitete Umwandlungsprozeß des Bundes evangelischer Kirchen zu einer föderalistischen Deutschen Kirche schon im Gange war, dachten viele, diese hochkirchlichen Gedanken jetzt zur Sprache zu bringen, sei das Gebot der Stunde, es könne mindestens nichts schaden. So standen innerhalb kürzester Zeit unter dem Aufruf auch die Namen von 37 prominenten Mitgliedern der Hochkirchlichen Vereinigung. Sogar Dr. Gustav Diettrich, der zweite Vorsitzende, ein erklärter Gegner der Nationalsozialisten, hatte unterschrieben. Es fehlte eigentlich nur Heilers Unterschrift. Dennoch war der Aufruf abgedruckt.

Weshalb stand Heiler abseits, wo doch inhaltlich kaum etwas zu beanstanden war? - Er hielt es für abwegig, beides - den sogenannten nationalen und sozialen Aufbruch der Nation und die auch von ihm ersehnte innere Erneuerung der evangelischen Kirchen - miteinander in Zusammenhang zu bringen. Er sah darin ein Zeichen einer unbegründeten Anbiederung, eines fatalen Paktierens

---

[60] Hki 14 (1932), Heft 6, ist als Sonderheft dem Thema „Katholizität und Nationalität der Kirche" gewidmet. Darin u.a. der Beitrag „Hochkirche und Nationalsozialismus" von einem - namentlich nicht genannten - „hochkirchlichen Nationalsozialisten", 214ff.

[61] An alle evangelischen Geistlichen und Glaubensgenossen, in: Hki 15 (1933) 153ff, Zit.155, (Hervorhebung im Original).

mit den neuen Machthabern und das in einem Augenblick, wo wachsames Abwarten und äußerste Zurückhaltung geboten waren.

Wie recht er damit hatte, wurde schon wenige Wochen später deutlich. Statt des von Hitler favorisierten Wehrmachtspfarrers Ludwig Müller war am 26./27. Mai 1933 D. Friedrich von Bodelschwingh zum Reichsbischof gewählt worden. Darin sah auch Heiler ein Zeichen der Hoffnung. Nun wollten weder er noch Diettrich abseits stehen. Sie sprachen v. Bodelschwingh im Namen des Vorstandes der Hochkirchlichen Vereinigung „die aufrichtigsten Segenswünsche" zum Amtsantritt aus und versicherten „Treue und Ergebenheit". Sie fügten hinzu: „Die Hochkirchliche Vereinigung begrüßt es mit dankbarer Freude, daß nunmehr das bischöfliche Führeramt, für das sie seit ihrer Gründung am 9. Oktober 1918 gekämpft hat, in der deutschen evangelischen Kirche wiedererweckt worden ist." [62] Man sollte es nicht glauben: Auch mit diesem Schreiben machten sich Heiler und Diettrich mißliebig bei vielen „Deutschen Christen" in den eigenen Reihen! Diese schienen tatsächlich einen Bischof von Hitlers Gnaden vorzuziehen und begrüßten es dann auch, daß der Behördenapparat der Evangelischen Kirche der Altpreußischen Union den Deutschen Christen ausgeliefert wurde, so daß von Bodelschwingh unter dem Druck dieser Verhältnisse am 24. Juni 1933 zurücktreten mußte.

Dann kam es Schlag auf Schlag: Kirchliche Neuwahlen hatten am 23. Juli zu einem überlegenen Sieg der Deutschen Christen geführt und Ludwig Müller war Reichsbischof geworden. Statt daß die nationalsozialistischen Mitglieder der Hochkirchlichen Vereinigung die Ungeheuerlichkeit dieser Vorgänge durchschauten, sahen sie in dieser Entwicklung eine gute Voraussetzung für die Verwirklichung ihrer hochkirchlichen Ideale. Heiler wurde stürmisch zu einem Entgegenkommen gedrängt. Da er dem nicht entsprechen konnte, nutzte er ein Mitteilungsblatt vom 11. August 1933 zu folgender Stellungnahme: „'In der letzten Zeit ist an mich von verschiedenen Mitgliedern die Aufforderung gerichtet worden, die Hochkirchliche Vereinigung der 'Glaubensbewegung Deutsche Christen' gleichzuschalten, und zwar durch meinen persönlichen Beitritt zu dieser oder doch durch Zusammenarbeit mit der Reichsleitung der 'Deutschen Christen' sowie durch Ernennung eines in der Öffentlichkeit bekannten 'Deutschen Christen' zum zweiten Vorsitzenden oder doch Vorstandsmitglied.' ... '1. Das, was an der Glaubensbewegung Deutsche Christen wertvoll und als solches von mir immer anerkannt worden ist, hat die Hochkirchliche Bewegung längst vertreten. Das gilt nicht nur vom bischöflichen Führeramt im Gegensatz zu allem kirchlichen Parlamentarismus, sondern ebenso von der Forderung eines national geprägten Kirchentums ... 2. Die Vertreter des Nationalsozialismus bzw. der 'Deutschen Christen' hatten seit der im Juli vorigen Jahres erfolgten Bereinigung der Meinungsverschiedenheiten in der HV volle Freiheit ... Im letzten Heft der HK habe ich den 'Deutschen Christen' volle Freiheit in der Äußerung ihrer Meinung einge-

---

[62] Niepmann, Chronik, 78.

räumt, obgleich ich mit manchem nicht einverstanden war ... Eine Gleichschaltung meiner selbst durch engeren oder loseren Anschluß an die Glaubensbewegung ist mir ebenso wie dem zweiten Vorsitzenden gewissensmäßig unmöglich, weil ich ebenso wie letzterer bestimmte Anschauungen und Forderungen der 'Deutschen Christen' mit meiner christlichen, kirchlichen und theologischen Überzeugung nicht [e]in Einklang bringen kann, sondern auch weil ich bei einer völligen 'Gleichschaltung' die Selbständigkeit und Eigenart der HV bedroht sehe ... Es sind schwerwiegende Differenzen in dogmatischen und ethischen Fragen, vor allem in der grundlegenden Rassenfrage, welche mir den Anschluß an die 'Deutschen Christen' unmöglich machen. Diese Differenzen können für mich auch durch keine 'Klugheits- und Opportunitätsgründe' beiseite geschoben werden. In der Kirche Christi darf es keine 'Realpolitik' und keine Politik des 'Anschlusses' geben, sondern nur ein Handeln aus der inneren, wesenhaften Gesetzmäßigkeit der Kirche ... Ich habe mein ganzes Leben meine Gewissensüberzeugung vertreten, auch wenn ich dafür Verkennung, Isolierung und Verfolgung ertragen mußte. Ich konnte und kann darum auch in der jetzigen Lage mich nicht durch den Rat wohlmeinender Freunde bestimmen lassen, etwas zu tun, was mich in Widerspruch zu christlichen Wahrheiten und Forderungen bringt. Auch durch die Befürchtung einer Unterbindung unserer hochkirchlichen Arbeit im Falle einer ungenügenden 'Gleichschaltung' kann meine Stellungnahme nicht beeinflußt werden...."[63]

Man spürt: Heiler sieht die Hochkirchliche Vereinigung am Scheideweg. Obsiegte in ihr die Auffassung der Deutschen Christen, hatte die Vereinigung die Linie evangelischer Katholizität verlassen, dann hatte sie aufgehört, eine Vorkämpferin für die eine heilige Kirche Christ zu sein. In dieser Meinung stimmte Diettrich mit Heiler überein. Für Diettrich war freilich das drohende Verhängnis fast schon unabwendbar. Seine Gedanken hatten sich deshalb zu einem Antrag an die Mitglieder verdichtet, den Heiler ihnen zuerst unterbreitete. Dieser Antrag hatte folgenden Wortlaut: „'Die Hochkirchliche Vereinigung' löst sich als organisierte Vereinigung auf, weil sie unter den gegenwärtigen Verhältnissen keine Arbeitsmöglichkeit sieht. Die Zeitschrift 'Die Hochkirche' wird aufrechterhalten als Organ rein geschichtlicher Untersuchungen über dogmatische, liturgische, seelsorgerliche und kirchenrechtliche Fragen. Bisherige Mitglieder der HV, welche ein Interesse daran haben, kommen nur noch in kleinen Arbeitsgemeinschaften zusammen, in denen über die Artikel der 'Hochkirche' referiert und diskutiert wird." (81)

Heiler mochte so weit wie Diettrich zunächst nicht gehen. Dessen Vorschlag einer Auflösung der Vereinigung bedurfte einer Zweidrittelmehrheit, die zu erreichen unter den seinerzeitigen Umständen unwahrscheinlich war. Überdies wollte Heiler nicht gleich alle Hoffnung aufgeben. Die Politisierung so vieler Mitglieder konnte eine vorübergehende Erscheinung sein, und was diese

---

[63]   AaO. 80f.

Mitglieder ihm jetzt nicht abnehmen wollten, davon konnte der in seinen - Heilers - Augen unausbleibliche Gang der Ereignisse sie einmal überzeugen.

So lautet sein Antrag: „'Der bisherige erste Vorsitzende tritt von seinem Amte zurück, und an seine Stelle tritt ein nationalsozialistischer Pfarrer, welcher in der Lage sein wird, das Vertrauen der durch die 'Deutschen Christen' bestimmten neuen Kirchenregierung zu erlangen, und zwar Pfarrer W. Drobnitzky, Lipiny, Polnisch-Oberschlesien. Pfr. Drobnitzky übernimmt sofort kommissarisch den ersten Vorsitz der HV ..." (81) Drobnitzky sei, so führt Heiler fort, als Pfarrer und Theologe bestens zu empfehlen. Wegen seiner Arbeit für das Deutschtum und die deutsche evangelische Kirche im abgetrennten Oberschlesien genieße er das Vertrauen staatlicher und kirchlicher Behörden, er sei Mitglied der „Arbeitsgemeinschaft nationalsozialistischer Pfarrer". Heiler wörtlich: „Trotzdem ich seine kirchenpolitische Einstellung nicht teile, habe ich zu ihm persönlich volles Vertrauen und hege die Zuversicht, daß er das Gewissen der kirchenpolitisch Andersdenkenden nicht vergewaltigen und ihnen die weitere Mitarbeit in der HV möglich machen wird. Pfr. Drobnitzky ist zur Übernahme des ersten Vorsitzes bereit und wird baldigst seine auslandsdeutsche Gemeinde mit einer reichsdeutschen vertauschen ..." (82)

Der Vorschlag Heilers findet weitgehend Zustimmung. Drobnitzky tritt - zunächst kommissarisch - an seine Stelle. Am 19. September 1933 schreibt er an Heiler: „Für mich kam der Gedanke an eine Neubesetzung des Vorsitzes nur aus dem Gesichtspunkt in Frage, den Sie schon am Ende des vergangenen Winters genannt haben, Ihre Überlastung mit Arbeit ... Meine Aufgabe sehe ich darin, unsere HV ... durch die gegenwärtige Zeit der allgemeinen Unsicherheit und Ratlosigkeit hindurchzubringen ... Eine Gleichschaltung der HV im Sinne eines kooperativen Anschlusses an die Glaubensbewegung der Deutschen Christen oder gar eines Aufgehens in ihr kommt gar nicht in Frage." (82) Eine noch im September 1933 vorgesehene Unterredung Drobnitzkys mit Reichsbischof Müller kommt nicht zustande. Daraufhin gibt Drobnitzky namens der Hochkirchlichen Vereinigung schriftlich folgende Erklärung zu Protokoll:

„1. Wir sind bereit, eine Aufspaltung und ein Zerbrechen der Evangelischen Kirche verhindern zu helfen, da wir die einheitliche Deutsche Evangelische Kirche grundsätzlich bejahen. 2. Wir sind auch jetzt trotz alles Vorangegangenen bereit, uns hinter den Herrn Reichsbischof zu stellen unter folgenden Bedingungen: a) daß der Herr Reichsbischof sich klar und deutlich trenne von der Reichsleitung der 'Deutschen Christen', insbesondere von deren Reichsleiter, der in erster Linie die Verantwortung für das zerstörende Treiben germanischen Heidentums in der Kirche trägt; b) daß der Herr Reichsbischof die Ergebnisse der durch politische und staatliche Machtmittel beeinflußten letzten Kirchenwahlen für nichtig erkläre und die auf unrechtmäßige Weise zustandegekommene Synoden usw. auflöse; c) daß der Herr Reichsbischof rücksichtslos dafür sorge, daß das Handeln der Kirche allein von der ganzen

Heiligen Schrift und vom Augsburgischen Bekenntnis her bestimmt werde[n] ..." (82f)

Am 1. Advent teilte Drobnitzky diese (unbeantwortet gebliebene) Erklärung allen Mitgliedern mit. Er fügte hinzu, er sehe sich von seinem Gewissen genötigt, die Deutschen Christen unter den Mitgliedern dringend zu bitten, ihre Mitgliedschaft sofort zu lösen. Jeder, der das unterlasse, mache sich mitschuldig an der Einführung offenbarer Irrlehre in die Kirche. Pfarrer Drobnitzky ging in dieser Hinsicht selbst mit gutem Beispiel voran.[64] Heiler hatte mit seiner Hoffnung auf einen durch entsprechende Fakten erzwungenen Sinneswandel in der Hochkirchlichen Vereinigung und mit seinem Vertrauen auf Drobnitzky nicht ganz unrecht. Die Krise aber war damit noch nicht ausgestanden. Am 15. Hochkirchentag vom 6. bis 8. März 1934 in Berlin prallten die Meinungen noch einmal aufeinander. Die Grundsätze der Hochkirchlichen Vereinigung blieben zwar unangetastet. In der Beurteilung des Nationalsozialismus und der Glaubensbewegung der Deutschen Christen bleibt noch immer ein Dissens. Heiler eröffnet die Tagung mit einem Vortrag über „Kirche und Volkstum".[65] Zusammenfassend erklärt er, man habe es derzeit mit zwei „komplementären Häresien" zu tun. Auf der einen Seite stehe die gnostisch-manichäische Auffassung der Barthianer, für welche das Volkstum wie alles natürlich Gegebene von Grund auf verderbt sei. Auf der anderen Seite stehe die naturalistisch-paganistische Auffassung der Deutschen Christen, welche das Naturgegebene, die Rasse und das Volkstum, vergotte. Die Überwindung dieser Gegensätze liege im Ernstmachen mit dem Grundsatz des Thomas von Aquin: Gratia naturam non tollit, sed perficit (Die Gnade hebt die Natur nicht auf, sondern vollendet sie).[66]

Im Protokoll des zweiten Tages heißt es, Heiler habe nachdrücklich auf den bekenntniswidrigen Charakter der derzeitigen Kirchenregierung hingewiesen. Untragbar sei der „Arierparagraph" in der Kirche und die Zurückführung der Autorität des Bischofsamtes nicht auf Christus, sondern auf politische Autorität. Eine weitere Zugehörigkeit zu den Deutschen Christen sei mit den hochkirchlichen Grundsätzen unvereinbar. - Daraufhin müssen die Wogen hochgegangen sein. Selbst eine durch Superintendent Dr. Leonhard angeregte Sympathiekundgebung für verfolgte evangelische Pfarrer findet keine ungeteilte Zustimmung. Dennoch einigt man sich auf die folgende, von Heiler vorbereitete Erklärung:

„Angesichts der gegenwärtigen Kämpfe in der Deutschen evangelischen Reichskirche bekräftigt die Hochkirchliche Vereinigung von neuem die Grundsätze, nach welchen sie in den letzten 15 Jahren gearbeitet und gekämpft hat:

---

[64] Vgl. aaO. 83.
[65] Heiler, Friedrich, Kirche und Volkstum, in: EHK 16 (1934) 206-224.
[66] Vgl. Niepmann, Chronik, 85.

1.'Sie bekennt sich zu dem biblischen Evangelium von Christo Jesu, Gottes und der Jungfrau Sohn, dem gekreuzigten Erlöser, dem auferstandenen Herren, gemäß dem Glaubenszeugnis der Reformation, wie es in dem Augsburgischen Bekenntnis niedergelegt ist.'

2. 'Sie bekämpft jede staatliche Gebundenheit und außerkirchliche Bevormundung der Kirchen der Reformation ...'

3. 'Sie bejaht die göttliche Stiftung des Amtes der Kirche und wünscht eine dementsprechende Ausgestaltung der Verfassung, vor allem die volle Wiederherstellung des altkirchlichen Bischofsamtes auf Grund der apostolischen Sukzession.'

4. 'Als Herz- und Kernstück des christlichen Gottesdienstes betrachtet und erstrebt sie die rechte Feier des heiligen Altarsakramentes.' ...

Endlich bekennt sie ... von neuem den Willen zur Einheit der ökumenischen Christenheit und bezeugt, daß eine Teilkirche, die sich aus dem Zusammenhang der einen, heiligen[,] allgemeinen und apostolischen Kirche löst, ihre Gliedschaft am Einen Leibe Christi verliert." (86)

Bei den Neuwahlen wird Pfarrer Drobnitzky im Amt des ersten Vorsitzenden bestätigt. Friedrich Heiler wird überraschend zweiter Vorsitzender!

In diesem Zusammenhang darf nicht unerwähnt bleiben, daß Heiler sich schon kurz vor dem Hochkirchentag im Vorstand mit einem Herzensanliegen durchgesetzt hatte. Ab Januar 1934 trug die Zeitschrift der Hochkirchlichen Vereinigung den neuen Titel „Eine heilige Kirche".[67] „Die Ausweitung unseres Aufgabenkreises in dieser Stunde fordert auch, daß wir nunmehr auf jenen mißverständlichen Namen verzichten, unter dem wir seit 15 Jahren gearbeitet haben."[68]

Heiler beruft sich dabei auf diesbezügliche Äußerungen des schwedischen Erzbischofs Söderblom, der an dem Namen „Hochkirche" des öfteren Anstoß genommen hatte. Heiler fährt fort: „Der künftige Name der 'Hochkirche' ist neu und doch uralt - 'E i n e h e i l i g e K i r c h e' : die Anfangsworte des großen Bekenntnisses zur Kirche im ökumenischen Symbol von Nicäa und Konstantinopel ... Wenn wir auf jenen Titel nun wieder zurückgreifen, so kommt darin auch zum Ausdruck, daß die 'hochkirchlich-ökumenische' Strömung, die sich einst von der 'Hochkirchlichen Vereinigung' abgespalten hatte, nunmehr wieder in sie eingemündet ist.
'E i n e h e i l i g e K i r c h e'- in diesem Wort ist alles zusammengefaßt, wofür wir bisher gearbeitet und geworben, gestritten und gelitten haben: die alle Völker und Zeiten umfassende Einheit der Kirche Christi, ihre Heiligkeit, wie sie quillt aus ihrer evangelischen Verkündigung, ihren Sakramenten und Gebeten und wie sie Gestalt gewinnt in ihren einzelnen Gliedern. In diesen beiden Worten ist zugleich mit enthalten die in den beiden folgenden Worten

[67] Eine heilige Kirche. Fortsetzung der „Hochkirche" und der „Religiösen Besinnung", herausgegeben von Prof. D.Dr. Friedrich Heiler unter Mitwirkung von Lic. Paul Schorlemmer, 16. Jahrgang der Hochkirche 1934; vgl. auch Niepmann, Chronik 83f.

[68] Heiler, Friedrich, Die evangelisch-katholische Bewegung in Deutschland, ihre Entwicklung und Gegenwartsbedeutung, in: EHK 16 (1934) 1-9, Zit. 7.

des Glaubensbekenntnisses verkündete Katholizität und Apostolizität der Kirche." (8, Hervorhebung von F.H.). "So laßt uns denn in dieser kirchlichen Notzeit Zeugen und Kämpfer sein für die 'Eine heilige Kirche'. Diese Kirche ist unvergänglich, weil sie vom ewigen Christus gebaut ist und geleitet wird." (9)

Nimmt man alles in allem, war das Jahr 1933 das Jahr einer lebensbedrohenden Krise für die Hochkirchliche Vereinigung. Die Entwicklung hatte Heiler darin recht gegeben, nicht zu verzweifeln, und sich zu verabschieden, sondern zuzuwarten, ja sich zu neuer Mitarbeit bereitzuhalten. Zwar konnte er nach dem Hochkirchentag 1934 keinesweg sicher sein, ob die durch die Politik ausgelöste Verwirrung der Gemüter endgültig überwunden war. Aber die Führer der Deutschen Christen sorgten selbst dafür, die in sie gesetzten Hoffnungen auf eine Erneuerung der Kirche zu enttäuschen. Sie wurden zunehmend als das offenbar, was sie waren: ein Vehikel weltanschaulicher Unterwanderung und politischer Vereinnahmung der Kirche. Dagegen - so merkten es langsam viele Theologen und Laien - war Widerstand geboten. Die Vorbereitungen der Barmer Bekenntnissynode waren in jenen Tagen im Gange und man wußte davon!

Aber, so mag Heiler sich gefragt haben, genügte es, Widerstand zu leisten und das Schlimmste abzuwehren? Durfte man sich darauf beschränken, die Eigenständigkeit evangelischen Kirchentums zu wahren? War es ausreichend, auf eine gemeinsame Deutsche Evangelische Kirche hinzuarbeiten? War es nicht vielmehr angezeigt, Verbindung mit den Katholiken zu suchen? In Gefahr war nicht nur *eine* der beiden großen christlichen Kirchen, sondern das gemeinsame christliche Erbe! - Wie gesprächsbereit man „drüben" war, wie sehr jetzt eine Konfession auf die andere angewiesen war, das hatten Heiler und Ritter erfahren, als sie in Marburg einem Vortrag von Romano Guardini gelauscht und im Nachgespräch einander zu dritt seltsam nahe gekommen waren. Heiler fragte sich, ob derartige Gespräche nicht auch mit Wissen und Genehmigung der beiderseitigen „Behörden" stattfinden könnten. Die sich abzeichnende Auseinandersetzung mit den Nationalsozialisten war nicht nur die Sache einer Kirche. Der Stoß galt offensichtlich dem gemeinsamen christlichen Glauben. Wie, wenn man sich über eine gemeinsame Abwehr verständigen und sich darüberhinaus des gemeinsamen Erbes von neuem bewußt würde? Dann würden nicht nur die Nationalsozialisten nichts mehr ausrichten können, dann würde man sich endlich der unzerstörbaren Einheit der Kirchen von neuem bewußt!

So hatten die Teilnehmer des 14. Hochkirchentags kaum jene Beschlüsse gefaßt, die Heiler aufatmen ließen, als er sich von den Versammelten die Erlaubnis erbat, in ihrem Namen und zusammen mit Pfarrer Drobnitzky interkonfessionelle Gespräche sowohl mit den Anglikanern als auch den Katholiken anzuregen.

Da man allgemein das Gefühl hatte, derartige Gespräche seien nach Jahrhunderten der Verschlossenheit gegeneinander an der Zeit, wurde die Erlaubnis gern und freudig erteilt.

Das Hermsdorfer Gespräch

Was sich danach in kürzester Zeit zutragen sollte, berichtet Heiler unter dem Datum „Marburg, am Feste des Apostels Barnabas" (11. Juni) mit wenigen Sätzen: „Auf Grund der Vollmacht, welche die HV in der Märzversammlung in Berlin erteilt hatte, habe ich auf römisch-katholischer Seite die Abhaltung eines irenisch-dogmatischen Gesprächs zwischen katholischen und evangelischen Theologen angeregt. Ein deutscher römisch-katholischer Bischof (sc. Bischof Nikolaus Bares, Berlin) war hochherzig genug, die Abhaltung zu gestatten und hierfür sogar einen Raum zur Verfügung zu stellen. So konnte in der Pfingstwoche in aller Brüderlichkeit und Offenherzigkeit ein Gespräch über die Gnade stattfinden (Gnade und Rechtfertigung, Gnade und Kirche, Gnade und Sakramente) ...".[69]

Meine Hauptquelle ist diesmal ein Bericht des späteren apostolischen Vorstehers der St. Johannes-Bruderschaft, Heinz Joachim Nerger, über das interkonfessionelle Theologengespräch in Berlin-Hermsdorf 1934: „Heilers Be[i]trag ... besteht zunächst darin, daß es [das Gespräch] ohne Zweifel auf seine Initiative hin zustande gekommen ist ... Aus der Nachschrift geht hervor, daß der erste Gesprächsbeitrag ... von Heiler stammt. Heiler betont darin u.a. Söderbloms Wunsch, daß nach den ökumenischen Anfängen (Stockholm 1925, 'Life and Work', und Lausanne 1928, 'Faith and Order') nun auch der ökumenische Kontakt mit der römischen Kirche angestrebt werden müsse ... Nach der Meinung Söderbloms sei die Confessio Augustana das bisher einzige Beispiel eines Bekenntnisses, das auf die Einigkeit der Kirche und das Zusammenbringen verschiedener Meinungen ausgerichtet sei. Der konkrete Anlaß zu dem jetzigen Gespräch sei ein Vortrag von Professor Guardini in Marburg mit einem Nachgespräch zwischen Heiler, Ritter und Guardini gewesen."[70]

Mit Recht weist Nerger sodann auf die geschichtliche Situation des Gespräches hin: „Höchst bemerkenswert ist die Gleichzeitigkeit mit dem Ereignis der Bekenntnis-Synode von Barmen (29. - 31.5.1934). Aber die bereits erwähnten Gesprächseinheiten (Rechtfertigung - Kirche - Sakramente) von Hermsdorf lassen erkennen, daß sie auf etwas anderes hinauslaufen als etwa 'Die Barmer Theologische Erklärung' ... Heiler, der wie auch Stählin zu keiner Zeit bei den Deutschen Christen, aber auch nicht bei der Bekennenden Kirche angesiedelt war, leistete für die Zukunft der Kirche einen anderen Beitrag ... In Hermsdorf handelte es sich um ein rein theologisches Erstgespräch, ein 'Una-Sancta-Gespräch', bei dem Heiler wie immer das ganze Volk Gottes jenseits der konfessionellen Gewordenheiten vor Augen stand. Heiler hat durchaus den Kir-

---

[69]   Niepmann, Chronik, 88f.
[70]   Nerger, Heinz Joachim, Das interkonfessionelle Theologengespräch in Berlin-Hermsdorf 1934, in: EHK N.F. Nr. 3 (Siebzig Jahre Hochkirchliche Bewegung [1918-1988] Hochkirchliche Arbeit, Woher? - Wozu? - Wohin?), Bochum 1989, 124-159, Zit. 126f.

chenkampf mit Anteilnahme und Betroffenheit verfolgt. Aber es lag für ihn näher, im deutschen Raum die Tuchfühlung zur stärksten Konfession außerhalb des Protestantismus zu suchen ..." (127f) - Man darf verdeutlichend sagen: In dieser hier beginnenden Una-Sancta-Arbeit lag Heilers spezieller Beitrag zum Abwehrkampf der Kirche gegen den Nationalsozialismus.

Auch die römisch-katholische Seite muß sich der Bedeutung dieses ersten bischöflich genehmigten, ja geförderten theologischen Gespräches seit der Reformation bewußt gewesen sein. Was auf beiden Seiten an Gesprächsteilnehmern „aufgeboten" war, ist erstaunlich. Ich nenne zunächst die katholischen Teilnehmer: Domprobst Dr. Simon, Paderborn; P. Dr. Damasus Winzen OSB, Abtei Maria-Laach; Pfarrer Dr. Robert Grosche, Brühl-Vochem; Chorherr Dr. Pius Parsch, Stift Klosterneuburg bei Wien; Domkapitular Msgr. Dr. Banasch, Berlin; Prof. Dr. Bernhard Rosenmüller, Münster i.W.; P. Max Pribilla, München; Prof. Dr. Josef Koch, Breslau; Prof. Dr. Romano Guardini, Berlin; Domvikar Dr. Max Prange, Berlin; Studentenpfarrer Dr. Johannes Pinsk SJ, Berlin.

Dazu kamen als anglikanische Beobachter: Decan Dr. Bate, York (England); Kaplan Cragg von der Britischen Gesandschaft in Berlin.

Die evangelische Seite war durch folgende Persönlichkeiten vertreten: Prof. D. Dr. Friedrich Heiler, Marburg/Lahn; Pfarrer Dr. Karl Bernhard Ritter, Marburg/Lahn; Prof. Dr. Wilhelm Stählin, Münster i.W.; Superintendent Beta, Oschersleben/Bode; Pfarrer Georg Schulz, Wuppertal-Barmen; Dr. Paula Schaefer, Gera; Pfarrer Schoefer, Waldow b. Golßen/Niederlande; Vikarin Renate Ludwig und Privatdozent Dr. Walter Künneth, Ev. Johannesstift Berlin-Spandau.

Dazu die schwedischen Lutheraner: Legationspfarrer Birger Forell, Schwedische Kirche, Prof. D. Anders Nygren, Lund.

Wahrhaft beachtliche Persönlichkeiten auf beiden Seiten! Nicht wenige von ihnen, besonders die katholischen Teilnehmer, standen in der vordersten Front des Ringens um eine Erneuerung ihrer Kirchen und wurden später zu Hauptträgern des interkonfessionellen Gespräches! Auf evangelischer Seite fehlten zwar Barmen zuliebe die Verfechter der Bekennenden Kirche. Aber das war Heiler deshalb nicht unlieb, weil er eine Politisierung des Dialogs vermeiden wollte und weil die Barthsche Theologie, die in der Bekennenden Kirche dominierte, für ihn besonders in ihren Anfängen eine Theologie auf Abwegen war.[71] Dennoch hatte das vorbereitende Komitee dafür Sorge getragen, daß die evangelische Vielstimmigkeit zu Wort kommen konnte. Reformierte Theologen hatte man nicht eingeladen, um den Dialog nicht von vorneherein unnötig zu belasten. Die Berneuchener hatten in Ritter und Stählin ihre Leitenden entsandt. Die Hochkirchler waren mit Heiler, Schaefer und Schoefer ebenfalls repräsentativ vertreten. Drobnitzky hatte nur an den vorbereitenden Gesprächen teilnehmen können.

---

[71] Vgl. oben Abschnitt „Das schlimme Jahr 1933".

In diesen Gesprächen war man sich nicht nur über den Teilnehmerkreis, sondern auch über das Thema und den modus procedendi einig geworden. Das zentrale Anliegen der Reformation, die Gnade, sollte in drei Gesprächsgängen behandelt werden: Gnade und Rechtfertigung, Gnade und Kirche, Gnade und Sakramente. Unmittelbar vor der Konferenz beschloß man, mit einer Aussprache über „Gnade und Frömmigkeit" zu beginnen, so daß insgesamt vier Tage für die Begegnung erforderlich waren. Vor der Aussprache sollte jede Konfession mit einem Referat über den jeweiligen Gegenstand die eigene Stellung umreißen dürfen.[72]

Frömmigkeit - so hatte Pius Parsch am ersten Tag in seinem einleitenden Referat gesagt - hänge auch im Katholizismus innig zusammen mit der Erfahrung göttlicher Gnade. Diese aber werde vermittelt durch die Kirche und ihre Gnadenmittel. Hier hatte später Ritter eingehakt und gefragt, ob nicht Gottes freie Gnade, indem man sie so fest an Kirche und Gnadenmittel binde, zu sehr vergegenständlicht und gesetzlich kanalisiert werde. Müsse man nicht objektiv bedingte und gottunmittelbare, gnadenhafte Frömmigkeit auseinanderhalten? - Pribilla und Pinsk entgegneten, wenn sich fromme Katholiken an gegenständliche Vorgaben hielten, könne das nicht falsch sein. Ritter wollte das nicht bestreiten. Das objektiv Gegebene müsse aber transparant werden. Dazu sei die Hilfe des Wortes Gottes unentbehrlich. Guardini ergänzte, letztlich komme es auch auf den Akt der Aneignung an.
Guardini hatte die Aussprache mit einer aufregenden Frage begonnen, von der Stählin berichtet: „Romano Guardini forderte uns heraus, wir sollten doch einmal ganz unverblümt sagen, was wir gegen unsere katholischen Mitchristen auf dem Herzen hätten. Darauf Ritter: Wenn ich nach Hause komme und erzähle, wo ich gewesen bin, wird man mich fragen, wie ich dafür Zeit aufwenden könnte, mit Katholiken zu reden; die seien doch alle ein bißchen falsch und könnten gar nicht ganz ehrlich sein. Darauf antwortete Guardini: Zweifellos sei ein freies und unbefangenes Menschentum ein Charisma des Protestantismus, aber er müsse nun umgekehrt sagen, was sie als Katholiken bei uns empfänden: Es bleibt bei Euch immer alles fließend und unbestimmt; man weiß nie genau, wen und was ihr eigentlich meint, und man kann euch nie bei einer verbindlichen Aussage behaften."[73]

Am zweiten Tag hatte Anders Nygren die Zusammenhänge von Gnade und Rechtfertigung darzulegen versucht. Evangelische Überzeugung sei es, daß der sündige Mensch in Christus gerechtfertigt und darin begnadet werde. Solche Begnadung bedeute, Gottes Gemeinschaft zu erfahren. Doch auch als Begnadeter bleibe der Mensch Sünder. Luthers „simul iustus et peccator" sei nicht aus der Welt zu schaffen. Darin unterscheide sich der Katholik vom Protestanten, daß der erstere den von Gott Gerechtfertigten und Begnadeten

---

[72] Es würde den Rahmen sprengen, auch nur annähernd wiederzugeben, was die Protokollanten aufgezeichnet haben. Ich verweise auf die Nachzeichnung von Nerger (Anm. 71). Einige Höhepunkte des Gespräches werden - so hoffe ich - einen Eindruck vermitteln.

[73] Stählin, Wilhelm, Via vitae, Kassel 1968, 247.

schon für gerecht, ja heilig halte, jedenfalls für einen Menschen, dem ein heiligmäßiges Leben möglich sei.

Koch bestätigte das in seinem Gegenreferat insofern, als er behauptete, durch das Eingießen der Gnade seien Sünde und Erbschuld getilgt. Der Gerechtfertigte werde heilig durch das Sterben mit Christus und durch Sein Auferstehen. Wo der Mensch in Christus eingegliedert sei, sei er eine neue Schöpfung.
Hier greift zum ersten Mal Heiler in die Diskussion ein. Nygren, so betont er, habe sowohl die evangelische Frömmigkeit als auch die Theologie Luthers zu reduziert und rationalisiert dargestellt. Als Quellen evangelischer Frömmigkeit müßten auch evangelische Lieder (Luther, Paul Gerhardt), Luthers Katechismen und seine Postille herangezogen werden. Die hieraus hervorgehende Frömmigkeit sei Heilsgewißheit auf Grund der Liebe Gottes und der Selbsthingabe Christi. Wer aber seines Heils gewiß sei, brauche sich um Werke der Liebe nicht groß zu bemühen. Luther habe seine frühen mystischen Glaubenserfahrungen auch später nicht verleugnet oder vergessen. Lasse man das nicht außer acht, würde es schwer sein, in ihm nur den Rebell zu sehen. Auch als Reformator lasse Luther sich durchaus in die katholische Tradition einordnen. Bestätigend vermerkt Ritter: Die Rechtfertigung sei de facto ein verwandelndes Geschehen. Wirklicher Glaube sei Ausdruck einer Seinsveränderung (1. Joh.). - Ergänzend fügt Heiler hinzu: Luthers Rechtfertigung sei nicht allein forensisch (Gerechtigkeit zusprechend) zu verstehen; sie umfasse über Sündenvergebung hinaus auch Wiedergeburt und Einigung mit Christus. - Daraufhin noch einmal Ritter: Aus einem Grunde bleibe das „simul iustus et peccator" unentbehrlich. Man sei als Gerechtfertigter zwar auf dem Weg, aber noch längst nicht am Ziel. Die katholische Seinskategorie verführe dazu, daß die auch dem begnadeten Sünder notwendige heilige Unruhe verlorengehe. Zu leicht fiele man einer Selbsttäuschung anheim.

Irgendwo an diesem zweiten Tag ist wahrscheinlich auch der Gesprächsbeitrag von Pastor Schulz einzuordnen. Ihm ging die Annäherung Heilers und Ritters an den Katholizismus entschieden zu weit, so daß er sich verpflichtet fühlte, noch einmal den vermeintlich evangelischen Standpunkt zu betonen: „Pastor Schulz vertrat eine extrem 'protestantische', lies dialektische Auffassung der Gnade; es sei für Evangelische unerträglich, wie die Katholiken von einem geistlichen *habitus* redeten; es gebe keinen 'Stand' der Gnade, sondern nur das immer wieder neue Widerfahrnis der Vergebung 'im je und je'." (247, Hervorhebung von W.S.)
Stählin erinnert sich auch dessen, was Pater Winzen darauf erwiderte: „Er habe ja als Mönch keine Erfahrung von der Ehe; aber nach der Vorstellung, die er sich davon mache, sei die Ehe gewiß nicht eine Kette erotischer Explosionen, sondern ein Leben in der Liebe; und wenn es das schon zwischen Menschen gebe, wie viel mehr sei dann dieses Verhältnis zu Gott auf ein solches Sein und Bleiben in der Liebe angelegt." (247f)

Über den dritten Tag gibt es weder für die beiden Hauptreferate noch für die sich am Vormittag anschließende Aussprache ein Protokoll. Das ist deswegen bedauerlich, weil - wie schon beim ersten Tag deutlich wird - die Kirche als Mittlerin der Gnade für die Katholiken - anders als bei evangelischen Christen - eine unentbehrliche Rolle spielt. Auch die bewegte Diskussion am Nachmittag ist protokollarisch nur sehr unbeholfen und ungenau nachgezeichnet. Immerhin ist ein so wichtiger Satz festgehalten wie der Ritters, daß sich Gott der Welt nicht mitteile durch Idee und Lehre, sondern durch eine konkrete Stiftung. Zu dieser Stiftung gehöre das Amt und die geschichtliche Kontinuität. Das richtet sich offenbar gegen die Auffassung von Schulz, Kirche sei eine mehr oder weniger freie Bewegung des Geistes. Hier muß sich auch Heiler mit der Bemerkung eingeschaltet haben, beides sei für die Vermittlung des Evangeliums wichtig, die Stiftung der Kirche und ihres Amtes *und* das freie Wirken des Heiligen Geistes. Eines könne ohne das andere nicht sein. - Es geht dann auch um die Frage der successio apostolica. Pinsk bemerkt sicher richtig, das Amt müsse den Träger überdauern. Er fragt aber auch - was in seiner Kirche eigentlich nicht fraglich sein sollte -, ob schon die Berufung der Apostel etwas Dauerndes intendiere. Stählin scheint dies bejaht zu haben, andererseits hat er offenbar bezweifelt, ob die successio apostolica als eine historische Garantie für dieses Dauern angesehen werden dürfe. Wörtlich: „Wäre ein historischer Nachweis der Sukzession die Voraussetzung ihrer Gültigkeit?" Eine direkte Antwort auf diese Frage scheint nicht erfolgt zu sein. Immerhin hat Pribilla darauf hingewiesen, die Gültigkeit des Amtes und damit der Sakramente stehe und falle für die Katholiken mit der Anerkennung der apostolischen Sukzession; nur sie garantiere die Wirkung der Sakramente. So tritt am dritten Tag bei der Behandlung der Frage „Gnade und Kirche" jener Dissens zutage, der bis heute im interkonfessionellen Gespräch die größten Schwierigkeiten bereitet. Er liegt in der Frage nach der Bedeutung der Kirche und des Amtes. Nerger sagt im Blick auf die Diskussion sicher richtig, die Katholiken sähen die Protestanten in der Gefahr, die Kirche als historische Größe nicht ernst zu nehmen und in ihr etwas Ungeschichtliches, Ideelles und Schwärmerisches zu sehen. Umgekehrt befürchteten die Evangelischen, Christus komme im Katholizismus in die Gewalt des Priesters, des Amtes und des ordo.[74]

Am vierten Tag hatte Heiler die Aufgabe, evangelischerseits über „Gnade und Sakramente" zu referieren. Das evangelische „sola gratia" weise, so begann er, den Gnadenmitteln eine besondere Bedeutung zu. Keine Verkündigung der Rechtfertigung könne die Gnade so wirksam „übermitteln" wie das Sakrament. Dennoch verhalte sich das Luthertum den Sakramenten gegenüber zwiespältig: Einerseits werde das Sakrament durch das Wort verdrängt - nicht die Handlung, sondern das Wort stehe im Zentrum, und das habe dazu geführt, daß das Abendmahl nur selten gefeiert werde - andererseits gehe die Confessio Augustana von einem „realistischen" Sakramentsbegriff aus. Diese katholische Tendenz sei vom Neuluthertum des 19. Jahrhunderts wieder aufgegriffen worden. Daran hätten sowohl die hochkirchliche Bewegung als auch

---

[74]   Vgl. Nerger, 145.

die Berneuchener angeknüpft. - Um nun eine greifbare und in sich geschlossene evangelische Sakramentstheologie vorzutragen, wolle er, Heiler, versuchen, die Auffassungen Luthers bzw. der Confessio Augustana wiederzugeben. In vieler Hinsicht stimme Luther mit der katholischen Tradition überein. Auch für ihn gelte, in Brot und Wein des Abendmahles sei Christus real gegenwärtig. Wie das zu verstehen sei, bleibe allerdings göttliches Geheimnis. Darin mache Luther keinen Unterschied: den „wahren Leib Christi" empfingen sowohl Gläubige wie Ungläubige. Die Wirkung der Sakramente könne auch durch Unwürdigkeit des Spenders nicht beeinträchtigt werden. Wo Luther Kritik übe, befinde er sich meist in Übereinstimmung mit älterer Tradition. So, wenn er gegenüber den vielen Privatmessen den Mahlcharakter des Altarsakramentes betone. So, wenn er einem Kult der Elemente außerhalb der Mahlhandlung abgeneigt sei. Aber auch darin habe Luther im Grunde katholisch empfunden, wenn er sich dagegen verwahrte, der Priester „bewirke" das Sakrament in eigener Machtvollkommenheit, oder wenn er meinte, durch den Begriff „Meßopfer" werde das Kreuzesopfer Christi entwertet. - Freilich: der sakramentale Charakter des *ordo* (also der Zusammenhang zwischen Sakrament und sakramentalem Amt) komme bei Luther zu kurz. Man dürfe jedoch nicht vergessen, daß die lutherische Orthodoxie in dieser Hinsicht etwas nachgeholt habe, insofern sie die Meinung vertreten habe, der Spender der Sakramente tue seinen Dienst als Stellvertreter Christi.

Gegen diese Darstellung der Sakramentsauffassung Luthers und der Confessio Augustana konnte evangelischerseits kaum etwas eingewandt werden. Heiler hatte keineswegs verschleiert, wie wenig sich davon erhalten hatte und daß Luthers Sakramentstheologie derzeit nur bei den Hochkirchlern und Berneuchenern in Kraft und Geltung stünde.
Auf Seiten der römisch-katholischen Teilnehmer mochte man darüber verwundert sein, wie „katholisch" Luther empfunden hatte. Nach Heilers Referat war allen, denen eine Annäherung der Kirchen am Herzen lag, klar, was um einer gegenseitigen Anerkennung des Altarsakraments willen erforderlich war: Im evangelischen Lager mußte der katholische Luther und seine Auffassung vom Abendmahl neu entdeckt werden. Unerläßlich war auch eine Rückbesinnung auf den sakramentalen ordo. Katholischerseits müßte man erkennen, wie recht Luther darin hatte, daß er damalige Mißstände unter Berufung auf die alte und älteste Kirche angeprangert hatte.

Von wohl allen Teilnehmern der evangelisch-katholischen Begegnung in Hermsdorf 1934 ist dieses viertägige intensive Gespräch als ein kirchengeschichtliches Ereignis empfunden worden. Es war - wie gesagt - das erste Mal nach Jahrhunderten strikter Verschlossenheit gegeneinander, daß namhafte Theologen der römisch-katholischen und der evangelischen Kirche miteinander zu sprechen versuchten. Das Gespräch hatte, wenn nicht offiziellen, so doch offiziösen Charakter. Was das bedeutete, welche Verantwortung es in sich schloß, empfanden wahrscheinlich alle, die dafür ausersehen bzw. gewonnen waren. Sie haben in einem erstaunlichen Einsatz miteinander gerungen. Und das nicht, um sich zu entzweien, sondern um zusammenzufinden. Schnell hatten sie erkannt, wie sehr man einander anging und was dem theologischen Denken gefehlt hatte, solange einer für den anderen als ernst zu nehmender Gesprächspartner ausfiel. Nun mußte über dem, was der je andere vorbrachte, die eigene Position neu überdacht werden. Es war zu geradezu „gefährlichen" Annäherungen aneinander gekommen. Es wäre, so die einhellige Meinung, töricht, die für das interkonfessionelle Gespräch offene Tür wieder zuschlagen zu lassen. Da war von denen, die dabei waren, keiner, der nicht tief dankbar auf die vier Tage von Hermsdorf zurückgeblickt hätte.

Wenige Tage danach machte Stählin sich wohl zum Sprecher der meisten Teilnehmer, wenn er Heiler u.a. schrieb: „Vor allem möchte ich mit großer Dankbarkeit aussprechen, welches Verdienst Sie sich durch die Anregung und Vermittlung dieses Gespräches erworben haben ... [Es] ist schon dieses Beisammensein und Miteinanderreden ein Ereignis von großer Tragweite, und ich bin sehr bewegt und verpflichtet durch das, was wir erlebt haben." [75]

Ein Nachwort von Heiler selbst. Er schrieb seinen hochkirchlichen Freunden: „Das Gespräch, das rein theologischen Charakter trug unter Ausschaltung aller kirchenpolitischen Zwecke und das sich auf einem sehr hohen Niveau bewegte, verlief äußerst fruchtbar und schenkte allen tiefe Eindrücke und neue Einsichten. Für uns Hochkirchler ergab sich dabei die beglückende Einsicht, daß zwischen uns und den römisch-katholischen Brüdern keine dogmatischen Unterschiede bestanden, daß das reformatorische Anliegen der sola gratia, das wir verfochten, auch von jenen vertreten wurde, daß die gravamina und desideria (Beschwerden und Wünsche), welche wir hinsichtlich der heutigen Verhältnisse der römischen Kirche vorbrachten, auch von jenen nicht nur verstanden und gewürdigt, sondern geteilt wurden. Angesichts der reichen Ergebnisse dieser Besprechungen wurde von den Teilnehmern beschlossen, diese dogmatischen Gespräche fortzusetzen und weiter auszubauen. Wir haben uns jedoch verpflichtet, die ganze Angelegenheit streng vertraulich zu behandeln, nicht nur deshalb[,] weil es sich hier um eine geheime Aktion handelte, sondern deshalb, weil im gegenwärtigen Zeitpunkt solche rein theologischen Gespräche leicht als kirchenpolitische Aktionen mißverstanden und mißdeutet werden ... Ich hielt mich jedoch verpflichtet, eine solche vertrauliche Mitteilung an unsere Freunde ergehen zu lassen, weil es sich ja für mich um die Ausführung eines ausdrücklichen Auftrages der HV handelt und die Auftraggeber von uns Rechenschaft beanspruchen müssen." [76]

Trotz der vereinbarten Vertraulichkeit wußten die Verantwortlichen und Interessierten auf beiden Seiten rasch Bescheid. Stand auch der Abwehrkampf der „Bekennenden Kirche" im Vordergrund, so bildeten sich bald sogenannte

---

[75]   Brief Stählins vom 29. Mai 1934 an Heiler, in: Nerger, 127 und 158.
[76]   Niepmann, Chronik, 89.

„Una-sancta-Kreise". Berlin und die Provinzstadt Bielefeld gingen voran. Fast gleichzeitig kam es in Bonn zu regelmäßigen Zusammenkünften, an denen sich auf evangelischer Seiten neben D. Hans Asmussen die Pfarrer Wilhelm Niesel (evangelisch-reformiert!), Kloppenburg, und Götz Harbsmeier beteiligten. Sie alle gehörten gleichzeitig zu den führenden Vertretern der „Bekennenden Kirche"! Eine Politisierung des Gespräches konnte deshalb nicht ausbleiben. In dieser Hinsicht kostete es denn nicht viel Mühe, eines Sinnes zu werden. Aber man hätte sich in Bonn nicht als „Una-Sancta-Kreis" bezeichnet, wenn es sich nicht um einen wirklichen ökumenischen Aufbruch gehandelt hätte. Der Augsburger Pfarrer Dr. Max Josef Metzger gründete gar eine Una-Sancta-Bruderschaft. Sein gleichzeitiger Pazifismus und sein unerschrockener Kampf gegen den Nationalsozialismus führten später dazu, daß er - mittlerweile in Berlin tätig - im Juni 1943 verhaftet und im Oktober desselben Jahres vor dem Volksgerichtshof von Roland Freisler zum Tode durch das Beil verurteilt wurde. Weltweiter Proteste zum Trotz wurde das Urteil am 17. April 1944 vollstreckt.

Heiler wußte genau, daß und wie sehr die Hermsdorfer Gespräche ein Politikum waren, und wie die politische Situation das Zusammenrücken der Konfessionen begünstigte. Er wehrte sich aber nach wie vor gegen eine Politisierung dieser Gespräche. Ihm war die theologische Dimension ungleich wichtiger. Was er zunächst nur mit evangelischen Freunden zu verwirklichen gesucht hatte, evangelische Katholizität, war es nicht in Hermsdorf zu einer überkonfessionellen Realität geworden? Dies vor allem mußte weiter verfolgt werden. Die wieder eine heilige Kirche war ein viel wichtigeres Ziel als eine gemeinsame Abwehrfront gegen den Nationalsozialismus. Daß man in der Abwehr dieses Ungeistes einig war, fiel gleichsam nebenbei mit ab.
In der ersten euphorischen Freude über das Gelingen von Hermsdorf faßte Heiler - zusammen mit Drobnitzky - einen abenteuerlichen Plan. War es nun so abwegig, für die Hochkirchliche Vereinigung eine korporative Anlehnung an Rom zu erstreben? - Eine diesbezügliche Denkschrift fand die wärmste Zustimmung von Bischof Bares. In der Hoffnung, er werde sie in Rom befürworten, überbrachte sie Heiler daselbst persönlich. Der Berliner Bischof starb jedoch eines plötzlichen Todes. So scheint das Schriftstück weder zum Kardinalstaatssekretär noch zum Papst selbst gelangt zu sein und fand keinen Befürworter, auf den man gehört hätte. Die einzig erkennbare Auswirkung lag darin, daß die Kurie die Falschmeldung in die Welt setzte, Heiler habe sich in seiner Mutterkirche zurückgemeldet. Sie ging durch die Weltpresse. Heiler war tief geschlagen, denn an eine Rekonversion hatte er nicht gedacht. - Das Memorandum ist verschollen, vielleicht auch absichtlich vernichtet. 1957 hat Heiler sich dazu noch einmal geäußert: „Das Dokument hat aber heute .. nur noch historische Bedeutung. Es ist aus der damaligen Situation der Kirchenverfolgung ... entstanden. Durch die seitherigen päpstlichen Kundgebungen,

insbesondere das Assumptio-Dogma, hat sich die Lage vollkommen geändert, und es ist keine Basis für die Bemühungen heute vorhanden."[77]

[77]   AaO. 89f.

Der Funke springt über

Am Hermsdorfer Gespräch waren Vertreter auch eines anderen Zweiges der evangelischen liturgischen Bewegung beteiligt, die sogenannten Berneuchener. Wir erinnern uns ihrer Namen: Wilhelm Stählin, Professor in Münster/Westfalen, sowie Karl Bernhard Ritter, Pfarrer an der Universitätskirche zu Marburg/L. Sie gehörten 1923 zu jenem Kreis vor allem aus der Jugendbewegung hervorgegangener Persönlichkeiten, die - aus Besorgnis um die Kirchenferne ihrer jungen Freunde - zum ersten Mal auf dem Gut Berneuchen/Altmark zusammengekommen waren. Aus dieser ersten Zusammenkunft war ein fester Zusammenhalt geworden. Man war sich darüber im klaren: Jugendgemäßer mußte die Kirche werden, aber zu einer Erneuerung konnte es nur aus ihrem eigenen Quellgrund heraus kommen. Die altkirchliche Trinitätslehre, und in ihrer Mitte das Ereignis der Inkarnation, wurde dem Kreis wichtiger als Luthers Rechtfertigungslehre. Der Glaube aber, so wußte man es gut, war keine Lehre. Das Geglaubte hatte es mit dem ganzen Menschen zu tun. Es ging dabei um Verwirklichung bis ins Leibliche hinein. Von ihrem Ansatz her waren die Berneuchener keine liturgische Bewegung, auch wenn der Gottesdienst zum Zentrum ihres gemeinsamen Lebens wurde. In den schon früh erschienenen „Tagzeitengebeten" hatte man die Tradition der Kirche, das Stundengebet, noch ganz unbekümmert außer acht gelassen. Und auch in der 1926 herausgekommenen „Beicht- und Abendmahlsordnung" steht zwar das Abendmahl wieder auf dem Leuchter, aber die Liturgie ist noch durchsetzt von Elementen einer individualistischen Religiosität neuromantischer Prägung. Dabei jedoch sollte es nicht bleiben.

Ich habe bereits davon berichtet: Als Ritter 1927 dem ersten Meßgottesdienst Heilers in Marburg beigewohnt hatte, soll er - wie ich selbst aus dem Munde Heilers gehört habe - geäußert haben: „Nein, so geht es nicht!" - Es dauerte aber nicht lange, dann war Ritter gänzlich anderen Sinnes geworden. Er blieb zwar noch eine Weile dabei, daß Heiler in seiner Anlehnung an römisch-katholische Zeremonien zu weit gehe. Er fragte sich aber, ob der in den Gebräuchen seiner Mutterkirche verwurzelte Professor nicht darin Recht habe, daß er so fleißig bei der alten Kirche und den Ostkirchen in die Schule gegangen war. Wer hier fündig geworden war, dem war all das zur Hand, wonach Luther, vor allem um einer Reform des Kanons der römischen Messe willen, vergeblich ausgeschaut hatte. Und was aus der Frühzeit der Kirche stammte, also noch aus der Zeit, da die Einheit der Kirche nicht zerbrochen war, hatte - nicht zuletzt auch gedanklich und sprachlich - eine überaus verpflichtende Kraft. In seiner Substanz ließ Heilers Gottesdienstformular die Texte der eigenen Abendmahlsordnung weit hinter sich. Außerdem konnte es - darin hatte er recht - der Annäherung der getrennten Kirchen zugute kommen. So ruhte bald auch Ritter nicht, bis er seine Freunde davon überzeugt hatte, eine Revision der eigenen Gottesdienstordnung sei fällig.

Bei diesem Vorhaben war ihm besonders jene Kerngruppe behilflich, deren Gründung 1931 vor allem auf seine Initiative erfolgt war. Sie hatte sich den Namen „Michaelsbruderschaft" gegeben und zu einer Lebensordnung bekannt, an der vieles beispielhaft und beherzigenswert ist. 1934, auf dem 15. Hochkirchentag in Berlin, konnte Heiler zum Erstaunen und zur Freude der Anwesenden berichten, Ritter habe eine Arbeitsgemeinschaft zwischen Hochkirchlern und Berneuchenern angeregt. Daß hier eine möglichst weitgehende Annäherung in Fragen der Gottesdienstreform erstrebt werden sollte, war jedem klar und wurde herzlich begrüßt.[78] Hatte nicht fast gleichzeitig auch die Hochkirchliche Vereinigung ihre Fühler ausgestreckt?[79]

Als erste Frucht dieser Zusammenarbeit darf die Teilnahme Friedrich Heilers an einer Arbeitstagung der Evangelischen Michaelsbruderschaft im April 1934 auf Schloß Stetten bei Erfurt gelten. Hier ging es um nichts Geringeres als um die Erstellung einer neuen und für die Berneuchener fortan verbindlichen Gottesdienstordnung. Wilhelm Stählins „Via vitae" enthält darüber den folgenden Passus: „Nachdem wir in unseren Anfangsjahren sehr kühne, neue Wege gegangen waren..., hatten wir uns bewußt viel stärker der abendländischen kirchlichen Tradition angenähert ... die wichtigsten Entscheidungen waren auf einer Arbeitstagung in Schloß Stetten bei Erfurt (1934) gefallen, an der auch Friedrich Heiler beratend teilnahm, wenn wir uns auch bewußt von seiner 'hochkirchlichen' Form distanzierten."[80]

Was Stählin an der hochkirchlichen Form Heilers mißfiel, wird nicht deutlich. Immerhin galt Heiler den Berneuchenern seit langem als *die* Autorität in liturgiegeschichtlichen Fragen. Das Ergebnis zeigt denn auch, in welch großem Umfang man Heiler - allen Bedenken zum Trotz - gefolgt war. 1935 erschien - in festlichem Gewand - beim Bärenreiter-Verlag in Kassel die neue „Ordnung der Deutschen Messe". Man hatte sich darin distanziert, daß nicht von Eucharistiefeier, was nach wie vor keiner so recht verstand, sondern in Anlehnung an Luthers „Messe deutsch" von deutscher Messe die Rede war. Im übrigen weist die neue Ordnung sowohl in der Grundstruktur als auch in Einzelzügen eine unübersehbare und weitgehende Verwandschaft mit Heilers Eucharistiefeier von 1931 auf. Manches war, vielleicht auf Anraten Heilers, sogar verbessert. Manches hatte man, etwas gewaltsam, geändert. Die Gebete im detempore-Teil waren teilweise so gut übersetzt, daß sie bis heute weit über Berneuchen hinaus Bestand haben. Manche der befremdlichen Eigenheiten gehen neben dem Bestreben, zeitgemäß zu sein, vermutlich darauf zurück, sich zu distanzieren und das „römische Rüchlein" Heilers zu vermeiden. Hören wir Heiler selbst. „Der Vergleich zwischen der ursprünglichen und der heutigen Beicht- und Abendmahlsordnung lehrt eindringlich, welch gewaltige Wegstrecke diese Bewegung durchlaufen hat. Die vorliegende Neuordnung ... bilde[t] einen Markstein ihrer merkwürdigen Entwicklung, die vom religiösen

[78] Vgl. aaO. 87.
[79] Vgl. Schorlemmer, Paul, Berneuchener Kreis und evangelisch-katholische Bewegung im gemeinsamen Dienst kirchlicher Erneuerung, in: EHK 16 (1934) 34-45.
[80] Stählin, 337.

Subjektivismus der liberalen Epoche zur altkirchlichen Tradition der ökumenischen Epoche geführt hat."[81]

Dann kann Heiler nicht umhin, einiges kritisch anzumerken: Abweichend von der Tradition der Kirche komme es beim Aufbau der Messe, mehr aber noch bei der Übertragung einzelner Texte zu manch seltsamen Eigenheiten. - Wir versagen es uns, Heilers gravamina aufzuführen, zumal sie großenteils in späteren Fassungen der Berneuchener Ordnung zu Korrekturen geführt haben. Heiler, der Stählins abfällige Bemerkung über seine „hochkirchliche Form" nicht kannte, notiert zu diesen Abweichungen: „Trotzdem die Berneuchener Bewegung in der Annäherung an die altchristliche und reformatorische Tradition immer stärkere Fortschritte gemacht hat, ist sie doch nicht völlig losgekommen von jenem halb romantischen, halb rationalistischen Subjektivismus, der ihren liturgischen Versuchen in der Anfangszeit eigen war." (57)

Diesen Anständen zum Trotz blieb Heiler bei seinem im Ganzen positiven Urteil. Er gab dann auch einer Erwiderung Ritters Raum[82] und schloß die Debatte mit den folgenden Zeilen ab: „Der Wunsch einer einheitlichen deutschen Liturgie, den der verehrte Gründer der Michaelsbruderschaft äußert, beseelt auch mich sehr stark. Aus diesem Wunsche heraus habe ich eine möglichste Angleichung der hochkirchlichen Liturgieordnung an die Berneuchener Ordnung im Gesamtaufbau empfohlen. Diese Angleichung hat freilich eine Grenze in unserer Treue gegenüber dem Geist und der Form der altkirchlichen Liturgie. Wir erkennen freudig das Charisma der Berneuchener an, den urchristlichen Sakramentsglauben an die entkirchlichten modernen Menschen heranzubringen. Unser Dienst an der Erneuerung der evangelischen Liturgie ist ein anderer: darüber zu wachen, daß von den alten liturgischen Schätzen nichts verloren gehe und nichts ungenutzt bleibe, daß die edle, majestätische Form der altkirchlichen Liturgie, die Ausdrucksform des Glaubens vieler Geschlechter, nicht verdrängt werde durch moderne Schöpfungen, die einen Teil der heutigen Menschheit anziehen mögen, die aber vielleicht nur der Ausdruck einer vorübergehenden geistigen Strömung sein mögen."[83]

Heilers Anregung einer möglichst weitgehenden Angleichung der beiden einander nahestehenden Gottesdienstordnungen wurde 1939 von Seiten der Hochkirchlichen Vereinigung in einer überarbeiteten Form der Eucharistiefeier von 1931 berücksichtigt. Auch sie trug dann aber den Titel „Deutsche Messe", der 1948 mit dem Zusatz versehen wurde „oder Feier des Herrenmahls nach altkirchlicher Ordnung". Die nachträglichen Revisionen der Berneuchener sind von derselben Tendenz nach möglichster Angleichung bestimmt. Sie fanden ihre vorläufig endgültige Form in der von Ritter 1961 herausgegebe-

---

[81] Heiler, Friedrich, Berneuchener Liturgie, in: EHK 20 (1938) 52-58, Zit. 52f.

[82] Vgl. Ritter, Karl Bernhard, Die Ordnung der deutschen Messe, in: EHK 20 (1938) 277-282.

[83] Heiler, Friedrich, Nachwort zu K. B. Ritters „Ordnung der deutschen Messe". Nova et vetera, in: EHK 20 (1938) 282-284, Zit. 284.

nen Fassung. Diese trägt - überraschenderweise - die an den hochkirchlichen Titel von 1931 anklingende Überschrift „Eucharistische Feier".

Die in den Jahren des Dritten Reiches so lebendige Zusammenarbeit zwischen Ritter und Heiler hatte 1932 eine erste kleine Frucht gezeitigt, die nicht übergangen werden soll. Der um seiner „Madonna von Stalingrad" willen unvergessene Kurt Reuber war damals zugleich Doktorand bei Heiler und Vikar bei Ritter. Sein erstes Kind sollte in Heilers Osternachtsgottesdienst von Ritter getauft werden. Ritter kam diesem Wunsch nach, und so wurde er in Heilers Hauskapelle Zeuge der hochkirchlichen Osternachtsfeier. (Daß es dergleichen in der katholischen Kirche gab, wußte Ritter allenfalls aus der Literatur.) Dieser Gottesdienst überzeugte und beglückte Ritter so, daß er ihn alsbald in unveränderter Form für die Michaelsbruderschaft übernahm und drucken ließ. Seither gibt es bei der höchsten gottesdienstlichen Feier des Kirchenjahres keinen Unterschied zwischen den beiden Zweigen der evangelischen liturgischen Bewegung.[84]

Bei diesen beiden Zweigen sollte es nicht bleiben! Neben der Hochkirchlichen Vereinigung und dem Berneuchener Dienst entstand im Schicksalsjahr 1933 eine dritte Säule der liturgischen Bewegung innerhalb des Protestantismus: die „Kirchliche Arbeit von Alpirsbach". Wie es dazu kam, darüber berichtet die Chronik der Hochkirchlichen Vereinigung: „Vom **31. Juli bis 7. August 1933** wird in Alpirsbach, Schwarzwald, von unserem Mitarbeiter, Pfarrer Schildge eine Freizeit veranstaltet, bei der auch eine Reihe von Nichthochkirchlern mitwirken." [85]

Der eigentliche Anreger war offenbar der ebenfalls hochkirchliche kaufmännische Angestellte Otto Hilzinger. Von ihm, einem Württemberger, heißt es in der Chronik: „Hilzinger war ein großer Freund des Gregorianischen Chorals und der altehrwürdigen Klosterkirche Alpirsbach." (79) - Während Schildge die Hoffnung hegte, eine Neubesinnung auf den Gottesdienst werde das Bewußtsein der Zusammengehörigkeit der christlichen Kirchen stärken, verband Hilzinger mit diesem Gedanken die Erwartung, hier werde das sowohl von der Hochkirchlichen Vereinigung als auch von den Berneuchenern etwas stiefmütterlich behandelte gottesdienstliche Singen in seiner Bedeutung neu erkannt und sachgemäß praktiziert.

Diese Hoffnung und Anregung sollte erstaunliche Früchte tragen. Mit Bedacht hatte man auch einige Kirchenmusiker geladen. So traten schon in der ersten Alpirsbacher kirchlichen Woche als musikalische Wegbereiter und Hoffnungsträger hervor: Richard Gölz, zugleich Theologe und Kirchenmusiker in Tübingen - von vielen damals als „Kantor Württembergs" bezeichnet - und der theoretisch ungemein beschlagene Braunschweiger Privatgelehrte Dr. Friedrich Buchholz. Mit ihrer Hilfe kam es zu intensiven psalmodischen Übungen, die zu neuer Freude am gemeinsamen Psalmengebet in den alt-

[84] Vgl. Heiler, Anne Marie, Friedrich Heiler, 12.
[85] Niepmann, Chronik, 79, (Hervorhebung in der Chronik).

kirchlichen Horen führten. Bei diesen Anfängen - das war den Beteiligten klar - durfte es nicht bleiben. Schon bald kam man nicht nur einmal, sondern des öfteren im Jahr und keineswegs nur in Alpirsbach zu einer sogenannten kirchlichen Woche Alpirsbacher Prägung zusammen. Da die Tradition des gottesdienstlichen Singens nach der Weise der Gregorianik auch in der römisch-katholischen Kirche - außer in den Klöstern - überwiegend abgerissen war, war bei den Singübungen durchaus auch Entdeckerfreude im Spiel. Die Weisen des Chorals waren der Musik der letzten Jahrhunderte fern. Sie dienten dem gemeinsamen „Sprechen" und waren zusammengenommen wie ein geistliches Gehäuse, in dem man sich in besonderer Weise auf das Wort konzentrieren konnte. Da fast alle Texte nur gesungen wurden, und zwar im Wechsel zwischen Liturg, Chor und Gemeinde, wurde der Gottesdienst zu einer so bisher noch nie erfahrenen gemeinsamen Sache aller Beteiligten. Überdies hatte man es in den von den alten Kirchentonarten und Psalmtönen bestimmten Weisen des Chorals mit dem Quellgrund aller abendländischen Musik zu tun. Dergleichen veraltet nie. Gab es nicht in der zeitgenössischen Musik schon wieder seltsame Anklänge an die Diatonik der Kirchentonarten? Half sie nicht dazu, dem tonalen System eine neue Dimension zu verleihen, ohne daß man der Atonalität verfallen mußte? - Nein, der Blick zurück ermöglichte in Wirklichkeit einen Schritt nach vorn.

Trotzdem: Einem Spezialistentum für Kirchenmusik der ältesten Art sind die Alpirsbacher nie verfallen. Neben den täglich ca. vier Stunden für das Stundengebet und für die erforderlichen Singübungen nahm man sich Zeit für ein thematisch festgelegtes theologisches Studium. Die Beteiligung württembergischer Theologen, vor allem der sogenannten „Sozietät", brachte es allerdings mit sich, daß man sich - anders als die Hochkirchler und die Berneuchener - stark an die Theologie der Bekennenden Kirche, näherhin Karl Barths, anlehnte. Nur sie, so meinte man, böte die Gewähr, dem Ansturm der Deutschen Christen zu widerstehen. Wo man - wie in der Hochkirchlichen Vereinigung und bei den Berneuchenern - den ersten Artikel des Credo nicht allein von der Erlösungstat Christi her verstehe, wo man wie Heiler den Satz des Thomas von Aquin hochhalte „gratia naturam non tollit sed perficit", sei man jener „natürlichen Theologie" ganz nahe, die als Wurzel allen Übels gelten müsse.

Diese divergierenden Auffassungen der Alpirsbacher führten zu einer deutlichen Entfremdung von den beiden anderen Säulen der liturgischen Bewegung. Hatten die Mitglieder der Hochkirchlichen Vereinigung eine ganze Weile gedacht, im wesentlichen sei man eins, und die gemeinsame Liebe zum Gottesdienst der alten Kirche bleibe eine feste Klammer, so mußten sie spätestens 1939 erkennen, daß dieses „Kind" mit seiner „geistlichen Mutter" vor allem wegen der theologischen Differenzen nichts mehr zu tun haben wollte. Traurig stellte man die Berichterstattung über die Alpirsbacher kirchlichen Wochen in den hochkirchlichen Mitteilungsblättern ein.

Ungeachtet dessen wußten sowohl die Hochkirchler als auch die Berneuchener nur zu gut, daß die Alpirsbacher im Rahmen der evangelischen liturgischen Bewegung ihre unstreitigen Verdienste hatten und haben. So schmerzlich Heiler der theologische Dissens war, in seinen Augen hatten - wie die Berneuchener - auch die Alpirsbacher ihr ihnen eigenes Charisma. Ihnen war es zu danken, daß die Gregorianik in viel stärkerem Maße als bisher als die dem altkirchlichen Gottesdienst angemessene Musik erkannt wurde. Die „zu Alpirsbach" gemachten Erfahrungen trugen dazu bei, daß man sowohl in der Hochkirchlichen Vereinigung als auch in der Michaelsbruderschaft beim gottesdienstlichen Singen das Stadium dilettantischen Experimentierens allmählich hinter sich ließ. Man wußte nun, was man dem Psalmengesang schuldig war, wie der Liturg singend beten und lesen konnte. Und wenn von römisch-katholischer Seite behauptet wurde, nur lateinische Texte könnten gregorianisch gesungen werden, so hatten Buchholz und die Alpirsbacher bewiesen, wie gut sich auch deutsche Texte mit dieser Gestalt des Singens vertragen. Sie haben zwar ihren manchmal holperigen Duktus, eine Nötigung zur Anpassung an das rhythmische Gleichmaß des Chorals erweist sich aber oft genug als eine dem Hören auf das Wort entgegenkommende heilsame Zucht.

Hatte zudem die enge Anlehnung der Alpirsbacher an die Theologie Barths und der Bekennenden Kirche nicht auch ihr Gutes? - Bislang waren Karl Barth und seine Gefolgsleute an einer liturgischen Erneuerung uninteressiert gewesen. Dergleichen galt ihnen als befremdliche katholisierende Tendenz. Nun aber gab es in ihrer Mitte eine Gruppe, die in ihrer Treue zu dem gemeinsamen Schulhaupt nicht zu überbieten war und die gleichzeitig mit großer Hingabe und neuem Ernst klösterliches Stundengebet und gar die „vermaledeite Abgötterei" der Messe pflegte. Ihre Argumente waren beachtlich und konnten nicht einfach als belanglos abgetan werden. Wenn nach dem Krieg auch Anhänger der Bekennenden Kirche in führender Stellung eine Erneuerung der Agenden forderten, so ist das nicht zuletzt dem Wirken der Alpirsbacher zu danken.
Sie haben sich in ihrer Eigenständigkeit als erstaunlich lebenskräftig erwiesen. Krisen, wie sie die Hochkirchliche Vereinigung und den Berneuchener Dienst schütteln sollten, blieben ihnen erspart. Bis heute kommen viermal im Jahr an je verschiedenen Orten Angehörige und Geladene zu einer kirchlichen Woche - vergleichbar etwa dem „Kloster auf Zeit" auf katholischer Seite - zusammen. Unter Nachwuchssorgen hatten sie allein deshalb nicht zu leiden, weil immer wieder junge Kirchenmusiker sich von ihnen in die Schule nehmen lassen wollten und weil jeder an einer kirchlichen Woche Teilnehmende in verschiedener Hinsicht bis in Letzte gefordert ist.

Das Bußsakrament und die weiteren Sakramente der Kirche Christi

Die liturgisch-sakramentale Erneuerung konnte weder bei den Hochkirchlern noch bei den Berneuchenern und Alpirsbachern auf die Hauptgottesdienste beschränkt bleiben. Wie sie sich auf die Nebengottesdienste auswirkten, sahen wir bereits.[87] - Davon betroffen waren alle kirchlichen Handlungen. Auch sie waren mehr oder weniger in den Sog einer alles bestimmenden Ansprache des Pfarrers geraten. Das Eigentliche der Handlung war darüber meist ungebührlich in den Hintergrund getreten. Beruhten nicht auch diese sogenannten „heiligen Handlungen" auf dem Geheimnis der Anwesenheit des erhöhten Herrn und seines unsichtbaren Wirkens? Dieses kann aus den Worten begnadeter Prediger durchaus hervorleuchten. Doch einer allein vermag mit seinem Wort die Verantwortung dafür nicht zu tragen. Was vor allem sollte - so fragte man sich - mit der Beichte geschehen, die als „allgemeine Beichte" im Meßgottesdienst keinen rechten Raum mehr hatte? Entsprach sie in ihrer überkommenen Gestalt der ihr innewohnenden Intention? Wie war diese zu realisieren? In welchem Verhältnis stand und steht die Beichte zum heiligen Abendmahl?

Um die letzteren Fragen geht es in dem Heft „Beichte und Absolution", das Heiler 1935 herausgab.[88] Mit einem Vortrag über „Vergebung der Sünden" hatte Heiler einleitend einige wesentliche Akzente gesetzt (197 - 203). Paula Schaefer hatte über „Das Sakrament der Buße und seine Stellung in Vergangenheit und Gegenwart" gehandelt (204 - 228). Karl Ramge hatte sich speziell dem Thema „Die Privatbeicht bei Luther und im Alt- und Neuluthertum" (232 - 245) zugewandt. Aber damit ist der Reichtum dieses Heftes noch nicht ausgeschöpft. Es hatte insofern eine hohe Aktualität, als für die sogenannten „Deutschgläubigen" das christliche Sündenbewußtsein als artfremd galt. Heiler hatte in seinem Vortrag darauf bestanden, daß das Böse bei uns wie bei allen Menschen eine unheimliche Macht habe, von der sich niemand freihalten könne. Wer ihm verfallen sei, habe schwer zu tragen. Unentbehrlich sei deshalb das biblische Wort, das beides enthalte: Gericht und Gnade (198).

An Paula Schaefer war es darzutun, wie die Verheißung der Gnade in Christus zur Tat wurde. Die ihm gegebene Vollmacht zur Sündenvergebung sollte - so war es sein Wille - auf ihn nicht beschränkt bleiben. Deshalb übertrug er sie seinen Aposteln, Petrus an der Spitze (Mt 16,18; 18,17; Joh 20,21f). Die Apostel wiederum wußten, diese Vollmacht gehöre der werdenden Kirche und gaben sie den nach ihnen Verantwortlichen weiter. Worauf Jesus selbst hatte verzichten können, schien den nach ihm Kommenden unentbehrlich: ein mit der Bitte um Vergebung verbundenes Sündenbekenntnis. Wie sich die Dinge

---

[87] Vgl. oben „Das Evangelisch-katholische Brevier".
[88] EHK 17 (1935) Heft 7/9, 197-284.

weiterentwickelten, geht aus einem Wort des Theodor von Mopsuestia (392 -
428) hervor, das Heiler zitiert: „'Gott hat uns ... die Heilmittel der Buße gezeigt und als Ärzte die Priester bestellt, damit wir, wenn wir durch sie Heilung
und Vergebung der Sünden erlangt haben, frei seien von der künftigen Strafe.
Deshalb müssen wir mit großem Vertrauen uns an die Priester wenden und
ihnen unsere Sünden enthüllen; und sie müssen mit aller Sorgfalt, Zuneigung
und Liebe nach den göttlichen Geboten den Sündern Heilung schenken. Sie
dürfen nicht offenbaren, was nicht enthüllt werden darf, sondern müssen wie
wahre und liebevolle Väter die Scham ihrer Söhne berücksichtigen, indem sie
billigerweise das Geschehen in ihrem Herzen verschließen.'" [89]

Als eine dem einzelnen geltende Handlung hat die Beichte eine sehr alte
Tradition. Ausgehend von den Klöstern wurde sie zu einer allgemeinen kirchlichen Institution. Wie sie in der Reformation rezipiert wurde, darüber heißt es
bei Heiler: „L u t h e r s reformatorische Tat führte nicht eine Zerstörung des
Beichtinstituts herbei, sondern gab ihm eine neue Stütze. Gerade dadurch, daß
die Rechtfertigung und Sündenvergebung in den Mittelpunkt des Glaubenslebens gestellt wurde, trat auch die Privatbeichte in neues, helles Licht. Luther
hat zwar jeden kirchlichen Zwang abgelehnt; auch hat er die Laienbeichte
auf eine Stufe mit der Priesterbeichte gestellt, aber er hat immer wieder, gelegentlich sogar in überschwänglichen Worten, den Segen der Privatbeichte und
-absolution gerühmt.' ... Bist du nun ein Christ, so bedarfst du weder meines
Zwanges noch des Papstes Gebot, sondern wirst dich wohl selbst zwingen und
mich darum bitten, daß du solches möchtest teilhaftig werden. Willst du es
aber verachten ..., so schließen wir das Urteil, daß du kein Christen bist und
auch des Sakramentes nicht sollst genießen.' ... 'Wenn du nun zur heimlichen
Beichte gehest, so sollst du mehr noch als auf dein Beichten acht haben auf
des Priesters Wort .., nämlich daß er dir a n G o t t e s s t a t t v e r k ü n d i-
g e t V e r g e b u n g d e r S ü n d e n ... Da spricht Gott selbst die Absolution, wie er auch das Kind selbst täufet ...'
Das A u g s b u r g i s c h e B e k e n n t n i s lehrt, daß 'die priesterliche
Absolution in den Kirchen beizuhalten ist, obgleich nicht eine Aufzählung
aller Sünden erforderlich ist' (Art. 11). Sie versichert, daß in den evangelischen Kirchen 'die Beichte nicht abgeschafft ist. Der Leib Christi wird nur
denen gereicht, welche vorher verhört und absolviert sind' ... Die Apologie
des Augsburgischen Bekenntnisses zählt sogar die Absolution als sacramentum poenitentiae neben Taufe und Abendmahl ... (Art. 13, 4)." [90]

Den im 17. Jahrhundert einsetzenden Verfall der Privatbeichte führt Heiler
vor allem auf das Erlöschen des Amtspriestertums zurück. Zur Erneuerung der
Privatbeichte sagt Heiler in anderem Zusammenhang: „Auch die B e i c h t e

[89] Theodor von Mopsuestia, Serm. VI 264f. Opuscula et Textus, Series liturgica fasc. 2 p.
      42, zit. bei Heiler, Friedrich, Vergebung der Sünden, in: EHK 17 (1935) 199.
[90] Heiler, Friedrich, Vergebung der Sünden, 200f (Hervorhebungen von F.H.); mit Zitaten
      aus Martin Luther, Kurze Vermahnung zur Beicht, Erl. 23, 90ff.; Sermon von der
      Beicht, Erl. 112, 170f.

hat durch die liturgische Erneuerungsbewegung wieder den Platz erlangt, den sie im alten Luthertum hatte. Da die traditionelle allgemeine Beichte einen zu generellen Charakter trägt, wurde im Berneuchener Formular der allgemeinen Beichte die Handauflegung eingefügt, durch welche der einzelne Christ in einer sichtbaren Handlung der Vergebung und Heilsgnade gewiß wird. Vor allem wurde wieder Raum geschaffen für die Einzelbeichte ... Die Privatbeichte ist eine große Hilfe für viele Gläubige; manchen Protestanten ist sie zum erlösenden Augenblick ihres geistlichen Lebens geworden. Bei ihrer Wiederbelebung ist freilich angesichts der mit ihr verbundenen Gefahren große Vorsicht am Platz. Erstlich muß jeder Zwang vermieden werden. Im Unterschied von der römischen Kirche sagt die evangelische Kirche nicht: 'Du mußt beichten', sondern 'Du darfst beichten'. Dabei ist die Wahl zwischen der allgemeinen und der privaten Beichte möglich, und innerhalb der Privatbeichte die Wahl zwischen einem allgemeinen oder konkreten Sündenbekenntnis. Die Handhabung der Einzelbeichte erfordert freilich von dem Seelsorger große Weisheit und Erfahrung; er muß tiefe psychologische Einfühlung und große Weitherzigkeit besitzen, wie sie nur aus einer tiefen Liebe und einem reichen Innenleben erwachsen. Die Seelenführung darf niemals schematisch, sondern muß immer individuell sein. Schließlich muß jede ungesunde Übersteigerung des Sündengefühls, wie sie ohnehin im Luthertum und Pietismus so stark ist, jede Skrupulosität und jede übertriebene Beschäftigung mit dem eigenen Ich vermieden werden. Die Gefahr der Entartung ins Ungesunde liegt sehr nahe, von den Gefahren des Eindringens erotischer Komplexe bei Frauen ganz zu schweigen. Nur die segensreichen Seiten des römischen Beichtinstitutes dürfen genutzt werden, alle gefährlichen sind fernzuhalten. Gesundheit und Nüchternheit des religiösen und sittlichen Lebens muß hier die stete Richtschnur sein." [91]

Heiler folgt hier weitgehend dem reformatorischen Verständnis der Beichte. Nach meiner Erfahrung bezieht sich dies auch auf Luthers Ablehnung der sogenannten Bußstrafen, die der römisch-katholische Beichtiger dem Beichtenden nach der Absolution auferlegt.

Am Schluß seines Aufsatzes über „Vergebung der Sünden" weist Heiler mit Nachdruck auf die ekklesiologische Bedeutung der Beichte hin und sagt: „Wie durch die Taufe die Gliedschaft am Leibe Christi begründet wird, so wird sie in der Buße immer wieder erneuert, um in der Eucharistie vollendet zu werden." [92]

Im nämlichen Heft über „Beichte und Absolution" von 1935 geht es - das macht dieses Heft so wichtig - nicht nur um eine theologisch-historische Besinnung, sondern auch und vor allem um die praktische Verwirklichung. Wo diese zu beginnen hat, darauf weist ein origineller Beitrag von Pfarrer Gustav Quade (Bocholt) unter der Überschrift „Vom 'Pastor' zum Beichtvater!" hin (257 - 268). Danach müssen - wie einst Luther - erst einmal die Pastoren im

---

[91] Heiler, Friedrich, Die liturgisch-sakramentalen Erneuerungsbestrebungen im Protestantismus, in: EHK 28 (1955/56) 28/II 32-64, Zit. 56f (Hervorhebung von F.H.).

[92] ders., Vergebung der Sünden, 203.

Bekenntnis ihrer Sünden selbst vorangehen, wenn aus der großen Sache etwas werden soll.

Was zu geschehen hat, wenn Christen heute wieder Ernst machen wollen mit der Einzelbeichte, enthält ein kleines Beiheft unter dem Titel „Beichtbüchlein für evangelische Christen". [93] Nach einleitenden Bemerkungen über die Einsetzung der Handlung durch den Herrn selbst und ihren urevangelischen Charakter kommt es unversehens zu dem folgenden fiktiven Gespräch zwischen einem Beichtvater und einem jener vielen Beichtwilligen, die schwere innere Hemmnisse zu überwinden haben:

Du sagst: „Aber ich kann doch nicht irgendeinem fremden Menschen meine Sünden erzählen!"
Du hast recht. Darum gerade ist dir das Amt der Kirche gesetzt, und dein Beichtvater ist nicht 'irgendein Mensch', sondern im heiligen Amte an dir Stellvertreter Christi. In ihm hört Christus deine Beichte. -
„Aber damit kommen doch meine Sünden unter die Leute!"
Dein Beichtvater ist zu unverbrüchlichem Schweigen über deine Beichte verpflichtet, gegen jedermann, was auch immer du beichtest. Ein rechter Beichtiger läßt sich eher totschlagen, als daß er das Beichtsiegel bräche. -
„Aber wie stehe ich vor meinem Pfarrer da! Ich kann ihm ja nicht mehr unbefangen unter die Augen treten." -
Denke das nicht. Dein Pfarrer weiß, daß wir alle, auch die, die nicht beichten, arme, elende, sündige Menschen sind, und er freut sich mehr über einen Sünder, der Buße tut, als über 99 Gerechte, die der Buße nicht bedürfen.
„Aber das Aussprechen wird mir so schwer."
Du sollst aber auch nicht viele Worte machen. Wenn du kommst, wird dir der Beichtvater schon helfen.
„Und wie soll ich das anfangen?"
Das wird dir dies Büchlein sagen.

So seelsorgerlich ist es noch in keinem der liturgischen Formulare der Hochkirchlichen Vereinigung bzw. Friedrich Heilers zugegangen!
Es folgt ein Abschnitt, welcher der zuerst erforderlichen *Gewissenserforschung* dient. Nach dem Gebet von Ps 139,1-12.23 sieht man sich einem zunächst an den Zehn Geboten angelehnten Beichtspiegel gegenüber. Dieser mündet in die folgenden Fragen:
Habe ich Liebe geübt gegen meinen Nächsten?
Habe ich den Armen geholfen, Hungrige gespeist?
Habe ich meinem Heiland gedankt? Bin ich auf dem Weg seiner Nachfolge gewandelt? Habe ich an meinen Taufbund gedacht? Welches ist mein Hauptfehler? Meine Gewohnheitssünde? Kämpfe ich dagegen an? -

---

[93] Heiler, Friedrich/Schoefer, Fritz Oskar (Hg), Beichtbüchlein für evangelische Christen, EHK 17 (1935), Beilage zu Heft 7/9.

Alles ist vergeblich ohne die wirkliche, tiefe *Reue*. Ihretwegen - so raten es die Herausgeber - solle man sich den Gekreuzigten in all seinem Elend vor Augen stellen. Er - wie Jesaja gesagt hat - „um unserer Missetat willen verwundet und um unserer Sünde willen zerschlagen" (Jes 53,5). - Dieses Jesajawort dient als Antiphon (Rahmenvers) für das Bußgebet Ps 51,1-19. Zur Wahl steht daneben Psalm 130 mit der Antiphon: „Des Menschen Sohn ist gekommen, zu suchen und selig zu machen, was verloren ist" (Lk 19,10).

Daraufhin wenden sich die Verfasser wieder praktischen Fragen zu. Der Unkundige muß ja wissen, was es in der Beichthandlung zu beherzigen gilt. Folgende Regeln werden eingeschärft:

1. Beschränke dich darauf, das zu nennen, was du als wirkliche Sünde und sündige Neigung erkannt hast. Sprich nur von solchen inneren Nöten, in denen du Rat und Hilfe brauchst.

2. Nenne die Sünde ganz kurz und knapp und erzähle nicht vielerlei mit vielen Umständen. Verzichte darauf, deine Rede mit klingenden Worten auszuschmücken.

3. Überlaß dem Beichtiger, nach den näheren Umständen zu fragen, wo es nötig ist.

4. Klage dich selbst an und nenne nicht die Sünden eines anderen. Wenn es unvermeidlich ist, daß du auch von ihnen sprichst, so rede über den anderen mit der größten Zurückhaltung. Nenne nie seinen Namen.

5. Unterlasse jede Art von Selbstlob und Selbstrechtfertigung.

6. Sei dir bewußt, daß du nicht einem Menschen beichtest, sondern Christus. Denke auch daran, daß der Beichtiger selbst durch eigene Not und Sünde gegangen ist und dich nicht verachtet, sondern versteht.

7. Denke immer daran, daß der Beichtiger deine Sünde mit derselben Liebe anhört, mit der Jesus die Sünder aufgenommen hat.

8. Denke daran, daß du nicht Vergebung erlangen kannst, wenn du nicht bereit bist, allen von Herzen zu vergeben, die gegen dich gefehlt und dich gekränkt haben. Söhne dich im Geiste mit deinen Feinden und Widersachern aus.

Die *Beichte* selbst soll dann etwa so vor sich gehen:
Beichtiger: Im Namen des Vaters und des Sohnes und des heiligen Geistes. Amen. - Der Herr sei in deinem Herzen und auf deinen Lippen, daß du recht und aufrichtig deine Sünden bekennest.
Beichtkind: Ich bekenne vor Gott dem Allmächtigen und Euch, Bruder, daß ich oft und viel gesündigt habe mit Gedanken, Worten und Werken. Durch meine Schuld, durch meine Schuld, durch meine übergroße Schuld. Insbesondere bekenne ich, daß ich ...
Diese und alle Sünden meines ganzen Lebens sind mir leid und reuen mich von Herzen, und ich bitte Euch um Eure Fürbitte und um die priesterliche Lossprechung.

Der Beichtiger spricht dem Beichtkind alsdann Mahnung, Rat und Trost aus der heiligen Schrift zu, wie die Lage der Sache es erfordert. Und schließt, wenn nichts Ernstliches der Lossprechung im Wege steht:
Es erbarme sich deiner der allmächtige Gott, er vergebe dir deine Sünden und führe dich zum ewigen Leben.
Beichtkind: Amen.
Beichtiger: Nachlassung, + Lossprechung und Tilgung aller deiner Sünden schenke dir der allmächtige und barmherzige Gott.
Beichtkind: Amen.
Beichtiger: Unser Herr Jesus Christus spricht zu seinen Jüngern: 'Nehmet hin den heiligen Geist. Welchen ihr die Sünden erlasset, denen sind sie erlassen, und welchen ihr sie behaltet, denen sind sie behalten' (Joh 20,22). 'Was ihr auf Erden binden werdet, soll auch im Himmel gebunden sein, und was ihr auf Erden lösen werdet, soll auch im Himmel gelöset sein' (Mt 18,18). Und also spreche ich in solcher Vollmacht dich frei, ledig und los von allen deinen Sünden im Namen des Vaters und des + Sohnes und des heiligen Geistes. Gehe hin mit Frieden.

Für die nachträgliche *Danksagung* des Beichtkindes werden folgende Psalmverse vorgeschlagen: Ps 34,19 (als Antiphon), Ps 34,1-7.23. Ferner Ps 103,1-4.8-13 mit der Antiphon 1Tim 1,15.

Diese Anweisung hat vielfach dort nachgewirkt bzw. als Muster gegolten, wo evangelische Christen vor und nach dem Krieg die Einzelbeichte für unerläßlich hielten und es wagten, sich einem Beichtiger anzuvertrauen.[94] - Doch täuschen wir uns nicht! Das uns verlorengegangene Sakrament der Buße in seiner heilsamen Kraft neu zu entdecken und zu ergreifen, ist wohl das schwierigste Unterfangen der liturgischen Bewegung. Daß Gott allein aus dem, was unsere „Gebeine verschmachten" läßt, retten kann, daß Er um Christi Willen darauf wartet, das tun zu können, und daß Menschen die Vollmacht haben könnten, dies zu vermitteln, wer ist stark genug, diesen Glauben aufzubringen und durchzuhalten? Wer mutet sich zu, um dessentwillen auf sich zu nehmen, was der Herr von ihm erwartet? Und mit der richtigen Einsicht einzelner, ihrem guten Willen und einer ansatzweisen Verwirklichung ist es noch längst nicht getan.
Immerhin, ein Anfang ist damals von Heiler und seinen Freunden gemacht worden, ein Zeichen gesetzt. Und es ist schon viel, wenn eine sich erneuernde evangelisch-katholische kirchliche Gemeinschaft weiß, was ihr noch fehlt und worauf sie hinleben muß. Wo das der Fall ist, kann eines Tages der Geist unserer Schwachheit aufhelfen, und wir können die befreiende Erfahrung ma-

---

[94]   Ich denke nicht nur an die Freunde Heilers und an die Berneuchener. Auch Max Lackmann hält sich in seinem trefflichen Buch „Wie beichten wir", Gütersloh 1948, weitgehend an die Vorgaben des „Beichtbüchlein(s) für evangelische Christen". Sie scheinen mir sogar noch in den Anweisungen der Agende der Evangelischen Kirche der Union, Bielefeld 1964, Bd. II, 91f., nachzuwirken.

chen, daß das Joch und die Last Christi im Grunde sanft und leicht ist (Mt 11,30).

Es ging der deutschen liturgischen Bewegung aber noch um mehr als um die Rückgewinnung des Bußsakramentes. Was alles mit der sakramentalen Erneuerung des Gottesdienstes heraufkam, hat Heiler beschrieben, als er 1942/43 auf Pfarrkonferenzen in Kirchhain und Treysa über „Die liturgisch-sakramentalen Erneuerungsbestrebungen im Protestantismus"[95] referierte.

Neben der Beichte spreche man hier wieder über die weiteren sekundären Mysterien der Kirche, und nun medias in res und wörtlich: „Das große Problem der K o n f i r m a t i o n , die in der evangelischen Kirche zu einer Not, ja geradezu zu einem Ärgernis geworden ist, läßt sich nur lösen durch die Rückkehr zur abendländischen Überlieferung des Sakraments der Firmung." Die durch Handauflegung und Gebet erfolgende Mitteilung des Heiligen Geistes bildet die Vollendung der Taufe; der mündig gewordene Christ wird sich hier seiner Taufgnade und Taufverpflichtung bewußt. Zugleich empfängt er in der Handauflegung und Chrisamsalbung die Weihe zum königlichen, priesterlichen und prophetischen Dienst in der Gemeinde Christi, im Backenstreich den christlichen Ritterschlag und die christliche Märtyrerweihe. So wird die Konfirmation zur Gabe und Aufgabe, wobei das umstrittene Gelöbnis zurücktritt. Auch bei ihr handelt es sich nicht um eine völlige Neuerung auf dem Boden des Luthertums; gerade die hessische Agende hat den Zusammenhang mit dem altchristlichen Sakrament der Geistmitteilung durch die Formel bewahrt: 'Nimm hin den Heiligen Geist, Schutz und Schirm vor allem Argen, Stärke und Hilfe zu allem Guten.'" (56, Hervorhebung von F.H.) „Auch die O r d i n a t i o n bedarf einer neuen sakramentalen Wertung. Sie ist keine bloße Amtseinweisung, kein bloß formaler und kirchenrechtlicher Akt, sondern ein *mystêrion*. Wie die Konfirmation, so ist auch die Ordination Mitteilung des Heiligen Geistes und der göttlichen Gnade durch Handauflegung und Gebet. Die prophetischen Geistträger waren nach dem Zeugnis der Zwölfapostellehre (13,3) die 'Hohenpriester' der Urgemeinde; ohne Ordination waren sie befugt, in der gottesdienstlichen Versammlung zu verkündigen und zu beten, vor allem das eucharistische Hochgebet zu sprechen. Die Ordination der Bischöfe und Presbyter diente dazu, einen Ersatz für die fehlenden Geistträger zu schaffen. Eben dadurch wurde die Ordination zu einem pneumatischen Akt, einem *mystêrion*, durch das - wie in der Taufe und Konfirmation - der Seele ein unauslöschlicher Charakter eingeprägt wurde. Die älteste hessische Kirchenordnung hat diesen pneumatischen Charakter der Ordination deutlich gemacht, indem sie aus der römischen Priesterweihe die Worte Jesu übernahm: 'Nimm hin den Heiligen Geist; wem du die Sünden vergibst, dem sind sie vergeben' usw. (Joh. 20,23).

[95] Zur Veröffentlichung dieses auf den neuesten Stand gebrachten Vortrages war es erst 1955/56 gekommen (vgl. Anm. 91).

Entsprechend dem geistlichen Amt ist die Ordination eine gestaffelte: Diakonenweihe, Presbyterweihe und Bischofsweihe ... Die Bedeutung der Ordination als eines pneumatischen Geschehens ist durch die hochkirchliche und die Berneuchener Bruderschaft zu einem stärkeren Bewußtsein gebracht worden, insofern im bruderschaftlichen Kreise die Weihen nach dem alten, reichen Zeremoniell der abendländischen Kirche erteilt werden." (57f, Hervorhebungen von F.H.)

„Der sakramentale Charakter der E h e ist im Luthertum in der Theorie immer bestritten worden; er ergibt sich jedoch ganz klar aus dem Trauungsritus der lutherischen Agenden und schon aus Luthers Traubüchlein ... Die Ehe ist ein symbolisches Abbild der Einigung von Seele und Christus, von Kirche und Christus ..." (58, Hervorhebung von F.H.).

„Ein Mangel der evangelischen Kirchen liegt darin, daß sie - abgesehen vom Krankenabendmahl - kein besonderes Sakrament der Kranken und Sterbenden haben. Wilhelm L ö h e hat deshalb einen Ritus der Totenweihe gestaltet, nachdem ihm die Kirchenregierung die Ölsalbung verwehrt hatte. Aber warum darf man nicht zu dem urchristlichen Brauch der K r a n k e n s a l b u n g, die mit Handauflegung und Gebet verbunden ist, zurückkehren? In der Evangelisch-Oekumenischen Vereinigung ist auch die Krankensalbung wiederum gebraucht worden; aber auch andere evangelische Pfarrer haben sie wieder belebt, einfach aufgrund des neutestamentlichen Zeugnisses." (58, Hervorhebung von F.H.)

„Auch die T o t e n b e s t a t t u n g trägt einen sakramentalen Charakter, dessen sich gerade die östliche Kirche bewußt geblieben ist. Nicht nur vom Auferstehungsglauben her, nach welchem der Leib als ein Saatkorn in die Erde gesenkt wird, sondern auch vom Glauben an die unzerstörbare Gebetsgemeinschaft zwischen Lebenden und Toten in dem einen Leibe Christi muß dieser sakramentale Charakter der Bestattung anerkannt werden. Das Gebet für die Entschlafenen, das seit den ältesten christlichen Zeiten geübt wird, wurde auch von lutherischen Theologen ... gutgeheißen. Dieses Gebet schließt keineswegs einen Glauben an das Fegfeuer in sich, da ja die ganze östliche Kirche dieses Gebet übt, obgleich sie den Fegfeuerglauben eines Clemens von Alexandrien und Origenes abgelehnt hat und an der Idee eines Zwischenzustandes zwischen individuellem Tod und allgemeiner Auferstehung festhält.
Das schlesische evangelische Konsistorium erließ nach der Synode von 1861 eine amtliche Erklärung über das Gebet für die Verstorbenen: 'Daß solche Gebete ... zulässig seien, wird als unzweifelhaft anzuerkennen sein aufgrund der Heiligen Schrift ... Die abgeschiedenen Begnadigten im Zwischenzustand sind in einem Zustand der Entwicklung, und zwar nicht nur des Wartens, sondern auch der Läuterung (Matth. 12,32), und daher empfänglich für Erweisungen der Gnade Gottes ...'
Wie hinsichtlich des Gebetes für die Toten, so ist die östliche Kirche in ihrer Auffassung von Grabesruhe, Auferstehung und Weltverklärung vorbildlich

für die abendländische Christenheit. Wenn der Priester Erde auf den Sarg wirft, spricht er nicht die Worte des römischen Bestattungsritus: 'Gedenke, Mensch, daß du Staub bist und wirst in Staub wieder verwandelt werden', noch die des evangelischen Begräbnisritus: 'Erde zu Erde, Staub zu Staub, Asche zu Asche', sondern die sieghaft-freudigen Worte des 24. Psalms: 'Die Erde ist des Herrn und was darinnen ist, der Erdboden und was darauf wohnet.'" (59, Hervorhebung von F.H.)

Heiler bezieht schließlich die Kirchweihe in die Reihe der sakramentalen Handlungen ein (60). Doch ich breche hier ab.

Mit diesen sehr gerafft vorgetragenen Gedanken steht das Erneuerungsprogramm gänzlich vor uns, mit dem Heiler und seine Freunde vom Ende der zwanziger Jahre an den deutschen Protestantismus zunehmend beunruhigten. Ein Wunder fast, daß das nur an einer Stelle zu Reaktionen führte, die sein Amt, seine Stellung, ja seine Existenz als evangelischer Christ ernsthaft bedrohten. Denn wer damals das Ganze auf sich wirken ließ, konnte sich des Eindruckes kaum erwehren, hier werde nichts Geringeres als eine radikale Rekatholisierung der Kirche der Reformation betrieben. Aber die Gefahr, in die seit 1933 beide Kirchen von seiten des Nationalsozialismus gerieten, band alle Kräfte. Seltsamerweise wuchs dann mitten im Kirchenkampf die Einsicht, daß Rekatholisierung bei Heiler etwas anderes bedeute als eine Rückführung nach Rom. Und unverkennbar war eine gewisse Bereitschaft, diesen und jenen Vorschlag der liturgischen Bewegung ernsthaft in Erwägung zu ziehen. Hatte man in evangelischer Protesthaltung nicht manches Unentbehrliche und im Grunde Urevangelische vorschnell preisgegeben? - So blieben Heiler und seine Freunde vor dem Äußersten bewahrt. 1942/43 konnte er das große Vorhaben der liturgischen Bewegung in mehreren Pfarrkonferenzen vortragen, ohne daß sich ein Sturm der Entrüstung erhob. Ja, vermutlich gab es unter seinen Zuhörern nicht wenige Pastore, die dem zwangsweise in die philosophische Fakultät versetzten Theologen mehr oder weniger zustimmend folgten.

Heiler wird zwangsversetzt

Zurück in das Jahr 1934! - „Noch nicht von Hermsdorf zurückgekehrt, erfuhr Heiler, daß er auf Grund des 'Gesetzes zur Wiederherstellung des Berufsbeamtentums' in die Philosophische Fakultät der Universität Greifswald versetzt sei. Der Grund zu dieser Strafmaßnahme war die 'Stellungnahme der Marburger Theol. Fakultät im Kirchenkampf', insbesondere die einmütige Ablehnung der Anwendung des Arierparagraphen in der Kirche."[96] Friedrich Heiler wörtlich: „Die beiden politisch anrüchigsten Mitglieder derselben, Hermelink und ich, wurden aus ihr entfernt ... Wegen meiner Tätigkeit in der kirchlichen Einigungsbewegung wurde ich von der Gestapo beständig überwacht." (16) In den „Daten seines Lebens" heißt es weiter: „Infolge aller dieser Erregungen - der euphorischen Hochstimmung nach dem Theologengespräch einerseits, der Strafversetzung an eine völlig fremde, dazu so weit nördlich gelegene Universität andererseits, brachten es mit sich, daß Heiler an seinem alten Leiden, dem 'psychogenen' ulcus duodeni, erkrankte. Er lag mehrere Wochen in der Klinik. Sein Freund und Kollege, der Alttestamentler Emil Balla, zusammen mit dem damaligen Rektor der Universität, Prof. Zimmerl, erwirkten die Änderung der Strafversetzung von Greifswald in die Phil. Fakultät Marburg, wo H. von 1935 bis nach Kriegsende als ordentliches Mitglied der Fakultät wie eh und je seine Vorlesungen und Seminare hielt." (16f) - Zu dieser Lösung kam es freilich erst im letzten Augenblick. Heiler hatte am 14. Juni 1934 bereits einen Abschiedsgottesdienst im Michelchen gehalten und dabei dankbar zurückblickend über „Marburg als Schnittpunkt katholischen und evangelischen Christentums" gepredigt.[97]

Man hatte es böse mit Heiler gemeint. Doch der Wechsel zur Philosophischen Fakultät belastete ihn nicht sonderlich. Als Philosophieprofessor konnte er seinen religionswissenschaftlichen und theologischen Studien nachgehen wie bisher. Im Vorlesungsplan brauchte sich kaum etwas zu ändern. Und was ihn unter seinen bisherigen Kollegen zum Außenseiter hatte werden lassen, sein Wirken im Sinne einer evangelischen Katholizität, darin war er nun weniger angefochten als früher. In Marburg bleiben zu dürfen, empfand er als ein großes Glück.

Äußerste Vorsicht war den politischen Instanzen gegenüber geboten. Da war es gut, daß er in der Hochkirchlichen Vereinigung als nur noch zweiter Vorsitzender zurückhaltender agieren konnte. Die „Eine heilige Kirche" allerdings lag Heiler zu sehr am Herzen, als daß er sie freiwillig hätte aufgeben können. Wenn ihr großes Thema nicht tagespolitisch mißbraucht würde, sondern zu grundsätzlichen dogmatischen, kirchenhistorischen und liturgischen Arbeiten führe, könnte die Zeitschrift vielleicht eine Weile ungeschoren bleiben. (Dies, obwohl die Einheit der Kirchen so oder so ein Politikum ersten

---

[96] Heiler, Anne Marie, Friedrich Heiler, 16.
[97] Heiler, Friedrich, Marburg als Schnittpunkt katholischen und evangelischen Christentums, in: EHK 16 (1934) 314-323.

Ranges war.) Die Zeitschrift müßte dann von Mitteilungen entlastet werden, die das Fortleben der Hochkirchlichen Vereinigung betrafen. Da alle Beteiligten das einsahen, wurde der „Augustanabote" ab Juni 1935 zum Mitteilungsblatt der Hochkirchlichen Vereinigung und erschien fortan monatlich.

Um der Einheit der Kirche willen mußte allerdings noch mehr geschehen, als es in einer noch so guten Zeitschrift möglich war. Im Hinblick auf einen wieder gemeinsamen Gottesdienst der getrennten Kirchen war es dringend erforderlich, daß es den westlichen Kirchen zu Bewußtsein käme, was ihnen infolge des Bruches mit den Ostkirchen verlorengegangen war. Es war an der Zeit, daß ihnen die Größe und Herrlichkeit dieser Kirche unter dem Kreuz neu zu Bewußtsein kam. War doch in ihr die Tradition der alten, ja der Urkirche am treulichsten bewahrt worden. So nahm Heiler sich vor, das lange schon geplante große Werk über die katholische Kirche des Ostens und des Westens in Angriff zu nehmen. In nicht viel mehr als zwei Jahren konnte er - von staatlichen Eingriffen unbehelligt - den ersten Teil der Arbeit vollenden.[98] Rasch hatte sich das Ereignis herumgesprochen. Konfessionskundler, katholische wie evangelische Theologen merkten, daß eine schmerzliche Lücke geschlossen war. Bald erkannte man: Hier war der Kirche ein Standardwerk zugewachsen, das so bald nicht würde überboten werden können und in der Tat bis heute nicht überboten worden ist. Noch in seinen letzten Lebensjahren arbeitete Heiler an einer auf „Die Ostkirchen" konzentrierten und verbesserten Neufassung.[99]

Daß daneben die Zeitschrift nicht zu kurz kam, daß die „Eine heilige Kirche" trotz der deutlich eingeschränkten Pressefreiheit in den Jahren nach 1934 ihre große Zeit hatte, ist in Anbetracht der fortgesetzten beruflichen Verpflichtungen Heilers und seiner sonntäglichen Gottesdienste kaum zu fassen. Die meist recht umfangreichen Hefte - es waren jeweils zwei oder drei Monatslieferungen zusammengefaßt - erschienen durchweg unter einem besonderen Thema.[100] Die gewichtigsten Aufsätze entstammten gewöhnlich der Feder des Herausgebers.[101] Überdies enthielt jedes der gelb-grauen Hefte eine Fülle von Rezensionen wichtiger neu erschienener theologisch-kirchlicher Literatur.

---

[98] Heiler, Friedrich, Die katholische Kirche des Ostens und Westens. I: Urkirche und Ostkirche, München 1937; II,1: Altkirchliche Autonomie und päpstlicher Zentralismus, München 1941.

[99] ders., Die Ostkirchen. Neubearbeitung von „Urkirche und Ostkirche", München/Basel 1971.

[100] Vgl. z.B.: Das Dogma der Kirche, 1935, Heft 4/6; Vom Fortschritt der evangelischen Katholizität, 1936, Heft 1/2; Die Firmung, 1936, Heft 3/4; Die Heiligenverehrung der christlichen Kirchen, 1936, Heft 10/12; Vorkämpfer der Una Sancta, 1937, Heft 4/6; (Hervorhebung ebd.).

[101] So z.B. Heiler, Friedrich, Die evangelisch-katholische Bewegung in Deutschland, ihre Entwicklung und Gegenwartsbedeutung (vgl. Anm. 68); ders., Das Alte Testament in der abendländisch-katholischen Liturgie, in: EHK 16 (1934), 112-118; ders., Kirche und Volkstum, in: EHK 16 (1934) 206-224; ders., Das Urchristentum und die irdischen Gewalten, in: EHK 16 (1934) 228-238; ders., Evangelische Katholizität als Weg zur kirch-

Am 28. August 1937 hatte die Gestapo einen Anlaß gefunden, die ihr suspekte Zeitschrift zu verbieten.[102] Nach längeren Verhandlungen, bei denen der Rektor der Universität Heiler zu Hilfe kam, wurde das Verbot am 7. März 1938 wieder aufgehoben. Dazu schreibt Anne Marie Heiler: „Seitdem muße man mit rein kirchlich-ökumenischen Themen vorsichtig sein - daher vielfach die 'Flucht' in die Religionsgeschichte, was aber nicht verhinderte, daß sie nach 1942, d.h. nach Erscheinen der Ehrengabe für Heiler zu seinem 50. Geburtstag, ('In Deo omnia unum') für die Dauer der Naziherrschaft verboten wurde."[103]

Vom 19. Jahrgang (1937) an bekam die Zeitschrift „Eine heilige Kirche" vorsichtshalber den Untertitel „Zeitschrift für Kirchenkunde und Religionswissenschaft". Immerhin erschienen auch dann noch Hefte wie über „August Friedrich Christian Vilmar, ein deutscher lutherischer Zeuge der Kirche Christi" (1938) mit dem wichtigen Aufsatz Heilers „Der Einfluß A.F.C. Vilmars auf die Hochkirchliche Vereinigung"[104] oder - ebenfalls 1938 - über „Gottesoffenbarung im Heidentum und Christentum" mit einem bedeutenden Aufsatz Heilers.[105] 1939 lautet das erste Thema „Der Dienst der Frau in den Religionen und Kirchen", das zweite „Die Einheit der Ost- und Westkirche; Zur 500. Wiederkehr des Unionskonzils von Florenz 1439/1939". So sehr diese Themen dem großen Generalthema der Zeitschrift dienten, ist eine Beziehung zu strittigen weltanschaulichen Fragen der Zeit des öfteren nicht zu übersehen.[106] Wer hier nach Antworten suchte, ging selten leer aus.

Alles in allem galt die „Eine heilige Kirche" als eines der wenigen Organe des anderen, heimlichen Deutschlands. Daß sie trotz des damaligen weltanschaulichen Druckes so lange hat erscheinen können, war für nicht wenige Zeitgenossen ein Zeichen der Hoffnung. Der Leserkreis ging weit über die Hochkirchliche Vereinigung und ihr Umfeld hinaus. Die Abonnentenzahl muß über Erwarten hoch gewesen sein. Finanzielle Probleme stellten sich für die Herausgeber nie. Und eigentlich jeder der hier Mitarbeitenden rechnete es sich zur Ehre an, wenn seine Beiträge erscheinen konnten. Honorare sind meines Wissens kaum je erhoben worden. Die redaktionelle Arbeit wurde von den Eheleuten Heiler ohne fremde Hilfe geleistet. Angesichts der beruflichen Ver-

---

lichen Einigung Deutschlands, in: EHK 18 (1936) 27-32; ders., Die Bedeutung des Sakraments der Firmung für die Gegenwart, in: EHK 18 (1936) 125-133.

[102] Der Artikel „Bilder aus der orthodoxen Kirche im heutigen Rußland" von dem holländischen Gymnasialdirektor P. Hendrix (in: EHK 19 [1937] 65-73) war politisch nicht genehm, weil der Verfasser die politischen Verhältnisse in Rußland als nicht so katastrophal dargestellt hatte, wie das aus der Sicht des NS-Regimes hätte geschehen müssen.

[103] Heiler, Anne Marie, Friedrich Heiler, 17.

[104] Heiler, Friedrich, Der Einfluß A.F.C. Vilmars auf die Hochkirchliche Vereinigung, in: EHK 20 (1938) 254-259.

[105] ders., Die Frage der „Absolutheit" des Christentums im Lichte der vergleichenden Religionsgeschichte, in: EHK 20 (1938) 306-336.

[106] Vgl. z.B. ders., Kirche und Volkstum, in: EHK 16 (1934) 206-224; ders., Das Urchristentum und die irdischen Gewalten, in: EHK 16 (1934) 228-238.

pflichtungen und der großen literarischen Werke fehlen einem die Worte, um diese Arbeitsleistung recht zu würdigen.

Der Vollständigkeit halber sei noch erwähnt, daß der politische Druck all die Jahre hindurch nicht nachließ. Aus den „Daten seines Lebens" geht hervor, daß Heiler 1938 einer Einladung zu einem kirchlichen Kongreß im Ausland - worum es sich handelte, ist nicht ersichtlich - nicht entsprechen durfte.[107] Noch härter traf es ihn und die Hochkirchliche Vereinigung, daß ihm 1942 das Abhalten von Vorträgen in Berlin verboten wurde.

---

[107] Vgl. Heiler, Anne Marie, Friedrich Heiler, 12 und 17.

Auch die Hochkirchliche Vereinigung hat unter Bedrängnissen zu leiden

Obwohl die Hochkirchliche Vereinigung sich mit dem Abwehrkampf der Bekennenden Kirche nicht hat identifizieren können, geriet sie zeitweise ebenfalls in die Schußlinie der Gestapo und des Reichspropagandaministeriums. Im Juli 1935 ist die „Evangelisch-katholische Eucharistische Gemeinschaft" aufgelöst worden. Die Chronik der Hochkirchlichen Vereinigung beläßt es bei dieser lapidaren Feststellung[108], so daß man einen Augenblick glauben könnte, diese Auflösung sei aus freien Stücken erfolgt. Doch wenn man dann weiter liest, daß der Vorstand bereits im Oktober 1935 bestrebt war, die aufgelöste Gemeinschaft durch eine Pfarrbruderschaft in etwa zu ersetzen (94), wird klar, daß die Auflösung durch eine staatliche Verfügung erzwungen war.

Die vom Vorstand ins Auge gefaßte Pfarrbruderschaft hatte ihren Gründungskonvent auf dem 17. Hochkirchentag vom 21. bis 23. Oktober 1936 in Berlin-Spandau. „In dieser Bruderschaft ‘wird der HV der Kreis geschenkt, welcher in immer stärkerem Maße die uns gesetzten Aufgaben zu lösen haben wird. Auch wird in ihr das Amt der allgemeinen Kirche auf dem Grunde der apostolischen Sukzession gewahrt werden’." (97)
Die Pfarrbruderschaft wurde auf dem 19. Hochkirchentag in Berlin-Spandau vom 21. bis 23. September 1938 durch eine „Laien- und Schwesternschaft" ergänzt. Die erstere erhält den Namen „St. Stephanus-Bruderschaft" und wird von Diakon Otto Reichert geleitet. Die Schwesterngemeinschaft bekommt den Namen „Phoebe-Schwesternschaft" und steht unter der Leitung der Pfarrwitwe Lily Stakemann (103). So ist notdürftig Ersatz geschaffen worden für die zerschlagene Evangelisch-katholische Eucharistische Gemeinschaft.

Nach diesem schwerwiegenden staatlichen Eingriff ist es kein Wunder, daß ein Teil der Mitglieder dazu neigte, sich dem so erfolgreichen Widerstand der Bekennenden Kirche anzuschließen. Eine diesbezügliche Anfrage beantwortet Heiler am 11. Februar 1938 jedoch: „Den von Ihnen behaupteten inneren Zusammenhang von Bekenntniskirche und hochkirchlicher Bewegung kann ich nicht anerkennen. Die Bekenntniskirche ist in Norddeutschland ganz unter dem calvinistisch-presbyterianischen Einfluß, ist puritanisch-biblizistisch und hat mit lutherischem Hochkirchentum nichts gemeinsam ... Man hat die norddeutschen Pastoren, die nationalsozialistisch bis ins Mark waren ..., systematisch dermaßen vor den Kopf gestoßen, daß ihnen die Bedrohung der kirchlichen Substanz ... aufgehen mußte, und daß sie nichts anderes tun konnten als für die Substanz zu kämpfen. Charakteristisch freilich für die Bekenntniskirche ist, daß sie eben einen solchen Kampf nur in protestantischer Enge und Einseitigkeit führen konnte. Die Theologische Bekenntniskirche mit ihrer

---

[108] Niepmann, Chronik, 94.

völligen Verkennung des gratia praesupponit naturam ist grausig, aber ihr religiöses Grundanliegen, die Freiheit der Kirche gegenüber den säkularistischen Mächten, ist urchristlich, auch wenn dieser Kampf mit einer kaum überbietbaren Sturheit geführt wird." (101) Heilers Widerstand galt nicht nur der Abwehr, sondern bezog sich auf das teuflische System als Ganzes. Er war also ein eher noch entschiedenerer Gegner des Nationalsozialismus als die Bekennende Kirche. Und es ist tragisch, daß nicht alle, die für den Erhalt der kirchlichen Substanz kämpften, im Widerstand zusammenfanden. Eine Anlehnung der Hochkirchlichen Vereinigung an die Bekennende Kirche hätte jedoch bedeutet, daß die hier dominierende Barthsche Theologie wie bei den Alpirsbachern so auch bei den Hochkirchlern Eingang gefunden hätte. Diese Theologie aber war für Heiler wegen ihrer Leugnung einer natürlichen Gottesoffenbarung ähnlich unerträglich wie die Vergottung des Volkstums und der Rasse. Die Berneuchener dachten ähnlich. Und so mußten sich Hochkirchler wie Berneuchener das Schimpfwort „BdM", Bund der Mitte, gefallen lassen, das auf sie ganz und gar nicht zutraf.

Heiler als Liturg

Mittlerweile fühle ich das Bedürfnis, erste persönliche Erfahrungen einfließen zu lassen. Im Herbst 1937 war ich als Student nach Marburg gekommen. Mit meiner Dissertation zur Frage eines frühvedischen Sündenbegriffes war ich in München - nicht zuletzt aus politischen Gründen - in Schwierigkeiten geraten. Heiler wollte - gegen alle akademische Gepflogenheit - versuchen, sie durchzubringen und hat das letztendlich auch geschafft. Da ich gleichzeitig mein zuvor unterbrochenes Theologiestudium wieder aufgenommen hatte, konnte es nicht ausbleiben, daß ich bald in seine Gottesdienste fand. Über diesen Gottesdiensten ist mir damals der Himmel aufgegangen. Enthielten sie doch, was man in unseren evangelischen Gottesdiensten unbewußt entbehrte: die andere, auf dem Sakrament des Altars beruhende „Verkündigung des Todes Christi". Diese - und nicht die Predigt von der Kanzel - wurde für mich zur Übermittlerin des uns richtenden und rettenden Ereignisses. Werkzeuge dieser Verkündigung waren nicht nur der Liturg, sondern wir alle, die im Glauben an diesem Gottesdienst beteiligt waren. Ohne es zu wissen, standen wir im Dienste des Gekreuzigten und Auferstandenen. Er selbst war, wie einst bei den Emmausjüngern unter uns gegenwärtig. Und auch wir erkannten Ihn „an dem, daß Er das Brot brach" (Lk 24,35).

In einem derartigen Gottesdienst kommt dem Liturgen und Prediger eine ganz andere Rolle und Bedeutung zu, als wir Evangelischen sie ihm gemeinhin zubilligen. Wie ist sie zu umschreiben? Wie wurde Heiler ihr gerecht? Wie bewährte sich der theologische Lehrer und Wegweiser als Diener des nicht mehr nur „hörbaren", sondern auch „sichtbaren" Wortes?

Wir wissen es längst: Heiler war hier in kein ihm fremdes Kleid geschlüpft. Als Ministrant war er früh mit dem Priesterdienst vertraut geworden. Priester sein zu dürfen, war für ihn die Erfüllung eines Jugendtraumes. Obwohl er nun in manchem von dem einstigen Vorbild abwich, galt sein Dienst unverändert der heiligen Eucharistie. Wie ernst er es schon mit den Vorbereitungen nahm, können wir einem Abschnitt aus Erinnerungen seiner Tochter Birgitta Heiler-Hartog entnehmen: „Jeden Sonntagmorgen feierte unser Vater - wenn er zuhause war - mit einer kleinen Gemeinde die Deutsche Messe in der Hauskapelle, die neben dem Studierzimmer zum Berg hin lag. Eines Sonntags wurde ich vor dem Gottesdienst in das Studierzimmer geschickt, um irgendetwas zu erledigen. Der Vater war gerade dabei, sich in die priesterlichen Gewänder zu kleiden. Ich sehe ihn noch vor mir, wie er, ganz entrückt - ohne mich überhaupt wahrzunehmen - ein Stück nach dem anderen nahm: die Alba, das Schultertuch, die Kasel, die Stola, es küßte, die Lippen leise bewegte und es anlegte. Ich wagte kaum hinzuschauen, weil ich spürte, diese andächtige Handlung verbiete jeden neugierigen Blick. Ich fühlte mich ganz fehl am Platze und schlich scheu, fast wie ein ertappter Sünder, aus dem Zimmer.

Eine eindringlichere Lehre über die tiefe, innere Vorbereitung vor einer liturgischen Handlung ist mir nie zuteil geworden." [109]

Diese persönliche Vorbereitung fand in der Kapelle ihre Fortsetzung. Wir hatten eben das Eingangslied gesungen. Heiler war in seinem Ornat eingezogen, verharrte vor der Altarstufe und sagte still: „Im Namen des Vaters und des Sohnes und des Heiligen Geistes", was wir mit unserem „Amen" bestätigten. Dann begann er - zu unserer und seiner Vorbereitung - im Wechsel mit uns das Stufengebet aus dem einstigen Missale Romanum zu beten:

P. Ich will hintreten zum Altare Gottes.
G. Zu dem Gott, der meine Freude und Wonne ist. (Antiphon)
P. Richte mich Gott und führe meine Sache wider das unheilige Volk.
G. Und errette mich von den falschen und bösen Leuten ... (Ps 42)

Die römische Kirche hat dieses Gebet heute zugunsten einer „Begrüßung" aufgegeben. Heiler hat nie darauf verzichten wollen. Von vornherein erscheinen hier Priester und Gemeinde als das, was sie für ihn sind: als zwei Pole einer aufeinander angewiesenen Aktionsgemeinschaft. Der Priester ist mitnichten ein dem Heiligtum Gottes Zugehöriger, ein Mensch gleichsam am anderen Ufer, sondern ein wie alle Gemeindeglieder selbst der Erlösung Bedürftiger. Allerdings ist er der berufene und verordnete Diener des Wortes und als solcher Vorsteher am Altar. Das sondert ihn aus und verpflichtet ihn tief. Seine Unwürdigkeit ist ihm umso bewußter. Darum spricht er das Sündenbekenntnis zuerst für sich, um sich von der Gemeinde Gottes Vergebung erbitten zu lassen, ehe die Gemeinde es ihm gleichtut.

„Ich will hintreten zum Altare Gottes" - damit war von Beginn an klar, daß das Sakrament des Altars Ziel und Höhepunkt des Gottesdienstes ist - und auch dies war deutlich, daß alle Beteiligten sich auf einem Pilger- oder Gebetsweg zu diesem Ziel hin befanden, den der Priester anzuführen hatte. Man kann dessen Führerschaft etwa der eines Bergführers vergleichen, der seiner Gruppe mit großem Verantwortungsbewußtsein und sehr wachsam vorangeht. An Heiler als Liturg spürte man immer beides: die zielgerichtete eigene Sehnsucht, wie die Verantwortung für die auf seine Führung Angewiesenen. Das Tempo des gemeinsamen Pilgerweges gibt der Liturg an. Es ist von der jeweiligen Wegstrecke mitbestimmt. Es gibt dabei steile Hänge oder auch Punkte, an denen es ratsam ist, ein wenig kürzer zu treten oder gar zu verharren. Bei Heiler war das nicht anders. Den Zug hin zum Ziel merkte man jedoch immer. Im allgemeinen ging es behende voran.

Bis auf ein Stillgebet waren seine Worte vernehmbar. Vernehmbar waren selbst die in großer Ehrfurcht ganz verhalten und durchlässig gesprochenen Einsetzungsworte. Als Liturg sprach Heiler nie prononciert bzw. eindringlich

---

[109] Heiler-Hartog, Birgitta, Erinnerungen an meinen Vater Friedrich Heiler, unveröffentlichtes Manuskript, 10.

hervorhebend. Nie wollte er zugleich predigen oder belehren. Wir, seine Gemeinde, waren ja immer beteiligt, und mit uns als Partnern den Herrn anzugehen, ließ pädagogisches Gehabe grundsätzlich nicht zu.

Obwohl Heiler als Liturg sehr gleichmäßig sprach, verfiel er nie in jenen Leierton, der bei römischen Priestern, wenn sie lateinische Texte rezitieren, oft befremdlich berührt. Auch machte sein Sprechen zu keiner Zeit den Eindruck, daß er einem anerzogenen Muster folge. Er enthielt sich zwar jeglicher Subjektivität, doch was er sagte, war tief beseelt und ließ das heimliche Feuer innerster Beteiligung spüren.

Wurde der gemeinsame Gebets- und Pilgerweg nicht dadurch unliebsam unterbrochen, daß nach den Schriftlesungen eine Predigt vorgesehen war, eine mindestens sonntägliche Regel, der Heiler getreulich nachkam? - Diese „Unterbrechung" beruhte u.a. auf dem verheißungsvollen Wort Jesu an seine Jünger „Wer euch hört, der höret mich" (Lk 10,16). Es hatte mit ihr also seine Richtigkeit! Neben der „objektiven" Verkündigung im Abendmahl durfte die „subjektive" nicht fehlen, in der ein einzelner Berufener es wagt, das gegebene Wort im Vertrauen auf den Geist Gottes auszulegen. Wenn das auf die „objektive" Verkündigung des Todes und der Auferstehung Christi hin geschieht, ist die subjektive Verkündigung von jener jeden, auch den besten Prediger überfordernden Verpflichtung entbunden, auch Unsagbares in Worte kleiden zu müssen. Diese befreiende Entlastung merkte man Heilers Predigten an. Dem Mysterium unserer Erlösung selbst galten sie nicht und brauchten sie nicht zu gelten. Aber was uns ihm entgegenführt, und was wir ihm schuldig sind, das zu umreißen ist des Verpflichtenden wahrlich genug.

Heilers Art war es nicht, einen vorgegebenen Text homiletisch auszupressen, wie das zu meiner Zeit bei uns gang und gäbe war. Er hatte die Gabe, Wichtiges herauszuhören und thematisch herauszustellen. Seine Gedanken entfaltete er wie in seinen Vorlesungen in schönster Ordnung, doch ohne allen wissenschaftlichen Ballast. Auch in seiner Diktion brauchte der predigende Professor sich nicht groß umzustellen, verstand er es doch schon auf dem Katheder, selbst schwierige Probleme sehr einfach und einleuchtend darzustellen.

Was er mindestens skizziert hatte, ließ er für gewöhnlich beiseite. Er redete still und eigentlich immer mit geschlossenen Augen, als ob er in sich hineinhorchte. Diese meditative Art hat auf manchen einschläfernd gewirkt. Mich forderte sie heraus, selber mitzudenken.

Ein Beispiel für die Art, wie er einen Text anfaßte. Am Sonntag Rogate 1945 predigte Heiler im Anschluß an Joh 16,23b-33 über das Gebet. Dabei konnte nicht ausbleiben, daß Ergebnisse seines wissenschaftlichen Nachdenkens über das gleiche Thema mit einflossen. So heißt es an einer Stelle des später gedruckten Manuskripts: „Das tiefste Geheimnis des Gebets ist sein Gnadencharakter. Gott hat diese Kraft, diesen Drang, diese Sehnsucht nach Ihm in unser Herz ... gelegt. Er will uns zu sich ziehen ... Im Römerbrief stehen die unvergleichlichen Worte: 'Der Geist hilft unserer Schwachheit auf ...' Der Heilige

Geist ist der große Lehrer des Gebetes; der Gottesgeist selber betet in uns und durch uns." [110] Welche Folgerungen sich für uns, seine Zuhörer, aus solchen Feststellungen ergaben, das war unsere Sache. Redete er nicht als Priester zu Priestern? Wer „angedonnert" und geistig in die Zange genommen werden wollte, der kam bei diesem Prediger nicht auf seine Kosten. Sogenanntes evangelistisches Predigen lag ihm fern.

Vielleicht ist auch dies nicht unwichtig: Heiler nutzte die subjektive Verkündigung nie zur Vorbereitung auf das Ereignis der objektiven Verkündigung. So ungewohnt es dem evangelischen Christen sein mochte, das Herrenmahl auch und vor allem als Verkündigung zu begreifen, er vertraute darauf, daß die Abendmahlsfeier aus sich heraus das Heil in Christus offenbare. Dies erklärend anbahnen zu wollen - und sei es auch in bester Absicht - hieße, so wußte er es nur zu gut, alles zu verderben. Wer als evangelischer Christ eine vorausgehende Beichte vermißte, den verwies er auf den Bußakt am Anfang des Gottesdienstes und auf die immer bestehende Möglichkeit der Einzelbeichte.
Mochte Heiler in seinen Vorträgen einen oft recht langen Atem haben, in seinen Meßpredigten konnte er sich im allgemeinen kurz fassen. Er wußte: Der Gebetsweg der Messe darf nicht zu lange unterbrochen werden. Aber noch einmal: Die Unterbrechung ist von dem Herrn geboten, sie kommt nicht zuletzt dem Gebetsweg selbst zugute. Man steht dabei in der Gefahr, einem frommen Vollzug oder - um es mit Luther zu sagen - „frommer Werkerei" zu verfallen. Hat man sich aber zwischendurch auf das Wagnis des Geistes eingelassen, werden auch die gewohnten Meßtexte zu einer innerlich verpflichtenden Wegstrecke.

Nach der Predigt und dem Lied, in das sie ausklingt, beginnt der dem Altarsakrament gewidmete Teil des Gottesdienstes. Auch hier hat sich mir manches besonders eingeprägt. Ich denke an den Beginn dieses Teils des Gottesdienstes. War ein Diakon zur Stelle, rief er uns zu (sonst tat es der Priester selbst): „Erkennet euch in dem Herrn, keiner sei wider den anderen, keiner ein Heuchler! Vergebet, wie euch vergeben ward! Nehmet euch untereinander auf, wie Christus euch aufgenommen hat zum Lobe des Vaters ..."
Jetzt sollte Ernst gemacht, jetzt durfte das vernommene Wort zur Tat werden. Kann doch niemand dem Herrn entgegengehen mit einem gegen andere verschlossenen Herzen. - Was folgte, war eine tief verpflichtende Geste: der urchristliche Friedenskuß. Die sogenannte „Pax" war im „Missale Romanum" nur im Pontifikalamt und als Handlung der Kleriker untereinander erhalten geblieben. Heiler hatte sie 1931 dem normalen Meßgottesdienst und allen an ihm Beteiligten zurückgegeben. Im Formular von 1939/48 war sie gar zum Eingangstor der Mahlfeier geworden. Hatte man sich ursprünglich geküßt,

[110] Heiler, Friedrich, Mysterium Caritatis. Predigten für das Kirchenjahr, München 1949, 241.

reichte man sich nun gegenseitig die Hände. Der Liturg hatte zunächst allen zugesprochen: „Der Friede des Herrn sei mit euch allezeit". Die Gemeinde hatte geantwortet: „Und mit deinem Geiste". Daraufhin galt der Zuspruch und Gruß des Priesters dem Diakon bzw. dem nächststehenden Gemeindeglied besonders. Dieser gab seinerseits das Empfangene weiter. Das geschah jeweils mit den Worten: „Der Friede sei mit dir!" - „Und mit deinem Geiste." Jeder spürte, für Heiler galt diese Handlung nicht nur dem einzelnen und seiner Vorbereitung. Für Heiler begann sich hier etwas von dem zu verwirklichen, was Gemeinde bedeutet: eine Liebesgemeinschaft. „Herz und Herz vereint zusammen" (EKG 217) von Nicolaus Graf von Zinzendorf war nicht umsonst ein von Heiler besonders geliebtes Lied.

Beim nächsten Höhepunkt lag das Ziel des Pilgerweges schon nahe. Die Art, wie Heiler singend in den Kernbereich der Messe mit den Worten „Die Herzen in die Höhe" einführte, hatte etwas überaus Erhebendes. Hier und im folgenden durfte er singen, wie er es von Kind auf gewohnt war: in der auch im Luthertum erhalten gebliebenen Weise der Gregorianik. Mochte der Wortlaut der „großen Danksagung" sich immer wieder ändern, das Gesangliche bewältigte er jedesmal mühelos. Er sang, dem Altar zugewandt, mit erhobenen, ausgebreiteten Händen. Jeder von uns, die wir respondierend beteiligt waren, spürte, daß sich Außerordentliches vorbereitete. Die Engel Gottes waren nahe und so mündete der Dank in ihr „Dreimal Heilig", in das „Sanctus" vor Gottes Thron! Und zum „Sanctus" kam das „Benedictus", mit dem die Bewohner von Jerusalem den in die heilige Stadt einziehenden Herrn als ihren König begrüßt hatten. Christus war ja nun *wieder* im Begriff, bei den Seinen einzukehren. Von dem, was Worte hier nur andeuten können, war Heiler selbst tief durchdrungen. Sein eigenes Herz war dahin entrückt, wo die Engel singen und wo dem in Seine Stadt einziehenden Herrn ein königlicher Empfang bereitet wurde. Wer wollte sich dem entziehen?

Alles Bisherige war erst „Präfation", d.h. „Vorspruch" oder „Vorspiel". Es wurde jetzt für eine Weile ganz still. Nur die Lippen bewegend, sprach unser Liturg währenddessen ein Postsanctusgebet aus der syrischen Jakobusliturgie. Nach einer kleinen Ewigkeit meldete sich sodann der Diakon mit den Worten: „Geheimnis des Glaubens".[111] - Die ganze Gemeinde sank daraufhin in die Knie. Heiler nahm eine große Hostie in beide Hände und begann mit den Einsetzungsworten. Bei „dankte und brach's" zerbrach er die Hostie hörbar in zwei Teile. Die Gemeinde bestätigte das Brotwort mit ihrem „Amen". Sie tat es auch beim nun folgenden Kelchwort, währenddessen Heiler den Fuß des Kelches mit beiden Händen umfaßt hielt.

---

[111] Vgl. dazu auch „Die Deutsche Messe (nach altkirchlicher Ordnung) von 1939 bzw. 1948.

Obwohl die verba ipsissima nach Luther verkündigenden Charakter haben sollen und sie dem Ordinarium von 1939/48 zufolge auch gesungen werden können, kann ich mich nicht erinnern, daß Heiler sie je „verkündigend" gesprochen oder gesungen hätte. Er sprach sie vielmehr ganz still, ganz entrückt, ganz durchlässig. Er war in diesem Augenblick wirklich nur Stellvertreter, ja der Mund eines anderen, nämlich seines, unseres Herrn. Daß eigentlich dieser das Wort hatte, daß nun Er als Tischherr unter den Seinen weilte, war Heilers tiefste Überzeugung. Darin vor allem lag es für ihn - und dann auch für uns -, das „Geheimnis des Glaubens".

In der aus uralten Quellen rekonstruierten Kirchenordnung des Hippolyt haben die Einsetzungsworte noch keine Sonderstellung. Sie werden vielmehr im Verlauf eines einzigen großen Gebetsvorganges nach dem Sanctus schlicht zitiert. Evangelischerseits hat man das später fast begierig aufgegriffen, schien doch damit die Gefahr endgültig gebannt, in der Rezitation der verba testamenti das die Wandlung der Elemente bewirkende Moment zu sehen. Heiler glaubte weder an eine diesbezüglich priesterliche Vollmacht, noch an eine Transsubstantiation. Wie das zustande kam, daß sich der Gekreuzigte und Auferstandene „in, mit und unter Brot und Wein" realiter den Seinen mitteilte, war für ihn - wie für Luther - göttliches Geheimnis und sollte es bleiben. Wenn Heiler sich dennoch dagegen wehrte, den Einsetzungsworten einen nur „narrativen" Charakter zukommen zu lassen, dann deshalb, weil sie für ihn die Worte waren, in denen der Herr selbst unter den Seinen weilte, und weil Heiler in ihnen den ersten Höhepunkt des „Konsekrationsaktes", also einer sonderlichen „Segnung" der Elemente sah, an deren Notwendigkeit er festhielt.

Das andere für Heiler genauso gewichtige Moment dieses Konsekrationsaktes lag in der vor allem in der Ostkirche hochgehaltenen Epiklese, dem sehr alten Gebet um Heiligung der Gaben und ihrer Empfänger durch Gott, den „Heiligen Geist". Die Epiklese folgte in allen alten Liturgien der Anamnese, dem Gedächtnis des Heilswerkes Christi. Der (alte!) römische Meßkanon kennt - im Unterschied zu den neuen eucharistischen Hochgebeten der katholischen Liturgie - keine ausdrückliche Epiklese. Dieses Faktum korrespondierte mit der gängigen katholischen Auffassung, daß im Augenblick der Rezitation der Einsetzungsworte durch den Priester die Wandlung der Gaben geschehe. Der Konsekrationsakt wurde beschlossen durch das von allen gemeinsam gesprochene Gebet des Herrn.

Das von der Konsekration zur Kommunion überleitende „Gebet des Brotbrechens" ist wohl allein dem liturgiegeschichtlichen Charisma Heilers zu verdanken. Wenn irgendwo sein eucharistischer Glaube und die mit ihm verbundene Hoffnung hervorleuchten, dann hier. In Anlehnung an die keltische Liturgie erinnert der Priester an Lk 24,25:

P. Sie erkannten den Herren an dem, daß er das Brot brach.
G. Halleluja.

101

Jetzt liegen sie ganz nahe: die folgenden Fragen des Völkerapostels angesichts der zu segnenden Elemente.

P. Der gesegnete Kelch, den wir segnen (+), ist der nicht die Gemeinschaft des Blutes Christi?

G. Amen.

P. Das Brot, das wir brechen (bricht die Hostie in vier Stücke), ist das nicht die Gemeinschaft des Leibes Christi? (1.Kor.10,16)

G. Amen.

Nun folgt in einem kühnen Gedankensprung der herrliche Gebets-Passus aus der Didache (9 f.):

P. Wie dieses gebrochene Brot zerstreut war auf den Bergen und gesammelt eins wurde, so laß Deine Gemeinde von den Enden der Erde zusammengeführt werden zu Deinem Reich.

G. Denn Dein ist das Reich und die Kraft und die Herrlichkeit in Ewigkeit.

P. Es komme die Gnade, und es vergehe diese Welt. Maranatha!

G. Ja, komm, Herr Jesu.

Ich breche hier mit meinen textlichen Hervorhebungen ab. Es darf ja nicht zu viel von dem vorweggenommen werden, was dem folgenden Kapitel gebührt. Heiler als Liturg - dazu gehört die Frage: Wie hielt er es mit der Aufbewahrung der geheiligten Elemente? - In Heilers Aufsatzsammlung „Evangelische Katholizität" hatte Söderblom etwas bemerkt, was ihm nicht behagte: „In einem Punkte bin ich wirklich bedenklich. Das ist die Aufbewahrung des Sakraments, reservatio. Die Aufbewahrung selber kann verteidigt werden als ein Akt der schuldigen Pietät, teils um der Kranken willen. Aber Christi geheimnisvolle Gegenwart ist nicht bedingt durch irgendeine Form und verwandelt somit die Hostie nicht in eine Gottheit, welche angebetet werden kann, sondern ist bedingt durch Christi Verheißung, die Ubiquität der göttlichen Natur und durch den Glauben. Es ist für mich natürlich, daß ein Crucifix oder ein anderes Bild oder ein Licht die Anbetung auf einen bestimmten Punkt im Heiligtum oder im Raum sammelt ... Aber daß die konsekrierte Hostie in ihrem Sakramentshäuschen als ein leibhaftiger Gott dient, scheint mir sehr bedenklich ..." [112]

Heiler antwortete darauf postwendend: „Ihre Bemerkungen ... verstehe ich sehr wohl. Ich selber möchte niemals daraus ein Gesetz machen ... Ich selber habe ja seinerzeit im 'Gebet' den sehr späten Ursprung dieser Devotion aufgedeckt. Die ganze alte Kirche und alle heutigen Kirchen des Ostens kennen wohl eine Aufbewahrung der Eucharistie für die Kranken, aber nicht zum Zweck der privaten oder öffentlichen Andacht ... Dennoch glaube ich mit vielen römischen und anglikanischen Katholiken an die besondere Segenskraft dieser Sitte; ich denke dabei nicht nur an Franz von Assisi und Thomas von Aquino, sondern auch an unseren unvergeßlichen Freund Friedrich von Hügel, der sie selber so eifrig übte. Natürlich können sich an die Aufbewahrung der Eucharistie schwere Mißbräuche und abergläubische Vorstellungen

---

[112] Brief Söderbloms vom 4. August 1926 an Heiler, in: Misner, 246f.

knüpfen ... Ich glaube auch keineswegs, daß die Gegenwart Christi an die Abendmahlselemente gebunden sei ... Aber die Andacht vor der aufbewahrten Eucharistie ist ein ausgezeichnetes Mittel, um sich auf Christus und seine unmittelbare Gegenwart im eigenen Herzen zu konzentrieren. Die Seele denkt vor dem Altar nicht an die Hostie, sondern nur an Christus, dessen Zeichen sie ist und auf den sie hinweist ... Natürlich kann dieselbe Wirkung auch von einem Crucifix oder einem Altarbilde ausgehen; aber ich gebe der aufbewahrten Eucharistie deshalb den Vorzug, weil sie eine Verbindung herstellt mit dem zentralen christlichen Gottesdienst und gerade dadurch einen intimen Kontakt des Privatgebets mit dem gottesdienstlichen Gemeindegebet ermöglicht. Ich kann in dieser Auffassung nichts Bedenkliches finden ... Ich habe dieses Mittel oft genug erprobt und verdanke ihm viele glückliche Stunden meines Lebens. Dennoch würde ich es nie anderen aufdrängen. Ein jeder möge in seinem Umgang mit Christus den Weg gehen und die Mittel gebrauchen, die ihm nützlich und heilsam sind." [113] - Heiler hat Söderblom nicht überzeugen können, ihm aber doch die folgenden Worte entlockt: „Wenn Sie, lieber Freund, darüber mit innerer Freude reden, muß sie auch für mich einen religiösen Wert bilden. Schon als ich 'Das Gebet' las, stand ich vor dieser Tatsache." [114]

Was Heiler mir als Liturg bedeutete, darüber habe ich mir 1939 unvermutet klar werden müssen. Um nach der Promotion mein Theologiestudium zu beenden, war ich nach Münster übergewechselt. Einer meiner theologischen Lehrer dort war Wilhelm Stählin geworden. Er wußte von meiner „Vergangenheit". Eines Tages hatte er mich zu einem Spaziergang eingeladen. In einem Waldcafé redete er mich auf meinen Doktorvater hin an und sagte: Heiler und wir Berneuchener stehen uns im Verständnis und Vollzug des Gottesdienstes sehr nahe. Und doch gibt es Unterschiede. Ich wäre Ihnen dankbar, wenn Sie mir sagen könnten, worin Sie das Unterscheidende sehen. Ist es in Ihren Augen so gravierend, daß es die bisher getrennten Wege beider Vereinigungen noch lange rechtfertigt?
Ich war zunächst etwas ratlos und mag auf die Besprechung verwiesen haben, die Heiler der Berneuchener Deutschen Messe gewidmet hatte. [115] Dann wurde mir bewußt, worin die Berneuchener Liturgen - Stählin eingeschlossen - sich für mich von Heiler unterscheiden. Ich sagte ihm, wenn Heiler am Altar stünde, spüre man immer, daß hier ein Priester gleichsam in seinem Element sei. Worauf es da ankomme, habe Heiler schon von Kindesbeinen an in sich aufgenommen. So sei ihm die Feier der Eucharistie zu einem heilig-ernsten Spiel geworden. Feiere dagegen ein evangelischer Theologe die Deutsche Messe, so habe er das Stadium eines ernsthaften, doch etwas krampfhaften Bemühens um eine ihm ursprünglich fremde Sache in den seltensten Fällen hinter sich gelassen. Der Priester aber müsse sich von der Liturgie getragen fühlen, wenn die Gemeinde - zumal eine evangelische - ihm folgen solle. Dieser Unterschied könne eine baldige Vereinigung als ratsam erscheinen lassen,

[113] Brief Heilers vom 10. August 1926 an Söderblom, in: Misner, 255-257.
[114] Brief Söderbloms vom 14. August 1926 an Heiler, in: Misner, 261.
[115] Vgl. Anm. 81.

wenn nicht die Berneuchener die besondere Gabe und Aufgabe hätten, die gemeinsame Sache mit den Menschen von heute zu erörtern und sie dafür zu gewinnen. So sei es vielleicht geraten, noch eine Weile auf verschiedenen Wegen das gemeinsame Ziel anzustreben. - Ich rechne es Stählin hoch an, daß er meine damalige Offenheit nicht übelnahm und daß das gute Lehrer-Schüler-Verhältnis keinen Schaden litt.

Zurück zu den Gottesdiensten in der Marburger Franziskuskapelle. Mir scheint, auch das gehöre zum Bild des Liturgen Friedrich Heiler, wie wir, seine Gemeindeglieder, von ihm nach den Gottesdiensten entlassen wurden. Nach dem Ausgangssegen und während des Schlußliedes hatte er die Kapelle verlassen. Als wir uns draußen vor der Garderobe wiederfanden und zu unseren Mänteln greifen wollten, war er - im Straßenanzug - mitten unter uns, um uns behilflich zu sein und zu verabschieden. Offenbar wollte er uns noch einmal „von gleich zu gleich" gegenübertreten und uns dartun, er sei uns nun nicht mehr priesterlich, sondern brüderlich nahe. Was dann folgte, war nichts als eine von Herzen kommende Verabschiedung. Aber ich vergesse es nie, wie er uns dabei anstrahlte. Was sonst auf dem Gesicht des stillen Gelehrten selten hervortrat, ging bei dieser Gelegenheit von ihm aus: eine schier überirdische Freude, die Freude eines in Christus Erneuerten, die Freude über das Band der Liebe, das sich um uns geschlungen hatte. Das, so hoffte er offenbar, würde mit uns in unseren Alltag gehen und sich im Menschlichen bewähren. Dieser Abschied hätte sich mir kaum so eingeprägt, wenn er nicht dazu beigetragen hätte, daß das im Gottesdienst Empfangene nicht etwas Außerordentliches, an bestimmte Stunden Gebundenes blieb, sondern zu einer das Leben auch im Alltag verwandelnden Kraft wurde. Das alles war damals zur Zeit der Herrschaft des Ungeistes wahrlich nichts Geringes!

Zum Schluß dieses Abschnitts noch einmal Birgitta Heiler-Hartog: „Der Vater als Priester war mir von klein auf etwas so Selbstverständliches, daß ich darüber nicht weiter nachdachte. Erst als ich größer wurde und andere Pfarrer am Altar kennen lernte, merkte ich, daß er anders war. Ich fing an, jeden mit ihm zu vergleichen, jeden an ihm zu messen und mir wurde bewußt, daß ich mit den anderen nie zufrieden war. Mochten sie auch kluge, geistbegabte Prediger sein, als Liturg war keiner der evangelischen Pfarrer wie er. Ohne mir klar zu sein 'warum', wußte ich doch, daß er als Priester das Geheimnis der Gottheit Christi in der Eucharistie mitzuteilen vermochte. Das war ein Schatz, den er seinen Kindern für ihr Leben mitgegeben hat. Mochte dieser Schatz auch über längere Zeit verdeckt und überlagert worden sein, verloren gehen konnte er nicht." [116]

[116] Heiler-Hartog, 10f.

Die Deutsche Messe von 1939 bzw. 1948 [117]

Im März 1939 konnte die neue „vorläufig endgültige" Fassung der hochkirchlichen Gottesdienstordnung erscheinen. Gegenüber dem Berneuchener Formular nahm sich das kleine graue Heftchen zwar bescheiden aus. Es war jedoch auf erlesenem Papier gedruckt und drucktechnisch vorbildlich gestaltet. Die neue Ordnung trug nun auch die Überschrift „Deutsche Messe". - Was waren die Gründe dafür, die bewährte Ordnung von 1931 durch eine neue zu ersetzen?

Heiler hat dazu einiges gesagt. So erfahren wir, das neue Formular solle „sowohl für die Meßfeier bei besonderen hochkirchlichen Gottesdiensten wie bei evangelischen Gemeindegottesdiensten dienen. Diese Abzweckung brachte es mit sich, daß eine gewisse Rücksicht auf die Fassungskraft der meisten evangelischen Gemeinden geübt werden mußte, die zunächst Mühe haben, eine evangelisch-katholische Gottesdienstordnung zu verstehen. Vor allem wurde aus diesem Grunde auf möglichste Einfachheit und Kürze gesehen, da der heutige Protestant - im Unterschied etwa von dem orthodoxen Christen des Ostens - längere Liturgien nicht zu ertragen vermag." [118]

Von Bedeutung war daneben das Bestreben nach weitgehender Angleichung an die von (Heiler nicht unbeeinflußte) deutsche Messe der Michaelsbruderschaft von 1936. „Der Aufbau der hochkirchlichen deutschen Messe ist derselbe wie der der Berneuchener Ordnung, und zwar nicht nur aus sachlichen Gründen, sondern auch deshalb, weil bei der liturgisch-sakramentalen Erneuerungsarbeit im deutschen Protestantismus eine Vielheit gänzlich verschiedener Ordnungen nur Verwirrung stiften würde." (250)

Was hatte sich bei der Ordnung von 1939 gegenüber der von 1931 geändert? - Beim Wortgottesdienst ist der (von Sonntag zu Sonntag wechselnde) Introituspsalm, der ehedem zum Einzug des Liturgen gesungen wurde, hinter das Stufengebet und den Bußakt gerückt. Er ist nun zum Beginn des Gottesdienstes geworden. Vorher ist von den drei zur Wahl gestellten Formen des Sündenbekenntnisses nur jene geblieben, bei der Priester und Gemeinde ihre Sünden je vor den Ohren des anderen bekennen und je für den anderen die Vergebung Gottes erflehen. Überdies ist das (fakultative) erste Fürbittengebet mit dem Kyrie eleison als sich wiederholendem Responsorium entfallen. Das

---

[117] Deutsche Messe, hg. von der Hochkirchlichen Vereinigung des Augsburgischen Bekenntnisses, München 1939. - Deutsche Messe oder Feier des Herrenmahles nach altkirchlicher Ordnung. Im Auftrag der Evangelisch-ökumenischen Vereinigung des Augsburgischen Bekenntnisses herausgegeben von Friedrich Heiler, 2., vermehrte und verbesserte Auflage, München 1948. - Die Veränderungen und Ergänzungen der 2. Auflage sind zwar nicht unwichtig, rechtfertigen - aufs Ganze gesehen - aber keine Sonderbesprechung.

[118] Heiler, Friedrich, Ein liturgischer Brückenschlag zwischen Ost und West. (Zu: Die deutsche Messe), in: EHK 21 (1939) 249-256, Zit. 250.

Kyrie ist wieder das, wozu es im Laufe der Zeit überall geworden ist: ein aus uralten Zeiten nachklingender Bittruf aus der Tiefe.

Stärkere Veränderungen sind beim Sakramentsteil der Messe festzustellen Er beginnt mit dem *Friedensgruß*, der bislang in Anlehnung an die römische Ordnung zu den Folgestücken des Konsekrationsaktes gehört hatte.[119] Es folgt jetzt das *große allgemeine Fürbittengebet*, das nun ebenfalls die Wegstrecke zwischen Konsekration und Kommunion nicht mehr belastet. Als Normalform gilt die so seltsam aktuell gebliebene Ektenie aus der ostkirchlichen Chrysostomus-Liturgie. Beachtlich ist auch das Alternativgebet.[120] Ich schätze es besonders deshalb, weil hier beides zu seinem Recht kommt: das Gedächtnis der Entschlafenen wie die Fürbitte für sie. Die in Christo Entschlafenen sind ja immer auch unsere Wegweiser und Vorbilder!

Die sich anschließende *Gabendarbringung* gilt wie ehedem sowohl den Naturalien für das Abendmahl als auch dem jeweils einzusammelnden Kirchenopfer. Das Gabengebet aus der Ordnung von 1931, das so katholisch wie evangelisch anmutet und sich verschiedenen Quellen verdankt, ist wörtlich übernommen worden.[121]

Danach bildet das gemeinsam gesprochene (oder gesungene) *nizänische Glaubensbekenntnis*, mit dem 1931 der Sakramentsteil der Messe begann, nun den Abschluß des jetzt so folgerichtig geordneten ersten großen Abschnittes vor dem Allerheiligsten der Messe.

Dieses Kernstück beginnt wie eh und je mit dem Aufruf zu jener *großen Danksagung*, die als „eucharistisches Hochgebet" der ganzen gottesdienstlichen Feier einst ihren Namen gab. Die wesentlichen Momente der Konsekration sind nach wie vor die *Epiklese,* die *Einsetzungsworte* und das „*Vaterunser*". Nun aber geht - der gesamten altkirchlichen Tradition entsprechend - die Epiklese den verba testamenti nicht mehr voraus, sondern hat ihren Ort im Anschluß an die Anamnese.

Nach dem *Sanctus* und *Benedictus* wird es für eine Weile ganz still. Währenddessen spricht der Liturg unhörbar ein Postsanctusgebet.

Die Einsetzungsworte werden wiederum angekündigt durch den Vorruf des Diakons: „Geheimnis des Glaubens!" Heiler hatte richtig empfunden, daß die einstige Parenthese im Kelchwort den Einsetzungsworten insgesamt gilt und Christi Gegenwart in ihnen andeutet. So sind die verba ipsissima - auch ohne daß sie eine Wandlung der Elemente bewirken sollen - der Höhepunkt der eucharistischen Feier. Dem entspricht, daß sich hernach der Diakon mit einer Erinnerung an 1Kor 11,26 zu Wort meldet.

Das sich anschließende „Gedächtnis des Heilswerks Christi" (*Anamnese*) klingt aus in der (neu geschaffenen) Bitte, Gott möge im Hinblick auf das Opfer seines Sohnes auch das Lobopfer seiner Gemeinde gnädig aufnehmen.

---

[119] Vgl. dazu oben „Heiler als Liturg".

[120] In der Deutschen Messe von 1948 ist es leider entfallen.

[121] Vgl. dazu oben „Die Meßordnung der Evangelisch-katholischen Eucharistischen Gemeinschaft (1931)".

Nun folgt als weiterer Höhepunkt des Konsekrationsaktes die Bitte, der Herr möge seinen heiligen Geist den Feiernden wie den Gaben mitteilen, damit Brot und Wein ihnen zu Leib und Blut Christi würden (*Epiklese*). Beschlossen wird der Konsekrationsakt durch das von allen gemeinsam gesprochene *Gebet des Herrn*.

Konsekration und Kommunion werden durch ein neues, kostbares Zwischenstück miteinander verknüpft. Die Rede ist vom „Gebet des Brotbrechens". Die Zusammenstellung seiner Bestandteile einerseits aus der keltischen Liturgie, andererseits aus der Zwölf-Apostel-Lehre geht auf Heiler zurück. Ich habe das Gebet in anderem Zusammenhang bereits dargestellt und gewürdigt.[122] Der Glaube und die Hoffnung, die Heiler mit der Eucharistiefeier verband, gehen aus kaum einem Passus so deutlich hervor wie aus diesem Gebet. An seinem Ende heißt es:

P. Es komme die Gnade und es vergehe diese Welt. Maranatha!

G. Ja, komm, Herr Jesu!

Das Maranatha hat Heiler als eine erste urchristliche Epiklese gedeutet. - Bei der *Kommunion* hat sich kaum etwas geändert. Die Spendeformel bringt neben der Seele des Menschen nun auch seinen Leib zu Ehren. Das *Agnus Dei* ist evangelischer Tradition entsprechend zu einem Element des Kommunionaktes selbst geworden.

Der Lobgesang des Simeon (Lk 2,29) entfällt in der neuen Ordnung ebenso wie das in der Ordnung von 1931 nach dem Segen vorgesehene Zitat von Joh. 1,1-13. Um der gebotenen Kürze und Vereinfachung willen waren beide Stükke wohl nicht zu halten.

Anders als 1931 sind im Formular von 1939 bzw. 1948 eine Reihe von Abschnitten mit Noten unterlegt. Das Singen folgt alter lutherischer Tradition und dient in der Ordnung jeweils besonderer Hervorhebung.

Heiler hat der Deutschen Messe von 1939 im gleichen Jahr eine ausführliche Betrachtung gewidmet. Hier geht es um den evangelisch-katholischen Charakter der Messe und um die Hoffnungen, die ihre Verfasser an sie geknüpft haben. Man wird die Bedeutung dieser Gottesdienstordnung kaum ermessen können, ohne diese Einführung zu kennen. Sie möge hier deshalb fast zur Gänze folgen: „Die hochkirchliche Messe knüpft an die lutherische Abendmahlsordnung an, nicht nur im Gesamtrahmen, sondern vor allem in der gottesdienstlichen Sprache, welche im wesentlichen die der Lutherbibel und lutherischen Agenden ist, ferner in den Melodien des Altargesanges und der Responsorien wie im Gebrauch des evangelischen Kirchenliedes.

Wo sie über die lutherischen Agenden alter und neuer Zeit hinausgeht, da orientiert sie sich jedoch zumeist nicht an der römischen Messe, sondern an den a u ß e r r ö m i s c h e n altkirchlichen Ordnungen. Und zwar entnimmt sie weniger den reichen östlichen Liturgien, deren Bildersprache und Wortfülle dem abendländischen Christen zu fremdartig ist, als den außerrömischen Li-

---

[122] Vgl. oben „Heiler als Liturg".

turgien des Abendlandes ..., die ... die Eigenart des abendländischen liturgischen Genius offenbaren. - Es sind dies jene Liturgien, die von germanischen Völkern übernommen und gestaltet wurden längst, ehe ihnen die römische Messe aufgezwungen wurde: die spanisch-westgotische Liturgie ..., die gallisch-fränkische Liturgie ... und endlich die keltische Liturgie, welche von den iro-schottischen Wandermönchen nach Deutschland verpflanzt wurde." [123]
„Die hochkirchliche Meßordnung zeigt auf Schritt und Tritt das enge Zusammenwirken des allgemeinen Priestertums der Gläubigen mit dem besonderen Amtspriestertum. Die Gemeinde handelt und betet mit dem Priester, der nicht ihr Stellvertreter, sondern ihr Vorbeter ist." (251)

Heiler wendet sich danach ohne Übergang den Einzelheiten der Ordnung zu:
„Nach dem Eingangslied betet sie [die Gemeinde] mit ihm [dem Priester] im Wechsel das Stufengebet, eines der wenigen Stücke, die aus der römischen Messe übernommen sind. Der Psalm Judica (43) ist ein rechter Übergang aus der Unruhe des Alltags in das Heiligtum Gottes. Im wechselseitigen Confiteor von Priester und Gemeinde offenbart sich ihre innere Verbundenheit in menschlicher Schuld und göttlicher Gnade. Kraft ihrer priesterlichen Würde erteilt die Gemeinde dem Priester die Absolution in der alten deprekativen [fürbittenden] Form, um dann umgekehrt aus seinem Munde die Zusicherung der Vergebung zu erhalten. An den Eingangspsalm, der von Priester und Gemeinde im Wechsel gesprochen oder von zwei Halbchören gesungen wird, schließt sich der Bittruf des Kyrie, ebenfalls im Wechsel von Priester und Volk, nach der Weise lutherischer Agenden gesungen [an]. Ihm folgte nach dem gleichen Muster die große Doxologie ... Die Salutation des Priesters leitet die nach dem Kirchenjahr wechselnde Kollekte [Tagesgebet] ein. Leider ist mit Rücksicht auf die Kürze der Feier die alte Dreiteilung der Lesungen (Prophet, Epistel, Evangelium) wie heute in den meisten Kirchen des Ostens und Westens durch die bloße Zweiteilung ersetzt. Zwischen Epistel und Evangelium schiebt sich nach dem Vorbild der abendländischen Liturgien der Stufenpsalm mit dem Halleluja. Der ganze Vorgottesdienst führt zur Predigt hin, die von Liedstrophen umrahmt ist.
Nach der Predigt beginnt die eigentliche Mysterienfeier. Entsprechend urchristlicher Gewohnheit fordert der Diakon die Gläubigen zur brüderlichen Vergebung auf. Nach einem Wechselgebet, das der oratio ad pacem der westgotischen und gallikanischen Liturgie entspricht, erteilt der Priester dem Diakon den Friedenskuß; dieser überbringt ihn der Gemeinde, die ihn dann durch die Reihen einander weitergibt. Das nun folgende große Fürbittegebet ist die Ektenie der Chrysostomusliturgie, die auch in evangelische Agenden übergegangen ist. Entsprechend der Gesamttradition der alten Kirche ist in ihr eine Fürbitte für die Entschlafenen beigefügt worden; das in der evangelischen Fassung dieses Gebetes fehlende Gedächtnis der Gottesmutter und der Heiligen ist selbstverständlich wieder hergestellt worden ... Ein neueres und längeres Fürbittegebet, das teilweise der katholisch-apostolischen

[123] Heiler, Friedrich, Ein liturgischer Brückenschlag, 250f (Hervorhebung von F.H.).

(irvingianischen) Liturgie entnommen worden ist, dient als alternatives Gebet. Nach einem erneuten Vorruf des Diakons werden unter dem Gesang eines Psalms oder Kirchenliedes die Opfergaben zum Altar getragen und vom Priester in kurzen Stillgebeten dargebracht; ebenso wird das Kirchenopfer eingesammelt und vom Priester unter Gebet Gott geweiht. Der Opferakt wird wie in allen abendländischen Liturgien beschlossen mit einem nach dem Kirchenjahr wechselnden Opfergebet. Daran kann sich ein Weihrauchgebet anschließen. Das Einlegen der Weihrauchkörner wie die Beräucherung des Altars durch den Priester ist - zum Zeichen des gut biblischen Charakters dieser Handlung - begleitet von mehreren Schriftworten (Offb. 8,3f; Mal. 1,11; Ps. 141,2; Eph. 5,2). Während der Beräucherung der Gemeinde durch den Diakon singt oder spricht diese das aus erhebenden alttestamentlichen Worten bestehende Weihrauchlied der katholisch-apostolischen Liturgie. Unterdessen wäscht der Priester sich die Hände, indem er die Psalmworte 26,6-8 betet. Der Opferakt findet seine Krönung in dem Lobopfer des Glaubensbekenntnisses. (Für die Wahl seines Platzes, der in den alten Liturgien sehr verschieden ist, diente das Vorbild der Chrysostomusliturgie.) Nach dem Vorruf des Diakons (Hebr. 13,15) spricht oder singt die Gemeinde gemeinsam das Nicaenisch-Konstantinopolitanische Glaubensbekenntnis ... der abendländische Zusatz Filioque (und vom Sohne) ist weggelassen ..., weil sie [die Herausgeber] die Einfügung eines theologisch durchaus richtigen Terminus in das Glaubensbekenntnis der ganzen Kirche ohne jede Befragung der östlichen Schwesterkirchen für eine große Lieblosigkeit, eine Sünde wider die Katholizität erachten, die nur durch Weglassung wieder gesühnt werden kann." (251ff, Hervorhebung von F.H.)

Zum Kernbereich der Messe hatte Heiler zuvor das Folgende gesagt, das um seiner grundsätzlichen Bedeutung willen hier nicht fehlen darf:
„Die römische Liturgie hat frühzeitig gerade in ihrem Hauptstück, dem Kanon, eine Umbildung erfahren, durch die sie sich vom altchristlichen Gottesdienst weiter entfernte als die anderen Liturgien des Ostens und Westens. Die Reformatoren der Liturgie im 16. Jahrhundert haben deutlich gefühlt, daß ihr Ziel, die Wiederherstellung der urchristlichen Abendmahlsfeier, nur erreicht werden kann durch einen Eingriff in den römischen Kanon. Aber sie hatten fast keine konkreten liturgiegeschichtlichen Kenntnisse; überdies war ihr Blick durch ihren Kampf gegen die Entartungen der spätmittelalterlichen Vulgärfrömmigkeit so getrübt, daß sie nicht imstande waren, das unveräußerliche altchristliche Gut von den späteren Zutaten und Entstellungen zu unterscheiden. So wurde der Abendmahlsgottesdienst der lutherischen und anglikanischen Kirche eine zerstückelte römische Messe, aus welcher wertvolle frühchristliche Elemente verbannt blieben." (249)

Wie hat Heiler dem Anliegen der Reformatoren nachträglich zu entsprechen und den verschnittenen Kernbereich wieder in die rechte Ordnung zu bringen versucht? - Hören wir ihm weiter zu: „Das große Danksagungsgebet, eingeleitet durch das uralte Wechselgespräch zwischen Priester und Gemeinde, wird in der herrlichen Gregorianik gesungen, wie sie die lutherischen Agenden beibehalten haben. Nach der alten abendländischen Regel ... gehört zu jedem Meßformular eine besondere Präfation ...

Nach dem jesajanischen Trisagion verstummen Rede und Gesang; in heiligem Schweigen bereitet sich die Gemeinde auf den höchsten Augenblick der Mysterienfeier vor, während der Priester still das Post-Sanctus-Gebet spricht (als Muster ist in dem Formular das diesbezügliche Gebet aus der syrischen Jakobus-Liturgie aufgeführt). In das ehrfürchtige Schweigen ertönt der Mahnruf des Diakons 'Geheimnis des Glaubens'. Während die Gemeinde kniet, spricht der Priester den Einsetzungsbericht, wobei er in sinnvoller Weise (wie in der koptischen und äthiopischen Liturgie) bei den Worten 'und brachs' die Hostie in zwei Hälften bricht. Nach altkirchlicher Überlieferung bekräftigt die Gemeinde die Worte des Herrn sowohl über dem Brot wie über dem Kelch mit dem feierlichen Amen, zum Zeichen dafür, daß der Priester nicht für sich den Konsekrationsakt vollzieht, sondern in und mit der Gemeinde, die ihres 'königlichen Priestertums' waltet. Nachdem der Diakon die Worte des Völkerapostels 1. Kor. 11,26 der Gemeinde zugerufen, spricht der Priester die allen alten Liturgien gemeinsame Anamnese, die eine knappe Zusammenfassung der Heilstaten Christi von seinem Leiden bis zu seiner Wiederkunft bietet. Die ihr folgenden Gebetsworte bringen die evangelische Auffassung von der Einmaligkeit und Allgenugsamkeit des Kreuzesopfers Christi zum Ausdruck, das in der eucharistischen Feier keineswegs wiederholt oder erneuert, sondern im schlichten liturgischen Gleichnis dramatisch dargestellt wird. Diesem Gebet schließt sich die Pneuma-Epiklese an. Der Priester ruft den Gottesgeist 'auf uns und diese Gaben' herab und erfleht die Heiligung der Elemente von Brot und Wein wie den Empfang der Gnadenfrüchte der Kommunion für die Gläubigen - wie bei den verba testamenti bejaht auch hier die Gemeinde zweimal mit dem biblischen Amen die priesterlichen Gebetsworte, welche den Konsekrationsakt vollenden...; gerade darin findet die evangelische Grundwahrheit vom allgemeinen Priestertum der Gläubigen ihren machtvollsten Ausdruck. Die Einfügung der Epiklese n a c h den Herrenworten ... ist auf manchen Widerstand bei hochkirchlichen Pfarrern gestoßen, die der römischen Auffassung von der ausschließlichen konsekratorischen Wirkung der Einsetzungsworte huldigen. Demgegenüber ist festzustellen, daß nahzu alle altchristlichen Liturgien ... an d i e s e r Stelle eine Epiklese hatten. Dieses [Konsekrationsgebet] endet in dem hochkirchlichen Formular mit der Doxologie des römischen Kanons, während derer der Priester mit der Hostie dreimal über dem Kelch ein Zeichen des Kreuzes macht, um dann Kelch und Hostie zu erheben. Dies Bezeichnen mit dem Kreuz und die 'große Elevation' erhalten ihren vollen Sinn erst im Zusammenhang mit der Epiklese als der Krönung und Vollendung des ganzen Konsekrationsaktes. Dann kniet der Priester einen Augenblick zur stillen Anbetung nieder, um nach einer Einleitung mit der Gemeinde zusammen das Vater Unser zu beten. Diesem folgt die fractio panis [Brotbrechen]; die bereits in zwei Hälften geteilte Hostie wird in vier Partikel zerteilt, wobei der Priester nach dem Muster der irischen Liturgie (des Stowe-Missale) die Worte der Emmaus-Geschichte (Luk. 24,35) und die des Völkerapostels (1. Kor. 10,16) spricht, immer wieder von dem bekräftigenden Halleluja und Amen der Gemeinde unterbrochen. Es folgt die wunderbare Bitte aus dem Eucharistiegebet der Didache, in welcher die Vereinigung der Kirche der ganzen Erde verglichen wird mit dem Einswerden der vielen Ährenkörner in dem eucharistischen Brote. Dieses Gebet schließt mit dem urchristlichen Stoßgebet, das zugleich eucharistische Epiklese und eschatologische Parusiebitte ist und von den griechisch sprechenden Gemeinden im aramäischen Urlaut bewahrt wurde: Maranatha, worauf die Gemeinde mit dem Gebetsseufzer des neutestamentlichen Apokalyptikers antwortet: 'Ja, komm, Herr Jesu'. Das Vorbereitungsgebet zur Kommunion wird eingeleitet durch den altkirchlichen Mahnruf des Diakons: 'Neiget euer Haupt vor dem Herrn'. Die Meßordnung bietet für dieses Gebet zwei Formen: das Gebet aus der römischen Messe 'Herr Jesu Christe, Du Sohn des lebendigen Gottes'... und das wunderbare anglikanische prayer of humble access ... Dann wendet sich der Priester der Gemeinde zu mit dem uralten Ruf: 'Das Heilige den Heiligen', der allen östlichen Liturgien gemeinsam ist, worauf die Gemeinde mit jenem Responsorium 'Einer ist heilig' antwortet, das von allen altkirchlichen Gebeten am wuchtigsten die evangelische Wahrheit der gratia sola ausspricht. Während des Gesanges des Agnus Dei, das der römischen Liturgie von Papst Sergius I., einem Syrer, eingefügt worden ist, empfängt der Priester die Kommunion. Dann lädt er die Gemeinde zum Empfang der himmlischen Gaben mit den Worten des altchristlichen Kommunionspsalmes (34,9) ein. Während eines Kommunionsliedes empfangen die Gläubigen das Sakrament; nach jener altchristlichen Sitte, die Cyrill von Jerusalem in seinen mystagogischen Katechesen (V 21) so schön erklärt, erhalten sie das Brot in der geöffneten rechten Hand, die kreuzförmig über die linke gelegt ist; beim Trinken aus dem Kelch fassen sie den Fuß desselben an ... Die Spendeformel bezieht nach altchristlicher Auffassung auch den Leib mit in das Geheimnis der Kommunion ein. Nach der Spendung ... beten Priester und Kommunikant still für sich die kurzen, aber inhaltsreichen Gebete der römischen Messe 'Was wir mit dem Munde genossen haben ...', 'Dein Leib, o Herr ...'. Ein Versikel ... wird von der Gemeinde beantwortet. Dann spricht der Priester das Dankgebet für den Empfang der Kommunion, für das mehrere Formen zur Wahl gestellt sind ...Auf dieses Dankgebet folgt als Schlußgebet die entsprechend dem Kirchenjahr wechselnde Postcommunio, wie sie sich in allen alten abendländischen Liturgien findet. Das Ende der deutschen Messe entspricht dem lutherischen Gottesdienst: Salutation, Benedicamus und Aaronitischer Segen, den die Gemeinde mit einem dreifachen 'Amen' beantwortet." (253ff; Hervorhebungen von F.H.)

Die abschließenden Zeilen dürfen nicht fehlen, in denen Heiler das Ganze zusammenfassend beleuchtet und ausspricht, welche Hoffnungen er mit der neuen Ordnung verknüpft: „So stammt diese Liturgie aus den verschiedensten Himmelsgegenden: aus Jerusalem und Antiochien, aus Alexandrien und Byzanz, aus Rom und Toledo, aus dem Lande der Goten am Schwarzen Meer

und aus Irland, der insula sanctorum, aus Canterbury und Wittenberg. Mancher ... dürfte mit dem Vorwurf des bunten Eklektizismus und Synkretismus rasch bei der Hand sein. Allein er verkennt, daß die Verbindung und Mischung von Elementen verschiedener Liturgien eines der Grundgesetze ist, welches die liturgische Entwicklung der christlichen Kirche beherrscht. Es gibt keine unter den älteren Liturgien, die sich rein autarkisch entwickelt hätte und nicht von anderen Liturgien befruchtet worden wäre. Und was von den bisherigen Liturgien gilt, das muß erst recht von der künftigen Liturgie der vereinigten Kirche gelten. Jede der großen Kirchen hat ihr Charisma, und dieses soll allen zu Gute kommen. Und wie könnte der Gemeinschaft mit der die ganze Welt umspannenden Kirche, das augustinische communicare orbi terrarum, besser zum Ausdruck kommen, als wenn Elemente aus den verschiedensten Kirchen sich zu einem Ganzen vereinen? ... Die vorliegende Meßordnung will eine ö k u m e n i s c h e Liturgie sein ...
Aber nicht nur ökumenisch will diese Liturgie sein, sondern ebenso altkirchlich, urchristlich. Die klassische Zeit der Liturgie ist und bleibt das christliche Altertum. Sowohl das Mittelalter wie die Reformationszeit ... sind .. liturgisch ärmer, schwächer und unedler geworden ... Zur Liturgie der alten Kirche zurückkehren heißt aber nicht nur die alten Formen erneuern, sondern den alten Geist. Die Liturgie ist aus dem Pneuma geboren; darum fleht die Gemeinde immer wieder in ihrer Antwort auf den Gruß des Liturgen, daß der Geist Gottes mit ihm sein möge, wenn er am Altar betet. Aus dem Pneuma beten aber heißt liturgisch neu schaffen ... Die hart gewordene Lava des liturgischen Gebetes muß wieder zu heißer Feuersglut werden, zu den lodernden Flammen des Pfingstfestes der Una Sancta ...Um dieses neue Pfingsten beten wir in der vorliegenden Liturgie, wenn wir mit der Didache sprechen: 'Gedenke, Herr, Deiner Kirche, daß Du sie errettest von allem Übel und sie vollendest in Deiner Liebe, u n d f ü h r e s i e z u s a m m e n v o n d e n v i e r W i n d e n, sie, die Dir geheiligt ist; denn Dein ist das Reich und die Kraft und die Herrlichkeit in Ewigkeit. Amen." (255f; Hervorhebungen von F.H.)

Wenn ich noch ein Wort hinzufügen darf, dann meine ich, wäre das Unvereinbare gelungen. Die Deutsche Messe von 1939/48 kann beidem genügen: der hochkirchlichen Liebe zum Gottesdienst wie dem Fassungsvermögen evangelischer Christen, welche den guten Willen haben, das zurückzugewinnen, was dem evangelischen Gottesdienst unter der Dominanz der Predigt verlorenging.
Im Aufbau ist manches verbessert worden. Wenn der Sakramentsteil mit der urchristlichen „Pax" beginnen darf, weiß man gleich, was die Stunde geschlagen hat. Fast folgerichtig schließt sich das große Fürbittengebet an. Man kann darüber streiten, ob es nicht nach wie vor ins Gefolge der Einsetzungsworte gehöre. Aber der Abstand zwischen Konsekration und Kommunion durfte nicht zu groß werden! Überzeugender als in der Heilermesse kann nach meiner Meinung das Bestreben Luthers, den verdorbenen Kanon der römischen Messe im urchristlichen Sinn wiederherzustellen, nicht gelingen. Wie einleuchtend wird die Sonderstellung der Einsetzungsworte durch das vorange-

hende „Geheimnis des Glaubens" nicht nur angekündigt, sondern auch begründet. Die Tatsache, daß Heiler es aus seinem Versteck in einer Parenthese des Kelchwortes herausholte, empfinde ich als liturgische Großtat. Daß es zu keinem magischen Mißverständnis der Konsekration kommen kann, dafür sorgt die wieder ans Licht gebrachte und an die rechte Stelle gerückte Epiklese! Wie reinigend und erhebend auch die anderen, wieder in ihre alten Rechte eingesetzten alt- bzw. ostkirchlichen Elemente: das Gebet des Brotbrechens mit der keltischen Erinnerung an Lk 24,35 und mit der bewegenden Bitte um Einheit der Kirche aus der Didache (9f.); ferner die uralte Einladung des Priesters zur Kommunion: „Das Heilige den Heiligen" mit jener so überraschend zurechtweisenden und so „evangelischen" Antwort der Gemeinde und endlich die Bitte um des Herrn Wiederkunft aus Offb 22,20 mit dem ihr zugehörigen aramäischen Urlaut: „Maranatha"! - Es gibt meines Erachtens bis heute keine Gottesdienstordnung, bei der man so sehr auf dem „Grund der Apostel und Propheten" steht wie diese Deutsche Messe von 1939/48.

Daß das Ganze unter dem Gebot zeitlicher Raffung stand, hatte in der Streichung des „Nunc dimittis" und des Prologs aus dem Johannesevangelium schmerzliche Folgen, war aber auf die sprachliche Fassung gesehen heilsam. Was immer noch strittig sein könnte - das Positive überwiegt bei weitem. Diese Ordnung scheint sich mir einem Typus anzunähern, der kaum noch verbessert werden kann. Die alt- und urchristlichen Elemente haben etwas wunderbar Korrigierendes und Bereicherndes. Werden sie akzeptiert, befindet man sich wieder unversehens auf jenem ursprünglich gemeinsamen Boden, den die Kirchen des Westens mehr noch als die des Ostens einst um eines je eigenen Weges willen verlassen hatten. Diese Gemeinsamkeit könne, so hoffte Friedrich Heiler, auf die Dauer nicht ohne Folgen bleiben. Das alte Prinzip „lex orandi - lex credendi" werde sich durchsetzen und dazu führen, daß all das, was einer Einigung der Kirchen noch im Wege stehe, sein trennendes Gewicht verliere oder einer Neuordnung weichen werde.

Entgegenkommendes auf beiden Seiten

Mitbestimmend für die Neugestaltung der hochkirchlichen Messe war die Hoffnung, sie könne sich auch in einer evangelischen Gemeinde als Gottesdienst bewähren. So mancher hochkirchliche Pfarrer wartete darauf, sie in der eigenen Gemeinde erproben zu dürfen. Und unter der Herausforderung durch den Nationalsozialismus gab es unübersehbare Anzeichen für einen entgegenkommenden Bewußtseinswandel. Hier und da wurde das Abendmahl in seiner gemeinschaftstiftenden und -stärkenden Kraft neu entdeckt.

Lange hatte man die Abendmahlsgabe ausschließlich von Mt 26,28 her verstehen können, dem Kelchwort, wo es heißt: „Das ist mein Blut des Neuen Testamentes, welches vergossen wird *zur Vergebung der Sünden*". So hatte die Kommunion allgemein fast nur die Bedeutung einer sakramentalen Besiegelung der Sündenvergebung. Man konnte sich deshalb die Abendmahlsfeier nicht anders als in unmittelbarem Zusammenhang mit einer allgemeinen Beichte vorstellen und feierte sie als einen Sondergottesdienst - und das selten genug. In den Anfechtungen des Kirchenkampfes erfuhren jedoch nicht wenige Gemeinden und Kreise, daß das Altarsakrament mehr bewirkte als eine persönliche Glaubensstärkung. Hier wurde man dessen von neuem inne, wie sehr die zusammengehörten, die das Abendmahl miteinander gefeiert hatten. Man erinnerte sich an Verse, die in der Brüdergemeine gesungen wurden, und sang sie mit neuer Freude, z.B.: „Das sollt ihr, Jesu Jünger, nie vergessen: wir sind, die wir von einem Brote essen, aus einem Kelche trinken, alle Brüder und Jesu Glieder." (EKG 159)
Wie wichtig war die Gewißheit solcher Gemeinschaft in einer Zeit, da alles darauf ankam, daß man zusammenhielt und sich aufeinander verlassen konnte! Angesichts dieser Erfahrung fragte man sich hie und da, ob es richtig sei, das Abendmahl nur im Zusammenhang mit einer allgemeinen Beichte und als Sondergottesdienst zu feiern. Ja, man fing an, auch über die Bedeutung der Beichte neu nachzudenken.

Beispielhaft für diese Entwicklung sind Erfahrungen in dem von Dietrich Bonhoeffer geleiteten illegalen Predigerseminar der Bekennenden Kirche im pommerschen Finkenwalde. Sie sind in Bonhoeffers Buch „Gemeinsames Leben" eingegangen. Hier finden sich über die Feier des Herrenmahles die folgenden denkwürdigen Sätze: „Die Gemeinschaft des heiligen Abendmahls ist die Erfüllung der christlichen Gemeinschaft überhaupt. So wie die Glieder der Gemeinde vereinigt sind in Leib und Blut am Tische des Herrn, so werden sie in Ewigkeit beieinander sein. Hier ist die Gemeinschaft am Ziel. Hier ist die Freude an Christus und seiner Gemeinde vollkommen. Das gemeinsame

Leben der Christen unter dem Wort ist im Sakrament zu seiner Erfüllung gekommen."[124]

Abendmahl als Erfüllung des „Lebens unter dem Wort" - liegt darin nicht die Ahnung, daß das „Wort vom Kreuz" zuletzt auch eine Frucht dieses gemeinsamen „Gedächtnisses" sein könnte? Doch ich will Bonhoeffer nicht überinterpretieren. Eine gewisse Nähe zu Erfahrungen innerhalb der evangelischen liturgischen Bewegung ist jedoch nicht zu übersehen. In Anbetracht dessen nimmt es nicht wunder, daß Bonhoeffer auch über den Zusammenhang von Beichte und Heiligem Abendmahl nachdachte. Er wollte diese Beziehung sicher nicht auflösen, bezweifelte aber, ob man mit der „Allgemeinen Beichte" auf dem rechten Weg sei. Sein Freund und Biograph Eberhard Bethge berichtet, Bonhoeffer habe „sehr wohl gelehrt und geraten, ein Pastor sollte jedes Jahr einmal über die gute Gabe der Ohrenbeichte predigen, nämlich daß man die Gewissenslast einem brüderlichen Gegenüber an Gottes Statt aufladen dürfe und daß die Absolution des Bruders in Gottes Namen stärkere Gewißheit schaffe als die von Selbsttäuschung und Selbstvergebung bedrohte Allgemeine Beichte und Absolution".[125]
Hat aber die Allgemeine Beichte allenfalls die Bedeutung eines stellvertretenden Hinweises auf das eigentlich Gebotene, ist der Zweifel daran fast unausbleiblich, ob sie der Feier des Heiligen Abendmahles immer vorgeschaltet bleiben müsse, und ob es nicht besser sei, den alten Zusammenhang zwischen Wort- und Sakramentsgottesdienst wiederherzustellen, und es bei dem hier im Anfang vorgesehenen Schuldbekenntnis bewenden zu lassen.

Ich weiß nicht, ob es dazu in Finkenwalde gekommen ist. Anderes war vordringlicher. Das von häufigem personellem Wechsel geprägte Leben des Seminars sollte in seinem bruderschaftlichen Charakter möglichst stabil bleiben. Um dessentwillen mühte sich Bonhoeffer, einen nicht zu kleinen Kreis seiner Vikare zu längerem Bleiben, ja zu einem bruderschaftlichen Zusammenschluß zu bewegen. Tatsächlich gelang ihm das, und der sich so bildende Konvent ging für ihn in seiner Bedeutung weit über die Erfordernisse des Seminars hinaus. Bonhoeffer fragte sich, ob es dergleichen ordensmäßige Zusammenschlüsse nicht in der evangelischen Kirche überhaupt wieder geben müsse, wenn anders diese Kirche in Zeiten innerer und äußerer Bedrängnis auf Kurs bleiben solle.
Natürlich ist das Leben einer solchen „Kommunität" nicht denkbar ohne eine gewisse Ordnung gemeinsamen Betens. Die den Finkenwaldern vergönnte Zeit reichte nicht, um in dieser Hinsicht zu endgültigen Lösungen zu gelangen. Immerhin hat man auch hier den Psalter, das Gebetbuch Jesu, als Gebetbuch der Kirche, als Grundlage gemeinsamen Betens in der Kirche neu entdeckt.[126]

---

[124] Bonhoeffer, Dietrich, Gemeinsames Leben ⁵1949 (Erstauflage 1939), 84.
[125] Bethge, Eberhard, Dietrich Bonhoeffer. Theologe, Christ, Zeitgenosse, München ⁴1967, 533.
[126] 1953 konnte Bethge aus dem Nachlaß Bonhoeffers die kleine Schrift mit dem Titel „Das

Wo Bonhoeffers „Gemeinsames Leben", wo diese Finkenwalder Bestrebungen innerhalb der Bekennenden Kirche und darüber hinaus bekannt wurden, weckten die darin sich kundtuenden „katholisierenden Neigungen" des entschiedenen Widerstandskämpfers einiges Erstaunen. Michaelsbrüder witterten in Dietrich Bonhoeffer einen neuen Bundesgenossen. Sie ließen es an Annäherungsversuchen nicht fehlen. Sie wurden jedoch enttäuscht. Bonhoeffer hielt auf Distanz. Er wollte die - von ihm mitbestimmte - theologische Linie seiner Freunde nicht verlassen und fühlte sich einem strikteren Widerstand verpflichtet, als er ihn in den Reihen der liturgisch Bewegten vermutete.

Zu den evangelisch-katholischen Tendenzen, die sich um den Namen Bonhoeffer rankten, kamen in die gleiche Richtung zielende, aber noch entschiedenere Anstöße von Seiten Hans Asmussens. Daß man sich 1934 auf das Barmer Bekenntnis hatte einigen können, war nicht zuletzt seinem großen Plädoyer auf der Synode zu verdanken. Asmussen war es von vorneherein nicht nur um die Abwehr deutschchristlicher Irrlehren, sondern auch darum gegangen, daß der deutsche Protestantismus in mindestens seinem lutherischen Flügel zu einer wirklichen Kirche wurde. Das hing für ihn vor allem von einem neuen Verständnis des Gottesdienstes ab. Gegen seinen Freund und Mitstreiter Karl Barth machte er geltend, ein christlicher Gottesdienst dürfe nicht nur kognitiven (d.h. Erkenntnis vermittelnden), sondern müsse ebenso und zuerst kausativen (d.h. das Heil zueignenden, ja bewirkenden) Charakter haben. Um dessentwillen müsse er auch im Protestantismus wieder sein, was er ursprünglich und noch für Luther und die Confessio Augustana war, nämlich beides zugleich: Wort- *und* Sakramentsgottesdienst. Im Breklumer Missionshaus sagte Asmussen 1941, „daß die *Betonung sakramentalen Handelns* besondere Wichtigkeit in einer Zeit besitze, die in der großen Gefahr stehe, das theologische Kerygma, sei es in Form einer 'guten' oder 'schlechten' Theologie, als Wort Gottes zu verabsolutieren. Gegenüber allen einseitigen Auslegungen des Wortes Gottes durch die verschiedenen theologischen Richtungen sei darauf zu achten, daß das Wort Gottes differenzierte Ausdrucksweisen impliziere, von denen das sakramentale Handeln als 'vollziehendes, schaffendes Wort' im Regelfall zum Bestand eines jeden Gottesdienstes gehöre".[127]
So konnte nur einer argumentieren, der das Altarsakrament als verbum visibile neu entdeckt hatte. Wolfgang Lehmann, einstiger Vikar und Freund Hans Asmussens, bestätigt das mit der folgenden Bemerkung: „Asmussen lehrte und rief nicht nur zur Sache, - er lebte sie auch, und zwar in der tiefsten Dimension des Gottesdienstes, nämlich der, *daß im Gottesdienst das Opfer*

Gebetbuch der Bibel. Eine Einführung in die Psalmen von Dietrich Bonhoeffer, mit einem Einblick in sein Leben und Schaffen" herausbringen (Bad Salzuflen 1953).
[127] Konukiewitz, Enno, Hans Asmussen, ein lutherischer Theologe im Kirchenkampf, Gütersloh ²1985, 224 (Hervorhebung von E.K.).

Christi die den Gottesdienst Begehenden zu Teilhabern an diesem Opfer macht. "[128]
Auch Asmussen erkannte, daß Beichte eigentlich Einzelbeichte sein müsse. Selbst vor der Amtsfrage machte er nicht halt. Sie wurde für ihn akut, als es um die Gültigkeit der im Auftrag der „illegalen" Bekennenden Kirche erteilten Ordinationen ging. Er bezeichnete sie als unumgängliche „Notordinationen". Im Grunde hatten für ihn jedoch alle Ordinationen in den deutschen evangelischen Kirchen den Charakter einer Notordnung. Um der Kirchewerdung dieser Kirchen willen hielt er es für erforderlich, daß aus den notgedrungen presbyterialen Ordinationen der Reformationszeit wieder die seinerzeit in Ermangelung evangelischer Bischöfe verlorengegangene episkopale Ordination werde.[129]

In Anbetracht solch „ketzerischer" Gedanken konnte es nicht ausbleiben, daß mit der Zeit selbst Hans Asmussen innerhalb der Bekennenden Kirche zum Außenseiter wurde. „Seit 1939 mußte Asmussen erleben, daß er ... zunehmend von vielen seiner einstigen Mitstreiter mit Zurückhaltung, ja mit Argwohn behandelt wurde. Man warf ihm - selten offen - vor, sich mit seinem Ruf zum Gottesdienst auf die Flucht in die Innerlichkeit begeben zu haben und nicht mehr kämpferisch die 'Dahlemer Richtung' zu vertreten. Gleichzeitig war zu hören, er habe katholisierende Neigungen." (131) Asmussen stand mit solchem „Außenseitertum" innerhalb der Bekennenden Kirche keineswegs allein. Teils von ihm angeregt, teils von sich aus waren ohne großes Aufhebens auch andere darangegangen, eine Erneuerung des evangelischen Gottesdienstes vorzubereiten. Zu einem wichtigen Protagonisten der Sache Asmussens wurde bereits vor dem Krieg, insbesondere aber danach mit wegweisenden Vorträgen Wilhelm Hahn.[130]

Andere hatten sich in liturgischer Hinsicht zunächst ganz für sich kundig gemacht. Ich denke vor allem an den späteren hannoverschen Oberkirchenrat Christhard Mahrenholz, der gleichzeitig ein erneuertes evangelisches Kirchengesangbuch vorbereitete. 1941, mitten im Krieg, war es ihm gelungen, eine „Arbeitsgemeinschaft der liturgischen Konferenzen Niedersachsens, Westfalens und der Rheinlande" ins Leben zu rufen. Aus ihr wurde nach dem Krieg die berühmte „Lutherische Liturgische Konferenz". Um der hier herangereiften Sachkompetenz willen war diese bald die maßgebende Instanz für

---

[128] Lehmann, Wolfgang, Hans Asmussen. Ein Leben für die Kirche, Göttingen 1988, 126 (Hervorhebungen von W.L.).

[129] Vgl. Lehmann, 70 und 72.

[130] Das Buch des späteren Universitätsprofessors und Kultusministers Wilhelm Hahn, Gottesdienst und Opfer Christi. Eine Untersuchung über das Heilsgeschehen im christlichen Gottesdienst, Göttingen 1951, enthält eine erste systematische Darstellung dessen, was Asmussen gepredigt und vorgelebt hatte. Hier hatte ein junger evangelischer Theologe nicht nur begriffen, daß Wort- und Sakramentsgottesdienst zusammengehören, sondern auch, daß das Abendmahl dem Opfer Jesu Christi gilt und zwar sowohl seiner Verkündigung als auch der Vermittlung seiner uns rettenden Kraft.

die allenthalben in den lutherischen und unierten Kirchen in Angriff genommene Agendenreform.[131]

Die Hochkirchler, Berneuchener und Alpirsbacher standen also mit ihren „evangelisch-katholischen" Bestrebungen im evangelischen Lager nicht allein. Heiler hatte darüber hinaus stets seine Mutterkirche im Blick. Schon lange gab es auch in ihr in liturgischer Hinsicht Aufbruch und Bewegung.[132] In Hermsdorf war es überraschend zu einer weitgehenden Übereinstimmung der eigenen liturgischen Vorstellungen mit denen der katholischen Teilnehmer gekommen. Offenbar war die liturgische Bewegung im deutschen Katholizismus zu einem breiten Strom geworden. 1922/23 hatte Heiler sie beschrieben: „Das Gefühl für das Ungenügen und die Mängel des heutigen Gottesdienstlebens ist freilich auch unter den katholischen Gläubigen sehr stark. Aus diesem Gefühl heraus ist der Ruf entstanden: Zurück zur alten Liturgie! Die liturgische Bewegung, deren Sammelplätze die Benediktinerklöster in Beuron und Maria-Laach sind, hat heute weite Kreise erfaßt ... Ihr Ziel ist, die katholische Liturgie wieder zum Gemeindegottesdienst zu machen, das Gebet der Gläubigen während der Messe zum liturgischen zu machen ... An die Stelle der *missa privata* und *missa cantata* setzte sie die *missa recitata.*" [133]

Worin sah Heiler die Parole „Zurück zur alten Kirche" begründet? - Der Benediktinerpater Odo Casel aus Maria-Laach hatte mit seinem bald nach dem Ersten Weltkrieg erschienenen Werk „Die Liturgie als Mysterienfeier" ein neues Verständnis der Eucharistiefeier angebahnt. Vor allem den folgenden Absatz verstand Heiler als Beginn eines verheißungsvollen Umdenkens: „So wird die Eucharistiefeier zum Gedächtnis des gesamten Erlösungswerkes ... Und es ist keine bloße Gedenkfeier. Vielmehr ist der Herr, wenn auch mystisch verhüllt, selbst unter seiner Gemeinde zugegen; er vollzieht immer wieder unter ihnen sein Opfer. Die Gläubigen aber vereinigen sich geistig aufs innigste mit dem Tun ihres Heilandes und Herrn; sie opfern sich mit ihm und durch ihn und eignen sich die von Christus objektiv vollzogene Erlösung an; sie schöpfen von den Quellen des Erlösers. Sie leiden mit ihm, stehen mit ihm auf, werden mit ihm verklärt und treten ein in sein himmlisches Sein. Sie führen also mit ihm ein heiliges, gnadenbringendes Drama auf. ... Jeder Teilnehmer der eucharistischen Feier ist ein Mitspieler des göttlichen Protagonisten Christus; ja er vertritt bis zu einem gewissen Grade dessen Person selber." [134]

---

[131] Tragende Mitglieder dieses Arbeitskreises waren u.a. der spätere rheinische Präses Joachim Beckmann, der Wuppertaler Pfarrer Peter Brunner und die ebenfalls dem Bereich der altpreußischen Union zugehörenden Pastoren H.L. Kulp und Peter Reindell, aber auch D. Wilhelm Stählin, der 1945 Bischof in Oldenburg wurde.

[132] Vgl. Schatz, Klaus, Zwischen Säkularisation und Zweitem Vatikanum. Der Weg des deutschen Katholizismus im 19. und 20. Jahrhundert, Frankfurt/M. 1986, 74f, 212-217.

[133] Heiler, Friedrich, Der Katholizismus, seine Idee und seine Erscheinung, 427 (Hervorhebung von F.H.).

[134] Casel, Odo, Die Liturgie als Mysterienfeier, Freiburg i.Br. 1922, 65,67.

Diese neue Sicht stellte das neuscholastische Verständnis der Messe als einer „unblutige Erneuerung" des Opfers Christi gründlich infrage. Man sprach nun von ihr als einer symbolisch-dramatischen Vergegenwärtigung des Heilsgeschehens und deutete sie, wie schon Paulus (1Kor 11,26) die Mahlfeier gedeutet hatte: als Verkündigung des Opfertodes Christi. Das hatte bereits zu einer Reihe von kleinen Korrekturen der Feier geführt, aber mehr noch zu Hoffnungen und Erwartungen auf eine tiefgreifende Reform des Missale Romanum, die Rom auf die Dauer nicht unbeantwortet werde lassen können. Im Blick auf das Ganze dieser liturgischen Bewegung innerhalb der römisch-katholischen Kirche wagte Heiler 1922/23 zu sagen: „Sie [die liturgische Bewegung] bedeutet eine Rückkehr vom mittelalterlichen und nachtridentinischen Katholizismus zum Katholizismus der alten Kirche. Sie entreißt die Liturgie dem Zustand der Versteinerung und macht sie wieder zu einer lebendigen, entwicklungs- und gestaltungsfähigen Größe. Trotz der kirchentreuen Gesinnung und dogmatischen Korrektheit ihrer Führer ist sie nichts anderes als eine stille Erneuerung der Kirche, eine heimliche 'Reformation'. Konsequent durchgeführt muß die liturgische Bewegung dem Unwesen der Winkelmessen den Todesstoß versetzen und so das Grundübel des heutigen gottesdienstlichen Lebens beseitigen. Sie muß zur Ausscheidung aller paganen Elemente aus der Liturgie führen und so der privaten vulgären Frömmigkeit - aber auch jeder extrem individualistischen Mystik - mehr und mehr den kirchlichen Boden entzichen ..." [135]

Über all das, was auf evangelischer Seite in gottesdienstlicher Hinsicht in Gang war und erstrebt wurde, war Heiler vermutlich durch Karl Bernhard Ritter gut informiert. Heiler und seine Freunde hatten in den zurückliegenden eineinhalb Jahrzehnten vergleichsweise unbelastet und ungehindert von den jeweiligen Traditionen in einer Art kirchlichem Freiraum das hüben und drüben Erhoffte und Ersehnte zu verwirklichen gesucht und ihre Entwürfe einer harten, gewissenhaften Erprobung unterzogen. Das vorläufig endgültige Ergebnis dieser Erprobung lag nun vor. Abgestützt wurde es durch das, was die Berneuchener und Alpirsbacher ihrerseits erarbeitet hatten. Weder die römischen Katholiken noch die evangelischen Kirchen in Deutschland würden diese Ergebnisse übersehen können, wenn, was zu erwarten war, sie ihrerseits eine Neuordnung des Gottesdienstes in Angriff zu nehmen sich gedrängt fühlten.

Noch im Erscheinungsjahr der hochkirchlichen „Deutschen Messe" 1939 war der von Heiler lange vorausgesehene Zweite Weltkrieg ausgebrochen. Eine fast totale Lähmung aller kirchlichen Erneuerungsbestrebungen würde - so wußte es Heiler nur zu gut - die Folge sein. Sollte aber aus den Trümmern einer alten Welt noch einmal eine neue hervorgehen dürfen, dann würde die Stunde der Kirchen gekommen sein. Dann würden sie so nicht mehr weitermachen können wie bisher. Dann werde in der „Deutschen Messe" eine Orientierungshilfe vorliegen, die so leicht nicht zu übersehen sein werde. Daß

---

[135] Heiler, Friedrich, Der Katholizismus, 429.

Heiler und seine Freunde ihre Arbeit bis zu diesem Punkte hatten vorantreiben können, erfüllte sie in aller Bedrängnis jener Jahre mit Dankbarkeit.

Das kirchliche Wirken Heilers im Krieg

Bei Ausbruch des Krieges erfuhr auch Heiler, daß man sich den Ernstfall nicht vorstellen kann. Er gehörte zwar zu den Jahrgängen, die vom Kriegsdienst verschont blieben. Und da die Eheleute Töchter hatten, aber keine Söhne, konnte äußerlich zunächst alles weitergehen wie bisher. Wer sich aber Heiler als einen Geistesarbeiter vorstellt, den die Dinge dieser Welt unberührt lassen bzw. der sich von ihnen abkehren kann, der irrt. Hatte er das fast allgemeine große Erschrecken in den ersten Tagen noch als eine gesunde Reaktion vermerkt, so fragte sich Heiler, ob sein Volk nicht mit Blindheit geschlagen sei, als die anfänglichen Siegesmeldungen zu einem Taumel illusionärer Hoffnungen führten. Er selbst hat sich auch durch die rasche Niederlage Frankreichs nicht irremachen lassen. Er zweifelte keinen Augenblick, daß der von Hitler provozierte Krieg das Abendland und vor allem das deutsche Volk in eine Katastrophe führen werde. Er bangte um seine Freunde und Schüler, die er in Zonen sonderlicher Gefahr wußte. Wo er konnte, setzte er seine Beziehungen ein, um sie zu retten. Bei einigen wenigen ist ihm das auch gelungen.

Äußerlich ging die Arbeit weiter wie bisher. Die Zahl der Studenten schrumpfte zwar merklich, es blieben aber immer noch so viele, daß die Vorlesungen und Übungen keine Unterbrechung erfuhren. Nach wie vor konnte Heiler bis zum Kriegsende eine stattliche Zahl von Doktoranden betreuen.[136] Wie der Lehrbetrieb, nahmen die Gottesdienste in der Franziskuskapelle ihren Fortgang. Mehr denn je wurden sie für alle Beteiligten zu einer lebensnotwendigen Aufgabe und Zuflucht. Hier durfte Fürbitte getan werden, und immer erneut erfuhr man: „Er, Gott, sendet eine Erlösung seinem Volk. Er verheißt, daß sein Bund ewig bleiben soll" (Ps 111,9). Hier war „Gemeinschaft der Heiligen" mehr als ein bloßer Artikel des Glaubensbekenntnisses. Hier gab es im Glauben verbundene Menschen, denen man ganz vertrauen durfte.

An wissenschaftlicher Arbeit mangelte es nicht. Heiler hatte den zweiten Band seines mit „Urkirche und Ostkirche" begonnenen Werkes über „Die katholische Kirche des Ostens und Westens" unter den Händen[137]. Es schien, als könne die Zeitschrift „Eine heilige Kirche" für eine Weile weiter erscheinen. Doch war der Druck auf Herz und Gemüt nicht zu groß, als daß die erforderliche Konzentration aufgebracht werden konnte? - Um diese mußte täglich neu gerungen werden. „Altkirchliche Autonomie und päpstlicher Zentralismus" war im Grundriß und in der Ausführung weit gediehen. Es konnte 1941 erscheinen. Anders verhielt es sich mit dem Band, der darauf folgen und das Werk über den „Katholizismus, seine Idee und seine Erscheinung" ablösen und ersetzen sollte. Was Heiler sich hier vorgenommen hatte, erforderte, eben weil es seine Mutterkirche betraf, mehr „Freiraum" und Konzentration,

---

[136] Es war dies eine positive Folge seiner Strafversetzung in die Philosophische Fakultät, daß er dort in seinen Fächern, in der Religionswissenschaft und Religionsgeschichte, zu einem Abschluß mit dem Doktorexamen verhelfen konnte.

[137] Vgl. oben Anm. 98.

als sie ihm nach 1941 zu Gebote standen. Er war froh, daß ein ursprünglich für die (1942 verbotene) Zeitschrift bestimmter Gedenkaufsatz sich unversehens zu einer Monographie ausweitete, die ihn fast bis zum Kriegsende fesseln sollte.[138]

Die Zeitschrift hatte noch viermal erscheinen können. 1941 kam nach längerer Pause ein Sammelband beachtlichen Umfangs und Gehaltes über „Östliche und westliche Mystik" heraus.[139] Noch im gleichen Jahr folgte ein Heft geringeren Umfangs über „Religionsforscher des 20. Jahrhunderts, I. Teil: Christliche Humanisten".[140] Ein großer, letzter, 1942 erschienener Band war dem Herausgeber von seinem Schüler Christel Matthias Schröder redaktionell aus der Hand genommen. Auf mehr als 400 Seiten enthielt er eine Festschrift für Friedrich Heiler aus Anlaß seines 50. Geburtstags.[141] - Es sind nicht viele, denen dergleichen zu ihrem 50. Geburtstag zugewendet wird. Und eine derartige Festgabe mitten im Krieg war vermutlich einmalig. Hier merkte man es: Heiler war wegen seiner „evangelischen Katholizität" mitnichten ins Abseits geraten. Auch daß er im Widerstand gegen den weltanschaulichen Druck der Nationalsozialisten einen anderen Kurs steuerte als die Bekennende Kirche hatte ihm nicht geschadet. Freilich, die Festschrift war der letzte Band der „Eine(n) heiligen Kirche", der noch hatte erscheinen können. Beinahe auf dem Fuße folgte das Verbot der Zeitschrift. Von einem solchen Verbot war jedoch bald auch fast die gesamte kirchliche Presse betroffen.

Eine, wenn auch verspätete Geburtstagsfreude berührte Heiler besonders tief. Bischof Bell von Chicester hatte über Rundfunk an Weihnachten seinen Freunden in Deutschland, insonderheit denen in Marburg, seine Grüße gesandt. Freunde hatten die betreffende Sendung gehört und den Eheleuten Heiler davon berichtet. Heiler wußte gleich, wer gemeint war. Hatte der Bi-

---

[138] Heiler, Friedrich, Der Vater des katholischen Modernismus - Alfred Loisy (1857-1940), München 1947.

[139] EHK 22/I (1940/41), 1-280. In diesem Band u.a. der wichtige Aufsatz von Martin Dibelius, Paulus und die Mystik, 57-76.

[140] EHK 22/II (1940/41), 281-368.

[141] Schröder, Christel Matthias (Hg), In Deo omnia unum. Eine Sammlung von Aufsätzen Friedrich Heiler zum 50. Geburtstag dargebracht, München 1942 (Sonderausgabe der Zeitschrift „Eine heilige Kirche", Jg. 23). Bedeutende Kollegen und Schüler hatten Zeit gefunden, den Lehrer und Freund zu grüßen. Gerardus van der Leeuw äußerte sich zu der später so wichtigen Frage: „Religionsgeschichte und persönliches religiöses Leben"; Johannes Hessen hatte über „Die Bedeutung der Philosophie für die Theologie" geschrieben; Nicolaus von Arseniew über „Mystik und Urchristentum". Von hohem Interesse sind bis heute die Beiträge von Oskar Söhngen über „Kirchenregiment und geistliche Leitung in der lutherischen Kirche. Ein Beitrag zur Geschichte der Schrumpfung des ordo ecclesiasticus", von Wilhelm Thomas über „Das urchristliche Opfer nach dem lutherischen Bekenntnis. Biblische Grundlagen und liturgische Konsequenzen", von Paul Schorlemmer über „Die Schönheit der Liturgie. Versuch einer Ästhetik der Liturgie", von Eberhard Hempel über „Evangelisch-katholischer Kirchenbau". Sogar Kurt Reuber (+ 1944 in russischer Gefangenschaft) hatte an der Ostfront die Kraft zu einem Beitrag über „Das Leib-Seele-Problem und die Religionswissenschaft" gefunden

schof doch zu Anfang der zwanziger Jahre zu seinen Hörern und Freunden gehört, die in Marburg die Anfänge einer evangelischen Katholizität miterlebt hatten. Die freundschaftliche Beziehung war nie abgerissen und durch Begegnungen auf den Weltkirchenkonferenzen und gegenseitige Besuche gefestigt worden.

Publizieren konnte Heiler nach 1942 nicht mehr. Seine auswärtigen Vortragsdienste übte er - wenn auch in eingeschränktem Maße - bis ins vorletzte Kriegsjahr hinein aus. Am 21. Hochkirchentag 1940 in Berlin hatte ihm sein chronisch auftretendes Magenleiden die Teilnahme verwehrt. Dafür hatte er am 22. Hochkirchentag vom 18. bis 19. Oktober 1941 auf Schloß Ohorn in Sachsen einen großen Vortrag in seinem Gepäck.[142] Mit ihm erging es ihm jedoch anders als je zuvor im Kreis der hochkirchlichen Freunde. Die Chronik berichtet darüber lakonisch: „Der Vortrag von Prof. Heiler ... führt zu schweren Zerwürfnissen in den Reihen der teilnehmenden Mitglieder."[143] „Stille Tage", an denen Heiler im Gefolge des Vortrages in Ohorn über „Das Gebet" und „Die heilige Freude" sprach, konnten die entstandene Unruhe nicht aus der Welt schaffen. Was die Erregung hervorgerufen hatte, geht in der Chronik indirekt aus einer Notiz über den 23. Hochkirchentag vom 15. bis 17. November 1942 in Berlin hervor. Hier hatte Heiler wegen eines Redeverbots für Berlin nicht teilnehmen dürfen.[144] So müßte sich anstelle des Betroffenen Pfarrer Dr. Minkner, die leidige Sache aus der Welt zu schaffen. Über den Erfolg heißt es in der Chronik: „In der Versammlung am 16.11. im Domkandidatenstift nimmt der erste Vorsitzende Pfr. Dr. Minkner Stellung zu den Angriffen, die gegen Prof. Heiler wegen seines Vortrags auf dem Hochkirchentag 1941 über Die Geschichte des christlichen Abendmahls gerichtet waren. Auf seinen Vorschlag beschließt die Versammlung, Prof. Heiler ihr Vertrauen auszusprechen in der Überzeugung, daß Prof. Heiler mit der historisch-kritischen Arbeit des nach Wahrheit ringenden Forschers ein tiefes Bekenntnis zum eucharistischen Glauben vereint."[145]

Heiler hatte es 1941 in Ohorn offenbar gewagt, historisch-kritisch bis zu einer Urgestalt der eucharistischen Feier vorzudringen. Offen muß er dabei die Verlegenheiten zur Sprache gebracht haben, in die man angesichts der neutestamentlichen und urchristlichen Quellen gerät. Die Weisung „solches tut zu meinem Gedächtnis" ist zwar in ihrer Intention kaum zu bezweifeln. Daß ihre Befolgung von Anbeginn an zu einer „Antwort von drüben" geführt hatte, wie man sie sonst kaum je erfuhr, daß sich in dieser Antwort immer erneut das Wort des Herrn bestätigte: „Ich lebe und ihr sollt auch leben" (Joh 14,19), ist ebenso unbestreitbar. Die Frage jedoch, wie dieses Gedenken vor sich ging, ist angesichts der neutestamentlichen Quellen kaum eindeutig zu beantworten.

---

[142] Heiler, Friedrich, Die Geschichte des christlichen Abendmahls (unveröffentlichtes Vortragsmanuskript).

[143] Niepmann, Chronik, 111.

[144] Vgl. Heiler, Anne Marie, Friedrich Heiler, 17.

[145] Niepmann, Chronik, 112.

Das von Paulus einerseits und den Evangelisten andererseits Übermittelte ist nicht auf ein Stück zu bringen. Heilers Vortrag „Die Geschichte des christlichen Abendmahls" ist ungedruckt geblieben. Aus einem Vortrag aus dem Jahr 1943 geht hervor, was Heiler in etwa gesagt haben könnte. Hier heißt es u.a.: „Die urchristlichen Abendmahlsauffassungen zeigen noch weit stärkere Verschiedenheiten als die späteren kirchlichen und theologischen. Wir kennen überhaupt nicht den genauen Wortlaut der Einsetzungsworte; nicht nur die neutestamentlichen Schriften geben sie in veschiedener Varianten wieder, vielmehr treten zu diesen Verschiedenheiten noch weitere hinzu in den zahlreichen altchristlichen Liturgien .... Dazu kommt noch die große Schwierigkeit, welche die Kurzform des lukanischen Abendmahlsberichtes bietet, die es mit sich bringt, daß wir über die ursprüngliche Kelchformel noch schlechter orientiert sind als über die Brotformel. Die *Didache*-Gebete bieten uns einen Abendmahlstypus, der sich mit dem johanneischen berührt, aber keine Beziehung zum Opfertode Christi aufweist. Der urgemeindliche Glaube an die Realpräsenz war zweifellos verschieden von dem späteren dinglichen; Christus ist der geheimnisolle Gast, wie ihn vor allem die Emmausgeschichte (Luk. 24,13 f.) uns vor Augen stellt. Auch war die urchristliche Epiklese keine Anrufung des Geistes um Heiligung der Elemente, sondern des erhöhten Christus selbst, wie die Formel *Maranatha* („unser Herr, komm") und einzelne Gebete der alten Liturgien zeigen. Vieles ist dunkel und wird dunkel bleiben ..." [146]

Heiler hat es in Ohorn sicher nicht dabei belassen, nur dieses Dunkel, diese verwirrende Vielfalt, diese Unsicherheit der Quellenlage aufzuzeigen. Aber das von ihm hervorgehobene Gemeinsame in all dieser Vielfalt, das in seinen Augen nicht nur Negative, sondern Positive dieser Vielfalt reichte nicht aus, die Verwirrung und Unsicherheit, die über seine Ausführungen entstanden waren, zu beschwichtigen. Sofern zutraf, was die Anwesenden gehört hatten, stand ihre von Luther geprägte Abendmahlsauffassung und -ordnung, in der Heiler selbst sie oft bestärkt hatte, auf sehr unsicheren Füßen. Was mochte den Vater im Geist veranlaßt haben, seine Zuhörerinnen und Zuhörer derart zu verunsichern? Warum folgte er als Theologe nicht dem Zug der Zeit, die liberale Theologie und die sie weithin bestimmende historisch-kritische Erforschung der Quellen hinter sich zu lassen, Vorgegebenes als gottgegebenes Vermächtnis zu begreifen, es notfalls zu harmonisieren und nicht mehr weiter zu hinterfragen? Wie konnte der verehrte Mann beides in sich vereinen: seine unbezweifelbare, tiefe eucharistische Frömmigkeit und dieses radikale und in Ratlosigkeit führende Fragen?

Heiler hat vielleicht erst nach seiner Rückkehr aus Ohorn in vollem Umfang erfahren, was er mit seinem Vortrag angerichtet hatte. Über die Folgen war er sich im klaren. Daß er seine geistliche Autorität weitgehend eingebüßt hatte,

---

[146] Der Vortrag lag erst zehn Jahre später gedruckt vor: Heiler, Friedrich, Das evangelische Abendmahl in seiner Mannigfaltigkeit und Einheit, in: EHK 27/II (1953/54) 56-77, Zit. 71f (Hervorhebung von F.H.).

war noch das Geringste. Viel schlimmer war, daß das große, gemeinsame Anliegen der evangelischen Katholizität auf dem Spiel stand. Seine Leute waren im Begriff, in der Abendmahlsfrage lutherischer zu werden als der Reformator selbst.

Um das Mißverstandene und falsch Gedeutete ins rechte Licht zu rücken, um die ihm entgleitende Hochkirchliche Vereinigung wieder hinter sich zu bringen, konzipierte Heiler vielleicht schon bald jenen Vortrag, aus dem wir soeben zitiert haben. Von ihm erhoffte er, den positiven Wert des Quellenstudiums nahebringen und darüberhinaus einem nicht nur in der Hochkirchlichen Vereinigung in der Abendmahlsfrage neu entstehenden Konfessionalismus wehren zu können. Heiler hat diesen Vortrag auf dem 1942 in Berlin anstehenden 23. Hochkirchentag halten wollen. Daran hinderte ihn ein Verbot, in Berlin öffentlich zu reden. So blieb es bei der dort gefundenen Formel zu seiner Rechtfertigung, von der ich bezweifle, ob sie das geschwundene Vertrauen zu ihm in vollem Umfang hat wiederherstellen können.

1943 erlaubte es die Kriegslage nicht mehr, daß weitere Hochkirchentage stattfinden konnten. So ergriff Heiler notgedrungen die Gelegenheit zweier Vortragsverpflichtungen in der näheren Umgebung von Marburg, um wenigstens dort über „Das evangelische Abendmahl in seiner Mannigfaltigkeit und Einheit" zu sprechen.[147] Von den eigentlichen Adressaten dieses Vortrags waren jedoch nur einige wenige anwesend. Und da der Vortrag damals ungedruckt blieb, konnte sich das wichtige Wort Heilers zur Abendmahlsfrage - wichtig nicht nur für die Hochkirchliche Vereinigung, sondern auch für die liturgische Bewegung insgesamt, wichtig sogar für das Kirchewerden des Protestantismus überhaupt - kaum auswirken. Als der Vortrag elf Jahre später erschien, kam er zu spät, um der großen Krise, die sich in der Hochkirchlichen Vereinigung nach dem Krieg aus dem Keim von Ohorn entwickelt hatte, noch wehren zu können. Nur eines bewirkte der Vortrag: Nachträglich wurde klar, worum es Heiler gegangen war. Nachträglich fand seine Position eine gewisse Rechtfertigung.

Dieser zweite große Vortrag Heilers während des Krieges ist für unser Thema, die evangelische Katholizität, so bedeutsam, daß er uns wenigstens in seinen Hauptgedanken und Ergebnissen bekannt und vertraut werden muß. - Einleitend weist Heiler darauf hin, wie sehr das Mahl der Einheit im Lager der Reformation zum Mahl der Zertrennung geworden sei. Wir brauchen diese schmerzliche Entwicklung hier nur anzudeuten. Heiler beschließt die diesbezüglichen Feststellungen: „Im Protestantismus hatte jede theologische Richtung ihre eigene Abendmahlstheologie, und jede Sonderkirche, ja jedes ... kirchliche Territorium seine eigene Abendmahlsliturgie. Denoch läßt sich diese große Vielgestaltigkeit in wenigen Haupttypen klassifizieren: 1. dem

---

[147] Am 6. Juli 1943 im Una-Sancta-Kreis in Kassel und am 30. Juli 1943 in einer Versammlung der evangelischen Gemeinde von Bad Wildungen.

lutherischen, 2. dem calvinischen Abendmahlstypus, die beide kombiniert erscheinen im anglikanischen; dazu kommt ein urchristlicher Typus, wie er einerseits in der katholisch-apostolischen Gemeinde, andererseits in der Brüdergemeine erscheint. Zu diesen verschiedenen Typen tritt dann noch ein rein spiritualistischer hinzu, wie er vor allem von den Quäkern vertreten wird." [148] Diesen verschiedenen Ausprägungen widmet Heiler jeweils eine überraschend verständnisvolle Darstellung und Würdigung. Zunächst wendet er sich dem lutherischen Typus zu. Ihm gebühre der Primat, weil er zeitlich den anderen vorangehe und an realistischer Kraft alle anderen überbiete. „... Luther [hat] im Kampf mit seinen theologischen Gegnern einen Realismus entwickelt, der dem Realismus der mittelalterlichen östlichen und westlichen Kirche nicht nachsteht. Dieser Realismus erklärt sich letztlich aus der starken Betonung der Inkarnation durch Luther: Wenn der ewige Gottessohn wirklich in einen menschlichen Leib eingegangen ist, ... dann ist es nicht erstaunlich, daß er sich unaufhörlich herabsenkt in die alltäglichen Zeichen von Brot und Wein. Zu diesem Zusammenhang von Luthers Abendmahlsauffassung mit seinem Inkarnationsglauben kommen noch zwei Momente hinzu: einmal sein Glaube an den Wortlaut der Schrift; er fühlt sich 'gefangen' in dem gewaltigen *est* der *verba testamenti* - ein Glaube, der freilich nicht philologisch fundiert ist, insofern als im aramäischen Urtext der Worte Jesu 'Dies mein Leib' die *copula* fehlt. Das zweite Moment ist Luthers Konservativismus und Traditionalismus ... Luther identifizierte seine realistische Auffassung ... mit der christlichen Gesamtüberlieferung. Aus allen diesen Motiven heraus bejahte Luther die l e i b l i c h e Gegenwart Christi..." (59; Hervorhebungen von F.H.)

Luthers Realismus unterscheidet sich darin von dem mittelalterlichen, daß Luther die Lehre von der Transsubstantiation der Elemente nicht teilt. Das „Wie" der realen Präsenz von Leib und Blut Christi „in, mit und unter Brot und Wein" stellt Luther in das Geheimnis Gottes, wenngleich auch er sich veranlaßt sieht, mittelalterliche Theorien von einer Consubstantiation der Substanzen und der Übiquität des verklärten Leibes Christi zu Hilfe zu nehmen. Die Rezitation der Einsetzungsworte über den Elementen bewirkt auch nach Luther deren Aussonderung. Diese gilt aber nur bei der Feier selbst und im Augenblick des Genusses. Zusammenfassend kann Heiler daraufhin sagen: „Im [lutherischen] Abendmahl wird der menschgewordene, gekreuzigte und auferstandene Christus gegenwärtig; das einmalige, allgenugsame Versöhnungsopfer Christi am Kreuze wird in ihm gegenwärtig, die Früchte dieses Opfers werden dem einzelnen sündigen Gewissen mitgeteilt. Darum ist das Abendmahl im Luthertum der wunderbarste Gnadentrost für das angefochtene Gewissen: 'für d i c h vergossen'. Aber nicht nur der gekreuzigte, sondern auch der auferstandene und verklärte Christus ist im Abendmahlsempfang gegenwärtig. Mit dem Leib Christi senkt sich der Keim der Auferstehung in den Leib des Christen - dieser uralte Irenäische Gedanke, der die ostkirchliche

---

[148]   Heiler, Friedrich, Das evangelische Abendmahl, 58.

Sakramentsmystik beherrscht, bleibt in Luthers Abendmahlstheologie lebendig.

Dieser Realismus des lutherischen Sakramentsglaubens erklärt die enge Verbindung, welche die Christusmystik mit dem Abendmahl auch im Luthertum verbindet ... das beliebte Abendmahlslied 'Schmücke dich, du liebe Seele' ist Zeugnis der lutherischen Sakramentsmystik, in welcher die mittelalterliche Christusmystik in neuer evangelischer Prägung weiterlebt." (61; Hervorhebung von F.H.) „Das lutherische Abendmahl wahrt somit in jeder Hinsicht die Kontinuität mit der alten und mittelalterlichen Kirche." (62)

Das alles enthält ein Loblied auf Luther, das - so möchte man meinen - durch nichts überboten werden kann. Doch kaum ist es verklungen, mutet Heiler seinen Zuhörern, die allesamt strenggläubige, ja konfessionalistisch gesinnte Lutheraner waren, zu, mit ihm auch die calvinische Abendmahlslehre ernsthaft zu überdenken. Er zeichnet sie genauso liebevoll nach und würdigt sie mit der gleichen Gewissenhaftigkeit des Historikers: „Die calvinische Abendsmahlsauffassung ist eine Variante der spiritualistischen Sakramentsidee, wie sie im Osten die alexandrinischen Theologen, zumal Origenes, die kappadokischen Väter Basilius und Gregor von Nazianz und im Westen Augustinus vertreten haben; nicht mit Unrecht sagt Calvin, daß Augustinus in der Abendmahlslehre 'ganz der unsere' sei. Calvin vertritt wie der Platoniker Augustinus einen psychophysischen Parallelismus: in der sichtbaren Ordnung empfängt der Kommunikant Brot und Wein, in der geistigen Ordnung genießt er den wahren Leib und das wahre Blut Christi, die durch jene Elemente versinnbildlicht werden. Unter dem 'Symbol' des Brotes wird er mit dem Leibe Christi gespeist, unter dem des Kelches wird er von seinem Blute getränkt. Christi gekreuzigter und verklärter Leib ist im Himmel, nicht auf der Erde, die er überwunden hat, aber der Heilige Geist bewirkt im Sakrament das Wunder der Gegenwärtigsetzung des himmlischen Leibes Christi; der vom Geist geweckte Glaube steigt zu Christus in den Himmel empor. Auch der Calvinismus kennt eine wirkliche Gegenwart Christi in den Herzen der Gläubigen; sie empfangen im Sakrament Christus als wirkliches Lebensbrot und wirklichen Lebenstrank, jedoch nicht durch das Wunder der Ubiquität oder der Transsubstantiation, sondern durch das Wunder des Heiligen Geistes ... Die calvinische Abendsmahlslehre ist somit tief mystisch und pneumatisch; sie fällt zwar mit der ostkirchlichen Eucharistielehre nicht völlig zusammen, berührt sich aber mit ihr ... Die Epiklese als Bitte um die Heiligung der Elemente durch den Geist begegnet uns auch in alten calvinischen Liturgien ..." (63f)

Heiler bestreitet keinen Augenblick, daß diese Lehre einherging mit einer fast völligen Zerstörung der altkirchlichen Liturgie: „Weil Gott 'im Geist und in der Wahrheit anzubeten' ist, werden die sinnlichen Zeremonien reduziert auf das biblisch bezeugte Brechen des Brotes und Umherreichen des Kelches ... Stärker als Luther drang Calvin darauf, die Urform des Abendmahles herzustellen: das Sitzen an Tischen und den Gebrauch des gesäuerten Brotes ... Schriftlesungen und Gebete, die alle reformatorische Schöpfungen sind, umrahmen mit Psalmen und Hymnen die Abendmahlsfeier ... Auch diese calvinische Abendmahlsfeier ist umgeben von einer Wolke biblischer Mystik... ... In den Hymnen und Gebeten vernehmen wir vertraute Klänge katholischer Sakramentsfrömmigkeit." (64)

Bei dieser urchristlichen Form der Feier - so Heiler - sollte es im Calvinismus nicht bleiben. Wie im Luthertum kam es in den calvinischen Kirchen der Schweiz, Frankreichs, Hollands und Schottlands zu einer sakramentalen Erneuerungsbewegung. Darüber habe man entdeckt, wie sehr die altkirchliche Liturgie der Messe der großen Sache dienlich sein könne, und wie wenig sie auf das realistische Sakramentsverständnis festgelegt sei. So habe man die beiden Haupttypen des reformatorischen Abendmahles in der anglikanischen Kirche in merkwürdiger Weise miteinander verknüpft. Fast ungeniert habe man beides verbinden können, die calvinische Abendmahlslehre und die lutherische Abendmahlsliturgie. Der Textbestand dieser calvinischen Messe sei eher noch reicher als bei den Lutheranern. „Der Opfercharakter der Eucharistie wird deutlich im Sinne der Vergegenwärtigung des einmaligen Kreuzesopfers Christi. Von mystischer Innigkeit durchdrungen sind die Gebete vor und nach der Kommunion, insbesondere das wundervolle *Prayer of humble access* ... Das Vorhandensein einer solchen Abendmahlsliturgie ermöglichte das Aufblühen einer großen sakramentalen Erweckung in der Oxford-Bewegung des 19. Jahrhunderts." (65f; Hervorhebung von F.H.)

Das gleiche Verständnis bringt Heiler der katholisch-apostolischen Liturgie entgegen. Von ihr sagt er, daß sie sich in formvollendeter Weise an altkirchliche Vorbilder anlehne. Das urchristliche Harren auf die Ankunft des Herrn komme in ergreifenden Gebeten zum Ausdruck. Urchristlich sei auch die Möglichkeit freier Prophetie und freien Betens vom Geist ergriffener Diener und Gemeindeglieder. Hier erscheine der Glaube an die Realpräsenz Christi und an den Opfercharakter der Eucharistie in Formen, die unberührt seien von allen späteren Verengungen und Rationalismen.

Mit nicht minder großer innerer Beteiligung beleuchtet Heiler das Abendmahl der Brüdergemeine. Wer an ihm teilnehme, gewinne den Eindruck, einem urchristlichen Liebesmahl beizuwohnen. Eine freudige Grundstimmung liege über der Versammlung. Die weißen Gewänder des Liturgen und der Diakone erschienen wie eine Vorwegnahme der in der Apokalypse beschriebenen Gewandung der Heiligen vor Gottes Thron. Hier komme das sonst weithin vergessene Herrenwort neu zu Ehren: „Nicht mehr werde ich trinken von diesem Gewächs des Weinstocks bis auf den Tag, da ich's neu trinken werde mit euch in meines Vaters Reich" (Mt 26,29). So trete in dieser Feier wieder hervor, was schon Herder geahnt habe und was für urchristliche Abendmahlsfeiern charakteristisch gewesen sein mag: daß das Herrenmahl ein Freudenmahl in der Gegenwart des Auferstandenen ist. Dessen Gegenwart sei bei den Herrnhutern nicht an die dinglichen Elemente von Brot und Wein geknüpft, sondern sie beruhe auf der geistigen Anwesenheit des Herrn als des unsichtbaren Tischgenossen.

Zuletzt wendet sich Heiler dem Mahl der reinen Spiritualisten, insonderheit dem der Quäker zu. Diese seien sakramentslos, sie hätten weder Taufe noch Abendmahl, doch werde die Geisttaufe und die geistliche Kommunion in der Christenheit selten so überwältigend erfahren wie hier. „Die große johanneische Sakramentsrede (Joh. 6) ist von den Spiritualisten in ihrem pneumatisch-mystischen Sinne erfaßt worden. Die Quäker leben aus dem 'Sakrament des Schweigens', aus der geistigen Einigung mit Christus, dem inneren Licht und inneren Samen, und aus dieser Liebeseinigung heraus wirken sie jene großartigen Werke der selbstlosen Liebe, um derenwillen sie in der ganzen Christenheit so hoch geachtet sind." (69f)

Zu einer derart verständnisvollen Annäherung an die so unterschiedlichen und auf den ersten Blick einander beinahe ausschließenden Abendmahlslehren und -formen ist es in der evangelischen Christenheit wohl noch nie gekommen, wie sie uns in diesem Vortrag entgegentritt. Was Heiler dazu befähigt haben mag, war nicht nur seine irenische Natur. Er konnte, wenn es sein mußte, auch harte Trennlinien ziehen. Hier aber urteilte er als ein mit den Quellen vertrauter Historiker. So schließt er seine Beschreibung ab: „Eine große Mannigfaltigkeit, ja Gegensätzlichkeit tritt uns in den verschiedenen evangelischen Abendmahlsauffassungen und -formen entgegen. Diese Vielgestaltigkeit ist oft genug dem Protestantismus als Schwäche und Verirrung angekreidet worden. Und sie ist eine solche in dem Maße, als die Mannigfaltigkeit zur Ausschließlichkeit wird ... Ohne diese Ausschließlichkeit ist sie jedoch ein Fortleben jener Vielgestaltigkeit, welche in Lehre und Kult der alten Christenheit bestand. Diese kannte ebensowenig eine einheitliche Eucharistielehre wie eine einheitliche Abendmahlsliturgie ... nicht etwa nur in der östlichen, sondern auch in der westlichen Kirche ... Gerade die Gegensätze von Spiritualismus und Realismus in der Abendmahlsdeutung finden sich schon in der alten Kirche ... Erst ganz allmählich hat im Osten wie im Westen die realistische Auffassung die spiritualistische zurückgedrängt ... Aber auch dann dauerte es noch einige Zeit, bis die an Aristoteles orientierte Transsubstantiationslehre sich durchsetzte ... Die östliche Kirche hat bis heute keine normative Lehre über das Wie der eucharistischen Wandlung aufgestellt." (70f)

An dieser Stelle folgt der oben zitierte Passus über die historischen Ungewißheiten bezüglich der Einsetzung des Abendmahles und über die anfänglich so verschiedenen Weisen, es zu begehen.[149] Dort lautete der abschließende Satz: „Vieles ist dunkel und wird dunkel bleiben." Daraufhin fährt Heiler fort: „... ganz deutlich ist beim heutigen Stande der Wissenschaft, daß keine der konfessionellen Abendmahlstheorien ihre Alleingültigkeit mit historischen Argumenten beweisen kann. Wenn aber eine so große Unsicherheit gerade

---

[149] Vgl. oben Anm. 146.

hinsichtlich des Sinnes des letzten Mahles Jesu und des urchristlichen Herrenmahles besteht, dann ist der gegenseitigen Verketzerung in der Abendmahlsfrage jeder Boden entzogen und das relative Recht aller Deutungen erhärtet. Die wirkliche Katholizität liegt gerade in der Vermeidung jeder Einseitigkeit und Ausschließlichkeit und in der Synthese aller Wahrheitsmomente." (72)

Wer mit vielleicht wachsender Zustimmung bis hierher gelesen hat, den drängt es vermutlich zu gewissen Folgerungen. Heiler hält damit zurück, bis er das allen evangelischen Abendmahlsauffassungen Gemeinsame herausgestellt hat. Diese Gemeinsamkeit geht danach viel weiter, als man gemeinhin denkt. Worin besteht sie nach Heiler? - „Das erste Einheitsmoment ist der Wille, im Unterschied von allen ... Umbildungen späterer Zeiten die urchristliche Form des heiligen Gemeinschaftsmahles wiederherzustellen." (72) Daraus entspringt: a) die Ablehnung der Privatmesse sowie der Messe ohne Kommunion der Gemeinde; b) die Forderung des Laienkelches; c) die konsekrierten Elemente dürfen allenfalls für eine Krankenkommunion, nicht aber um einer Devotion willen aufbewahrt werden; d) das Abendmahl ist nicht eine unblutige Erneuerung des Kreuzesopfer Christi, sondern ein lebendiges Gedächtnis daran und als solches ein Lobopfer; e) um des königlichen Priestertums aller Gläubigen willen ist die Gemeinde auf stärkste mithandelnd, ja mitkonsekrierend an der Feier beteiligt; f) das Sakrament ist verbum visibile und berührt sich darin ganz eng mit dem verbum audibile. Das Sakrament ist näherhin Verkündigung des Evangeliums von der Sündenvergebung, die durch Christi Opfertod geschenkt wird (72-75).

Neben dieser kritischen und negativen Seite der reformatorischen Abendmahlsauffassung gegenüber der römisch-katholischen besitzen die evangelischen Abendmahlsauffassungen aber eine „tiefere innere Einheit", die Heiler in dem Sektionsbericht der Lausanner Weltkonferenz für Glaube und Kirchenverfassung herausgearbeitet sieht:

„7. Wir glauben, daß in der heiligen Kommunion unser Herr gegenwärtig ist und daß wir Gemeinschaft mit Gott, unserem Vater, in Seinem Sohne Jesus Christus haben, unserem lebendigen Herrn, der 'unser *eines* Brot' ist, das gegeben ist für das Leben der Welt ..., und daß wir dabei in der Gemeinschaft mit allen anderen stehen, die mit ihm vereinigt sind. Wir stimmen darin überein, daß das Sakrament des Abendmahls die heiligste gottesdienstliche Handlung der Kirche ist, in welcher der erlösende Tod des Herrn zur Erinnerung gebracht und verkündigt wird, und daß es ein Lob- und Dankopfer und ein Akt feierlicher Hingabe ist.

8. Es gibt unter uns verschiedene Ansichten, besonders in bezug auf I. die Art und Weise der 'Realpräsenz', II. die Anschauung vom Gedächtnismahl und vom Opfer, III. das Verhältnis der Elemente zu der Gnade, die übermittelt wird, und IV. die Beziehung des Amtsträgers, der das Amt verwaltet, zu der Gültigkeit und Wirksamkeit des richtig vollzogenen Ritus.

9. Wir sind uns dessen wohl bewußt, daß die Wirklichkeit der göttlichen Gegenwart und der göttlichen Gabe in diesem Sakrament von menschlichem

Denken niemals völlig begriffen und in menschlichen Worten niemals vollkommen ausgesprochen werden kann".[150]

„9. Wir erkennen an, daß unter gewissen Bedingungen die geistlichen Segnungen der Sakramente durch Gottes Gnade auch da vorhanden sein können, wo die äußeren Zeichen fehlen.

Wir schließen diese Feststellung mit dem Gebetswunsch, daß die Unterschiede, welche gegenwärtig noch die volle Abendmahlsgemeinschaft hindern, beseitigt werden mögen."[151] Der abschließende Gebetswunsch trifft sich mit dem, was Heiler am Schluß seines Aufsatzes von 1953/54 für möglich und erreichbar hält: Wenn man das je besondere Anliegen der anderen Konfessionen als Moment der einen, unausdenklichen Wahrheit ernst zu nehmen beginne, werde man es kaum fertigbringen, den anderen die Teilnahme am eigenen Abendmahl zu verwehren. Ein Gebetswunsch wie der von Wilhelm Löhe inspirierte, der Herr möge seine Altäre an allen Orten „vor sündlicher Mengerei" behüten, sei dann nicht mehr möglich.[152]

Interkommunion war und blieb für Heiler nur ein vorletztes Ziel. Er hoffte auf eine Abendmahlsordnung, nach der alle Kirchen und Konfessionen wieder gemeinsam miteinander feiern könnten. In dieser Ordnung müßte jede Konfession das ihr Eigene und von ihr Hochgehaltene wiederfinden können. Alle aber müßten gleichzeitig bekennen können: Unsere Stimme ist eine von vielen in einem großen Chor. Und alle Stimmen müssen miteinander erklingen, wenn die unbegreifliche, allen gemeinsame Wahrheit zu Ehren kommen soll. Daß dies kein utopisches Ziel ist, zeigt die eigenartige Verbindung der Abendmahlslehre Calvins mit der lutherischen Meßordnung, zu der die sakramentale Erweckung der Oxford-Bewegung in England gelangt war und die den Anglokatholizismus fortan prägte. Ich zweifle nicht daran, daß Heiler dieses große Ziel einer ökumenischen Abendmahlsordnung vor Augen hatte, als er mit anderen aus der Hochkirchlichen Vereinigung an der Meßordnung von 1939/48 arbeitete. Hier können zumindest alle evangelischen Konfessionen wiederfinden, was ihnen wichtig ist. Diesem Bestreben dienen vor allem der Friedensgruß, der freudenreiche Charakter der Präfation mit dem Sanctus und Benedictus, die Minuten des Schweigens bis hin zum Stichwort: „Geheimnis des Glaubens", die altkirchliche Epiklese und ihre konsekratorische Bedeutung neben der der verba testamenti, das Zitat von 1Kor 11,26 nach den Einsetzungsworten, das Gebet des Herrn, die Erinnerung an Lk 24,35 im Gebet des Brotbrechens, der urchrist-

[150] Sasse, Hermann (Hg), Die Weltkonferenz für Glauben und Kirchenverfassung. Deutscher amtlicher Bericht über die Weltkirchenkonferenz zu Lausanne, 3. - 21. August 1927, Berlin 1929, 448; zitiert ist der Text des Berichts der Sechsten Sektion über Die Sakramente (Erste Fassung).

[151] AaO. 497; zitiert ist der Text des Berichts der Sechsten Sektion über Die Sakramente (Zweite Fassung).

[152] Vgl. Heiler, Friedrich, Das evangelische Abendmahl, 76. Heiler nimmt mit dem Zitat Bezug auf: Litaneienbüchlein zum Gebrauch für evangelische Christen, zusammengestellt von Friedrich Meyer, Leipzig 1911, 88 (aaO. 76, Anm. 93).

liche Sehnsuchtsruf „Maranatha" und das Zitat von Mt 26,29 bei der Austeilung. Alle diese Elemente sind in verschiedene Richtungen weisende Akzente, die einander nicht widersprechen, sondern ergänzen - wie das in den altkirchlichen Ordnungen der Fall war. Dem naheliegenden Vorwurf des Eklektizismus ist Heiler bekanntlich überzeugend entgegengetreten.[153]

So werden erst nach der Lektüre dieses Vortrags von 1943 Charakter, Zielrichtung und Bedeutung der Heilermesse von 1939/48 im vollen Umfang deutlich. Hier handelt es sich um keine nur lutherische, sondern um eine gesamtevangelische, wenn nicht gar ökumenische Gottesdienstordnung. Für die Hochkirchliche Vereinigung war es ein Verhängnis, daß der so vieles klärende und von neuem Richtung weisende Vortrag Heilers von 1943 in ihren Reihen weithin unbekannt blieb. Was hätte dieser Vortrag auch für das Kirchewerden der evangelischen Christen in Deutschland bedeuten können, um das sich Hans Asmussen und weite Kreise der Bekennenden Kirche auf ihre Weise bemühten! Was das Barmer Bekenntnis dafür nicht hergab, *hier* hätte man es finden können. So wäre es in Treysa 1945 vielleicht zu mehr und Besserem gekommen als zu dem löcherigen Notdach einer „Evangelischen Kirche in Deutschland" (EKiD). Doch das sind leider müßige Spekulationen.

Nicht weniger als drei große Vorträge hatte Heiler während des Krieges seinem Lebensthema, dem Gottesdienst, gewidmet,[154] als ihn 1944 die elsässische Pfarrkonferenz in Straßburg um einen Vortrag bat, der noch einmal dem Gottesdienst gelten sollte. Für Heiler war das eine gute Gelegenheit, bisher nicht zur Sprache gekommene Gedanken zu formulieren, die das Wesen des christlichen Gottesdienstes betrafen. Sein Thema lautete: „Prophetie und Mysterium im christlichen Gottesdienst".[155]

Heiler zufolge weisen die im Wirken Jesu liegenden Anstöße in beide Richtungen. Einerseits war Jesus als Prophet hervorgetreten. In den Synagogen hatte er im Anschluß an die Schriftlesung das Evangelium des kommenden und in Ansätzen bereits vorhandenen Reiches Gottes verkündigt (Lk 4,16ff). Die Art, wie das geschah, empfanden viele Zeitgenossen als „gewaltig und nicht wie die der Schriftgelehrten" (Mk 1,21). Andererseits war es den Jüngern unvergeßlich, wie Jesus es verstanden hatte, ihre Gemeinschaft in der Liebe Gottes zu gründen und zu festigen. Das geschah ohne große Worte und vor allem bei den gemeinsamen Mahlzeiten. „Als geistiger Hausvater sprach Jesus bei diesen Mahlzeiten die *Berakha,* das Segens- und Dankgebet. Diese Mahlzeiten gewannen aber eine noch höhere Bedeutung als durch das Dankgebet nach jüdischer Sitte: sie trugen sakramentalen Charakter als Antizipation der Herrlichkeit und Seligkeit des von Jesus verkündeten Gottesreiches.

---

[153] Heiler, Friedrich, Ein liturgischer Brückenschlag (vgl. Anm. 118), bes. 255.
[154] ders., Die Geschichte des christlichen Abendmahles (1941, unveröffentlicht, s.o. Anm. 142); ders., Das evangelische Abendmahl in seiner Mannigfaltigkeit und Einheit (1943, veröffentlicht 1953/54, s.o. Anm. 146); ders., Die liturgisch-sakramentalen Erneuerungsbestrebungen im Protestantismus (1943, veröffentlicht 1955/56, in: EHK 28/II [1955/56] 32-64).
[155] ders., Prophetie und Mysterium im christlichen Gottesdienst, in: ÖE 3/I (1952) 1-24.

Jesus predigte nicht nur dieses Reich, sondern stellte es plastisch dar ... die Erzählungen von der wunderbaren Brotvermehrung sind ein deutlicher Reflex dieser sakramentalen Jüngermahle.

Das letzte Mahl, das Jesus vor seinem Kreuzestod in Jerusalem feierte, erlangte einzigartige Bedeutung einmal durch den Ausblick auf die unmittelbare Nähe des Reichgottesmahles: 'Von nun an werde ich nicht mehr trinken vom Gewächs des Rebstockes bis auf den Tag, da ich's neu mit euch trinke in meines Vaters Reich' - ein Wort, das hinter den 'Einsetzungsworten' allzusehr in den Schatten getreten ist. Die zweite Bedeutung des letzten Mahles lag in der geheimnisvollen Beziehung zum Opfertod, den Jesus in der spontanen und schlichten Gleichnishandlung des Brotbrechens und Kelchtrinkens veranschaulichte." (4f, Hervorhebung von F.H.)

Die prophetische Predigt wie die über sich hinausweisenden sakramentalen Mahlzeiten Jesu im Jüngerkreis wurden fast wie von selbst zu prägenden Elementen der späteren Gottesdienste. Die Jünger hatten bald nach Jesu Tod wieder zusammengefunden. Als sie miteinander das Mahl hielten, war es ihnen oft, als wäre der Herr wieder unter ihnen. Und immer erneut wurden sie dessen sogar gewiß. Sie erinnerten sich seiner Worte (Mt 26,29) und fühlten sich in der Hoffnung bestärkt, seine Wiederkunft in Herrlichkeit stünde unmittelbar bevor. So hatte das Mahl des Gedächtnisses anfänglich einen vorwiegend eschatologischen Charakter. Die aramäische Formel „Maranatha" (Offb 22,20) bezeugt das ebenso wie die Tatsache, daß die Zwölfapostellehre in ihren Gebeten noch keinerlei Hinweis auf den Opfertod Jesu enthält. Das wurde erst anders, als die Christen auf hellenistischem Boden sich den sakramentalen Mahlzeiten der Mysterienkulte gegenübersahen, und als der Apostel Paulus die Beziehung des Abendmahles zum Opfertod Jesu hervorhob. Zum einen - so Paulus - verkündige es den Tod Jesu als (jetzt schon) befreienden Sieg über die Macht des Bösen, „bis daß er kommt" (1Kor 11,26), andererseits bewirke es eine einzigartige Verbundenheit mit dem Auferstandenen und eine wunderbare Teilhabe an seinem Leben (1Kor 10,16). Gottes- und Nächstenliebe waren den Kommunikanten nun keine unerfüllbaren Forderungen mehr. Besonders denen war man verbunden, denen der Herr ähnlich begegnet war. Für Paulus ging diese Gemeinschaft so weit, daß er sie unter dem Bild der Gliedschaft am Leibe Christi begreifen konnte (1Kor 10,17; 12,27; Röm 12,5). Der Evangelist Johannes sah in den Abendmahlsgaben „Brot des Lebens" und den Trank unvergänglichen Heiles (Joh 6,48; 54ff). Von nun an bestärkte das heilige Mahl nicht nur die Hoffnung, ja die Gewißheit der baldigen Wiederkunft des Herrn, sondern es diente auch als Wegzehrung für die Wartezeit bis zu diesem Ereignis. Darüber hinaus hatte das Mahl wie nichts sonst die Kraft, den Gekreuzigten als Sohn Gottes zu bezeugen (1Kor 11,26).

Die äußere Gestalt der Feier blieb nicht unberührt von jenem mystisch-prophetischen Enthusiasmus, der an Pfingsten hervorgetreten war. Alle Teilnehmenden konnten ungehindert Zeugnis ablegen, prophezeien und beten. Die regulären Liturgen waren in der Frühzeit der Kirche ausgewiesene Pneumatiker. Das Eucharistiegebet war ihr alleiniges Vorrecht. Ein eigenes Feld des Wirkens entstand den prophetisch Begabten, als man dazu überging, die Mahlfeier mit Erinnerungen und Überlieferungen aus dem Leben Jesu zu verknüpfen, was dadurch erleichtert wurde, daß allmählich ein Grundstock zu den Evangelien entstand.

Es ist nicht falsch, wenn man die Zweiteilung des frühchristlichen Gottesdienstes - Wortverkündigung und Sakramentsfeier - auf das Vorbild Jesu, sein prophetisches und sakramentales Wirken, zurückführt. Das prophetische Wirken war nach Heiler allerdings keineswegs auf den ersten Teil des Gottesdienstes beschränkt. Für ihn waren beide Teile, also die Eucharistiefeier als ganze, langehin sowohl von prophetischen als auch von Kräften bestimmt, die dem Mysterium verpflichtet waren. Auch als im 2. Jahrhundert an die Stelle der für den Gottesdienst zunächst verantwortlichen Geistträger allmählich Amtsträger traten und die Eucharistiefeier feste Gestalt gewann, blieb es noch lange bei einem charismatischen Charakter der Gebete. Die bis heute erhaltene Salutation vor den Gebeten weist darauf hin. Erst im letzten Drittel des 1. Jahrtausends hielt man sich auch bei den Gebeten an weithin feststehende Texte. Das brauchte kein Nachteil zu sein. Fromme Priester konnten solchen vorformulierten Gebeten als Gebeten der Kirche Leben und Tragkraft einhauchen. Doch der Schöpfer-Geist hatte an dieser Stelle sein Einfallstor verloren. Das wog dort umso schwerer, wo auch die Wortverkündigung - wie es weithin der Fall war - ihren charismatisch-prophetischen Charakter verloren hatte.

In der Folgezeit wurde aus dem Mysterienmahl der Gemeinde das zeremonielle Kultdrama, das der Priester als Protagonist mit seinen Klerikern in einer kaum noch verstandenen Sakralsprache vor den Augen der Gemeinde aufführte. Da bald ein Chor die der Gemeinde zukommenden Responsorien übernahm, war die Gemeinde vollends zum Zuschauen und Zuhören degradiert.[156] Mit dem Wandel des christlichen Gottesdienstes von einer Gemeindefeier zu einem priesterlichen Opferakt im Westen und zu einer priesterlichen Mystagogie im Osten wuchsen die äußere Pracht der Liturgie wie die Menge der Zeremonien. Das hatte zur Folge, daß vom urchristlichen Puritanismus nichts mehr zu spüren war. Auch der dogmatische Hintergrund blieb nicht unberührt. Der frühchristliche eucharistische Spiritualismus, der in der Urfassung des Johannesevangeliums, in der alexandrinischen Theologie, der Theologie des Augustinus wie auch in der römischen Stadtliturgie starke Stützen hatte, wurde mehr und mehr von einem eucharistischen Realismus verdrängt. Unter seinem Einfluß waren beim Abendmahl Brot und Wein nicht mehr das sacramentum des Leibes und Blutes Christi, sondern Leib und Blut Christi selbst. Die altkirchliche Segnung und Heiligung der Elemente durch die Danksagung wird zur „Wandlung", die in der Hochscholastik unter dem Einfluß Thomas von Aquins durch die Transsubstantiationslehre dogmatisch unterbaut wurde. Im Osten geschieht die Wandlung im Augenblick der Epiklese, im Westen

---

[156] Vgl. aaO. 12.

wird sie durch die Rezitation der Einsetzungsworte bewirkt, die der Priester „ex persona ipsius Christi loquentis" spricht. „Der Übergang vom Spiritualismus zum Realismus zeigt sich nicht nur in der Auffassung von der Realpräsenz, sondern auch vom Opfercharakter der Eucharistie. Nach der altchristlichen Auffassung ist die Eucharistie eine dramatische Darstellung ... der gesamten Heilsgeschichte; darum werden in der dem Einsetzungsbericht folgenden Anamnese alle heilsgeschichtlichen Fakta: Passion, Tod, Auferstehung, Himmelfahrt und Parusie genannt. Nach der späteren Auffassung ... ist die Eucharistie eine zwar unblutige, aber reale Darstellung des Opfertodes Christi am Kreuze und insofern eine wirkliche Opferung Christi durch den Priester ..., welche sühnenden und versöhnenden Charakter trägt ..." (15)
„Der Priester vermag ... das Meßopfer wirkungskräftig auch ohne Gemeinde zu feiern ... Jeder Priester feiert gewöhnlich täglich für sich die Messe und ... opfert sie für einen konkreten Zweck auf ... oder sonst 'nach Meinung', d.h. nach dem konkreten Wunsch eines Auftraggebers." (15f)
„Ein ungeheurer Wandel, ja großenteils ein Degenerationsprozeß hatte das gottesdienstliche Leben der christlichen Kirchen, besonders der westlichen, ergriffen. Wohl vermochte die individualistische Mystik mit ihrer Liebeskraft auch aus diesem umgestalteten und entarteten Gottesdienstleben noch Kraft für ihre zarten Erfahrungen der Gottesschau und Gotteseinigung zu ziehen, wie die wunderbaren Dokumente der hoch- und spätmittelalterlichen eucharistischen Frömmigkeit zeigen ... Aber dieser Gottesdienst hatte sich von dem der ältesten christlichen Gemeinden gar weit entfernt ... Welch ein Unterschied zwischen dem heiligen Mahl der frühchristlichen Gemeinde und der im Mittelalter entstandenen Adoration der in der Monstranz ausgesetzten und in der Prozession umhergetragenen konsekrierten Hostie! Die Dynamik der *actio* ist der Statik des Kultobjektes gewichen ... Das Gottesdienstleben des abendländischen Mittelalters schrie nicht minder nach einer *reformatio in capite et membris*, wie die juridisch-imperialistische Verfassung Roms und die zauberhafte Volksfrömmigkeit." (16f, Hervorhebung von F.H.)
Schon im Mittelalter kündigte sich an, was kommen mußte. In Italien rüttelte Petrus Waldes (+ 1218) an der die Gemeinde entmündigenden Gottesdienstgestalt. In England hatte John Wyclif (+ 1384) mit ähnlichen Forderungen starken Wiederhall. In Böhmen kämpfte Jan Hus (1371 - 1417) mit der Forderung nach Rückgabe des Laienkelches für das „allgemeine Priestertum der Gläubigen".
Doch erst als Luther 1517 mit seinen 95 Thesen auf den Plan trat, kam es zum Flächenbrand der Reformation. Im Vordergrund stand die Erkenntnis Luthers, daß der sündige Mensch nicht durch Werke des Gesetzes vor Gott gerecht werde, sondern allein durch Gottes Gnade um Christi willen und durch das Vertrauen auf diese Gnade (Röm 3,24.28). Zu bewähren und zu erproben war dieser Glaube zuerst im Gottesdienst. Darum war dort ein radikaler Wandel erforderlich. „Mit sicherem Blick sahen sie [die Reformatoren], daß das urchristliche Gottesdienstleben normativ für Liturgie und Sakramentsspendung sein müsse. Mit feiner Witterung entdeckten sie die mannigfachen Abweichungen vom urchristlichen Denken und Leben in Brauch und Lehre, und

mit kühner Hand gingen sie an die Austilgung der vielen Entartungserscheinungen.
Die Reformatoren stellten den vollen Gemeindegottesdienst wieder her ... Sie gaben dem Volk die Muttersprache im liturgischen Gebet wieder ... Sie entrissen das gottesdienstliche Gebet der Gesetzlichkeit, welche es zur unantastbaren Formel hatte erstarren lassen, und öffneten die Pforten der freien Gebetsschöpfung, in welcher der neuerwachte evangelische Gnadenglaube sich seinen eigenen Ausdruck schaffen konnte. Sie gaben den örtlichen Kirchen die Möglichkeit einer selbständigen Regelung des Gottesdienstes wieder und kehrten damit von der ... Uniformität zur altkirchlichen Vielgestaltigkeit der Gottesdienstordnungen zurück. Sie stellten den Mahlcharakter der Eucharistie wieder her und bekräftigten das königliche Priestertum der Gläubigen in der Rückgabe des Laienkelches wie in der Schöpfung des evangelischen Kirchenliedes. Endlich beseitigten sie die 'Kauf- und Winkelmesse'....; sie merzten die Idee einer 'Wiederholung' des Kreuzesopfers Christi und einer immer erneuten Versöhnung Gottes durch das Meßopfer aus, doch ohne dem Abendmahl den Opfercharakter im Sinn der Darbietung des einmaligen Kreuzesopfers Jesu Christi zu rauben. Bei dieser Erneuerungsarbeit verfuhr das Luthertum konservativer und taktvoller ... Der Calvinismus und Zwinglianismus verfuhren radikaler ... Der Anglikanismus schlug eine Mittellinie ein ..." (17f)
Luther hielt an der ursprünglichen Gestalt des Gottesdienstes, der Messe, fest. So blieben viele „ehrwürdige und inhaltsreiche Formen des kirchlichen Altertums" einschließlich der aus dem Mittelalter überkommenen Kommuniongebete bestehen. Calvin hingegen ließ nur gelten, was der Norm eines strengen Biblizismus entsprach. Im Verständnis der Gegenwart Christi in den Elementen des heiligen Abendmahles wandte er sich vom mittelalterlichen Realismus ab, hielt sich an Augustinus und war damit dem altkirchlichen Spiritualismus sehr nahe. Der Anglikanismus schlug einen Mittelweg ein. Er blieb bei der Messe, schloß sich aber in der Deutung des „Wunders" im heiligen Mahl Calvin an (vgl. 18).

Erst jetzt kommt Heiler auf das für die Reformatoren Wichtigste zu sprechen: Das Wort Gottes sollte in den Gottesdiensten wieder neu zu Ehren kommen! Luther hatte in seiner Übersetzung der Heiligen Schrift die Texte allen, die lesen konnten, erschlossen. Nun verlangten die Texte nach Auslegung und Predigt. Luther selbst war dabei nicht nur mit großer Sachkunde, sondern auch mit prophetischer und erwecklicher Kraft vorangegangen.
Wenn das ganze große Vorhaben der evangelisch-lutherischen Gottesdienstreform voll hätte realisiert werden können, wären sowohl Prophetie als auch Mysterium wieder zu tragenden Kräften des Gottesdienstes geworden. Zwar blieben die auf Luther und Melanchthon zurückgehenden Prinzipien für knapp zwei Jahrhunderte bestimmend, ein Erosionsprozeß war aber bald nicht mehr zu übersehen. Er führte schließlich zum Zerfall des so groß Gewollten.

Für Heiler hatte das vor allem zwei Gründe: Erstens mangelte es den Reformatoren an liturgiegeschichtlichem Wissen und am Sinn für geschichtliche und psychologische Gesetzmäßigkeiten. Bei Luther führte das dazu, daß er in seinem Verständnis der Gegenwart Christi in den Abendmahlsgaben dem mittelalterlichen Realismus verhaftet blieb. Waren ihm doch die feinen und feinsten Formen des eucharistischen Spiritualismus der frühen Kirche unbekannt geblieben. Calvin übersah, wie sehr die altkirchliche Eucharistie den Intentionen Christi entsprochen hatte. - Ein weiterer Grund für den Zerfall der Konzeption Luthers, der vielleicht noch schwerer wiegt, lag für Heiler in der bald zu konstatierenden Überbetonung des „Wortes". Sie bewirkte, daß das Sakrament zu einer bloßen Variante der Wortverkündigung herabsank und seinen Mysteriencharakter verlor. Der Predigt bekam es andererseits nicht, daß sie zur großen Hauptsache des Gottesdienstes wurde.

Ergänzend möchte ich hinzufügen, daß das Abendmahl zunehmend als Mahl der Sündenvergebung und als Besiegelung der Lossprechung in der Beichte begriffen wurde. So war es folgerichtig, daß der Zusammenhang von Wort- und Sakramentsgottesdienst nicht mehr einsichtig war, und daß das Abendmahl nach dem Vorbild des Calvinismus in Verbindung mit einer allgemeinen Beichte zu einem nur wenige Male im Jahr gefeierten Sondergottesdienst verkümmerte.

Noch etwas, das Heiler zu erwähnen für unnötig hielt, soll hier angedeutet werden. Zu dieser Erosion der lutherischen Gottesdienstreform hat es nur deshalb kommen können, weil - was Luther und vor allem Melanchthon hatten vermeiden wollen - die Reformation dazu führte, daß die Einheit der abendländischen Kirche Christi zerbrach. Hätten Wittenberg und Rom allen Spannungen zum Trotz aneinander festgehalten, wäre die allfällige Gottesdienstform zur gemeinsamen Sache geworden. Beide Flügel hätten ihr Charisma eingebracht. Miteinander hätte man das Einigende frühkirchlicher Prinzipien entdeckt. Und überall dort, wo einseitige Übertreibung oder dogmatische Verengung gedroht hätten, hätte man einander korrigiert. Aber davon zu träumen, hat nachträglich keinen Sinn. Es entstanden zwei Kirchen, von denen die eine stolz war, Kirche des Wortes zu heißen, die andere aber um des Altarsakramentes willen umso entschiedener an der überkommenen Gestalt der Messe festhielt. Prophetie und Mysterium, die beiden für Heiler aufeinander angewiesenen Grundkkräfte des christlichen Gottesdienstes, hatten weder hüben noch drüben eine Chance, sich voll auszuwirken.

Wenn Heilers These richtig ist, der christliche Gottesdienst sei darauf angewiesen, daß diese beiden Grundkräfte gemeinsam zum Tragen kommen, konnte es auf Dauer beiderseits bei solcher Einseitigkeit nicht bleiben. Heiler übergeht die Zeiten der gottesdienstlichen Dürre auf evangelischer Seite und verweist auf das 19. und 20. Jahrhundert, wo es nach dem Vorbild der liturgisch-sakramentalen Erneuerung im Anglokatholizismus zu einer Neubesinnung auf das verlorengegangene Mysterium des Gottesdienstes kam, und wo man im sogenannten „Neuluthertum" versuchte, bei der Gottesdienstreform

Luthers wieder anzuknüpfen. Heiler erinnert an die Namen derer, die jeder von seiner Seite her energisch das gleiche Ziel verfolgten: der Kirchenrechtler Friedrich Julius Stahl, der Marburger Dogmatiker August Friedrich Christian Vilmar, der Seelsorger Wilhelm Löhe, die Liturgiker Theodor Kliefoth und Ludwig Friedrich Schöberlein. Obwohl es an mutigem Voranschreiten bei der praktischen Verwirklichung und an charismatischer Vollmacht nicht fehlte - hier ist vor allem Wilhelm Löhe zu nennen -, blieb diese Bewegung auf kleinere Inseln beschränkt und fand erst nach dem Ersten Weltkrieg in der Hochkirchlichen Vereinigung und bei den Berneuchenern eine Fortsetzung. Hier waren die Umstände insofern günstiger, als etwa zur gleichen Zeit im deutschen Katholizismus eine beachtliche liturgische Neubesinnung einsetzte und auf eine Erneuerung der römischen Messe hinarbeitete. Diese liturgische Bewegung verfocht in mancher Hinsicht geradezu lutherische Anliegen. Ein heiliger Zufall wollte es, daß beide Bewegungen in der Person und in den Intentionen Friedrich Heilers eng miteinander verklammert waren. Sie waren es auch insofern, als es auf beiden Seiten nicht nur um die gottesdienstliche Erneuerung der eigenen Kirche ging, sondern um einen zugleich ökumenischen Gottesdienst, in dem die christlichen Kirchen zumindest des Abendlandes einander erneut begegnen konnten und in dem die Sehnsucht neue Nahrung fand, wieder zur einen, heiligen, katholischen und apostolischen Kirche zusammenzufinden.

Auch das war nicht ohne Gewicht, daß Heiler in seinen Kriegsvorträgen sich gemüht hatte, den konfessionellen Gegensatz zwischen Lutheranern und Calvinisten abzubauen. So wenig er den letzteren zubilligen konnte, daß sie sich von der altkirchlichen Meßform des Gottesdienstes abgekehrt hatten, so wichtig war es ihm, daß Calvin das Wunder der Gegenwart Christi in den Elementen des Abendmahls im Sinne des frühchristlichen Spiritualismus des Kirchenvaters Augustinus deutete. Hatte nicht diese Deutung neben der mittelalterlichen realistischen Deutung Luthers ein Lebensrecht? Durfte sie weiterhin mit der Deutung Zwinglis in einen Topf geworfen werden, und durften gar die Worte Luthers an Zwingli beim Marburger Religionsgespräch den Calvinisten gegenüber wiederholt werden: „Ihr habt einen anderen Geist!"?

Für mich kommen Heilers Gedanken über die Erneuerung des christlichen Gottesdienstes in diesem letzten Kriegsvortrag zu ihrem alles zusammenfassenden Höhepunkt. Hier hatte er alles gesagt, was ihm wichtig war, und, da er sich nicht gerne wiederholte, hat er zur Frage der Eucharistie nicht noch einmal ausführlich Stellung genommen. Heiler beschließt sein Nachdenken über die Wesenselemente des christlichen Gottesdienstes: „Der christliche Gottesdienst kann weder das Mysterium entbehren, das vorwiegend in der gebundenen Liturgie waltet und im Herrenmahl seinen Mittel- und Höhepunkt hat, noch kann er auf die reichen Schätze der klassischen liturgischen Tradition der alten Kirche wie des Reformationsjahrhunderts verzichten, in welcher der pneumatische Enthusiasmus vergangener Zeiten sich kristallisiert hat. Er kann aber ebensowenig des charismatischen Prophetismus in der Gegenwart entbehren, dem die Bahn wieder eröffnet zu haben die größte Tat der reformatorischen Gottesdiensterneuerung ist. Darum können hinsichtlich des gottesdienstlichen Lebens alle christlichen Kirchen und Gemeinschaften von einander lernen. Erst im Zusammenwirken von ehrwürdiger liturgischer Überlieferung wie von spontaner und freier gottesdienstlicher Neuschöpfung, von statischer Mysterienliturgie und dynamischer Prophetie, von strömendem Laienenthusiasmus und behutsamer weiser Hirtenführung, von *telete* und *pneuma*, *mysterion* und *charisma* von 'apostolischer Sukzession' und evangelischer Erweckung liegt der volle Reichtum und die volle Kraft des christlichen Gottesdienstes. An ihm müssen sich immer wieder die Worte des Apostels bewahrheiten: 'Es sind mancherlei Gaben, aber es ist e i n Geist; es sind mancherlei Ämter, aber er ist e i n Herr; und es sind mancherlei Kräfte, aber es ist e i n Gott, der da wirket alles in allen'." (24; Hervorhebungen von F.H.)

Gegen Kriegsende versuchte Heiler noch zweimal, das ihm auferlegte literarische Verstummen wenigstens seiner Hochkirchlichen Vereinigung gegenüber zu durchbrechen. Ende 1943 erinnerte er in einem sechsseitigen Rundschreiben an das 25-jährige Bestehen der Vereinigung.[157] Ein Jahr später meldete er sich mit einem dreiseitigen Rundschreiben.[158] In der Chronik heißt es darüber: „Unter anderem geht Heiler nochmals, wie schon im Rundschreiben des vorigen Jahres, auf die päpstliche Enzyklika 'Mystici Corporis Christi' ein. Auch Abweisung falscher Gerüchte in römisch-katholischen Kreisen über eine Union mit Rom von 500 hochkirchlichen Pfarrern samt Prof. Heiler. Was die HV und Prof. Heiler betrifft, so ist an dem Gerücht kein wahres Wort!" (113)

In Marburg hatte man derweil entdeckt, wie sehr Heiler sich auch seiner evangelischen Landeskirche verpflichtet fühlte. Wie kaum einer seiner einstigen Fakultätskollegen hatte er sich bereitgefunden, für die vielen fehlenden Pfarrer Vertretungsdienste zu übernehmen. Anfängliche Sorgen, er werde den jeweiligen Gottesdienst in seinem Sinn umfunktionieren, erwiesen sich als unbegründet. Und wenn er es auch vermochte, „zeitlos" zu predigen, so mangelte es doch nie an einer für die schlimme Zeit bestimmten Weisung und Wegzehrung. Auch um die Mithilfe bei der seelsorgerlichen Betreuung Kranker und Versehrter in der Deutschhausklinik hatte man ihn nicht lange zu bitten brauchen. Wenn Heiler in Marburg oder seinem Umland am Sonntag Vertretungsdienst übernommen hatte, feierte er die Eucharistie an den Vorabenden in der Hauskapelle. Dort traute Heiler des öfteren Brautpaare verschiedener konfessioneller Herkunft. Er taufte Kinder aus solchen Ehen. Wo die Kirchen sich oft noch versagen mußten, war der weitherzige Priester immer zum Entgegenkommen bereit.

---

[157] Vgl. Niepmann, Chronik, 112.
[158] Vgl. aaO. 113.

139

Die wieder offene Tür des Wortes

Marburg war am Gründonnerstag, dem 29. März 1945, kampflos von amerikanischen Truppen besetzt worden. Anders als ungezählte Städte in Deutschland war die Altstadt unversehrt geblieben. Auch der Marbacher Weg hatte nur geringen Schaden genommen. Lange hatte Heiler diesen Tag, aller Ängste zum Trotz, herbeigesehnt. Er erlebte ihn als Tag der Befreiung von einem immer unerträglicher gewordenen Joch. Nun stand der völlige Zusammenbruch des Hitlerreiches unmittelbar bevor. Mochte kommen, was wollte, in den befreiten Zonen konnten alle Kräfte für das Überleben und, wenn es sein durfte, für einen Neubeginn unter neuen Vorzeichen tätig werden.

Die fremden Machthaber hatten sich in Marburg kaum etabliert, da ließen sie Heiler wissen, daß er für sie zu den ganz wenigen Einwohnern gehöre, denen sie Vertrauen schenkten und von denen sie Hilfe für ihr Übergangsregiment erhofften. Offenbar hatte Heiler auf einer Liste unbescholtener und verläßlicher Regimegegner gestanden. Hatte etwa Bischof Bell von Chicester, hatten schwedische Freunde sich für ihn verwendet?
Noch ehe dieses Vertrauen zum Tragen kam, waren Heiler und seine Frau von sich aus tätig geworden. Bereits am Tag nach der Besetzung der Stadt kamen sie in einem kleinen Kreis verläßlicher Mitbürger und Mitchristen im Philippshaus, dem evangelischen Gemeindezentrum, zusammen, um die „Christliche Nothilfe" zu begründen. Vermutlich hatten sich die Teilnehmerinnen und Teilnehmer schon vor dem Tage X darüber verständigt. Denn bereits vor dem Zusammenbruch war Marburg zur Zuflucht ungezählter Haus- und Heimatloser geworden. Die spontane Hilfsbereitschaft der Marburger war zwar groß, diesem Ansturm und der damit verbundenen Not war sie aber nicht gewachsen. Eine Anlaufstelle war erforderlich, eine Stelle, in der Notunterkünfte vermittelt und Spenden verteilt werden konnten. Zu Heilers Freude war in dieser „Nothilfe" ein festes Bindeglied zwischen den Konfessionen entstanden. In den „Daten seines Lebens" schreibt seine Frau: „Wir waren beide seit Kriegsende aktive Mitglieder der in Marburg gegründeten 'Christlichen Nothilfe', einer überkonfessionellen Organisation, die, wie ihr Name sagt, sich zur Aufgabe gesetzt hatte, materielle und seelische Not zu lindern, wenn möglich, zu beseitigen." [159]

Weiteres erfahren wir aus einer Predigt, die Heiler am 13. Mai 1945, dem Sonntag Exaudi, in der Elisabethkirche hielt. „Unsere Liebe muß sich in der Tat erweisen, ganz besonders gegenüber allen in Not befindlichen Volksgenossen. Der Apostel mahnt, gastfrei zu sein ohne Murren. Die Not der durch Bombenangriffe Geschädigten, der Evakuierten, der von ihren Familien Ge-

---

[159] Heiler, Anne Marie, Friedrich Heiler, 17.

trennten ist riesengroß. Die öffentlichen Maßnahmen reichen nicht aus, um eine solche Not völlig zu bannen. Es gibt nur einen Weg der radikalen Hilfe: den Weg der christlichen Urgemeinde, wie die Apostelgeschichte ihn uns zeigt: 'Die Menge der Gläubigen war e i n Herz und e i n e Seele; auch sagte keiner von seinen Gütern, daß sie sein wären, sondern es war ihnen allen gemeinsam' (Ap.-G. 4,32). Wie in der christlichen Urzeit die Gemeinde die Hilfe für alle Bedürftigen organisierte, so tut das die Kirche auch heute in der 'Christlichen Nothilfe'. Wir richten immer wieder an die Gläubigen die Bitte, diese Organisation zu unterstützen, sowohl durch Geld- wie durch Sachspenden (Möbel, Kleider, Wäsche, Schuhe usw.). Neben der organisierten christlichen Nothilfe wird aber wie in der letzten Zeit noch länger die persönliche Gastfreundschaft entscheidend zur Linderung der Nöte beitragen müssen. Wir sollen uns stets das Wort Benedikts von Nursia vor Augen halten, der in seiner Mönchsregel (c. 53) schreibt: '...alle ankommenden Gäste sollen aufgenommen werden wie Christus selbst.' Diese Norm gründet ja im Wort des Herrn selber; der messianische Richter wird einst zu einem jeden sprechen: 'Ich bin ein Gast gewesen, und ihr habt mich beherbergt' oder 'nicht beherbergt' (Matth. 25,35.43)." [160]

Wenig später erfuhr ich nach meiner frühen und glücklichen Heimkehr aus dem Krieg selbst, wie sehr diese Worte zur Tat geworden waren. Die Not hatte nicht nur Beten, sondern auch Lieben und Helfen gelehrt. Mochte im wirtschaftlichen Leben, im Handel und Wandel noch fast alles darniederliegen, man hatte offene Augen für die Nöte der in die Stadt Verschlagenen, man rückte zusammen, man teilte und einer trug oft wirklich des anderen Last. Viele wußten, was sie der eigenen Bewahrung schuldig waren. „Unser keiner lebt sich selber" (Röm 14,7) - diese Überzeugung hat das Leben wahrscheinlich nie so geprägt wie in den ersten Wochen und Monaten nach dem Zusammenbruch.

Daß Heiler am Sonntag Exaudi in der Elisabethkirche predigte, war damals keine Ausnahme. Die Anforderungen an seine Mithilfe im kirchlichen Dienst der Stadt waren in jenen Wochen größer als je vorher und nachher. Und von den Pfarrern der Elisabethkirche war wohl nur einer zur Stelle.

Die riesige gotische Halle war, als die Waffen schwiegen, beinahe nicht groß genug, um den Zustrom zu den Gottesdiensten zu fassen. Aber das galt nicht nur für dieses Gotteshaus. Es war, als hätte jemand den Menschen zugerufen: „Kommt, wir wollen wieder zum Herrn. Er hat uns zerrissen, er wird uns auch heilen." (Ez 6,1) Viele suchten damals nach neuer Orientierung. Sie fragten sich, ob sie diese nicht bei dem so lange mißachteten und zertretenen Glauben der Väter finden würden. Diesem Bedürfnis entsprechen zu können, muß Heiler ebenso beflügelt haben wie die Tatsache, daß von den Kanzeln wieder offen geredet werden konnte. Wieviel Ungesagtes hatte sich in den vergangenen Jahren angestaut! In diesen Wochen nach dem Krieg war es kein Schade,

---

[160] Heiler, Friedrich, Mysterium Caritatis, 253 (Hervorhebung von F.H.).

daß die Predigt im Gottesdienst den Vorrang hatte und nicht durch eine Eucharistiefeier begrenzt wurde.

Nach der Besetzung der Stadt nimmt Heiler am 22. April 1945, Sonntag Jubilate, - noch in der Franziskuskapelle - den Text Joh 16,16-22 zum Anlaß, darüber nachzudenken, was jetzt Aufgabe der Kirche sei. Die Predigt hat das Thema: „Die Kirche als Freudenbringerin". Inwiefern kann sie das sein? - „Die, welche der Kirche Christi den Untergang geschworen hatten, ... liegen heute gebrochen am Boden in den letzten Todeszuckungen. Die Kirche aber hat wieder die Freiheit der Verkündigung, der Liebesarbeit, der Jugendseelsorge ... Und sie empfängt viele von ihren Gefangenen wieder und erfährt so die Wahrheit des Psalmwortes: 'Die mit Tränen säen, werden mit Freuden ernten ...' (Ps. 126,6) ... Aber trotz dieser Freude ... ist das Leid nicht von der Kirche genommen. Hatte sie 12 Jahre lang selbst gelitten, so leidet sie heute mit den unzähligen schuldigen und unschuldigen Opfern eines gottwidrigen Regimes. Die furchtbare Saat des Hasses, der Grausamkeit und Unterdrückung ist aufgegangen ... Was Deutsche als Werkzeug der bösen Mächte so vielen Völkern Europas zugefügt, erleiden heute Deutsche - leider so oft unschuldig - wieder ..." (225) „Die Kirche trägt gewiß den geringsten Anteil an der allgemeinen Schuldverstrickung unseres Volkes ... Dennoch darf sie sich nicht in pharisäerhafter Weise über die Schuldigen und Mitschuldigen erheben. Wie der 'geistliche Vater' der alten östlichen Kirche mit seinem Beichtkind ... die Bußstrafe auf sich nimmt und gemeinsam mit ihm Buße tut, so muß auch heute die Kirche mit den in größerem oder kleinerem Maße Schuldigen die Buße auf sich nehmen.

Vor allem aber hat die Kirche die Aufgabe, unserem unglücklichen Volke in der Stunde der Not zu helfen. Vom ersten Augenblick der neuen Verhältnisse an hat sie ihre Vorzugsstellung dazu benützt, um Nöte zu stillen, Fürsprache für schwer Betroffene einzulegen und harte Maßnahmen zu mildern. Und wie sie selbst in den Jahren ihrer Unterdrückung die Hoffnung auf die Wende von der Trauer nie aufgegeben hat, so vermag sie auch jetzt dem schwer geprüften Volk die Hoffnung zu stärken. Wenn unser Volk nur auf den Weg des göttlichen Gesetzes zurückkehrt, dann muß auch seine Trauer in Freude verwandelt werden. Dann ist ihm ein neuer Aufstieg beschieden, zwar nicht zur Herrschaft über andere Völker, wohl aber zum Dienst als eines gleichberechtigten Gliedes in der großen Völkergemeinschaft." (226) „'Ihr werdet traurig sein; doch eure Traurigkeit soll in Freude verkehrt werden.' Die leidvollen Wochen und Monate, die wir durchlaufen, sind Geburtswehen einer glücklicheren Zeit. Das deutsche Volk muß nur zu sich selbst zurückfinden, zu seinen christlichen Traditionen ..., zurück zu seinen Dichtern, Denkern, Heiligen und Propheten. Es muß sein inneres Heiligtum wieder entdecken, seine Seele finden. Diese Seele konnte befleckt und entstellt, aber nicht aus dem Leib des deutschen Volkes gerissen werden ... Wahrhaftigkeit, Treue, Gerechtigkeit, Edelmut, Mannesmut (der nicht im Dreinschlagen besteht, sondern im Bekennen der Wahrheit), Güte und Barmherzigkeit - alle jene Seiten des deutschen Wesens, die in ihr Gegenteil verkehrt worden sind, müssen wieder Norm werden. Eine solche innere Umkehr ist der erste Schritt zur Überwindung des tiefen Leids, das uns alle betroffen hat. Selbst eine so abgründige Traurigkeit muß vorübergehen. Auch ihr gegenüber gilt die Verheißung des Herrn: 'Eure Traurigkeit soll in Freude verkehrt werden.' Amen." (227)

In den Augen Heilers darf die Kirche nicht der Versuchung erliegen, sich pharisäerhaft abzusetzen, so unausdenklich die Schuld auch war, die das Ende herbeiführte. Der Platz der Kirche ist nicht nur bei den unschuldig, sondern auch bei den schuldig Leidenden. Sie muß mitbüßen, mittragen, ohne Ansehen der Person Leid lindern und helfen. Sie darf vor allem den Weg zur Umkehr weisen und von der Freude eines neuen Lebens künden. Heiler glaubt an die Möglichkeit eines Neuanfangs. Schon am Sonntag Cantate, 29. April 1945, - noch schweigen die Waffen in Deutschland nicht - steht Heiler wieder auf der Kanzel der Elisabethkirche. Sein Text ist diesmal Jak 1,16-21: „Legt ab alle Bosheit". Worin kulminiert in seinen Augen das Böse, in welches das deutsche Volk geraten war? - „Alles, was auf Erden gut und schön ist, das ist ein Ausfluß und Abbild des ewig Guten und Schönen, das in seiner Unveränderlichkeit über allen irdischen Wechsel erhaben ist. Alles Gute ist ein Abglanz der Welt des ewigen Lichtes, in der ohne Unterlaß Gottes geistige Sonne leuchtet, wo nicht wie am irdischen Sternenhimmel Licht und Finsternis miteinander wechseln. Jenes ewige Lichtreich ist unsere wahre Heimat, in der wir selig zu werden hoffen. Aber nur der kann Bürger dieser ewigen Welt werden, der wiedergeboren ist zum göttlichen Leben ...'Es sei denn', sagt Christus zu Nikodemus, 'daß jemand von neuem geboren werde aus Wasser und Geist, so kann er nicht in das Reich Gottes kommen' (Joh. 3,5). Die christliche Lehre von der geistigen Wiedergeburt steht in unversöhnlichem Gegensatz zu jener modernen Rassenlehre, die unserem Volk unaufhörlich eingeprägt worden ist. Nach dieser Lehre hängt der Wert eines Menschen und eines Volkes von seinem edlen oder unedlen Blut ab. Als die höchste, die eigentlich kulturschöpferische Rasse wurde die nordische Rasse bezeichnet, als die schlechteste und zerstörende die jüdische Rasse. Diese Rassenlehre ist wissenschaftlich als Wahnkomplex und Aberglaube zu bezeichnen ... Die Konsequenz dieser unsittlichen Lehre war die Ausrottung von mehreren Millionen Menschen." (228f)
Was lehrt demgegenüber die Kirche Christi? - „Das Christentum kennt nur von Gott geschaffene, gefallene und erlöste Menschen. Die Angehörigen aller Rassen sind erlösungsbedürftig, die der nordischen Rasse genau so wie die der semitischen. Christus ist der Erlöser aller Rassen. Durch ihn werden sie alle wiedergeboren zu 'einer neuen Kreatur' (2. Kor. 5,17; Gal. 6,15), zu Kindern des himmlischen Vaters und Gliedern Seines Leibes: 'Gott hat uns gezeugt nach seinem Willen durch das Wort der Wahrheit, auf daß wir wären Erstlinge seiner Kreaturen'. Der Jakobusbrief spricht hier denselben Gedanken aus wie der Prolog des Johannesevangeliums: 'Wie viele ihn aufnahmen, denen gab er Macht, Gottes Kinder zu werden, die an seinen Namen glauben; welche nicht

von dem Geblüt noch von dem Willen des Fleisches, noch von dem Willen eines Mannes, sondern von Gott geboren sind' (Joh. 1,12f). 'Nicht aus dem Blut, sondern aus Gott geboren', 'gezeugt nach seinem Willen durch das Wort der Wahrheit' - in diesen ehernen Worten des Neuen Testaments ist die nationalsozialistische Rassenlehre als Irrlehre erwiesen. Alle aber, die von Gott geboren sind, sind vor Gott gleichwertig. Der Apostel Paulus sagt: 'Ihr alle seid Gottes Kinder durch den Glauben an Christum Jesum. Denn wie viel euer auf Christum getauft sind, die haben Christum angezogen. Hier ist kein Jude noch Grieche, hier ist kein Knecht noch Freier, hier ist kein Mann noch Weib; denn ihr seid allzumal e i n e r in Christo Jesu' (Gal. 3,26ff)." (229, Hervorhebung von F.H.)

Was folgte und was folgt daraus für die Kirche? - „Von dieser Voraussetzung aus mußte die Kirche, wenn sie ihrem Auftrag treu bleiben wollte, gegen die Diskriminierung der Juden und Judenstämmlinge Front machen. Sie hat dies immer wieder getan, und zwar nicht nur durch Proteste in Worten, sondern durch die Tat der Liebe. Tausende von Juden konnten nach den Massendeportierungen verborgen gehalten werden, vor allem dank der Hilfe katholischer und evangelischer Christen, welche um des Gebotes Christi willen ihr eigenes Leben und ihre Freiheit aufs Spiel setzten. Als Haupt der Juden und Heiden umfassenden Kirche ist Christus der Anfang einer neuen Menschheit, der Menschheit schlechthin. Ohne dem eigenen Volkstum, der eigenen Sprache und Kultur untreu zu werden, gingen die zahllosen Völker der Erde ein in die große Gemeinschaft der christlichen Kirche, in der die Völker- und Rassengegensätze wenigstens im Prinzip überwunden sind. Sie alle sind in demselben Taufwasser wiedergeboren zur Gotteskindschaft und Christusgliedschaft; sie alle sind Tischgenossen geworden im selben Heiligen Mahle, 'ein Leib und ein Blut mit Christus' wie Cyrill von Jerusalem im Hinblick auf das Herrenmahl sagt (Cat. Myst. 2,1); sie alle beten mit denselben Worten, die der Meister gelehrt hat: 'Vater unser, der du bist im Himmel' (Matth. 6,9). Um dieser völkerumspannenden Universalität willen ist die Kirche Christi die Macht auf Erden, welche am stärksten beizutragen vermag zur Schaffung des Weltfriedens ... Ohne diese geistige Völkereinheit ... wird es nie gelingen, eine wirksame Organisation des Weltfriedens zu schaffen, nach welchem die ganze Menschheit heute nach dem furchtbarsten aller Kriege seufzt." (229f)

Was rät der Apostel jedem einzelnen von uns? - „'Ein jeglicher Mensch sei schnell zu hören, langsam aber zu reden und langsam zum Zorn.' Wir müssen frei werden vom Ressentiment ... Ein gut Teil der Propaganda bildete die Nahrung des Ressentiments, die Aufstachelung von Zorn und Haß gegen den Gegner bis zur hysterischen Wut, die Entfesselung des Massenfanatismus. Es gibt gewiß einen heiligen Zorn - man denke an den Zorn, in dem Mose das goldene Kalb zerschlug und in dem Jesus die Pharisäer und Schriftgelehrten strafte und die Händler aus dem Tempel trieb. Es gibt auch einen gesunden sittlichen Haß, den Haß gegen das Böse, gegen die Verletzung der Majestät

Gottes. Ein solcher Zorn und Haß vermag gewaltige sittliche Kräfte zu entbinden. Aber jeder andere Zorn und Haß ist unsittlich; 'er tut nicht, was recht ist vor Gott'; ja er vergiftet die Seele, und seine Wirkung auf die Außenwelt ist nur Vernichtung und Zerstörung. Was hat all der Zorn und Haß, der unserem Volk gerade in den letzten Monaten beständig eingehämmert worden ist, genützt? Nichts, als daß das Werk der Zerstörung noch furchtbarer wurde. Aus dieser giftigen Atmosphäre gilt es herauszukommen: 'Leget ab alle Unsauberkeit und alle Bosheit.' Schon der Prophet Jeremia hatte sein Volk aufgefordert: 'So wasche nun, Jerusalem, dein Herz von der Bosheit, daß dir geholfen werde' (Jer. 4,14). Diese Mahnung gilt uns heute ganz besonders. Unsauberkeit und Bosheit haben sich turmhoch aufgehäuft. Hochmut und Prahlerei haben sich und anderen ein tausendjähriges Reich der Herrlichkeit vorgespiegelt, das nun jäh in ein Nichts zerflossen ist. Die Lüge wurde zum Instrument der Massenlenkung und wure auch den Gelenkten aufgezwungen. Viele wurden zur Unwahrhaftigkeit genötigt, gezwungen zu reden, was sie nicht glaubten, und zu tun, was sie nicht wollten. Die Ungerechtigkeit herrschte: das Recht wurde gebeugt; die ewigen Rechtsnormen wurden entthront. Als Recht wurde ausgegeben, was im Augenblick nützlich und zweckdienlich erschien. Unbarmherzigkeit und Grausamkeit regierten. Das Menschenleben wurde für nichts geachtet. Zu den Massenmorden an Geisteskranken traten die an den Juden, an Angehörigen der feindlichen Nationen, ja, an den eigenen Volksgenossen, die des Widerstands verdächtig waren. Noch schlimmer als die bloße Tötung von Menschen war ihre sadistische Folterung. Selbst solche unter uns, die manches wußten über die begangenen Frevel wider die Menschlichkeit, sind erschüttert von den jüngsten Enthüllungen über die Stätten der Massenqualen. Der deutsche Name ist durch diese grauenvollen Untaten für lange Zeiten geschändet.

Eine Bosheit tut sich vor uns auf, die mehr ist als menschliche Sündigkeit und Verworfenheit, die ihre letzte Erklärung nur in einer ungeheuren Dämonie findet. Nur Menschen, die von bösen Geistern besessen sind, konnten einer so furchtbaren Handlungsweise fähig sein und dabei noch ihre Bosheit mit dem Schein des Guten verhüllen.

Wir alle sind irgendwie mit hineingerissen und verstrickt, befleckt und beschmutzt von dieser Bosheit. Viele von uns sind, wenigstens in bestimmten Augenblicken, schwach gewesen, haben geschwiegen und durch Schweigen scheinbar zugestimmt. Denn hätten wir mehr Widerstand gegen die Mächte des Bösen geleistet, hätte es nie so weit kommen können. Vielen aber hat es an Einsicht gefehlt; sie ermangelten der Gabe, 'die Geiser zu unterscheiden' (1. Kor. 12,10) und ließen sich durch volltönende Phrasen betören. Jeder von uns möge in der Stille sein Gewissen prüfen und seinen Teil der Mitschuld erforschen. Was uns allen aber in dieser Stunde not tut, das ist die radikale und unbedingte Lossagung von all dem Gottwidrigen und Teuflischen der letzten Jahre: 'Leget ab alle Unsauberkeit und Bosheit'. Es gilt ganz Ernst zu machen mit dem Weckruf des Neuen Testamentes: *Metanoeite*, 'tut Buße', 'werdet von Grund auf anders'. (Matth. 3,2; 4,17) 'So leget nun ab von euch den alten Menschen, der durch Lüste im Irrtum sich verderbt; erneuert euch aber im Geist eures Gemüts und ziehet den neuen Menschen an, der nach Gott geschaffen ist in rechtschaffener Gerechtigkeit und Heiligkeit' (Eph. 4,22ff)." (231f; Hervorhebung von F.H.)

Gegen Schluß der gewaltigen Predigt nur noch einige Hauptgedanken: „Damit wir aber innerlich neu werden, müssen wir die Mahnung der heutigen Epistel befolgen: 'Nehmet das Wort an mit Sanftmut.'" (232)
„Es gilt heute, das alte heilige Buch mit neuen Augen zu lesen. Aber dieses Buch ist nicht nur Gerichtsbuch, sondern ebenso Trostbuch ... Es ist unsere letzte Stütze, nachdem alle irdischen Stützen zerbrochen sind. Wie Balsam eine Wunde, so berührt Gottes Trostwort unsere todwunde Seele. Gott spricht zu uns in der Schrift: 'Ich will euch trösten, wie einen seine Mutter tröstet' (Jes. 66,13). 'Ich will das Verlorene wiedersuchen und das Verirrte wieder-bringen, das Verwundete verbinden und des Schwachen warten' (Hes. 34,16) ... Und der Psalmsänger ruft uns aus seiner Gebetserfahrung zu: 'Der Herr ist nahe bei denen, die zerbrochenen Herzens sind, und hilft denen, die ein zer-schlagen Gemüt haben' (Ps. 34,19). Und der Prophet Micha stellt uns, die wir alle Schrecken des Krieges ausgekostet, das wunderbare Zukunftsbild des ewigen Friedens vor Augen: 'Sie werden ihre Schwerter zu Pflugscharen und ihre Spieße zu Sicheln machen. Es wird kein Volk wider das andere ein Schwert aufheben und werden nicht mehr Krieg führen lernen; ein jeglicher wird unter seinem Weinstock und Feigenbaum wohnen ohne Scheu; denn der Mund des Herrn hat es geredet' (Mich. 4,3f). Und der Seher des Neuen Te-stamentes versetzt uns in das Himmelreich, das auf diese arme Erde sich her-absenkt: 'Und ich hörte eine große Stimme von dem Thron, die sprach: Siehe da, die Hütte Gottes bei den Menschen. Und er wird bei ihnen wohnen, und sie werden sein Volk sein, und er selbst, Gott mit ihnen, wird ihr Gott sein. Und Gott wird abwischen alle Tränen von ihren Augen, und der Tod wird nicht mehr sein noch Leid, noch Geschrei, noch Schmerz wird mehr sein; denn das Erste ist vergangen. Und der auf dem Throne saß, sprach: Siehe, ich mache alles neu (Offb. 21,3f).
So redet zu uns aus der Schrift 'der Vater der Barmherzigkeit und Gott alles Trostes, der uns tröstet in aller unserer Trübsal, daß auch wir trösten können, die da sind in allerlei Trübsal, mit dem Trost, damit wir getröstet werden von Gott' (2. Kor. 1,3 f). Ja, Gottes Wort ist unsere einzige Rettung: 'Es kann un-sere Seelen selig machen', jetzt in dieser Zeit des Zusammenbruchs. Gottes 'Wort rettet uns aus der Verzweiflung; es öffnet uns den Blick in eine wun-derbare Zukunft ...'" (233f)

Am Sonntag Rogate 1945, 6. Mai, hat Heiler etwas Besonderes zuwege ge-bracht. Nach Marburg und in seine Umgebung waren viele Zwangsarbeiter und ehemalige Kriegsgefangene verschlagen. Zumeist waren es Russen, die, wenn sie sich hatten gefangennehmen lassen, um ihr Leben daheim bangen mußten. Die meisten von ihnen waren getaufte orthodoxe Christen. Unter ih-nen fanden sich sogar Geistliche, mit denen Heiler in Verbindung gekommen war. Ihnen allen ermöglichte er in der Elisabethkirche einen, wenn auch etwas verspäteten Ostergottesdienst. Wegen der nächtlichen Sperrstunden konnte die Osternachtfeier erst in der Frühe des Morgens stattfinden. Wir wüßten von diesem Gottesdienst nichts, wenn Heiler darauf nicht selbst in einer Predigt am Sonntag Exaudi, 13. Mai, in der Elisabethkirche zu sprechen gekommen wäre:

„In der Notzeit der letzten Monate haben allenthalben die evangelischen Gotteshäuser sich den katholischen Schwestergemeinden aufgetan und ihnen die Möglichkeit zur Abhaltung ihrer Gottesdienste gegeben. Und dieses Gotteshaus öffnete sich kürzlich den orthodoxen Brüdern vom Balkan und von Rußland. Es war ergreifend, heute vor acht Tagen in dieser Kirche viele russische Männer, Frauen und Kinder zu sehen, von denen manche Tränen der Freude vergossen. Jahrelang hatten sie keine Möglichkeit, den heimischen Gottesdienst zu feiern. Nun aber konnten sie hier wieder die alten Ostergesänge in ihrer Kirchensprache hören, die heiligen Bilder küssen und zum Tisch des Herrn gehen." (253)

Was es seinerzeit bedeutete, diesen Gottesdienst zu ermöglichen und bis ins einzelne vorzubereiten, können wir kaum ermessen. Aber wenn es um orthodoxe Geschwister ging, war Heiler nichts zuviel. Tochter Birgitta kann sich an diesen Gottesdienst noch gut erinnern. Ihr Vater habe ihn im vollen Ornat zusammen mit orthodoxen Geistlichen und Diakonen geleitet. Ihm sei das Altslawische und Russische nichts Fremdes gewesen und im orthodoxen Osternachtsgottesdienst wie in der Chrysostomus-Liturgie sei er theoretisch mindestens so „zu Hause" gewesen wie seine orthodoxen Amtsbrüder. Ob die Tränen, die ihm aus den Augen so mancher Gemeindeglieder entgegenleuchteten, nicht auch dem Umstand galten, daß ein deutscher Bischof und Theologieprofessor sich so hingebungsvoll ihres innersten Anliegens angenommen und daß eine deutsche Kirche - sie hatte in ihren Augen den Rang einer Kathedrale - sich für ihren Gottesdienst aufgetan hatte?

Am Sonntag darauf, Exaudi, hielt Heiler - wir erwähnten es schon - abermals in der Elisabethkirche den evangelischen Gottesdienst. Nun jedoch wieder im ungeliebten schwarzen Talar! Es war der 13. Mai, der erste Sonntag nach dem endlich in Kraft getretenen Waffenstillstand. An diesem Tag konnte das so weiträumige gotische Heiligtum die Menschen kaum fassen, die zusammengeströmt waren. Heiler predigte über 1. Petr 4,8-11: „So seid nun mäßig und nüchtern zum Gebet. Vor allen Dingen aber habt untereinander eine inbrünstige Liebe, denn die Liebe bedeckt auch der Sünden Menge."

Heiler geht davon aus, wie sehr wir Deutschen uns im nun zusammengebrochenen Dritten Reich die gebotene geistliche Nüchternheit und Wachsamkeit hätten austreiben lassen, wie sehr es der Propaganda gelungen sei, Hysterie und Fanatismus zu wecken. Die jetzt eingetretene Ernüchterung könne dazu helfen, in die heilige Nüchternheit des Gebets zurückzufinden. Am Anfang dieses Gebets würde ganz von selbst ein rückhaltloses Schuldbekenntnis stehen müssen. „Wehe dem, der glaubt schuldlos zu sein; er betrügt sich selbst. Wir alle sind verstrickt in die Erbschuld der Menschheit; und wir alle in Deutschland sind mit hineingerissen in die große Schuld unseres Volkes, auch wenn wir noch so sehr dem nun ausgelöschten Regime widerstrebten ... Und mit der Bitte um Gnade und Erbarmen muß sich das Flehen um eine innere Erneuerung verbinden: 'Schaffe in mir, Gott, ein reines Herz und gib mir einen neuen, gewissen Geist' (Ps. 51,12). Wenn wir beten, dürfen wir auch nicht bei unserer eigenen Not stehen bleiben, sondern müssen aller in Not befindlichen Brüder gedenken, aller Leidenden und Irrenden, aller lebenden und abgeschiedenen Opfer dieses Krieges.

Unser Beten darf sich aber nicht im Bitten erschöpfen, sondern muß zum Danken und Loben fortschreiten. Der heutige Sonntag wird im ganzen britischen Weltreich als Danksagungssonntag begangen. In allen Ländern der Sieger wie in allen Ländern, die von den Deutschen besetzt waren, herrscht in diesen Tagen ein grenzenloser Jubel; die Menschen atmen auf von dem Druck der Fremdherrschaft, unter dem sie so schwer gelitten haben. Aber auch wir haben Gott heute zu danken, obgleich wir als völlig Besiegte harte Lasten und Entbehrungen auf uns nehmen müssen. Allererst müssen wir dafür danken, daß wir heute in diesem ehrwürdigen und wundervollen Heiligtum, das mehrmals stark bedroht war, Gottesdienst feiern dürfen, daß unsere Stadt mit ihren kostbaren historischen Erinnerungen und ihren Pflegestätten des Geisteslebens erhalten geblieben ist. Wir müssen danken dafür, daß die Massentötung und Massenzerstörung in Europa aufgehört hat; daß wir jeden Morgen nunmehr unbekümmert an unsere Arbeit gehen und jeden Abend uns ruhig niederlegen dürfen. Wir müssen aber auch Gott dafür danken, daß wir befreit sind von der Tyrannei einer Herrscherschicht, welche göttliches und menschliches Recht mit Füßen getreten und beispiellose Verbrechen am deutschen Volk begangen hat. Und endlich müssen wir Gott danken 'um Seiner großen Herrlichkeit willen', Ihn loben und preisen dafür, daß 'Er allein mächtig ist' (Ps. 62,12), daß Er ... 'den Erdboden richtet mit Gerechtigkeit' (Ps. 96,13), danken, loben und preisen dafür, daß Er die ewige Liebe ist, die auch den Gefallenen und Gebeugten nicht zurückstößt, sondern aufrichtet, tröstet und stärkt. So müssen wir, geistig nüchtern geworden, recht beten lernen. Wer aber betend sich mit der ewigen göttlichen Liebe vereinigt, der strahlt diese Liebe aus auf alle Mitmenschen..." (249f)

Auch vor den Feinden mache solche Liebe nicht halt. Ein großes Beispiel für solche Feindesliebe sei ihm, Friedrich Heiler, seit langem ein englischer Freund, Bischof Bell von Chicester. Dieser habe sich nie darin irre machen lassen, daß es hinter der erschreckenden Fassade des Hitlerreiches das andere - wenn auch zum Schweigen gebrachte - Deutschland gebe, das alle Liebe und Fürbitte des Gebets verdiene, damit der Spuk der Machthaber ein Ende finde. Kaum schwiegen nun die Waffen, sei dieser Bischof unterwegs in den USA, um eine große Hilfsaktion für die deutschen evangelischen Kirchen in Gang zu bringen. Solches Vertrauen, solche Feindesliebe sei nun auch uns im Verhältnis zu den eigenen Landsleuten vonnöten: „Es gilt die teuflische Ideologie zu entwurzeln, die so großes Unheil der ganzen Welt verursacht hat. Aber die Menschen, die ihr verfallen oder in sie verstrickt waren, gilt es zu lieben ... Die Liebe ist die Macht, welche auch jene gewaltige Menge von Sünden und

Freveln zu bedecken vermag, die sich in unserem Volk in den letzten Jahren aufgehäuft haben." (252)

Gegen Schluß dieser Predigt findet Heiler zurück zu den Ereignissen der letzten Tage und Wochen. Er beendet die mächtige und auch diesmal das sonst gebotene Zeitmaß weit überschreitende Ansprache mit Aussagen, die nachwirkten und bei manchen Zuhörern Erregung und Widerspruch hervorrufen sollten: „Über allem kirchlichen Reden und Handeln stehen die majestätischen Worte: *Soli Deo Gloria!* 'Gott allein die Ehre!' Wie ist gerade dieses Wort mißachtet und in sein Gegenteil verkehrt worden! ... Diese göttliche Majestät und Liebe hat sich geoffenbart in Jesus Christus ... Zu den größten Attentaten auf Gottes Majestät ... gehört die Gleichsetzung Christi und eines politischen Führers. Der heiligste und reinste Gottessohn wurde auf eine Stufe gestellt mit einem sündenbefleckten Menschen, den die letzte Verantwortung für furchtbare Frevel an der ganzen Menschheit trifft. Welch erschütterndes Gericht Gottes ist über ihn und über alle, die ihn vergöttlicht haben, ergangen! Wie ein leuchtender Meteor flog er am Sternenhimmel dahin, um dann jäh in der Finsternis zu entschwinden ... Jesus Christus aber hat, wie so oft in einer neunzehnhundertjährigen Geschichte, gesiegt, und die Worte des neutestamentlichen Sehers sind wahr geworden: 'Nun ist das Heil und die Kraft und das Reich unseres Gottes geworden und die Macht seines Christus' (Offb. 12,10). 'Ihm sei Ehre und Gewalt von Ewigkeit zu Ewigkeit!' Amen." (255f, Hervorhebung von F.H.)

Sicher war das damals vielen aus dem Herzen gesprochen: das Ende der Hitlerherrschaft als Zeichen dafür, daß Gott seiner nicht spotten läßt und daß der Sieg Christi über die Mächte der Finsternis in Kraft steht. Das aber hieß auch: Im Gericht Gottes war seine Liebe und Gnade verborgen - nicht nur vergebende Gnade, sondern auch die Gnade eines Neubeginns! Den vielen dankbaren Zuhörern standen nicht wenige gegenüber, die das so nicht gelten lassen wollten. War der Sieg der Alliierten wirklich als Gericht Gottes über das Hitlerreich zu begreifen? Wenn Hitler und seine Gefolgsleute auch des Teufels gewesen sein sollten, waren es die Alliierten mit ihren oft auch Frauen, Kinder und Greise treffenden Schlägen aus der Luft nicht ebenfalls? War die Schuld am Krieg und an den Greueln des Krieges nur Hitler anzulasten? War so in Bausch und Bogen alles zu verdammen, wofür Deutsche langehin solche Opfer gebracht hatten?
Es gab selbst Theologen, die nach dieser Predigt den Kopf schüttelten. Noch Monate später sprach mich in meiner Vaterstadt Bielefeld ein ebenfalls früh heimgekehrter Kollege auf sie hin an. Er hatte sie gehört und meinte, es sei sehr gewagt gewesen, unter Berufung auf Offb 12,10 vom deutschen Zusammenbruch als einem Gericht Gottes zu sprechen. Dahinter stehe die gleiche „Theologie", aus der heraus Hitler angesichts seiner frühen Siege von der Gnade der Vorsehung gesprochen habe. Wir müßten endlich loskommen von der Vorstellung, daß Gott sich auch in Natur und Geschichte offenbare. In

dieser „natürlichen Theologie" habe der große Irrtum der Deutschen Christen bestanden. Ich weiß nicht mehr recht, was ich darauf geantwortet habe. Vielleicht habe ich an das geflügelte Wort erinnert, das 1813 angesichts der Niederlage Napoleons in Rußland die Runde machte und das uns im Winter 1941/42 vor Moskau wieder auf die Lippen kam: „Mit Mann und Roß und Wagen hat sie der Herr geschlagen". Ob denn auch dieses Wort falsch gewesen sei, weil es auf „natürlicher Theologie" beruhe, ob es nicht eine durchaus berechtigte „natürliche Theologie" gebe, - so hat vielleicht meine Gegenfrage gelautet. Heiler habe sich jedenfalls nicht frech auf den Allmächtigen berufen, sondern auf Christus und seinen Sieg über die Mächte der Finsternis. Wo einer dies tue, bestünde die Möglichkeit, daß er in höherem Auftrag rede. Prophetische Geschichtsdeutung habe es in der Kirche Christi immer gegeben, und was ginge verloren, wenn es sie jetzt nicht geben dürfe und wenn Christen ohne solche Orientierung blieben. - Daß wir beide mit diesem Gespräch so nah an dem Hauptdissens zwischen Heiler und Barth standen, ist mir erst viel später bewußt geworden.

Ich lasse es bei diesen Auszügen aus Heilers Predigten in den Wochen und Monaten nach dem Zusammenbruch bewenden. Daß bei diesen Gottesdiensten die Verkündigung der Liebe Gottes in Christus in der Feier des Abendmahles ausfallen mußte, daß Heiler die Eucharistie nach wie vor nur im kleinen Kreis in der Franziskuskapelle feiern konnte, muß er als einen schmerzlichen Mangel empfunden haben. Bald, so hoffte er, würden die evangelischen Christen selbst darauf kommen, im Gottesdienst auch des Herren Sieg über die Mächte der Finsternis erleben zu wollen. Das Bedürfnis danach hatte sich deutlich schon angemeldet. „Etwas Festes muß der Mensch haben" - dieses Claudiuswort werde sich in den kommenden schweren Jahren des Neubeginns durchsetzen.

Den Worten folgen Taten

Nach den Tagen der Befreiung blieb es für Friedrich Heiler nicht bei dem nun wieder freien Wort von der Kanzel. Mit seiner Frau fühlte er sich, wo immer es nottat und Hilfe möglich war, zur Tat gedrängt. Die Eheleute Heiler gehörten zu den Begründern der überkonfessionellen „Christlichen Nothilfe" in Marburg. Während hier Anne Marie Heiler besonders tätig wurde, öffnete sich für ihren Mann bald ein anderes Feld des Wirkens. Die Besatzungsmacht brauchte verläßlichen Rat, wo es um eine Notordnung, um die Überwindung des Unrechtsregimes, um den Aufbau einer Verwaltung und um die Voraussetzungen der Wiederaufnahme des Lehrbetriebes an der Universität ging. Heiler gehörte zu den wenigen Unbescholtenen, auf deren Rat und Hilfe man baute. Diesen Erwartungen zu entsprechen, war eine alles andere als dankbare Aufgabe. Aber ob dankbar oder undankbar, danach fragte er nicht. Wo Not am Mann war und er gebraucht wurde, war er auch auf dem ihm fremden Gebiet politischen Handelns zur Stelle. Schließlich durfte es dazu nicht kommen, daß das alte durch ein neues Unrechtsregime abgelöst werde. Was hier auf Heiler zukam, sollte sein Leben auf Jahre hinaus verändern. Sein Schreibtisch daheim stand währenddessen zwar nicht verwaist, auch für die Konzeption seiner Predigten erübrigte Heiler noch Zeit, aber die großen Werke blieben weiterhin auf der Strecke.[161]

In welchem Maße sich die Situation im Haus am Marbacher Weg 18 geändert hatte, habe ich am eigenen Leib erfahren. Ich hatte mich als entlaufener Soldat vier Wochen nach Kriegsende zu meiner jungen Frau ins Haus der Schwiegereltern durchschlagen können. Als ich dort am Pfingstmontagmorgen 1945 bald nach 10 Uhr eintraf, hoffte ich noch rechtzeitig zur Stelle zu sein, um die Deutsche Messe mitfeiern zu können. Der Schwiegervater hatte jedoch einen Predigtdienst in einer Gemeinde vor der Stadt übernommen. Zur Freude über meine glückliche Heimkehr kam wenige Stunden später eine andere, vielleicht noch größere Freude: Von Ingrid, der jüngsten der drei Heiler-Töchter, war ein erstes Überlebenszeichen eingetroffen! Die Eltern hatten es nicht verhindern können, daß Ingrid noch 1944 als Flakhelferin verpflichtet worden war. Letzte Nachrichten von ihr waren aus Schlesien gekommen. Aber das lag Monate zurück. Und wie Schlimmes hatte sich inzwischen ereignet! Ein wie ich in „Räuberzivil" auf Schleichwegen heimkehrender Soldat - ehedem Offizier - war Ingrid bei Verwandten der Mutter auf einem Hof in der Lüneburger Heide begegnet. Und da Marburg an seinem Wege lag, hatte er einen Brief an die Eltern eingesteckt und nun tatsächlich überbringen können. Daß dem müden Heimkehrer alles gewährt wurde, was man ihm Liebes antun konnte, ja daß er eingeladen wurde, eine Zeitlang zu blei-

---

[161] So vor allem „Die katholische Kirche des Ostens und Westens". In späteren Jahren daran weiterzuarbeiten, war ihm angesichts des raschen Wandels sowohl bei den Kirchen der Reformation als auch in seiner, dem Zweiten Vatikanischen Konzil entgegengehenden Mutterkirche vermutlich nicht mehr möglich.

ben, erscheint heute als selbstverständlich, war aber damals höchst gefährlich. Wer einen entlaufenen Soldaten bei sich aufnahm und dadurch der Gefangenschaft entzog, konnte mit dem Tod bestraft werden. Das Haus Heiler beherbergte mit mir nun auf einmal gleich zwei dieser der Freiheit noch unwürdigen Subjekte! Das machte den Schwiegereltern nicht die geringsten Sorgen! Sie waren betrübt, daß der junge Mann nicht länger als eine Nacht bleiben wollte. Er hatte es auf seiner gefährlichen „Flucht nach Haus" so eilig, wie ich es gehabt hatte. Anderntags veranlaßte ihn der Schwiegervater, noch ein paar Stunden zu bleiben, wolle er, der Vater, doch sehen, ob er nicht bei der Kommandantur irgendetwas für den Briefboten erreichen könne. Tatsächlich erwirkte Heiler in kürzester Zeit für den Kameraden eine Art Passierschein, mit dessen Hilfe dieser in weniger als drei Tagen, frei seine Straße ziehend, zu seinen Angehörigen nach Wiesloch bei Heidelberg gelangte. So erfuhr ich indirekt unmittelbar nach meiner Heimkehr, daß aus dem ständig von der Gestapo beobachteten und bedrohten Friedrich Heiler nach dem Einzug der Amerikaner mit einem Schlage so etwas wie eine persona grata geworden war.

Was Heiler dazu veranlaßte, sich vorbehaltlos in den Dienst des Wiederaufbaus zu stellen, kann uns eine Episode aus jenen Tagen näherbringen. Als Überlebender meldete sich ein einst im Umkreis Himmlers tätiger Funktionär, der zugleich den Widerstandskreisen des 20. Juli 1944 angehört hatte. Er hatte sich Heiler gegenüber bereits 1943 offenbart, um sich dessen Beziehungen aus Anlaß einer Schwedenreise nutzbar zu machen. Eine Jüdin sollte dort in Sicherheit gebracht werden. 1944 hatte er Heiler bald nach dem mißglückten Attentat auf Hitler vom 20. Juli erneut aufgesucht, um ihn nun selbst zu einer Schwedenreise zu veranlassen. Die noch nicht enttarnten Mitglieder des Widerstandes hätten jetzt die Aufgabe, die Alliierten zu informieren. So sei es ja nicht, wie die Nazis es darstellten, daß alle Deutschen wie ein Mann hinter Hitler stünden. Die Nachdenklichen unter ihnen wären tief enttäuscht über den Fehlschlag der Offiziersrevolte. Derzeit werde in Deutschland alles nur noch durch Gewalt und Angst zusammengehalten. Den Einsichtigen bliebe lediglich die Hoffnung, daß die sich auf allen Fronten abzeichnende Niederlage möglichst rasch und unter weitgehender Schonung der Zivilbevölkerung herbeigeführt werde. Die millitärisch unnötigen Terrorangriffe der alliierten Luftflotten riefen Erbitterung hervor, seien das Pfund, mit dem die Nazis wucherten. Heiler solle diese Information in Schweden anbahnen, Friedrich Hielscher - so der Name seines im Himmlerschen Ahnenerbe als Abteilungsleiter tätigen Gegenübers - wolle dann möglichst bald selber tätig werden. Heiler war bereit, mit den erforderlichen Papieren und einer plausiblen offiziellen Begründung auf die Reise zu gehen. Anfang September brachte ihm Hielscher das Visum. Alles übrige, der Abruf, Fahrkarten und Devisen sollten in wenigen Tagen bei ihm eintreffen. Bis spät in den Herbst hinein hatte Heiler daraufhin Tag für Tag vergeblich auf die noch fehlenden Unterlagen gewartet. Nun stand Hielscher plötzlich erneut vor ihm. Er berichtete, er sei unmittelbar nach seinem letzten Besuch bei Heiler beim Betreten des Hotels verhaftet worden, habe aber beharrlich geschwiegen. Weil man ihm Gravierendes nicht habe nachweisen können, sei er mit einer Versetzung zur kämpfenden Truppe davongekommen. Als Frontsoldat habe er das Kriegsende erlebt und überlebt. Nun sei er dorthin gekommen, wo seine Frau Zuflucht gefunden habe, nach Marburg.

Ich war zwar bei dem Gespräch nicht anwesend, habe aber Hielscher vorher und nachher kurz erlebt und weiß noch, wie fasziniert ich von seiner Beredsamkeit und seiner Kraft der Selbstdarstellung war. Aus Heilers sparsamen Andeutungen erfuhren wir, die Familie, in welcher Gefahr er 1944 geschwebt hatte, und daß er einer Verhaftung nur um Haaresbreite entgangen war. Noch im Nachhinein war Heiler unter dem Eindruck dieser Eröffnungen tagelang wie benommen.

Er hat Hielscher vermutlich gefragt, ob er ihm irgendwie helfen könne. Hielscher war so frei, um eine zweite Liege für sein Notquartier zu bitten. Schweren Herzens war daraufhin Frau Anne Marie bereit, ihm leihweise eine für den eigenen Haushalt unentbehrliche Couch zu überlassen. Auch als Hielschers dann bald aus dem Gröbsten heraus waren, kam das gute Stück nicht wieder zurück.[162]

Damit war es heraus: Heiler hatte aktiv am Widerstand gegen Hitler mitgewirkt. Hatte er 1943 nur die Namen einiger schwedischer Freunde genannt, die unter Berufung auf ihn eine Rettungsaktion unterstützen würden, war er 1944 drauf und dran gewesen, selbst eine ebenso verantwortungsvolle wie gefährliche Mission in Schweden zu übernehmen. Und das, obgleich er der Gestapo seit langem des Widerstandes verdächtig und in Sachen des Arierparagraphen bereits vorbestraft war.

Im Nachdenken darüber fällt mir ein Ereignis ein, das auf die Jahreswende 1931/32 zu datieren ist. Hitler kandidierte seinerzeit bei der Reichspräsidentenwahl im März 1932. Heiler hatte Hitlers „Mein Kampf" gründlich gelesen und wußte, was das bedeutete. Um diesem Unheil entgegenzuwirken, war Heiler in Wahlreden für die Wiederwahl von Hindenburgs eingetreten! Und das, obwohl er einer politischen Partei weder damals noch später angehört hat. Auf diesem Hintergrund wird verständlich, wofür wir in den Jahren nach 1945 keine rechte Erklärung fanden. Heiler hat seiner Berufung und Begabung nie untreu werden wollen. Aber wenn es galt, das Vaterland vor einem gottlosen Regiment zu bewahren oder es ihm zu entreißen, war er sozusagen „auf Abruf bereit", aus seiner ihm als Diener der Kirche sonst gebotenen und selbstverständlichen Reserve herauszutreten und Hand anzulegen. Was er dann als seine Pflicht ansah, tat er ohne Rücksicht auf die eigene Gefährdung und ganz selbstlos. Er tat es sogar um den Preis, daß andere, ihm durch Beruf und Berufung zugewachsene Aufgaben zurücktreten mußten. Von einer neuen, wieder

---

[162] Hier Berichtetes findet sich bestätigt in einer autobiographischen Aufzeichnung Friedrich Hielschers, 50 Jahre unter Deutschen, Hamburg 1954, 370f, 402f.

an Gottes Willen ausgerichteten politischen Verfassung hing 1945 auch für das Leben der Kirche vieles ab.

Heiler hat über das, was ihn täglich viele Stunden auf den Ämtern der Stadt und der Universität in Atem hielt, nur wenig verlauten lassen. Nach und nach aber kam heraus, daß er vor allem mit dem betraut war, was man später „Entnazifizierung" nannte. Fragebogen waren zu entwerfen. Wenn sie ausgefüllt waren, mußten sie beurteilt werden. Eine Spruchkammer mußte über den Befragten befinden. In jeder dieser Sparten muß Heiler damals tätig gewesen sein. Noch Jahrzehnte später fanden sich bei seinen Papieren Hunderte von Duplikaten ausgefüllter Fragebögen, die, als man sie fand, sogleich dem Reißwolf übergeben wurden. Heiler hat die Fragebögen wohl nicht nur beurteilt, er hat auch als Mitglied von Spruchkammern sein Votum dazu abgegeben, vor allem aber hat er maßgeblich auf die Richtlinien eingewirkt, nach denen geurteilt wurde. Es konnte nicht ausbleiben, daß da und dort zusätzlich erkundet und nachgefragt werden mußte. Und immer wieder wurde Heiler um eine entlastende Fürsprache in schriftlicher Form gebeten, wenn ein Betroffener von einer fremden Spruchkammer beurteilt werden sollte.

Der in der Seelsorge nicht unerfahrene Heiler hat sich wohl nie in seinem Leben derart vielen Selbstbekenntnissen, ja Lebensbeichten gegenübergesehen wie damals - schriftlichen und mündlichen. Wo er den Eindruck hatte, der Betreffende sei kein Nazi gewesen, oder er sei von einer einstigen Zustimmung innerlich abgerückt, er habe umzudenken gelernt und nur die Freiheit habe ihm gefehlt, das offen zum Ausdruck zu bringen, konnte ein „Sündenregister" ziemlich groß sein, Heiler plädierte dafür, Milde walten zu lassen und dem ansonsten in seinen beruflichen Obliegenheiten nicht zu beanstandenden Mitbürger eine Chance zu geben. Man mache sich ja nicht klar, unter welchem Druck alle auf den Ämtern Tätigen gestanden hätten! Nur bei Lehrern und Professoren müsse ein strengerer Maßstab angelegt werden.

Als der Präsident einer anderen Spruchkammer, ein Kollege aus der juristischen Fakultät, aber dafür eintrat, einen Theologieprofessor seines Amtes zu entheben, tat Heiler alles in seiner Macht Stehende, das zu verhindern. Denn zum einen seien die Vorwürfe gegen den Theologen nicht haltbar und zum anderen sei der mit seinem Urteil so strenge Präsident selbst nicht unbelastet. Ich weiß nicht mehr, wie die Sache ausging. Ich kann nur nicht vergessen, wie sie den Schwiegervater umtrieb. Sogar am Familientisch hatte er entgegen seiner sonstigen Schweigsamkeit seinem Herzen Luft machen müssen! Zum Glück ging es wohl nur dieses eine Mal auf Biegen und Brechen. Alles in allem war es für Marburg und die Universität ein Segen, daß Heiler als ein Priester der Kirche Christi bei der anstehenden Not- und Neuordnung die Richtung mitbestimmen und die fälligen Urteile mit abwägen durfte.

Wenn die Universität Marburg bereits zu Beginn des Wintersemesters 1945/46 ihren Lehrbetrieb hat wiederaufnehmen können, war das auch dem unermüdlichen Einsatz Heilers zu danken. Nicht genug mit seinem Beitrag zu den vorausgehenden schwierigen Verhandlungen. Als das Ziel nahezu erreicht war, konnte Heiler nicht umhin, selbst ein zusätzliches großes Arbeitsfeld zu übernehmen. Er wurde Dekan der Philosophischen Fakultät. Dafür hatte ein Mann gefunden werden müssen, der das Vertrauen der Besatzungsmacht besaß und auch vom Vertrauen seiner Kollegen getragen war.

Schon in normalen Zeiten ist das Dekanat einer großen Fakultät so arbeitsaufwendig, daß die damit Betrauten währenddessen wissenschaftlich nur von der Substanz zehren können. Aber nun mußte alles neu angepackt und geregelt werden! Der Personalfragen war noch lange kein Ende und die Studierenden selbst durften in ihren Sorgen und Nöten nicht zu kurz kommen! War es Heiler nicht klar, daß darüber 1945/46 alles zurückstehen mußte, was ihn sonst verpflichtet hatte? Da warteten auf ihn außer den Vorlesungen, Übungen und der Betreuung der Doktoranden die sonntäglichen Gottesdienste; die fast vollendete Loisy-Monographie; das, was er als Bischof seinen geweihten Brüdern und Schwestern schuldig war; da wartete nicht zuletzt die von neuem zu sammelnde und auszurichtende Hochkirchliche Vereinigung auf ihn. War doch der erste Vorsitzende, Pfarrer Minkner, noch immer in Gefangenschaft! In Gedanken an seinen großen Freund Söderblom und an das, was dieser in Zeiten der arbeitsmäßigen Bedrängnis hatte bewältigen können, mag Heiler eine Weile gedacht haben, auch er werde der zu erwartenden Anforderungen für eine begrenzte Zeit Herr werden. Doch er merkte bald, über das Dekanat und seine Verpflichtungen hinaus konnte er allenfalls seinen Lehrveranstaltungen und den sonntäglichen Gottesdiensten gerecht werden.

Als er das spürte, tat er zu seiner Entlastung zweierlei. Er beauftragte Martin Giebner, einen überaus einsatzfreudigen Pfarrer in Crimmitschau (Sachsen), ihn im Amt des apostolischen Vorstehers vor allem in der Ostzone zu entlasten.[163] Schon begann sich der spätere Gegensatz zwischen der russischen und den westlichen Besatzungsmächten abzuzeichnen. Die Brüder „drüben" durften keinesfalls unversorgt bleiben. - Darüber hinaus ließ Heiler den tragenden Kreis der Hochkirchlichen Vereinigung wissen, in welche Arbeitsbedrängnis er geraten sei. Er sei deshalb beim besten Willen nicht in der Lage, in der erforderlichen Weise leitend tätig zu werden. Wie schon einmal habe er deshalb Bruder Drobnitzky gebeten, bis auf weiteres die Leitung der Hochkirchlichen Vereinigung zu übernehmen. Drobnitzky sei von seiner Verwundung halbwegs genesen und dorthin zurückgelangt, wo zuvor schon seine Familie Zuflucht gefunden habe, nach Spenge in Westfalen.

Drobnitzky war guten Willens, alles ihm Mögliche anzupacken. Aber dann übertrug ihm die Evangelische Kirche von Westfalen eine so verantwortungsvolle und schwierige Aufgabe, daß auch er für anderes weder Zeit noch Kraft hatte. Er sollte dafür Sorge tragen, daß die im Lager Staumühle internierten ehemaligen hohen Funktionäre und Offiziere des Naziregimes seelsorgerlich

---

[163] Damit das bischöfliche Amt in der Hochkirchlichen Vereinigung nicht länger mehr nur auf zwei Händen ruhe, hatte Heiler Giebner „1941 in aller Stille in der kunstvollen Kapelle des Schlosses Ohorn in Sachsen zum Bischof geweiht". (Vgl. EHK 28/I [1955/56] 78.).

betreut wurden. So war Drobnitzky über einen ersten gehaltvollen Rundbrief an die Mitglieder der Hochkirchlichen Vereinigung nicht hinausgekommen.

Nur eines hatte Heiler zu keiner Zeit vernachlässigt: seine sonntäglichen Meßgottesdienste. Alle Mitglieder der Hochkirchlichen Vereinigung wußten das und es war gut, dies zu wissen. Aber daß nur der etwas von ihm haben konnte, der den mühsamen Weg nach Marburg auf sich nahm, und daß nur einzelne Vergangenes und Zukünftiges mit ihm besprechen konnten, machte den Mitgliedern zu schaffen. Wie konnte es geschehen, daß Heiler anderen Obliegenheiten den Vorzug gegeben hatte? Gab es Wichtigeres als die Erneuerung der Kirchen Christi? Sie war auf evangelischer Seite im Sommer 1945 mit der Konferenz von Treysa in Gang gekommen. Seitdem war beinahe jede Landeskirche im Begriff, sich neu zu konstituieren. Eile war auch deshalb geboten, weil die Botschaft der Kirchen lange, sehr lange keine so offene Tür gefunden hatte wie eben jetzt! Verlangte diese Lage nicht gebieterisch nach einer Erneuerung des evangelischen Gottesdienstes? Nun durfte nicht länger gezögert werden! Nun mußte die Hochkirchliche Vereinigung, ja die liturgische Bewegung insgesamt, mit ihrem Pfunde wuchern! Doch fast ein ganzes Jahr verging, und die Mitglieder warteten noch immer vergeblich auf ein sammelndes und wegweisendes Wort von Heiler, geschweige denn auf eine Einladung zu einem Treffen mit ihm. Zugegeben, die Verhältnisse in den vier Besatzungszonen waren schwierig. Fragen der Lebenserhaltung drängten sich in den Vordergrund und das Reisen war mit großen Strapazen verbunden. Aber die Post funktionierte und auch Züge fuhren wieder. Einiges hätte geschehen können und geschehen müssen. So hatte sich ein ziemliches Maß an Enttäuschung breitgemacht. Und noch immer war der 1941 in Ohorn entstandene Dissens nicht völlig ausgestanden. Eine tragische Situation kündigte sich an.

Treysa und seine Auswirkung auf Friedrich Heiler und die Hochkirchliche Vereinigung

Was Heiler seiner „größeren Gemeinde" bislang schuldig geblieben war, versuchte der von ihm Ende 1945 kommissarisch mit der Leitung der Hochkirchlichen Vereinigung betraute Pfarrer Drobnitzky alsbald nachzuholen. Die Chronik berichtet darüber unter dem 27. Februar 1946:

„Pfr. Drobnitzky richtet ein erstes Rundschreiben nach Kriegsende 1945 an die Mitglieder der Hochkirchlichen Vereinigung des AB, das schon, wie er einem Mitbruder schreibt, 'seit zwei Monaten im Entwurf bei mir' liegt, aber nicht vervielfältigt werden kann, weil 300 bis 400 Blatt fehlen (30.1.1946). In dem Schreiben heißt es: 'Wir stehen überall vor neuen Aufgaben. Der Dienst unserer Vereinigung ist umso nötiger geworden, da die evangelische Kirche in Deutschland wieder einmal vor einer Neuordnung steht, die wahrscheinlich einschneidendere Veränderungen erfordern wird als die nach dem Ersten Weltkriege. Schon zeichnen sich die großen Linien dieser Neuordnung ab. Es geht um die Fagen einer lutherischen und einer reformierten Kirche in Deutschland oder einer evangelischen Unionskirche in Deutschland, Auflösung der preußischen Union oder nicht, Aufhebung oder Anerkennung des Rechtes der Kirche als öffentliche Körperschaft, bischöfliche oder presbyterialsynodale Verfassung. Zu diesem Fragenkreis haben wir Wesentliches zu sagen und das Anliegen zu vertreten, daß in dem Leben der Evangelischen Kirche in Deutschland, wie es auch gestaltet werde, das evangelisch-katholische Moment (apostolische Lehre, sakramentales Leben, apostolisches Amt, ökumenische Einheit) endlich Raum bekommt. Für diesen Dienst an der Erneuerung der Kirche lassen wir uns rufen und rüsten in der Hochkirchlichen Vereinigung und wollen einen neuen Anfang machen im Aufblick zu dem HERRN der Kirche. Wir werden dabei eine enge Arbeitsgemeinschaft haben müssen mit allen uns verwandten Vereinigungen unserer Kirche, besonders mit der Berneuchener Bewegung. Sobald die Verhältnisse es gestatten, wird ein Hochkirchentag gehalten werden, vorher voraussichtlich je eine Zusammenkunft in Marburg und Berlin.' - Anfang März kann das Schreiben verschickt werden. Leider fehlen die Briefumschläge! Aber es muß auch ohne sie gehen!" [164]

Damit hatte Drobnitzky präzise angedeutet, worüber die Vereinigung sich klarwerden mußte: Wo stand sie im Ringen zwischen zwei oder gar drei sich abzeichnenden Richtungen der evangelischen Kirche? Wie konnte sie ihre Anliegen in dieses Ringen einbringen? Was war zu tun, damit über den divergierenden Tendenzen in der Evangelischen Kirche in Deutschland die una sancta catholica et apostolica ecclesia nicht aus dem Blick geriet?

---

[164] Niepmann, Chronik, 114f (Hervorhebung bei H.M.N.).

Das alles wird erst verständlich, wenn man weiß, was im Jahr 1945 vorausgegangen war. Ein kurzer Rückblick ist unerläßlich. Schon im August 1945, als die Verkehrsverhältnisse das noch kaum erlaubten, hatte der württembergische Bischof Wurm zu einer Konferenz aller evangelischen Kirchen nach Treysa eingeladen. Hier sollten Vorüberlegungen aus dem letzten Kriegsjahr zum Tragen kommen, die darauf hinausliefen, daß nach dem Ende des Kriegs - und des Kirchenkampfes - der unheilvolle Riß zwischen der bruderrätlich geleiteten Bekennenden Kirche und den intakt gebliebenen Landeskirchen (Bayern, Württemberg und Hannover) geheilt werden und das evangelische Lager mit einer Stimme den Anforderungen eines Neubeginns entsprechen könne. Auch Wilhelm Stählin - damals bereits Bischof in Oldenburg - war zur Stelle. Seinem Bericht entnehme ich die folgenden Zeilen: „Meine Hoffnung, daß sich nun die bruderrätlich organisierte, 'Bekennende Kirche', nachdem sie ihre geschichtliche Aufgabe erfüllt hatte, zugunsten des von Wurm inaugurierten 'Einigungswerkes' auflösen würde, erwies sich als ein schlimmer Irrtum. Sie trat im Gegenteil unter Führung von Martin Niemöller mit sehr entschiedenen Ansprüchen auf, um ihr kirchliches 'Wächteramt' weiterhin wahrzunehmen." [165]

Die Bekennende Kirche hatte zur Konferenz auch Karl Barth eingeladen. Er war in Treysa zugegen. Diesem, das Einigungswerk gefährdenden Block stand als zweiter der von Hans Meiser, dem bayerischen Bischof, geführte Lutherrat gegenüber. - Das Ergebnis der Konferenz war dürftig. Über den status quo ante kam man kaum hinaus. Es wurde zwar eine „Evangelische Kirche in Deutschland" aus der Taufe gehoben. Sie sollte gar einen gemeinsamen Rat und einen leitenden Bischof bekommen. Doch eine alle Teile bindende und verpflichtende Klammer war das nicht und konnte es nicht werden, denn „die Plätze in dem zu bildenden Rat ... [wurden] im wesentlichen auf die beiden großen Machtgruppen verteilt; daß D. Wurm Vorsitzender dieses Rates werden sollte, war unbestritten, aber der Respekt vor seiner ehrwürdigen Persönlichkeit sicherte seinen Gedanken und Zielen keineswegs einen bestimmenden Einfluß ... Wurm sagte mir später in Bezug auf diese Kirchenversammlung im August 1945: er sei mit einer großen Hoffnung auf Einigkeit nach Treysa gefahren, aber zwischen dem Vulkan Martin Niemöller und dem Eisberg Hans Meiser habe er keinen Platz gefunden. - Sehr bezeichnend war das Schlußwort von D. Wurm: 'Etwas Besseres haben wir nicht zustande gebracht. Wir müssen bekennen, daß es uns nicht geschenkt wurde, die Schwierigkeiten wirklich zu überwinden.'" (502f)

Immerhin war es möglich gewesen, das „Evangelische Hilfswerk" zu begründen, dessen Führung Eugen Gerstenmeier anvertraut wurde. Aber der Gedanke, in caritativer Hinsicht mit den Geschwistern der katholischen Kirche zusammenzugehen, wie es in Marburg auf Anhieb gelungen war und sich bereits bewährt hatte, war wohl niemandem gekommen. Der deutsche Protestantismus war wieder einmal zu sehr mit sich selbst beschäftigt gewesen.

---

[165] Stählin, Via vitae, 501.

Wo Heiler in diesem Ringen stand, dafür gibt es keine Belege. Ich selbst befand mich um diese Zeit wieder im Dienst meiner westfälischen Landeskirche, konnte ihn also zu Treysa nicht mehr befragen. Sicher hätte Heiler es begrüßt, wenn es Wurm gelungen wäre, sein Einigungswerk zu vollenden. Doch wird es ihn kaum überrascht haben, daß die Bekennende Kirche nicht bereit war, in den Schatten zu treten, und eine fortbestehende historische Mission für sich in Anspruch nahm. In Anbetracht dessen konnte es nicht ausbleiben, daß die Lutheraner dagegenhalten würden, und daß - sieht man von Oldenburg ab - aus lutherisch Gesinnten allenthalben lutherische Konfessionalisten wurden, die in einer evangelisch-lutherischen Kirche die einzig mögliche Alternative sahen. Das aber würde, so wußte es Heiler nur zu gut, wiederum die Reformierten auf den Plan rufen und zu Gegenaktionen veranlassen.

Ein solches Auseinanderbrechen der evangelischen Konfessionen hatte er schon während des Krieges kommen sehen. Er sah in einem neuerlichen Aufbrechen der alten Gegensätze aus der Reformationszeit ein Verhängnis. Diese Konfrontation war angesichts des Standes der liturgiewissenschaftlichen Forschung durch nichts mehr gerechtfertigt. Die mächtige Bewegung der Kirchen aufeinander zu würde durch diese gegenseitige Abschottung innerhalb des Protestantismus erheblich beeinträchtigt. Mochte es auch Theologen geben, die in einer Kirchewerdung des Luthertums einen entscheidenden Schritt auf die Wiedervereinigung der Kirchen hin sahen, Friedrich Heiler gehörte nicht dazu.

Lag nach Treysa nicht darin eine gewisse Hoffnung, daß die Kirchen der einstigen altpreußischen Union beieinanderbleiben wollten? Das Charakteristikum dieser Union war ein friedliches Nebeneinander von Lutheranern, Reformierten und Unierten. Tatsächlich hatte man in den deutsch gebliebenen Kirchengebieten der altpreußischen Union die Bildung einer „Evangelischen Kirche der Union" in Angriff genommen. Doch diese Unionskirche drohte zur Domäne der Bekennenden Kirche zu werden. Hier waren fast alle leitenden Stellen von einstigen Bekenntnischristen besetzt. Und das Bindeglied, für das sie eintraten, war das Barmer Bekenntnis von 1934. Mit diesem Bekenntnis - so argumentierten sie - habe nach jahrhundertelanger Pause in der Evangelischen Kirche in Deutschland die Bekenntnisbildung wieder eingesetzt. Jenes Bekenntnis verpflichte alle, die sich im Kampf gegen die von Hitler geförderte deutsch-christliche Häresie einmütig darauf berufen hätten, an diesem einigenden Band festzuhalten.

Für Heiler hatte das gemeinsame „Nein" von Barmen gewiß kirchenhistorische Bedeutung. Das Bekenntnis aber, mit dem man es begründet hatte, war in seinen Augen für eine konfessionelle Union ungeeignet. Es trug zu sehr die Handschrift seines Verfassers Karl Barth und war zu sehr vom zweiten Artikel der Glaubensbekenntnisse her bestimmt. Dazu kamen konträre Vorstellungen in den Unionskirchen über die Leitung der Kirche. Hier war man stolz auf das presbyterial-synodale Leitungssystem. Das aber widersprach der Verfassung der katholischen Kirchen des Westens und des Ostens. Selbst in der alten Kirche hatten demokratische Tendenzen nie den Ausschlag gegeben.

Annähernd so muß Heiler 1945/46 gedacht haben. Inwieweit ihm seine hochkirchlichen Freunde in solcher Beurteilung folgen würden, dessen war er sich nicht sicher. Es war zweifellos ein Verhängnis, daß sie seine liturgiegeschichtlichen Arbeiten aus dem Kriege kaum hatten zur Kenntnis nehmen können. Noch schlimmer war, daß die ehedem enge Verbindung mit seiner größeren Gemeinde in den drei letzten Kriegsjahren so gut wie abgerissen war. So wußte einer nicht mehr recht vom anderen und vielleicht war auch dies ein Grund für Heilers Zurückhaltung. Zu schreiben jedenfalls hatte solange wenig Sinn, als man nicht wieder zusammenkommen und miteinander um eine gemeinsame Antwort auf jene Fragen ringen konnte, die Drobnitzky in seinem Rundschreiben so zutreffend formuliert hatte.

Friedrich Heiler (zweiter von rechts) mit seinen Eltern
und Geschwistern in München

Friedrich Heiler mit seiner Frau Annemarie (geb. Ostermann) im Frühjahr 1922

Friedrich Heiler 1923 in Marburg

Friedrich Heiler 1925 in Marburg mit seinen Töchtern Anna Elisabeth (rechts)
und Birgitta (verheiratete Hartog)

Nathan Söderblom

Friedrich Heiler als Fünfzigjähriger

Das Ehepaar Heiler 1948 in Marburg mit dem
ältesten Enkelkind, Thomas Hartog

Friedrich Heiler an
seinem Schreibtisch

Die Michaelskapelle („Michelchen") auf dem Pilgerfriedhof
neben der Elisabeth-Kirche in Marburg

Trauung von Tochter
Anna Elisabeth
Heiler mit Werner
Heutling im August
1950. Zwischen
Friedrich Heiler und
dem Brautpaar der
Autor Hans Hartog

Friedrich Heiler Anfang
der 50er Jahre mit seinem
Hund „Mitra" („Freund")

Friedrich Heiler an seinem 70. Geburtstag am 30. 1. 1962 in Bad Oeynhausen
zu Besuch bei Birgitta und Hans Hartog

Friedrich Heiler auf der Festveranstaltung der Universität München
anläßlich seines 75. Geburtstages

Das Grab Friedrich Heilers auf dem Münchner Ostfriedhof

Der schwierige Neubeginn bei der
Hochkirchlichen Vereinigung

In der Chronik heißt es unter dem 1. März 1946: „Der erste Vorsitzende der Hochkirchlichen Vereinigung des AB Pfr. Konrad Minkner kehrt aus der Kriegsgefangenschaft heim in seine Gemeinde in Blankenburg/Harz. Er legt später den ersten Vorsitz nieder. Prof. Heiler übernimmt als zweiter Vorsitzender einstweilen die Geschäfte des ersten Vorsitzenden." [166] Offenbar war Minkner durch die Gefangenschaft gesundheitlich so geschwächt, daß er sich außerstande sah, den Vorsitz der Hochkirchlichen Vereinigung zu versehen. Heiler lud daraufhin sowohl deren Vorstand als auch die Pfarrbruderschaft am 23. bzw. 24. März für drei Tage nach Marburg ein. Nach langer Zeit sah man sich wieder, feierte gemeinsam die Eucharistie. Was im einzelnen besprochen wurde, darüber weiß die Chronik nur wenig zu berichten. Vermutlich wandte man sich den von Drobnitzky in seinem Rundschreiben aufgeworfenen Fragen zu, ohne sie abschließend beantworten zu können. Doch viel Elementareres stand im Vordergrund: die Frage, wie die Hochkirchliche Vereinigung wieder zum Leben kommen und handlungsfähig werden könne. Restdeutschland war in vier Besatzungszonen aufgegliedert, die Unterschiede zwischen ihnen und die daraus sich ergebenden Schwierigkeiten waren riesengroß! So kam man dazu, „Zonenvorstände" zu bilden. Die Zuständigkeit für die englische Besatzungszone wurde Drobnitzky, für die amerikanische und französische Zone Pfarrer Berron übertragen. Die russische Zone kam in der nördlichen Hälfte in die Obhut von Pfarrer Krinke, für die südliche Hälfte wurde Giebner verantwortlich.

Diese Aufgliederung der Verantwortung hatte positive Auswirkungen. An verschiedenen Orten ging man selbständig an die Arbeit. Heiler selbst machte den Anfang. Vom Mai 1946 an fand jeweils am ersten Mittwoch im Monat eine Tagung für die Marburger Bezirksgruppe statt. Mit einiger Regelmäßigkeit zelebrierte Johannes Krinke von Mai/Juni an in der katholisch-apostolischen Kapelle in Berlin-Neukölln hochkirchliche Meßgottesdienste. Die Kapelle war allerdings zu abgelegen, als daß sie von vielen Berlinern hätte besucht werden können. Im Juli 1946 lädt Krinke zu einem hochkirchlichen Einkehrtag ein. Zur selben Zeit wird in Hamburg der junge hochkirchliche Pfarrer Werner Kroos aktiv. In seiner Gemeinde hält er Frühgottesdienste in Gestalt hochkirchlicher Messen. Daran beteiligen sich auch Mitglieder der katholisch-apostolischen Gemeinde. Anfang August geht wieder Heiler mit dem Beispiel einer hochkirchlichen Freizeit voran. Sie findet statt in Schloß Assenheim in Hessen, dem Ordenshaus der Michaelsbruderschaft. Vom 13. bis 16. August leitet in Vertretung des in Staumühle durch seinen Dienst festgehaltenen Pfarrers Drobnitzky Pastor Helmut Niepmann eine erste hochkirchliche Tagung in der britischen Besatzungszone. Man kommt auf dem

---

[166] Niepmann, Chronik, 115.

Waldgut von Carla Freifrau von Spiegel, Bielefeld-Spiegelsberge, zusammen. Anfang September und Anfang Dezember wurden die Bezirkstage in Marburg zu regionalen Hochkirchentagen. Sie hatten gleichzeitig den Charakter von Una-Sancta-Zusammenkünften.[167]

Diese Daten und Fakten bezeugen, daß die Vereinigung wieder Tritt faßte. Erstaunlich ist, wie sehr es Friedrich Heiler 1946 gelingt, sich trotz seiner Belastungen für seine größere Gemeinde freizumachen. Niemand wird sagen können, die kommissarisch versehene Stelle des ersten Vorsitzenden sei von einem Mann besetzt, der für die Hochkirchliche Vereinigung nicht mehr zur Verfügung stehe! Aber als im November einige der tragenden Brüder der Hochkirchlichen Vereinigung mit ihm in Marburg zusammenkommen, um eine erste Bilanz zu ziehen und den zukünftigen Standort und Weg der Hochkirchlichen Vereinigung und ihrer Bruderschaft zu besprechen, sind tiefgreifende Meinungsverschiedenheiten nicht zu übersehen. Sie brechen bei der Frage einer neuen Regel und eines neuen Namens für die Bruderschaft auf. Vor allem bei den von Drobnitzky in seinem Rundbrief aufgeworfenen Fragen muß es zu schmerzlichen Auseinandersetzungen gekommen sein. Auch der Chronist tut sich schwer, die auseinandergehenden Meinungen zutreffend darzustellen. Um nichts Falsches zu sagen, zitiert er längere Partien aus dem Brief eines ungenannten Mitgliedes der Hochkirchlichen Vereinigung vom 8. Januar 1947:

„Ich halte die Lage für ebenso ernst und schwierig wie Sie und ich bezweifle, daß man die Gegensätze noch einmal wird überbrücken können. Soweit ich Prof. Heiler kenne und verstehe, handelt es sich für ihn in erster Linie um die ökumenische Aufgabe der Kirche. Was die speziell hochkirchlichen Ziele angeht, so weist er darauf hin, daß sie heute weithin im Protestantismus Anklang finden, ja bereits verwirklicht sind und die Situation heute ganz anders ist als zur Zeit der Gründung der HV. Darauf bezieht sich wohl die Überlegung, ob die Hochkirchliche Vereinigung noch nötig sei. In Bezug auf seine weiten ökumenischen Gedanken ist wohl auch die Aussage zutreffend, daß er über die HV hinausgewachsen ist." (117)

Ob der Briefschreiber Heiler ganz verstanden hat, ist die Frage. Zutreffend ist, daß für diesen das große Ziel des Zusammenwachsens aller Kirchen und Konfessionen zur einen Kirche Christi noch immer und erst recht im Vordergrund steht. Der Aufbruch im deutschen Luthertum, über den er sehr genau im Bilde ist, läßt ihn nicht gleichgültig, zumal in liturgischer Hinsicht vielfach Ziele verfolgt werden, für die er immer eingetreten ist. Heiler warnt jedoch davor, über diesem Aufbruch das größere Ziel aus dem Auge zu verlieren, dem sich die Hochkirchliche Vereinigung unter Hinweis auf die Confessio Augustana verschrieben hat. Ob die Kirchewerdung des Luthertums diesem Ziel wirklich diene, sei ihm die Frage. Und wenn die Hochkirchliche Vereinigung sich mit

---

[167] Vgl. aaO. 116.

den darauf hin wirkenden Bestrebungen identifiziere und gar auf sie konzentriere, werde ihre Existenzberechtigung bald in Frage stehen. Die Wortführer auf der anderen Seite betonen vermutlich, daß eine solche Kirchewerdung der Wiedervereinigung der Kirchen nur dienlich sein könne. Darüber, daß man sich im Lutherrat dem Machtanspruch der Bekennenden Kirche entgegenstelle, daß man dort deren Vorstellung von einer kirchlichen Union auf der Grundlage des Barmer Bekenntnisses ablehne, könne man sich nur freuen. Geradezu aufregend aber sei, in welchem Maße man im Luthertum im Begriff sei, hochkirchliche Gedanken in sich aufzunehmen. In gottesdienstlicher Hinsicht bei Wilhelm Löhe und dem Neuluthertum anzuknüpfen, dafür sei doch er, Friedrich Heiler, immer eingetreten. In seinem Sinne müsse es auch sein, wenn im evangelischen Bereich den presbyterial-synodalen Strukturen der Unionskirchen ein episkopales Leitungssystem gegenübertrete. Am Ziel sei man im Luthertum mit diesen Bestrebungen jedoch noch keineswegs. So läge es nahe, daß die Hochkirchliche Vereinigung derzeit ihre Hauptaufgabe darin sehe, dem lutherischen Aufbruch zum Durchbruch zu verhelfen.

Heiler hat die positiven Aspekte dieser Argumentation sicher nicht bestritten. Aber er hat noch einmal davor gewarnt, über den landeskirchlichen Zielen die ökumenischen aus den Augen zu verlieren. Die nichtlutherischen Teile des deutschen Protestantismus dürften nicht brüskiert werden. Calvins Abendmahlslehre verdiene das abfällige Urteil nicht, das ihr in der Hochkirchlichen Vereinigung allgemein entgegengebracht werde. Sie stimme mit der des Augustinus und vieler altkirchlicher Väter überein. Ja, sie lasse sich mit einer erneuerten Meßordnung durchaus verbinden, wie das anglikanische Beispiel zeige. Leider sei sein, Heilers, Vortrag aus dem Jahre 1943, in dem er darüber Näheres gesagt habe, bisher ungedruckt geblieben. So bezweifle er, ob ein Kirchewerden des deutschen Luthertums dem Zusammenwachsen der Kirchen Christi wirklich diene. Sein Rat sei vielmehr, nicht ausschließlich auf den lutherischen Aufbruch zu setzen, sondern eher die Tatsache zu nutzen, daß die Una-Sancta-Bewegung eine große Stunde habe. Das bedeute nicht nur, in theologischen Gesprächen das noch Trennende zu erkennen und möglichst abzubauen, sondern auch nach dem Gemeinsamen, vor allem nach dem zu suchen und das hervorzuheben, was einst allen gemeinsam war und die Kirchen fast tausend Jahre zusammengehalten hatte. Vieles davon sei verkümmert, manches gänzlich verlorengegangen. Seine verbindende und verbindliche Kraft habe es jedoch bis heute behalten. Man brauche nur an die liturgischen Schätze der alten Kirche zu denken. Die Hochkirchliche Vereinigung habe einiges davon in ihrer Meßordnung von 1939 wieder ans Licht gebracht. Den hier eingeschlagenen Weg gelte es weiterzuverfolgen. Den Lutheranern wie den Calvinisten könne es nicht schaden, wenn sie dadurch veranlaßt würden, nicht ausschließlich auf ihre Kirchenväter und ihre Tradition zu blicken. Vor allem Rom werde den Konflikt mit der eigenen Vergangenheit innerhalb der einen Kirche Christi nicht mehr lange durchstehen können.

Ich weiß nicht, ob Heiler das alles hat vorbringen können. Gedacht hat er so. Die in der Hochkirchlichen Vereinigung Aufbegehrenden waren solchen Gedanken gegenüber fast taub. Sie redeten sich ein, Heiler habe fast vergessen, daß er ein evangelisch-lutherischer Christ sei. Im Grunde lebe er als Ökumeniker wieder dort, wo man kirchlich nicht leben könne, und wo auch er einst nicht hatte leben wollen: in einem imaginären Zwischenbereich zwischen allen Kirchen und Konfessionen. In diese „Überkirche" dürfe sich die Hochkirchliche Vereinigung nicht manövrieren lassen. Sie sei nach wie vor als Vereinigung evangelischer Christen zuerst ihrer evangelischen Kirche verpflichtet. Deshalb gäbe es vielleicht keinen anderen Weg, als sich von Heiler zu trennen.

Der oben angeführte, ungenannte Briefschreiber will diese Trennung vermieden wissen. „Es wird sich darum handeln, eine Synthese zwischen Heilers Gedanken und den Zielen der Erneuerung der Evangelischen Kirche zu finden, die vielen Hochkirchlern das einzige Ziel ist. Wir dürfen nicht vergessen, daß die ganze Bedeutung und das Ansehen, das die hochkirchliche Bewegung im Bewußtsein der Menschen hat, sie ausschließlich Heiler verdankt ... Ohne Heiler wird die HV ein liturgisch-dogmatischer Verschönerungsverein sein, wie sie es in ihren Anfängen war. Man braucht nur die alten Jahrgänge der 'Hochkirche' zu verfolgen, um zu sehen, was unter seiner Führung aus der Zeitschrift und aus der Sache geworden ist ... Wieso er für die HV eine Belastung ist, ist mir nicht klar. Wegen seiner Herkunft aus dem Katholizismus, wegen seiner religionswissenschaftlichen Thesen oder warum? ... Heiler ist als **der** geistige Führer bekannt. Ich will seinen Anteil an den jetzigen Spannungen nicht leugnen, er hat die Sache laufen lassen und - geschwiegen, aber geben denn die anderen sich Mühe, seinen Standpunkt zu verstehen? Eine Kämpfernatur ist er freilich nicht, aber da[s] wußten wir alle schon immer, ... und ich wüßte keinen, der das 'Charisma' der Führung hat, von dem Sie schreiben. Ich habe also ernste Besorgnisse um den Weiterbestand der HV. Sollte sich die Spaltung nicht vermeiden lassen oder sollte Heiler ausgeschaltet werden, so ist es um die hochkirchliche Arbeit geschehen. Dann werden wir eine kirchliche Gruppe, die hier ein liturgisches Fündlein und da ein dogmatisches Sätzlein ausgraben und hochhalten wird und in der der größere Gedanke der Una Sancta geringen oder keinen Raum finden wird. Für mich steht die ökumenische Arbeit, die Arbeit für die Verständigung und Einigung der Christenheit im Mittelpunkt; diesem Ziel muß die hochkirchliche Arbeit dienen, nicht allein der Erneuerung der evangelischen Kirchen. Und dieses Ziel sehe ich bei einem Ausscheiden Heilers ernstlich gefährdet ... Die HV hat schon noch ihre Existenzberechtigung, aber nur eine HV, die nicht eng sich nur auf die eigene Kirche konzentriert und die nicht den größeren und weiteren Zusammenhang mit der ökumenischen Kirche außer acht läßt." (117f, Hervorhebung im Original)

Die Lage ist äußerst kritisch. Daß Heiler nicht allein steht, zeigt der obige Brief. Alle an der Auseinandersetzung Beteiligten wissen, daß Klarheit geschaffen werden muß. So wird zu einer zweiten hochkirchlichen Tagung vom

20. bis 24. Januar 1947 in Schloß Assenheim eingeladen. Über sie berichtet die Chronik:
„Wegen der ganzen schwierigen Lebensverhältnisse hat sich nur ein ganz kleiner Kreis zusammengefunden. Trotz dringender Bitten ist auch Prof. Heiler nicht erschienen. Pfr. Drobnitzky sitzt in seinem Dienst in Staumühle fest. Die Beratungen über den kommenden Kurs der HV des AB und die Neukonstituierung ihrer Bruderschaft ... ziehen sich hin und führen zu keinem befriedigenden Ergebnis. Man ist drauf und dran, unentschieden und erfolglos wieder abzureisen. Da rafft man sich noch einmal auf und faßt den Plan einer Neugründung und des Austritts aus der HV des AB. Es kommt zur Konstituierung des 'Arbeitskreises für kirchliche Erneuerung'. Nach langem Zögern und auf inständige Bitten übernimmt Dekan K.E. Berron, Kemnat bei Stuttgart, die Leitung. Die Richtlinien des Kreises sind in zehn Punkten niedergelegt. Der Austritt aus der HV des AB wird erklärt und ein Rundbrief an den derzeitigen Vorsitzenden Heiler und die Mitglieder der Vereinigung gerichtet. Vier Pfarrer und sieben Laien haben sich in Assenheim zu einer neuen Gruppe zusammengeschlossen. Pfr. Berron hat führende Personen von der Neugründung in Kenntnis gesetzt und ihnen die Richtlinien des Arbeitskreises übersandt: Prof. Schlink, P. Peter Brunner, Prälat Hartenstein, D. Hans Asmussen." (118)

Die genannten Lutheraner waren seinerzeit auch für mich Leitsterne und Hoffnungsträger. Schlink war zugleich einer meiner theologischen Lehrer und der für meine Bielefelder Familie zuständige Gemeindepfarrer. Mit Berron hatte er sich schon angefreundet, als dieser noch im Elsaß wirkte. Über Verstärkung seiner lutherischen Bestrebungen wird Schlink sich sicher gefreut haben, über die Krise und die Gefahr eines Auseinanderbrechens der Hochkirchlichen Vereinigung weniger. Schlink war schon damals nicht nur Lutheraner, sondern auch Ökumeniker. Er wußte um die ökumenische Mission der Hochkirchlichen Vereinigung unter Friedrich Heiler.

Wie ging es nun weiter? Welche Folgen hatte die Sezession bei der Hochkirchlichen Vereinigung? Wie wurde die Gruppe um Berron von den Lutheranern aufgenommen? Wurde sie als Hilfstruppe akzeptiert? Die Chronik läßt keine Unklarheit über den Fortgang der Dinge:
„Das Echo auf die Neugründung und den Austritt aus der HV ist gering: Viele sind dafür, die meisten sind dagegen! Die Begründung der unterschiedlichen Ansichten ist weit auseinandergehend ... Die Lebensdauer des Arbeitskreises betrug nur ein halbes Jahr. Dann war die Sache erledigt. Prof. Heiler informierte die Mitglieder der HV über die Vorfälle in Assenheim nach seiner Kenntnis und Erkenntnis. Ein klares Bild entstand nicht. Noch im Herbst 1947 schlossen sich einige der ausgetretenen Mitglieder der HV des AB, die jetzt einen neuen Namen führte, wieder an. Dekan Berron, der sich nicht wieder anschloß, schrieb einmal (1.1.1953) etwas traurig: 'Mich schmerzt es sehr, denn ich war gerne dabei und habe ihr (der HV) viel zu verdanken. Ich vermisse sie sehr.'" (118)

Beiläufig ist hier von einem neuen Namen der Hochkirchlichen Vereinigung die Rede. Was war geschehen? Hatte man Konsequenzen aus der schweren Krise gezogen und den Versuch gemacht, zu verdeutlichen, was lange in der Schwebe geblieben war? - So kann man es begreifen. Es hatte aber noch andere Gründe. „Vom **7. bis 8. Mai 1947** kann zum ersten Mal nach dem Zweiten Weltkrieg wieder eine Jahrestagung ... der Hochkirchlichen Vereinigung des Augsburgischen Bekenntnisses stattfinden. Die Lebensverhältnisse sind immer noch sehr schlecht. So ist es kein Wunder, daß nur 15 (!) Personen erschienen sind, die nun so überaus wichtige Beschlüsse zu fassen haben! Auf die alte Bezeichnung 'Hochkirchentag' ist bewußt verzichtet worden ... Prof. Heiler schlägt einen neuen Namen für die Vereinigung vor. Nach der Beratung darüber soll sie heißen: 'Evangelisch-Ökumenische Vereinigung des Augsburgischen Bekenntnisses E.V.' ... Die Grundsätze der EÖV werden von Prof. Heiler vorgelegt, diskutiert und beschlossen. Der Vorstand wird neu gewählt: Erster Vorsitzender: Prof. Heiler, zweiter Vorsitzender: Pfr. Drobnitzky, Geschäftsführer: Bibliothekarin Dr. Reintraud Schimmelpfennig. Aus der 'Ostzone' Deutschlands kommen Beisitzer in den Vorstand. Die 'Evangelisch-Ökumenische Johannesbruderschaft' wird gegründet ... Die Leitung hat Prof. Heiler als der Apostolische Vorsteher. Der Sitz der Vereinigung wird von Berlin nach Marburg/Lahn verlegt." (119, Hervorhebung im Original)

Alles sieht so aus, als habe sich Heiler mit einer kleinen, willfährigen Mannschaft mit leichter Hand auf der ganzen Linie durchgesetzt. Aus einem Brief von Drobnitzky an den Chronisten, der zu den ausgetretenen Brüdern gehörte, geht jedoch anderes und Besseres hervor. Drobnitzky schreibt am 13. Mai 1947: „Es war niemand von Euch da, aber ich kann Dir sagen, daß die Gründe, die Dich und Br. B. zur Trennung von uns veranlaßt haben, sehr ernst genommen worden sind." (119) „Nun habe ich mich in eingehenden Gesprächen mit Prof. Heiler erneut davon überzeugen können, daß er nicht daran denkt, die HV zu einer kleinen Kirche zwischen den Konfessionen zu machen. Im Gegenteil hat sich mir das bestätigt, was ich schon vor einem Jahr gesehen hatte, daß er gerade durch seinen Dienst in der evangelischen Gemeinde in Marburg der evangelischen Kirche fester verbunden ist als vielleicht früher. Der entscheidende Grund Eurer Ablehnung muß also auf einem Mißverständnis beruhen. Wir sind uns alle darin völlig einig gewesen, daß die ökumenische Arbeit auch in der HV nur so getan werden könne, daß wir mit hingebender Treue an der kirchlichen Erneuerung in unserer Kirche arbeiten und ihr ohne Vorbehalt dienen. Auch die Eingliederung in die apostolische Sukzession soll nur dazu den Weg bereiten, daß einmal die ganze Kirche der Augustana sie wiedergewinnt ... das Lahmliegen der Arbeit im Kriege hatte seinen Grund in der jetzt erst in ihrem tödlichen Ernst erkennbar gewordenen Bedrohung durch die Gestapo. Jetzt aber wird unsere Arbeit durchaus wieder lebendig, besonders in Bezug auf die literarische Vertretung wie auf die Wiederherstellung der ökumenischen Verbindungen. Und daß unsere Arbeit mit

Heilers Namen und Lebenswerk unauflöslich verbunden ist und bleibt, ist einfach eine Tatsache, die wir als ein Ergebnis der Führung Gottes anerkennen müssen und dürfen ... So sind die von Heiler vorgeschlagenen Richtlinien (für die EÖV) einstimmig angenommen worden, einschließlich der Änderung des Namens ..." (120f)

Drobnitzky merkt noch an, daß auch Christen aus anderen Kirchen Mitglieder der Vereinigung werden können. Er schließt mit einem Dank an die ausgetretenen Brüder für ihren „Dienst brüderlicher Mahnung und Warnung" und bittet sie, ihren Auszug noch einmal zu überdenken.

Vermutlich war es dieser Brief, der die Bedenken der meisten Abtrünnigen zerstreute und sie zur Rückkehr in die Vereinigung bewog.

Die Namensänderung der Vereinigung entsprach der Neubesinnung auf ihre Ziele. Mit ihr ging zugleich ein langgehegter Wunsch Heilers in Erfüllung. Schon Söderblom hatte den Namen „Hochkirche" beanstandet. Er empfand ihn als anmaßend und mißverständlich.[168] Heiler hatte ein ähnlich ungutes Gefühl dem Namen gegenüber. So hatte er 1934 durchgesetzt, daß die Zeitschrift der Hochkirchlichen Vereinigung statt „Hochkirche" den Namen „Eine heilige Kirche" trug. „Evangelisch-Ökumenische Vereinigung Augsburgischen Bekenntnisses" - das war zwar ein wenig umständlich, doch umriß es genau, worauf man in der Vereinigung hinauswollte.

Ein neuer Name war auch für die sich neu konstituierende Bruderschaft fällig. Der alte Name „Evangelisch-katholische Eucharistische Gemeinschaft" entsprach zwar unverändert dem, was man erstrebte. Doch was man soeben als „Evangelisch-Ökumenisch" gekennzeichnet hatte, sollte nicht wieder modifiziert werden und der Hinweis auf die Eucharistie würde nach wie vor nur von wenigen Christen verstanden werden. So einigte man sich auf das Vorbild des der Liebe Christi sonderlich verschworenen Apostels und Evangelisten Johannes. Ihm verdankte man das „hohepriesterliche Gebet Jesu" (Joh 17). Diesem Gebet entsprechend fühlte man sich vor allem dem einen Ziel verpflichtet: die verlorene Einheit der Kirche zurückzugewinnen. Näheres geht aus der neuen Bruderschaftsregel hervor, die damals wohl auch schon verabschiedet wurde: „Wie das Augsburgische Bekenntnis gründet sich die Bruderschaft auf die drei altkirchlichen Bekenntnisse Apostolicum, Nicaenum, Athanasium. Sie achtet die Glaubensbeschlüsse der sieben ökumenischen Konzilien und die Lehren der alten Kirchenväter des Ostens und Westens sowie der Väter der reformatorischen Kirchen."[169]

---

[168]   Vgl. Briefe Söderbloms vom 4. August 1926 und 14. Januar 1927 an Heiler, in: Misner, 247, 268.

[169]   Regel der Evangelisch-ökumenischen Johannesbruderschaft, zit. aus: Walther, Volkmar, Im Dienst um die Einheit der Kirche. Die Hochkirchliche St.-Johannes-Bruderschaft, in: Bausteine für die Einheit der Christen 32 (1992), Heft 126, 17-21, Zit. 20.

Heiler hatte sich also mit dem Wunsch durchgesetzt, auch Calvin mit einzubeziehen! - „Die Bruderschaft bejaht die Vollzahl der von der alten Kirche verwalteten Sakramente, wobei sie zwischen den grundlegenden Sakramenten Taufe und Abendmahl und den in den heutigen orthodoxen und katholischen Kirchen des Ostens und Westens anerkannten sekundären Sakramenten (Beichte, Ordo, Firmung, Krankensalbung und Ehe) unterscheidet. Im hl. Abendmahl bekennt die Bruderschaft die reale Gegenwart Christi unter Brot und Wein (Conf. Aug. I) und sieht darum in ihm den Mittel- und Höhepunkt christlichen Gottesdienstes. Sie anerkennt seinen Opfercharakter im Sinne der Realpräsenz des einmaligen Kreuzesopfers Christi sowie des Lob- und Dankopfers und der Selbstdarbringung der Gemeinde an Gott durch Christus." (20)

Der Begriff „Bruderschaft" ist insofern nicht zutreffend, als auch Frauen Zutritt haben. Die Bruderschaft steht nicht nur allen in die apostolische Sukzession aufgenommenen Pfarrbrüdern, sondern auch gefirmten Laien offen. Die Aufnahme setzt eine mindestens zweijährige Probezeit voraus. Apostolischer Vorsteher ist nach wie vor Friedrich Heiler bzw. ein Bischof in seiner Nachfolge.

Wie „arbeitet" die Bruderschaft? - Sie trifft sich zu Konventen mit theologischer Besinnung, Eucharistiefeiern und täglichen Stundengebeten. Was die Teilnehmer dabei als Stärkung erfahren, tragen sie in ihre Ortsgemeinden hinein, damit auch hier evangelische Katholizität zum Tragen komme. Sie verpflichten sich zu regelmäßiger Lesung der Heiligen Schrift und täglichem Gebet. Einzelbeichte, brüderlicher Austausch, Opfer und Askese innerhalb der Bußzeiten der Kirche dienen der persönlichen Heiligung. Auch die „größere Ökumene" sowie der „Friede auf Erden" sollen nicht außer acht bleiben. Letztlich wartet die Bruderschaft mit der ganzen Christenheit auf die Wiederkunft des Herrn und das Kommen des Reiches Gottes.[170]

Die Teilnehmer der Jahresversammlung 1947 müssen die Stadt der hl. Elisabeth im Gefühl einer tiefen Erleichterung verlassen haben. Die Meinungsverschiedenheiten waren einem neuen gegenseitigen Verständnis gewichen. Nicht ein Kompromiß war gefunden worden, sondern die alte Gewißheit des gewiesenen gemeinsamen Weges. Von diesem Wege durfte man nicht wieder abkommen.

Auch Heiler war wie verwandelt. Bald danach, vom 24. bis 26. Juli 1947, leitete er eine Tagung der Evangelisch-Ökumenischen Vereinigung auf dem Waldgut der Familie von Spiegel in der Nähe von Bielefeld. Ein großer Kreis hatte sich eingefunden, darunter Berneuchener und Una-Sancta-Leute aus der Stadt. Der sonst so stille alte und neue Vorsitzende erwies sich diesmal auch in den Diskussionen als ein quellender Born. Zu Beginn ging es um die ge-

---

[170] Vgl. Walther, 20.

vom Morgen und vom Abend und mit Abraham und Isaak und Jakob im Himmelreich sitzen." (Mt 8,11) Erst wenn die Christen dieser vielen Kinder Gottes in den anderen Religionen innewürden, wenn sie mit den altkirchlichen Vätern sähen, wie der göttliche Logos auch außerhalb des Judentums und der Kirche am Werk ist, und was die Kirche seinem Wirken verdankt, würden sie das ihnen gemeinsame „Et incarnatus est" neu begreifen und aufhören, einander ihre jeweilige, nur bruchstückhafte Einsicht in die Wahrheit aufdrängen zu wollen.

Hier wird deutlich, wie sehr die drei Hinweise auf Heilers Grabstein innerlich zusammengehören, und daß man das eine nicht ohne das andere haben kann. Dennoch wollen wir in dieser Studie vor allem auf der mittleren Aussage: „Ein Lehrer der Theologie und Priester der Kirche Christi" konzentriert bleiben. Ich kann nur hoffen, daß ein anderer aufgreift und ergänzt, was bei mir zu kurz kommt, und daß meine Leserinnen und Leser stillschweigend hinzuzudenken versuchen, was hier nur anklingt. Noch freilich war es nicht so weit, daß Heiler literarisch auszugreifen vermochte. Den neuen Titel der alten Zeitschrift mußten er und sein Mitherausgeber drei Jahre später zu Gunsten des alten, „Eine heilige Kirche", wieder aufgeben. Die bekümmerten bis empörten Einsprüche wichtiger Leser und Mitarbeiter waren nicht länger zu überhören. Es blieb bei dem Vorhaben einer Ausweitung des ökumenischen Rahmens, dem widersprach aber der einstige Name keineswegs.[176] Die Herausgeber empfanden es nun selbst, daß sie den schönsten und weittragendsten Titel, der je eine kirchliche Zeitschrift geprägt hatte, ohne Not preisgegeben hatten. Die Freunde aus der Evangelisch-Ökumenischen Vereinigung und ihrem Umkreis aber freuten sich: Der alte Name, so hofften sie, würde dazu helfen, die eigentlich „hochkirchlichen" Ziele nicht aus dem Auge zu verlieren.

---

[176] Dieser erschien nun im Untertitel: „Eine heilige Kirche. Zeitschrift für ökumenische Einheit".

171

Enttäuschendes aus Rom

Alles, was Heiler mit Hilfe seiner Getreuen im Sinne einer evangelischen Katholizität unternommen hatte, war unausgesprochen auch auf seine Mutterkirche gemünzt. Besonders die so „evangelische" Meßordnung von 1939/48 kam in mancherlei Hinsicht der liturgischen Bewegung im deutschen Katholizismus entgegen. Auf beiden Seiten war das nicht ohne Echo geblieben, zumal etwas kaum zu Erwartendes hinzukam: ein neues Verständnis für die Gnadengaben der je anderen Kirche. Bereits während des Krieges dachten Katholiken wie Protestanten nicht mehr daran, einander gegenseitig zu verketzern. Im Gegenteil: Man war bestrebt, die alten Vorurteile abzubauen, das Gemeinsame herauszustellen und für das Trennende Verständnis zu gewinnen.

Bei den Katholiken gab es dafür ein unübersehbares Zeichen: Ohne groß zu fragen, übernahmen - als verstünde es sich von selbst - die meisten deutschen Diözesen Teile des evangelischen Liedgutes in ihre neuen Gesang- und Gebetbücher. Die Entstehungszeit der Lieder war zwar angegeben, die Namen ihrer Verfasser fehlten jedoch zumeist. Wir verfolgten das mit einem lachenden und einem weinenden Auge. Gleichzeitig hatten die 1934 durch Hermsdorf ausgelösten Una-Sancta-Gespräche eine weite Verbreitung gefunden. Sie waren so häufig und so intensiv geworden, daß man schon von einer Una-Sancta-Bewegung sprechen konnte. Nicht allein Theologen, sondern in der überwiegenden Zahl Laien trugen diese Bewegung. Hier wirkte sich aus, was katholische und evangelische Christen im Kirchenkampf und an den Fronten des Krieges miteinander und aneinander erfahren hatten. Hatte doch einer den anderen oft genug zum Widerstand ermutigen, trösten und im Glauben stärken können. Das alles war ein unübersehbarer Bestandteil des großen religiösen Aufbruchs jener Jahre. Nie war die Hoffnung auf ein Zusammenwachsen der Kirchen größer, nie glaubte man sich diesem Ziel näher als in jenen Jahren. Bei den Una-Sancta-Zusammenkünften waren Grenzüberschreitungen gang und gäbe. Man erbat und bekam Gastrecht in den Gottesdiensten der je anderen Kirche. Gastrecht sogar beim heiligen Abendmahl!
Das machte den Oberen vor allem in der römisch-katholischen Kirche zu schaffen. Nicht lange, dann versuchten sie Einhalt zu gebieten. Am 5. Juni 1948 erging ein Monitum des Sanctum Officium und am 20. Dezember 1949 folgte eine noch deutlichere „Instructio Ecclesiastica Catholica". Der Tenor dieser Denkschriften war: Keinesfalls dürfe man den zweiten Schritt vor dem ersten tun! - Wir konnten das damals nicht einsehen. Waren doch offizielle Glaubensgespräche im Gange! Mit beiderseitiger kirchenamtlicher Erlaubnis hatte sich eine Gruppe namhafter evangelischer und katholischer Theologen zusammengefunden, die untersuchten, was von den einstigen Kontroverspunkten noch als kirchentrennend anzusehen sei, und wie bestehende Divergenzen zu überwinden seien. Ich denke besonders an den „Paderborner Kreis", der unter dem Protektorat von Erzbischof Jaeger und Bischof Stählin mit großer

Regelmäßigkeit und Intensität an der Arbeit war. Die ersten Ergebnisse berechtigten zu großen Hoffnungen.

In dieser Phase kam es in Rom zu einem dogmengeschichtlichen Ereignis, das all das in Frage stellte, was hier in Gang gekommen war. Von diesem Ereignis war auch Heilers Lebensarbeit tief betroffen. Was war geschehen? Papst Pius XII. hatte am Allerheiligenfest 1950 die Lehre von der leiblichen Aufnahme der Mutter Maria in den Himmel zum Dogma erhoben. Zum ersten Mal hatte ein Papst von dem den Päpsten im Vaticanum I zugestandenen Recht Gebrauch gemacht, ex cathedra in persona Christi unfehlbare Lehrentscheidungen zu treffen. Man könnte fragen: Wozu die Aufregung? Als Glaubensmeinung war der Inhalt des neuen Dogmas in der katholischen Kirche weit verbreitet. Es gab seit langem das Fest „Mariä Himmelfahrt". Es besteht jedoch ein großer Unterschied zwischen einer frommen Meinung und einem allgemeinverbindlichen, heilsnotwendigen Glaubenssatz. Dazu war die Lehre von der Assumptio Mariae nun geworden.

Das Ereignis kam nicht aus heiterem Himmel. 1946 hatte der Papst eine diesbezügliche Absicht kundgetan und die Bischöfe seiner Kirche um ihre Meinung befragt. Evangelische Theologen hatten eindringlich gewarnt. In dem 1948 erschienenen ersten Heft der „Oekumenischen Einheit" hatte Heiler geschrieben: „Muß die Dogmatisierung einer solchen Lehre schon allen geschich[t]lich denkenden römischen Katholiken große Gewissensnot verursachen, so muß sie erst recht für die außerrömischen Christen eine unübersteigbare Barriere gegenüber der römischen Kirche aufrichten." [177] Anfang 1950 hatte sich auch Edmund Schlink - inzwischen Ordinarius in Heidelberg - zu Wort gemeldet. Namens seiner Fakultät bat er eindringlich darum, das Vorhaben noch einmal zu überprüfen. Zur apostolischen Lehre gehöre die Assumptio nicht. Das biblische Zeugnis von der begnadeten und angefochtenen Mutter Jesu, die als schlichtes Glied der urchristlichen Gemeinde mitglaubte, mitbetete und mitwartete, werde durch eine Dogmatisierung der Assumptio verdeckt. Vor allem aber würde die „Definition" die Ehre Jesu Christi, des alleinigen Herrn und Heilandes, antasten. Für die Annäherung zwischen evangelischer und römischer Kirche sei ein schwerer Rückschlag zu befürchten.[178] Diese, in ihrer Eindringlichkeit kaum zu überbietende Mahnung traf in Rom ein, als der Termin der Definition bereits festgelegt war.

Wie war es möglich, daß man zu Rom alle Mahnungen - unter ihnen auch solche aus den eigenen Reihen - in den Wind geschlagen hatte? - Die Marienerscheinungen von Lourdes und Fatima hatten eine marianische Bewegung

---

[177] Heiler, Friedrich, Die Krise der *Una-Sancta*-Bewegung, in: ÖE 1/I (1948) 115-132, Zit. 129 (Hervorhebung von F.H.).
[178] Dokumente zum neuen Mariendogma, Gutachten der Theologischen Fakultät Heidelberg, in: ÖE 2/I (1951) 80-85.

unerhörten Ausmaßes hervorgerufen. Der Papst selbst war davon erfaßt worden. Auf seine Anfrage vom 1. Mai 1946 an die Bischöfe der römischen Kirche hatten 90 Prozent bejahend geantwortet! Andere Momente mochten unausgesprochen mitschwingen.

Als der Termin heranrückte, war Heiler so aufgerührt, daß er beschloß, in Rom zur Stelle zu sein. „Angesichts des Ernstes der Lage" hatte er das Bedürfnis, seine „frühere Stellungnahme aufs sorgfältigste zu überprüfen." „Um ein allseitiges und gerechtes Urteil zu gewinnen", scheute er keinerlei Mühe, um sich an Ort und Stelle „jede mögliche literarische wie mündliche Information zu verschaffen".[179]
Heiler gelangte zu keiner Revision seiner Meinung. Das Gehörte und Gesehene hatte ihn so hart getroffen, daß er lange Zeit Mühe hatte, an seiner Liebe zur Mutterkirche nicht irre zu werden. Sicher stand er vor der Frage, ob er nicht resignieren und schweigen sollte. Aber er war ein Bischof der Kirche Christi, nicht anders als der Bischof von Rom. Und seine Argumente waren von solchem Gewicht, daß sie selbst dann nicht beiseite geschoben werden konnten, wenn sie aus dem Mund eines vermeintlichen Häretikers kamen. Zudem galt es, denen den Rücken zu stärken, die sich evangelischerseits ihm anvertraut hatten.

So erschienen im Abstand weniger Monate 1951 zwei umfangreiche Hefte der „Oekumenischen Einheit"[180], die der Behandlung des neuen Mariendogmas galten.
Im ersten der beiden Hauptartikel beginnt Heiler mit der Schilderung persönlicher Eindrücke, die bald zu einer grundsätzlichen Einordnung und Wertung führen: „Als ich am Morgen des 1. November in strahlendem Sonnenschein zur Peterskirche in Rom ging, flatterten aus einem Flugzeug kleine Handzettel ..., auf denen geschrieben stand: 'Bürger der ganzen Welt! Laßt uns frohlocken an diesem denkwürdigen Tag, an dem das größte religiöse Ereignis des Jahrhunderts gefeiert wird'. Ob die päpstliche Definition ... dieses größte r e l i g i ö s e Ereignis des 20. Jahrhunderts war, mag bezweifelt werden, da die riesige Prunkentfaltung wie die hemmungslose Schaulust und der tosende Beifallssturm der mindestens 600000 zählenden Menschenmenge aus allen Ländern eine tiefere Andacht nicht aufkommen ließen. Aber sicher war diese Definition das bedeutendste d o g m e n geschichtliche Ereignis unseres Jahrhunderts; sie bildet in der Geschichte der Lehrentwicklung der römischen Kirche einen vielleicht noch tieferen Einschnitt als die Verkündigung des Dogmas vom universalen Rechtsprimat und der Unfehlbarkeit des Papstes, die 1870 erfolgt ist. In der neuen dogmatischen Definition kam nicht nur zum ersten Mal seither das dem Papst vom Vatikanischen Konzil zuerkannte Recht eines unfehlbaren Kathedralspruchs zur Anwendung, vielmehr ist hier

---

[179] Heiler, Friedrich, Vorwort, in: ÖE 2/II (1951) 1-3, Zit. 2.
[180] „Das neue Mariendogma im Lichte der Geschichte und im Urteil der Ökumene", ÖE 2/II (1951) 1-160; „Das neue Mariendogma im Lichte der Geschichte und im Urteil der Ökumene, II. Teil", ÖE 2/III (1951) 161-286.

zum ersten Mal in der römischen Kirche ein dogmatischer Lehrsatz verkündet worden, der ... weder in der Heiligen Schrift noch in der Tradition der alten Kirche irgendeinen Anhaltspunkt besitzt. ...“ [181] Einige Seiten später setzt Heiler seinen Augenzeugenbericht fort: „Die Verkündigung des Dogmas geschah mit einem gewaltigen Pomp. Vor dem Eingang zur Peterskirche war unter einem schmucken Baldachin der Thronsessel des Papstes aufgerichtet. Der Dekan des Kardinalskollegiums trat vor die Stufen des Thrones und richtete an den Papst im Namen der katholischen Christenheit die Bitte, die Lehre von der leiblichen Aufnahme Marias in den Himmel als Glaubensdogma zu verkündigen. Der Papst gebot, den heiligen Geist anzurufen und stimmte kniend das *Veni creator spiritus* an. Dann verlas er aus der kunstvoll bemalten und geschriebenen Bulle den Text der Definition vor zwei goldenen Mikrophonen, die ihm für diesen Zweck zum Geschenk gemacht worden waren. Nach einer Ansprache verlas er kniend ein von ihm selbst verfaßtes Gebet an die *Assunta*. Schließlich stimmte er das *Tedeum* an. Die Glocken der Peterskirche begannen zu läuten; ihnen folgten die Glocken der zahllosen Kirchen der heiligen Stadt; 26 Kanonenschüsse ertönten vom Janiculus her, und 2000 Brieftauben stiegen vom Vatikan in die Lüfte, um die Botschaften in die ganze Welt zu bringen. Die riesige Menge gab ihrem Jubel in Händeklatschen und in brausenden Zurufen Ausdruck: *Evviva la Madonna, evviva il Papa!*“ (32f, Hervorhebung von F.H.)

Tags darauf erschien die das Geschehen begründende päpstliche Bulle „Munificentissimus Deus“. Heiler gibt sie inhaltlich wieder, charakterisiert sie und setzt einige kritische Akzente: „Der Papst weist hier auf die Übereinstimmung der Bischöfe hin, die 'in irrtumsfreier Weise zeige, daß dies Privilegium der Gottesmutter eine von Gott geoffenbarte Wahrheit sei, die in jenem *Depositum* enthalten sei, das Christus seiner Braut zur treuen Bewahrung und unfehlbaren Erklärung übergeben habe, eine Wahrheit, die deshalb von allen Söhnen der Kirche fest und treu geglaubt werden müsse.' Die päpstliche Bulle bietet keinen zusammenhängenden Schriftbeweis; ihr Traditionsbeweis beginnt mit Gebeten aus dem *Sacramentarium Gregorianum* des Papstes Hadrian und dem *Sacramentarium Gallicanum*; die unbestimmten Wendungen dieser Gebete enthalten jedoch keinen klaren Beweis für den Glauben an eine leibliche Aufnahme Marias in den Himmel. Das einzige liturgische Gebet, das diesen Glauben ausdrückt, ist ein später Hymnus der byzantinischen Liturgie. Auch die von Papst Nikolaus I. erwähnten liturgischen Fasten vor dem Fest Mariae Himmelfahrt können nicht als Beweis ... gelten. Die ältesten theologischen Äußerungen, welche die päpstliche Bulle anführt, entstammen den späten Lehrern der östlichen Kirche, Johann von Damaskus und Germanus von Konstantinopel ... Die größte Zahl der päpstlichen Beweisstücke sind abendländischen Scholastikern entnommen: A m a d e u s, A l b e r t u s M a g n u s, T h o m a s v o n A q u i n, A n t o n i u s v o n P a d u a, B o n a v e n t u r a, B e r n h a r d i n v o n S i e n a; auch nachtridentini-

---

[181] ders., Das neue Mariendogma, in: ÖE 2/II (1951) 4-44, Zit. 4 (Hervorhebung von F.H.).

sche Theologen wie Franz v o n S a l e s und B e l l a r m i n werden herangezogen ... Im Rahmen dieses Traditionsbeweises werden dann eine Reihe von Schriftstellen aufgeführt, wobei ausdrücklich zugegeben wird, daß die genannten Theologen in der allegorischen Deutung von Schriftstellen zur Illustrierung ihres Glaubens an die *Assumptio* von einer gewissen Freiheit Gebrauch gemacht hätten. Neben dem Psalmwort: 'Erhebe dich, Herr, in deine Ruhe, du und die Lade deiner Heiligkeit' (Ps. 132,8) stehen die Worte des Hohen Liedes von der Braut[:] 'Sie steigt auf durch die Wüste wie eine Rauchsäule aus den Düften der Myrrhe und des Weihrauchs'... (Hl. 3,6...) ... Aber nicht nur schriftgemäß ist nach dem Papst diese Wahrheit, sie 'ist den Herzen der Christgläubigen völlig eingepflanzt, bekräftigt durch den Kult der Kirche seit den ältesten Zeiten, in höchster Übereinstimmung mit den übrigen geoffenbarten Wahrheiten ...'
Die dogmatische Definition selbst ist zurückhaltend ... Als 'göttlich geoffenbartes Dogma' wird nur der Satz erklärt: 'Die unbefleckte Gottesgebärerin und immerwährende Jungfrau Maria ist nach Vollendung ihres irdischen Laufes mit Leib und Seele in die himmlische Glorie aufgenommen worden.' ... Wie die von Pius IX. erlassene Bulle des *Immaculata*-Dogmas, so endet auch diese dogmatische Bulle mit einer Drohung an die Leugner und Zweifler, die jedoch in einem etwas milderen Tone gehalten ist als die Pius' IX., die freilich ausklingt in einer für den modernen Menschen fremdartigen mittelalterlichen Floskel: 'Wenn daher, was Gott verhüten möge, jemand das, was von Uns definiert worden ist, willentlich zu leugnen oder in Zweifel zu ziehen wagen sollte, so wisse er, daß er völlig vom göttlichen und katholischen Glauben abgefallen ist ... Niemand sei es also erlaubt, diese Unsere Erklärung, Verkündigung und Definition zu entkräften oder ihr in verwegenem Unterfangen entgegenzutreten oder sie zu bekämpfen. Sollte sich aber jemand unterfangen, es dennoch zu tun, so möge er wissen, daß er dem Zorn des allmächtigen Gottes und der seligen Apostel Petrus und Paulus verfallen wird.'" (33f, Hervorhebungen von F.H.)

Da war es wieder zutage getreten: das ihn, Friedrich Heiler, seit den Tagen seiner Jugend so peinigende Antlitz seiner Mutterkirche. Schon 1919 hatte es dazu beigetragen, ihm die Trennung zu erleichtern. Nun wußte der darob so oft Angefochtene, daß es für ihn noch immer kein Zurück gebe. Unberührt von dem Damnamus der Bulle schrieb er: „Die größte Schwierigkeit, welche für die römische Theologie entstanden ist, beruht darauf, daß das neue Dogma weder in der Schrift noch in der Tradition der alten Kirche begründet ist, daß vielmehr die erste Bezeugung dieses Glaubens in einer - noch dazu ... sehr späten - orientalischen Legende geschehen ist, deren völlige Ungeschichtlichkeit von den katholischen Theologen heute so gut wie allgemein zugegeben wird. Auf diese Weise gerät jede Apologetik des neuen Dogmas in Konflikt mit den bisherigen fundamentalen Prinzipien der katholischen Dogmatik. Nach dieser ist die göttliche Heilsoffenbarung mit dem Tode des letzten Apostels abgeschlossen. Da aber ein Dogma eine göttlich geoffenbarte Wahrheit ist, muß sie in dem *Depositum fidei* enthalten sein, das von den Aposteln der Kirche übergeben worden ist. Die katholische Apologetik bemüht sich deshalb, zu zeigen, daß dieses neue Dogma, das keinerlei apostolische Bezeugung aufweist, dem Inhalt des Neuen Testamentes wenigstens konform sei ..." (36, Hervorhebung von F.H.)

Zuvor hatte Heiler sich eingehend mit den christologischen und marianischen Dogmen beschäftigt und darauf verwiesen, daß sie trotz ihres Gewichtes in den ersten vier Jahrhunderten keinen Theologen veranlaßt hätten, eine derartig weitgehende Folgerung zu ziehen, wie sie im neuen Mariendogma vorliege: „Auch die Väter, welche Maria in überschwenglicher Weise verherrlichen, ... schweigen vollständig darüber [über den Ausgang und Eingang des Lebens Marias]. H i e r o n y m u s , der ein leidenschaftlicher Verfechter der dauernden Jungfräulichkeit Marias war, der die östliche wie die westliche Überlieferung der Kirche genau kannte, dessen Wohnsitz 34 Jahre lang Bethlehem war, ... schweigt nicht nur, sondern rechnet Maria ausdrücklich zu den am Jüngsten Tage Auferstehenden .... E p h i p h a n i u s , der ebenfalls mit Palästina eng vertraut war, ... betont unter ausdrücklicher Berufung auf die Schrift, daß über den Ausgang ihres Lebens nichts bekannt sei ... Vielmehr betonen die Väter des Ostens wie des Westens immer wieder, daß Christus der einzige sei, der vor der allgemeinen Auferweckung der Toten auferstanden sei ...
Aber nicht nur die Schriften der Kirchenväter, sondern auch die altchristlichen Liturgien schließen die Idee einer vorweggenommenen Auferweckung Marias aus. Es muß den heutigen Katholiken äußerst merkwürdig vorkommen, daß in diesen Liturgien Maria samt allen Heiligen des Alten und Neuen Bundes eingeschlossen ist in das allgemeine Fürbittengebet für die Toten, welche die Vollendung der Glorie erst nach der leiblichen Auferstehung erwarten." (12f, Hervorhebungen von F.H.)

„Nicht in der Theologie oder Liturgie der Kirche tritt zum ersten Mal die Vorstellung von der leiblichen Aufnahme Marias in das Paradies oder in den Himmel auf, sondern in einer apokryphen Schrift, die wie die meisten apokryphen Werke gnostischen Einschlag zeigt. Die Voraussetzung für sie bildet eine gnostische Johannes-Legende, die ... im Lateinischen [den Namen] *Transitus* trägt ... Es entstand eine apokryphe Schrift ...: *De transitu Virginis Mariae liber.*" (14, Hervorhebung von F.H.)
„Die römische Kirche, die immer sehr nüchtern war, zeigte sich zunächst äußerst skeptisch gegenüber der *Transitus*-Legende. Es ist merkwürdig, daß im sog. *Decretum Gelasianum*, das, im 6. Jahrhundert zusammengestellt, sozusagen den ersten römischen Index verbotener Bücher darstellt, auch der *Liber qui appellatur Transitus Sanctae Mariae apocryphus* genannt wird. Das in dem *Decretum Gelasianum* gefällte Urteil fand Eingang in das *Decretum Gratiani* (Can. 3, Dist. 15), das für das mittelalterliche Kirchenrecht größte Bedeutung besaß." (20, Hervorhebung von F.H.)

Eine scharfe Warnung vor der Transitus-Legende, deren Verfasser wahrscheinlich Paschasius Radbertus (+ um 865) ist, wurde ins römische Brevier aufgenommen und behielt dort den Platz bis 1568.

Was ich hier zuletzt nur stichwortartig zitiert habe, veranlaßte Heiler zu folgender Bemerkung: „Wenn also das jetzt verkündete Dogma ... als unfehlbar anzusehen ist, dann hat die römische Kirche jahrhundertelang in ihrem *Ordinarium magisterium* eine Haeresie gelehrt." (37, Hervorhebung von F.H.) Angesichts dieses Tatbestandes verschlägt nach Heiler auch die Meinung einiger Apologeten nicht, ein neues Dogma könne sich aus einem einst unscheinbaren Keim entwickelt haben. Es gibt diesen Keim nicht. Da aber jedes geschichtliche Denken in eine Aporie führt, haben - so Heiler - gewichtige Theologen einer Abkehr von der Geschichte das Wort geredet. Sie konstatieren, die Kirche sei mit diesem Dogma von der historischen zur pneumatischen Glaubenserkenntnis gelangt. Darauf Heiler: „Auf diese Weise aber wird der Grundcharakter des Christentums, das nun einmal eine heilsgeschichtliche Religion ist, völlig verändert." (38)
Einige Apologeten verschieben in ihrer Argumentation die Wahrheitsfrage auf die Wertfrage und behaupten, in dem neuen Dogma werde einerseits ein Damm aufgerichtet gegen den zeitgenössischen seelenfeindlichen Materialismus, andererseits könne sich ihm gegenüber auch der leibfeindliche Spiritualismus nicht behaupten. Mag das - entgegnet Heiler - auch so sein, die Heilsnotwendigkeit und der Offenbarungscharakter des neuen Dogmas werden auf diese Weise ebenfalls nicht begründet (vgl. 39).

Nach Heiler ist das ganze Unternehmen derart fragwürdig, daß auch das Dogma von der päpstlichen Unfehlbarkeit davon nicht unberührt bleiben kann: „Die katholische Apologetik hatte dieses Thema stets zu verharmlosen versucht, indem sie versicherte, daß der Papst nur im äußersten Notfalle, wenn das Leben und die Einheit der Kirche in schwerster Gefahr und die Zusammenrufung eines allgemeinen Konzils unmöglich sei, von seiner unfehlbaren Lehrvollmacht Gebrauch machen würde. Nun hat der Papst ohne die geringste Notwendigkeit, ohne jeden Lehrstreit, geschweige denn jede Gefährdung der Kirche, gleichsam vom heiteren Himmel herab, dieses Glaubensgesetz der katholischen Christenheit auferlegt ... Aber gerade dadurch, daß der Papst in einer nebensächlichen Frage die ganze Wucht der von ihm beanspruchten göttlichen Lehrautorität in die Wagschale geworfen hat, hat sich diese Autorität in ihrer ganzen Fragwürdigkeit enthüllt. Das große Problem, das 1870 anläßlich der Dogmatisierung des universalen Jurisdiktionsprimates und der Unfehlbarkeit des Papstes durch das vatikanische Konzil die Christenheit aller Konfessionen beschäftigt hat, ist durch diese erste praktische Anwendung ... von neuem akut geworden, und damit ist das für die christliche Einigung entscheidende Problem des ausschließlichen Wahrheits- und Heilsbesitzes der römischen Kirche aufgerollt worden." [182]

Ähnlich gründlich hat Heiler das Urteil der Ökumene zu erfassen versucht. Ihm zufolge haben die deutschen lutherischen Bischöfe bereits unmittelbar nach der päpstlichen Definition Widerspruch erhoben. Sie machten sich das Urteil Schlinks zu eigen, wonach das neue Dogma das biblische Bild Marias zerstöre. Damit habe der altkatholische Widerspruch gegen das Unfehlbarkeitsdogma von 1870 eine eindrückliche Rechtfertigung erfahren. Diesen und anderen lutherischen Protesten folgte der Einspruch der Reformierten sowie der Waldenser auf dem Fuß. Selbst die Bischöfe der anglikanischen Kirche, die sich im Glauben und Kult der römischen am stärksten angenähert hatte, fühlten sich namens der Heiligen Schrift zum Widerspruch aufgerufen. Wie zu erwarten, sahen sich die altkatholischen Bischöfe in ihrem Widerstand gegen das Papstdogma von 1870 bestätigt. Von weiteren kritischen Stimmen aus dem Bereich der Ökumene hat die von Frère Max Thurian verfaßte Stellungnahme der Communauté von Taizé wohl das stärkste Gewicht.[183] Daraus die folgenden Sätze: „Wenn Marias Himmelfahrt ein historisches Ereignis war, ... ist es nicht möglich, vernünftig und passend anzunehmen, daß der heilige Johannes, dessen Eindringen in das Mysterium Marias und in ihre Rolle tiefer ist, als das anderer biblischer Verfasser, keinerlei Hinweise darauf in seinem Evangelium hinterlassen habe ... Das Schweigen des 4. Evangelisten über den Tod Marias ist ein ... überzeugendes Anzeichen dafür, daß dieser nicht verschieden war von dem einer anderen frommen Christin ..." (249)

Abschließend schreibt Frère Thurian: „In der Treue gegenüber Jesus Christus und durch den Heiligen Geist rufen wir 'non possumus', wir können nicht an die *Assumptio* als an ein notwendiges Glaubensdogma glauben. Das ist unser Zeugnis, und das ist unser Schmerz." (255, Hervorhebung von M.T.) „Trotz allem... können wir nicht verzweifeln, und unser Glaube an die Einheit bleibt unberührt ... Der Irrtum ist bisweilen notwendig, um zur Fülle der Wahrheit zu führen ..." (254)

Das ist Geist vom Geiste Heilers. An die gleiche Hoffnung hat auch er sich geklammert. Mit der Stellungnahme der Gemeinschaft von Taizé sind wir bei der Auswirkung der Definition auf die ökumenische, insbesondere auf die Una-Sancta-Bewegung. Mit Recht sagt Heiler, sie habe durch das neue Dogma wohl den schwersten Schlag erhalten. Bereits die vorausgehenden römischen Warnungen vor interkonfessionellen Annäherungen hatten die evangelischen Gesprächspartner enttäuscht. In der Enzyklika „Humani generis" vom 12. August 1950 hatte sich der Papst selbst zu einer ausdrücklichen Verurteilung des konfessionellen Irenismus verstiegen.[184] Bei den Glaubensgesprä-

---

[182] ders., Katholischer Neomodernismus. Zu den Versuchen einer Verteidigung des neuen Mariendogmas, in: ÖE 2/III (1951) 229-238, Zit. 237.

[183] Heiler hat sie selbst übersetzt und im zweiten der dem Mariendogma zugewandten Heft der 'Oekumenischen Einheit' vollständig wiedergegeben (ÖE 2/III (1951) 240-255).

[184] Text der Enzyklika in: Denzinger, Heinrich, Enchiridion symbolorum definitionum et declarationum de rebus fidei et morum. Kompendium der Glaubensbekenntnisse und

chen namhafter Theologen hatte man sich davon zunächst nicht entmutigen lassen. Nun aber lag da ein Stolperstein, über den man nur schwer hinwegkam. Das Una-Sancta-Gespräch brach zwar nicht völlig ab - die Basis wollte sich vielerorts nicht beirren lassen -, aber es kam deutlich ins Stocken. Die evangelische Seite konnte es nicht hinnehmen, daß die bisherige Grundlage der Verständigung - die Heilige Schrift - in ihrem Zeugnis derart entwertet worden war. Und daß man an die Assumptio Mariae in den Himmel glauben müsse, um ein rechter Christ zu sein, darin sah jeder evangelische Christ eine anmaßende Behauptung und einen Affront. Nach wie vor wollte man es mit Luther halten, der 1522 in einer Predigt an Mariä Himmelfahrt gesagt hatte: „Wir Christen wissen von keiner Himmelfahrt, deren wir zum ewigen Leben genießen können, denn von der einigen unseres lieben Herrn Jesu Christi." [185]

Wo man ehedem voller Hoffnung auf interkonfessionelle Gespräche zugegangen war, tat man es nun, wenn überhaupt noch, um den freundschaftlichen Beziehungen, die entstanden waren, nicht untreu zu werden. Wie es der liturgischen Bewegung und den evangelisch-katholischen Kreisen erging, die Heiler ins Leben gerufen hatte, darüber berichtete er: „In besonderem Maße aber sind durch das neue Dogma diejenigen Evangelischen diskreditiert worden, die sich darum bemüht hatten, im Protestantismus ein erneutes Verständnis der Bedeutung der Marienverehrung und überhaupt katholischer Glaubensgedanken und Kultformen in Übereinstimmung mit Martin Luther und der altlutherischen Tradition zu wecken. Wie in der anglikanischen Kirche, so war nunmehr auch in den lutherischen, ja da und dort selbst in den reformierten Kirchen der Sinn für die biblische Marienverehrung neu gewachsen. Das unbiblische Mariendogma hat jedoch in den meisten Protestanten erneut den alten Horror vor der der Anbetung Christi abträglichen 'Mariolatrie' zurückgerufen. Die Lage aller 'katholisierenden' Bewegungen im Protestantismus gleicht nach der Dogmatisierung einem Ruinenfeld." (41f) So sah sich Heiler geradezu vor den Trümmern seiner Lebensarbeit. Die Dogmatisierung der Assumptio der Mutter Jesu war wohl der schwerste Schlag, den er von seiner Mutterkirche hat hinnehmen müssen. Was galt noch Söderblom und seine Idee einer evangelischen Katholizität? Nun lag es nahe, zu resignieren. Es ist nicht zu verkennen, daß Heiler in den darauffolgenden Jahren im Kernbereich seiner literarischen Arbeit innehielt und eine eher abwartende Haltung einnahm. In dieser Zeit wurde die „größere Ökumene" zu seinem alles bestimmenden Thema.

Dennoch änderte sich in seiner Grundüberzeugung nichts. Heiler war von der Notwendigkeit und Wahrheit seiner Idee einer evangelischen Katholizität so durchdrungen, daß er - ähnlich wie Max Thurian - sogar aus dem ihr entgegenstehenden Dogma Hoffnung schöpfte: „Sie [die Dogmatisierung] hat den

---

kirchlichen Lehrentscheidungen (Lateinisch-Deutsch), hrsg. von Peter Hünermann, Freiburg, Basel, Rom, Wien [37]1991, 1086-1099 (DH 3875-3899), 1089 (DH 3880).
[185] Zitiert nach Heiler, Friedrich, Das neue Mariendogma, 28, Anm. 120 (M. Luther, Hauspostille, Erl. 3, 418f).

Tieferblickenden die Brüchigkeit des römischen Dogmensystems, insbesondere der Lehre von der päpstlichen Unfehlbarkeit, blitzartig erhellt. Sie hat die Fundamente des römischen Dogmensystems ins Wanken gebracht; die bisherigen Prinzipien von dem normativen Charakter der beiden Glaubensquellen der Schrift und der Tradition mußten preisgegeben werden, und sie wurden von den katholischen Apologeten bereitwillig preisgegeben, damit für den Augenblick die päpstliche Unfehlbarkeit gerettet schien ... Durch die Übernahme eines hypermodernistischen Evolutionsbegriffes hat sie die Unveränderlichkeit und Identität der katholischen Glaubenslehre über Bord geworfen und auf das klassische *quod semper, quod ubique, quod ab omnibus creditum est* als Kriterium der Katholizität verzichtet. In die Enge gedrängt durch die harten Tatsachen der Geschichte, mußte die Apologetik *nolens volens* zugeben, daß die Kirche heute eine Lehre als göttlich geoffenbarte Heilswahrheit verkünden kann, vor der sie gestern als vor einer zweifelhaften Behauptung gewarnt hatte, und daß sie darum morgen eine Lehre verkünden kann, die das Gegenteil der Lehre von heute ist." [186]

Ein solcher Schlingerkurs würde - so Heiler - über kurz oder lang auch den gehorsamsten Kirchengliedern die Augen öffnen. Er werde eines Tages dazu führen, daß man jenes Absolutheitsbewußtsein aufgebe, welches selbst in Una-Sancta-Gesprächen noch immer durchschimmere. Man werde demütig anerkennen, „daß die römische Kirche so wenig wie irgendeine andere Kirche die volle Wahrheit besitzt, sondern daß sie in gemeinsamer Arbeit mit den anderen [Kirchen] diese Wahrheit erst suchen und durch Unvollkommenheit und Irrtum zum vollen Licht der universalen Gottesoffenbarung durchdringen muß. So ist jener Akt des Papstes, der zunächst alle einheitsliebenden Christen so sehr erschreckt hat, für die Arbeit an der *Una Sancta* nicht nur ein Hemmnis ... Gerade dadurch, daß der Papst selbst ungewollt eine Bresche in das so mächtig erscheinende Gemäuer des römischen Dogmensystems schlug, hat er die scheinbar uneinnehmbare Feste sturmreif gemacht. Die wahre *Una Sancta* ist eben keine der bestehenden Kirchen, zu der die anderen 'zurückkehren' müßten, sondern die Kirche der Zukunft, die erst in langsamem Werden ist und an der alle Christen, ja in weiterem Sinne alle gottsuchenden Seelen dieser Erde, mitbauen müssen, und die doch letztlich ein Geschenk jener göttlichen Gnade ist, die jenseits aller kirchlichen Institutionen, Dogmen und Canones wirkt; sie ist keine andere als die 'Kirche des Geistes', wie sie schon vor 750 Jahren dem prophetischen Auge eines Joachim von Fiore sich enthüllt hatte - *caelestis urbs Jerusalem, beata pacis visio.*" (238, Hervorhebung von F.H.)

---

[186] Heiler, Friedrich, Katholischer Neomodernismus, 237f (Hervorhebung von F.H.).

Die Agendenreform auf evangelischer Seite

Die befürchteten negativen Auswirkungen auf alles, was in der deutschen evangelischen Kirche unter dem Stichwort „evangelische Katholizität" in Bewegung geraten war, betrafen zunächst nur die Una-Sancta-Gespräche. Sie kamen bald ins Stocken und wurden fortan von denen, die gegen alle Hoffnung hofften, nur sehr mühsam aufrechterhalten.

Der offiziell beauftragte „Paderborner Kreis" ließ sich nicht beirren. Und das Verlangen nach gottesdienstlicher Erneuerung war zu sehr innerevangelisch begründet, als daß es durch katholische Maßnahmen hätte ernsthaft gefährdet werden können. Man hatte begriffen, was das Heilige Abendmahl für die kirchliche Gemeinschaft bedeutet, und wollte ihm seinen angestammten Platz im Gottesdienst zurückgeben. Wenn das zu Lasten der Predigt gehen würe, wäre das kein Schade. Es war nicht gut, wenn der Gottesdienst noch länger allein von ihr und ihrem oft subjektiven Gehalt abhängig wäre. Eine solche Reform war auch im Sinne Luthers. Dem Reformator hatte es ferngelegen, den überkommenen Meß-Gottesdienst zugunsten eines reinen Predigt-Gottesdienstes abzuschaffen. Er hatte ihn nur im Sinne des allein rechtfertigenden Glaubens reinigen und reformieren wollen. Hier wollte man anknüpfen. Was die Neulutheraner des 19. Jahrhunderts nicht geschafft hatten, sollte nun vollendet werden.

Wie von den „Rebellen" der Hochkirchlichen Vereinigung erwartet und erhofft, hatte die lutherische Sammlungsbewegung 1948 zur Bildung einer „Vereinigten Evangelisch-Lutherischen Kirche Deutschlands" (VELKD) geführt. Ungeachtet der Besatzungszonen waren in ihr mit Ausnahme Oldenburgs, Württembergs und Bremens alle evangelisch-lutherischen Landeskirchen zusammengefaßt. - Was nach dem Verlust der deutschen Gebiete jenseits von Oder und Neiße von der evangelischen Kirche der altpreußischen Union übriggeblieben war, wollte als Union beieinanderbleiben und konstituierte sich in den Jahren 1951 - 1953 zu einer ebenfalls in Landeskirchen gegliederten „Evangelischen Kirche der Union (EKU)". Genuin reformierte Kirchengebiete schlossen sich in der „Evangelisch-reformierten Kirche in Nordwestdeutschland" und in der „Lippischen Landeskirche" zusammen.

Alle diese Kirchen waren nach ihrem Zusammenschluß bestrebt, ihre Gottesdienste ihrem Selbstverständnis entsprechend zu ordnen. In der VELKD wurde es als Glücksfall empfunden, daß die „Lutherische liturgische Konferenz" seit Jahren gründlich vorgearbeitet hatte. Daß zu dieser Konferenz auch Theologen aus dem Rheinland und Westfalen gehörten, focht niemanden an. Waren doch auch sie Lutheraner, und ein Bindeglied zu den unierten Kirchen konnte nicht schaden. Neben dem Kreis um Christhard Mahrenholz fanden auch die Hochkirchler, Berneuchener und Alpirsbacher Beachtung. Für Ihre Arbeitsergebnisse sprach, daß sie sich in langjähriger liturgischer Erprobung bewährt hatten. Aber waren diese Gruppen nicht zu weit vorgeprescht? War ihnen gegenüber nicht insofern Vorsicht geboten, als man dessen nicht sicher sein konnte, daß sie sich noch ganz auf lutherischem Boden befanden? - So war es gut, daß die Erträge der liturgischen Bewegung bereits durch die Lutherische Liturgische Konferenz auf ihre Brauchbarkeit hin überprüft worden waren.

Die rheinische und die westfälische Kirche waren als nachmalige Mitgliedskirchen der EKU durch ihre Mitglieder in dieser Konferenz ab 1948 mit deren Vorlagen befaßt worden. Die Kirchen der VELKD machten sie 1951 zur Grundlage ihrer Beratungen. Da hier die Kirchewerdung abgeschlossen war, konnte die Agende I der VELKD 1954/55 erscheinen. Die EKU nahm sich bis 1959 Zeit. Weil beide Kirchen auf den gleichen Vorarbeiten fußten, stehen sich ihre Gottesdienstordnungen sehr nahe. Für die reformierten Bereiche innerhalb der EKU wurden besondere und ihrem Bekenntnis entsprechende Formulare bereitgestellt.

Was war in den Gottesdienstordnungen der VELKD und der EKU neu und anders geworden? - Das Hauptziel war erreicht: Predigtgottesdienst und Sakramentsfeier waren wieder miteinander verknüpft und zu einem eigentlich unteilbaren Ganzen geworden! Die früher der Abendmahlsfeier vorausgehende obligatorische Allgemeine Beichte war zugunsten einer fakultativen Vermahnung, wie Luther sie selbst für nötig gehalten hatte, entfallen. Diese Vermahnung wurde in Anbetracht des Sündenbekenntnisses zu Beginn eines jeden Gottesdienstes bald als entbehrlich, ja als Fremdkörper empfunden und kaum noch verwendet.

Ins Auge fällt eine weitgehende Aufgliederung liturgischer Funktionen unter Einbeziehung von Laien. Die Gemeinde ist nicht nur mit Kirchenliedern und bestätigendem „Amen", sondern auch mit Lesungen und Responsorien am Geschehen beteiligt.

Neben dem Ordinarium - der Ordnung gleichbleibender Stücke der Messe - hatte man ein beachtliches Proprium de tempore, d.h. eine Sammlung sonntäglich wechselnder Stücke, vorgesehen.

Nun zum Verlauf des Ordinariums. Sollte der Gottesdienst die Feier des heiligen Abendmahls einschließen, so enthält der Vorspruch zum Rüstgebet (Sündenbekenntnis) eine entsprechende Ansage. Dem Sündenbekenntnis kann eine Bitte um Vergebung oder deren Zuspruch durch den Liturgen folgen. Danach erst kommt es - wie in der Heilermesse - zu dem einst beim Einzug des Liturgen gesungenen Introituspsalm. Kyrie und Gloria schließen sich an. Letzteres kann die festliche Chorgestalt annehmen. Dem Kollektengebet (Gebet des Tages) folgen zwei Schriftlesungen. Die Epistel wird beantwortet durch Halleluja, das in der Fastenzeit entfällt. Das Evangelium wird eingerahmt durch „Ehre sei dir, Herre" und „Lob sei dir, o Christe" - beides ebenfalls von der Gemeinde gesungen. Zwischen den Lesungen singt die Gemeinde das Graduallied. Die Lesungen insgesamt werden durch das gemeinsam gesprochene bzw. gesungene Glaubensbekenntnis (Nizaenum oder Apostolicum) beantwortet. Eine Liedstrophe leitet über zur Predigt. Nach ihr singt die Gemeinde ein Lied, bei dem das Dankopfer eingesammelt und zum Altar gebracht wird. Dem Kirchenopfer folgt das allgemeine Fürbittengebet. Mit ihm endet der Wortgottesdienst.

Der dem heiligen Abendmahl gewidmete Teil beginnt mit Liedgesang oder Orgelspiel, währenddem der Liturg die Abendmahlsgeräte zurüstet. Ein Offertorium (Gabendarbringung) entfällt wie in Luthers Deutscher Messe. Luther hatte sich bekanntlich daran gestoßen, daß hier das römische Verständnis der Messe als eines Opfers der Kirche peinlich zutage trat. So kommt es gleich zu jenen alten, überall erhalten gebliebenen eucharistischen Elementen, die den Kernbereich der Messe einleiten: der Präfation mit dem Sanctus und Benedictus. Nun folgt das Gebet des Herrn, bei welchem der Gemeinde nur der abschließende Vers zufällt. Hatte der Liturg schon die Präfation möglichst gesungen, so singt er nun die ebenfalls gregorianisch notierten Verba testamenti. Die Kommunion schließt sich - begleitet vom Gesang des Agnus Dei - unmittelbar an.

Nach einer anderen Version (Form B) kann - dem Vorbild der sehr alten Kirchenordnung des Hippolyt entsprechend - dem Sanctus ein ausgedehnter, mehrteiliger Gebetsgang folgen. Hier geht ein Dank für das erlösende Opfer Christi in eine Art Epiklese über. Sie bezieht sich nur auf die Heiligung der Kommunikanten, nicht aber - wie in der alten Kirche - auch auf die der Elemente. Sie hat also keine „konsekratorische" Bedeutung. Die Epiklese geht nach kurzem Vorspruch in das Zitat der Einsetzungsworte über. Letzter Bestandteil des großen „Postsanctus" ist eine Anamnese (Gedächtnis des Heilswerkes Christi). Sie schließt auch das ein, was um des Auferstandenen willen bis heute vom Himmel her geschieht. So mündet sie in die Bitte um die verlorene und wiederzugewinnende Einheit der Kirche. In ihrer Gestaltung ist diese Anamnese ohne Frage ein Höhepunkt der Messe. Nun erst kommt es in dieser Alternativform zum Gebet des Herrn. Es darf hier gleichsam als Tischgebet der Kommunikanten gelten. Einem Friedenswunsch des Liturgen (Restbestand der einstigen „Pax") folgt die Austeilung.

Was sich anschließt, gilt für beide Versionen gemeinsam. Sofern der Liturg als erster kommuniziert, kann er das biblische Gebet sprechen „O Herr, ich bin nicht wert, daß du unter mein Dach gehest ..." (nach Mt 8,8). Verschiedene Spendeformeln sind zur Wahl gestellt. Während der Austeilung singt die Gemeinde das Agnus Dei.

Der Schlußteil enthält Salutatio, Versikel und Schlußkollekte, das Benedicamus und den Segen. Mit einem Stillgebet und einem Orgelnachspiel schließt der Gottesdienst.

Verdient er die Bezeichnung „Die evangelische Messe"? - Ohne Frage kommen in dieser Gottesdienstordnung Wünsche zur Erfüllung, von denen die Anhänger der liturgischen Bewegung noch zehn Jahre zuvor kaum zu träumen wagten. Aber sie ist noch zu lutherisch, um wirklich evangelisch sein zu können. Und sie bleibt in dem, dem heiligen Abendmahl gewidmeten Teil trotz der zur Wahl gestellten Alternativform dem Sakrament Entscheidendes schuldig.

Es war vielleicht nicht zu umgehen, erwies sich jedoch als Verhängnis, daß der Gottesdienst vor dem Abendmahlsteil mit dem Vaterunser und einem Ausgangssegen beschlossen werden kann. Diese Erlaubnis führte dazu, daß der volle altkirchliche Gottesdienst nach wie vor eine Ausnahme blieb. Nicht wenige Gemeinden kamen sich schon fortschrittlich vor, wenn sie diesen Gottesdienst einmal im Monat feierten, wobei den Nichtkommunikanten oft Gelegenheit gegeben wurde, die Gemeinde vor dem Abendmahl zu verlassen. Wurde der Gottesdienst in vollem Umfang gefeiert, hatte der der Wortverkündigung gewidmete Teil ein zu starkes Gewicht, als daß der Sakramentsteil voll hätte zum Tragen kommen können. Es fehlen die einer inneren Vorbereitung der Gemeinde dienenden Stücke. Aus Hörern müssen Täter werden; aus denen, die hörend empfangen hatten, für das Geschehen Mitverantwortliche, ja es Mittragende und Mitvollziehende! Um zum Kreuz Christi zu gelangen, um das „Geheimnis des Glaubens" zu erfahren, bedarf es eines von Station zu Station führenden inneren Weges.

In der Heilermesse beginnt dieser Weg mit der urchristlichen „Pax" in ihrer so verpflichtenden Form. Der Diakon leitet sie mit dem Ruf ein: „Keiner sei wider den anderen, keiner ein Heuchler"! Dem gegenseitigen Friedensgruß folgen die Fürbitten. Und weil das Offertorium ursprünglich mit einem im Sakrament von der Kirche darzubringenden Opfer nichts zu tun hat, sondern eine zur Selbsthingabe verpflichtende schlichte und feierliche Darbringung der Abendmahlsgaben beinhaltet, wurde es zur dritten Station des zum Kreuz hinführenden Weges. Im Credo kommt dieser Weg zu seinem Höhepunkt. Erst danach kann der Ruf des Liturgen: „Die Herzen in die Höhe!" voll aufgenommen und entsprechend aus dem Herzen beantwortet werden.

Man könnte einwenden: Credo und Fürbitten seien im Wortgottesdienst bereits vorausgegangen und hätten dort einen angemessenen Platz gefunden. Geht es aber auf das von dem Herrn selbst gebotene Gedächtnis seines Opferganges zu, sind beide Stücke im Sakramentsteil wichtiger.

Die Verfasser der lutherischen Deutschen Messe haben versucht, dem Anliegen Luthers nachzukommen und den, wie er meinte, verderbten römischen Kanon in urchristlichem Sinn zu erneuern. Die alternative Form B ist das Ergebnis dieser Bemühungen. Ob die in das Postsanctus-Gebet integrierten, einfach berichtenden Einsetzungsworte ihrer Bedeutung wirklich entsprechen, scheint mir die Frage. Wollte man einer magischen Auffassung der Konsekration entgegenwirken, hätte es nahegelegen, die Epiklese in ihrer vollständigen, d.h. auch die Abendmahlselemente einbeziehenden Fassung zu übernehmen und sie - wie in allen alten Ordnungen der Kirche - den Einsetzungsworten als ein weiteres konsekratorisches Moment folgen zu lassen.

Man vermißt in der lutherischen Messe auch andere ausgesprochen evangelische Züge. Daß die Gemeinde bei der Konsekration stumm bleibt und ihre

Mitverantwortung durch kein bestätigendes „Amen" kundtut, ist angesichts des „königlichen Priestertums aller Gläubigen", das Luther so wichtig war, kaum zu begreifen. Es fehlt auch der so evangelische Dialog der Urgemeinde vor der Austeilung: „Das Heilige den Heiligen" - „Einer ist heilig, einer der Herr". Haben Mahrenholz und seine Leute es versäumt, die Heilermesse samt dem von Heiler selbst verfaßten Kommentar gründlich zu studieren?

Evangelischerseits blieb es nicht bei neuen Meßordnungen für die VELKD und die EKU. 1949 hatte Lutherisch-Oldenburg ein Formular angenommen, das fast keinen Wunsch der Anhänger der liturgischen Bewegung offenläßt. Genaugenommen war es eine Nachbildung der Berneuchener Deutschen Messe von 1948. Hier hatte sich Wilhelm Stählin durchgesetzt, der seit 1945 Bischof in Oldenburg war.

Bemerkenswert ist auch die 1959 erschienene Konventsmesse der Communauté von Taizé. Hier war man nicht auf altlutherische Tradition festgelegt. Die Brüder waren großenteils reformierten Bekenntnisses. Vorbild war eher der so ökumenische anglo-katholische Meßgottesdienst. Kein Zufall, daß ihr Verfasser, Frère Max Thurian, viele Jahre später den Auftrag erhielt, die denkwürdigen, auf einen wirklich ökumenischen Gottesdienst hinzielenden Beschlüsse der Konferenz von Lima in die Tat umzusetzen.

Heiler hat das nicht mehr erlebt. Bis zu seinem Tod verfolgte er die gottesdienstliche Entwicklung im evangelischen Raum mit wacher und brennender Anteilnahme. Er kannte auch die neue Liturgie der Vereinigten Kirchen Südindiens. Was mit den Formularen der VELKD erreicht war und wo ihre Mängel lagen, war niemandem bewußter als ihm. Alles, was ich einschränkend und kritisch bemerkte, ist durch ihn beeinflußt. Er wollte und konnte kein Nörgler sein. Als er merkte, mit welcher Freude, ja wie begeistert die Messe der VELKD von vielen seiner hochkirchlichen Freunde aufgenommen wurde, lag es ihm fern, Wasser in den Wein dieser Freude zu gießen. Er überließ es dem schon lange mit ihm in der Leitung der Vereinigung tätigen Dr. Konrad Minkner, das Formular zu besprechen. Der Schlußabschnitt lautet: „Diese zusammenfassende Übersicht mag genügen, um zu zeigen, welche umfangreiche und eindrucksvolle Arbeit geleistet worden ist. Es ist nicht zuviel gesagt, daß mit der vorliegenden Arbeit ein evangelisch-lutherisches Missale Wirklichkeit geworden ist, nach dem wir uns schon lange in unserer Arbeit gesehnt haben. Wir können diesem Werk, glaube ich, keinen größeren Dienst tun, als daß wir in unseren Gemeinden die Liebe für die evangelische Messe wecken und die uns geschenkte Liturgie in unseren Gemeinden betend feiern." [187]

Die neue Messe der VELKD erschien vielen hochkirchlichen Freunden als das geeignete Instrument, die gottesdienstliche Erneuerung der evangelisch-

---

[187] Minkner, Konrad, Die Neuordnung des Gottesdienstes in der VELKD, in: EHK 28/III (1955/56) 83-89, Zit. 89.

lutherischen Kirchen voranzubringen und durchzusetzen - geigneter noch, als die eigene Messe von 1939/48. Selbst bei Tagungen der Evangelisch-Ökumenischen Vereinigung wurde die Messe der VELKD der Heilermesse zunehmend vorgezogen. Heiler nahm es, wie es seine Art war, traurig, aber schweigend hin. Die eigene Position zu verteidigen oder sie durchsetzen zu wollen, lag ihm nicht. Wer die Unterschiede zwischen den beiden Meßordnungen nicht begriff, dem war in seinen Augen nicht zu helfen. Wieder oder immer noch fühlten sich sehr viele Glieder der Vereinigung eher dem konfessionellen Luthertum als einer evangelischen Katholizität verpflichtet. Und das, obwohl sie diese evangelische Ökumenizität noch unlängst selbst erneut auf ihre Fahnen geschrieben hatten! Merkten sie nicht, daß die Heilermesse viel evangelischer, sogar evangelisch-lutherischer war als die neue Messe der VELKD?

In seinem letzten Lebensjahrzehnt hat Heiler erlebt, wie der liturgische Aufbruch aus den Jahren nach dem Krieg erlahmte und wie ein frommer oder aufgeklärter liturgischer Individualismus in der evangelischen Pfarrerschaft allenthalben fröhliche Urstände feierte und die seltsamsten Blüten trieb. Überrascht hat ihn dieser Rückschlag nicht. Er glaubte aber, dieser Individualismus würde sich - sofern der evangelischen Kirche ein Überleben vergönnt war - in absehbarer Zeit totgelaufen haben und das 1952/53 feierlich Beschlossene und agendarisch Festgelegte sich als die verläßlichere Grundlage erweisen. Trotz aller kritischen Distanz hat Heiler in der neuen Messe der VELKD gegenüber dem, was er einst in Marburg als evangelischen Gottesdienst erlebt hatte, einen eminenten Fortschritt gesehen. Und wenn diese Messe auch nicht direkt auf Vorarbeiten der liturgischen Bewegung zurückging, so wäre sie doch nicht denkbar gewesen, hätten nicht Hochkirchler, Berneuchener und Alpirsbacher in den zwanziger und dreißiger Jahren den Boden bereitet, hätten nicht sie zuerst das unmöglich Erscheinende gefordert und verwirklicht. Vergeblich hatten weder er noch alle seine Freunde im evangelischen Lager gewirkt und - gelitten.

Evangelische Marienverehrung

Zunächst möchte ich einige Begebenheiten vorausschicken, die noch nicht zum Thema dieses Kapitels gehören, aber um des größeren Zusammenhanges willen nicht unerwähnt bleiben sollen. Von 1952 an war Heiler für seine sonntäglichen Meßgottesdienste nicht mehr auf die Franziskuskapelle in seiner Wohnung angewiesen. Im Marburger Landgrafenschloß war er Leiter der von Rudolf Otto gegründeten religionskundlichen Sammlung geworden. Damit war eine gewisse Verantwortung für die Schloßverwaltung verbunden. Wir nannten ihn deshalb den „Schloßherren". Nun brauchte die schöne, noch ganz mittelalterliche Schloßkapelle nicht länger ein musealer Raum zu bleiben. Fortan beging Heiler fast alle seine Gottesdienste in diesem, ihrer so viel würdigeren Raum. Zu ihnen lud er alsbald ebenso öffentlich ein, wie es die Berneuchener seit langem taten, wenn sie ihre Messe in der Universitätskirche feierten. Anne Marie Heiler vermerkt, seinen Predigten sei es anzumerken gewesen, mit welcher Freude er in dem ihm so entgegenkommenden größeren Raum der Schloßkapelle die heilige Eucharistie gefeiert habe.[188]

Daß die Evangelisch-Ökumenische Vereinigung nicht zu kurz kam, ergab sich schon aus den notvollen politischen Verhältnissen. Die Koordinierung mit den Mitgliedern in der „Ostzone" erwies sich zunehmend als problematisch. Im Herbst 1950 wurde gar erwogen, den ersten Vorsitz der Vereinigung einem von ihnen, Dr. Volkmann, dem Leiter der Evangelischen Forschungsakademie Ilsenburg, zu übertragen. Heiler wäre zu diesem Entgegenkommen bereit gewesen. Aber schon hatten sich die Zonen so weit auseinander-entwickelt, daß diese Lösung für den Westen nicht ratsam gewesen wäre. So blieb es bei ihm als dem ersten Vorsitzenden. Die Mitglieder im Osten sahen sich gezwungen, ihre Arbeit in großer Selbständigkeit zu verrichten und Dr. Albrecht Volkmann als ihren Hauptansprechpartner zu betrachten. Er hielt mit Heiler engen Kontakt und machte sich mit der Herausgabe seiner „Kirchlichen Gebetsordnungen" hoch verdient.[189] In ihnen war der Vereinigung ein Hilfsmittel zugewachsen, welches das Breviergebet wesentlich erleichterte. Als Martin Giebner 1950 als apostolischer Vorsteher ausfiel, wurde Dr. Minkner sein Nachfolger.

Wie war es zu dem für die Evangelisch-Ökumenische Vereinigung so schmerzlichen Ausfall ihres ostdeutschen Vorstehers gekommen? - Giebner war wegen seines bischöflichen Status und der von ihm erteilten Weihen bei seiner Landeskirche in Verruf geraten und hatte sich vor Vertretern ihrer Lei-

---

[188]   Heiler, Anne Marie, Friedrich Heiler, 18. - Ein größerer Teil dieser Predigten ist in dem (zweiten) Predigtband Friedrich Heilers erschienen: Ecclesia Caritatis. Oekumenische Predigten für das Kirchenjahr, Marburg/L. 1964.
[189]   Vgl. Niepmann, Chronik 127.

tung verantworten müssen. Ähnlich wie es Giebner in Sachsen erging, war das Mitglied der Johannes-Bruderschrift Pfarrer Bierle in Magdeburg unter Druck geraten. Heiler war beiden mit einem Gutachten zur Seite getreten.[190] Giebner hatte sich bei seinem Verhör zunächst auf einen Passus in der Apologie der Confessio Augustana berufen, der die Bestrebungen der Evangelisch-Ökumenischen Vereinigung glänzend rechtfertigte. Man antwortete ihm, mit dem, was damals vielleicht gewollt worden wäre, seien die Väter nicht durchgekommen. Es habe also längst keine Gültigkeit mehr. Als Giebner dann u.a. darauf hinwies, welch schöne Früchte seine hochkirchliche Arbeit getragen habe, und wie sehr die Zahl der Kommunikanten gestiegen sei, bezeichnete man gerade das unglaublicherweise als „verdächtig". Darüber verlor der impulsive Mann seine Fassung und antwortete, einer Kirche, die dem Herzstück des Gottesdienstes mit solcher Mißachtung gegenüberstünde, könne er nicht länger mehr dienen. Als er danach bei der römisch-katholischen Kirche anklopfte, nahm man ihn gerne auf und ermöglichte es ihm, trotz seines ehelichen Standes als Priester tätig zu werden. Bei Bierle hatte es mit einer förmlichen Mißbilligung sein Bewenden gehabt.

Bald darauf nahm die Brandenburger Kirchenregierung Anstoß an den hochkirchlichen Weihen. Sie drohte denen Disziplinarstrafen an, die sich ihr unterzögen. Theologiestudenten sollten von den theologischen Prüfungen ausgeschlossen werden, wenn sie sich weihen ließen. Daraufhin legte sich Dr. Volkmann, immerhin Leiter einer Akademie, ins Mittel. Bischof Dibelius gab ihm und Pfarrer Dalmer Gelegenheit zu einem klärenden Gespräch. Über den Verlauf dieses Gespräches berichtete Heiler auf der Jahrestagung der Evangelisch-Ökumenischen Vereinigung 1951 in Kassel: „In einem Gespräch ... lehnte dieser [Dibelius] eine theologische Diskussion ab und beschränkte sich auf die Erörterung der kirchenpolitischen Seite. Er wandte sich nicht gegen die apostolische Sukzession an sich, sofern diese allgemein eingeführt würde, sondern lediglich gegen die Erteilung von Weihen für eine Sondergruppe durch einen vermeintlichen Gegenbischof; er konzedierte jedoch im Hinblick auf die parallelen Weihen in der Berneuchener Michaelsbruderschaft die Erteilung bis zum Diakonat als Form der Segnung für den inneren Dienst der Bruderschaft." (127f)

Aufs Ganze gesehen muß diese Verhandlung zu einer leichten Entspannung geführt haben. Vermutlich hatte das Gutachten Heilers einen gewissen Eindruck gemacht. Von weiteren Auseinandersetzungen mit übergeordneten Kirchenbehörden verlautet in der Chronik seitdem nichts mehr. Die Kirchen hatten andere Sorgen und die Arbeit der Hochkirchler wie der Michaelsbrüder wurde zunehmend positiver bewertet.

1953 kam es auf dem Hochkirchentag in Münster/Westfalen wieder zu Unstimmigkeiten zwischen wichtigen Brüdern der Vereinigung bzw. der Bruderschaft und ihrem Leiter. Am 4. Januar sprach der Heilerschüler Studentenpfar-

---

[190]   Vgl. aaO. 126.

rer Dr. Wolfgang Philipp über das Thema „Wissenschaftliche Wahrheitsforschung und kirchliches Dogma". Im Tagungsbericht heißt es dazu: „'Er [Philipp] erörterte dieses Problem vor allem im Hinblick auf den christlichen Glauben an die Jungfrauengeburt und an die Inspiration der heiligen Schrift ... Ohne auf Einzelheiten einzugehen, erhob Pfr. Drobnitzky ernste Einwände gegen die Darlegungen und schloß mit der Erklärung, daß wir uns die Weihnachtsgeschichte nicht nehmen ließen. Prof. Heiler versuchte die entstandenen Mißverständnisse zu beseitigen. Er wies auf den Ernst der historisch-kritischen Probleme hin und forderte Respekt vor geschichtlichen Tatsachen und Dokumenten. Er betonte, daß die Anerkennung solcher Tatsachen nicht notwendig die Leugnung der Jungfrauengeburt (Jesu Christi) in sich schließe und zeigte verschiedene Möglichkeiten der Harmonisierung wissenschaftlicher Erkenntnisse mit dem dogmatischen Bekenntnis der Kirche. Auch erinnerte er an den von den Dogmatikern so leicht vergessenen Fundamentalsatz der Inadaequatheit aller theologischen Aussagen über ein Glaubensmysterium ... Im Anschluß an den Vortrag von Dr. Philipp wurde nochmals (in der Mitgliederversammlung am 5.1.) mit großem Ernst und teilweise mit Leidenschaftlichkeit die Frage erörtert, ob die Vereinigung das Apostolische Glaubensbekenntnis als die Grundlage ihres Lebens und Dienstes bejahe, und wie die in ihren Grundsätzen ebenfalls ausdrücklich betonte freie wissenschaftliche Wahrheitsforschung zu verstehen sei. Dr. Kalpers beantragte, daß die Vereinigung sich feierlich zur Geburt Jesu aus der Jungfrau Maria bekenne. Der erste Vorsitzende wies darauf hin, daß sich ein solcher Antrag erübrige, da die Vereinigung in ihren Grundsätzen ihre Glaubenshaltung hinreichend klar ausgesprochen habe. Der zweite Vorsitzende, Pfr. Drobnitzky, betonte unter dem Beifall der meisten Anwesenden, daß die von Dr. Philipp vertretene Auffassung über die Inkarnation seine persönliche theologische Meinung sei; bei aller Anerkennung der persönlichen Glaubenseinstellung des einzelnen betrachte die Vereinigung das Apostolikum als verbindliche Glaubensaussage.'" (129)

War den Anwesenden klar, wie sehr diese kategorische Erklärung auch Heiler treffen mußte? Auch er konnte bekennen: „Empfangen durch den Heiligen Geist, geboren von der Jungfrau Maria". Doch ob diese Glaubensaussage im wörtlichen Sinn zu verstehen sei, stand für ihn dahin. Sie war für ihn in einem tiefen Sinne wahr, auch wenn bei der Empfängnis und Geburt Jesu alles mit natürlichen Dingen zugegangen sein sollte. War in Jesus ein Mensch geboren, der gegen die Übermacht des Bösen antreten konnte, weil er dem Verhängnis der Erbsünde nicht unterworfen war, lag es zwar nahe, daß Gott schon über der Frau in besonderer Weise die Hand gehalten hatte, die ihn zur Welt brachte. Das „Wie" aber war in der Urchristenheit, ehe es zu den mythologischen Aussagen im Lukasevangelium kam, ein Geheimnis. Für Heiler war es das bis in die Gegenwart. Weil seine Freunde das ahnten, war er ihnen gegenüber in eine schwierige Lage geraten. Sie meinten, der christliche Glaube stünde und fiele damit, daß man diese Aussagen des Lukasevangeliums wörtlich nehme und als Berichte faktischer Geschehnisse und wunderbarer Gegebenheiten verstünde.

So fuhr Heiler traurig, ja geschlagen von der Tagung heim. Einerseits konnte er seinen Freunden ob ihres Glaubenseifers nicht böse sein. So wie sie dachten auch Luther und viele gläubige Christen in seiner Nachfolge. Aber durfte man es heute noch? Durfte man sich über die Ergebnisse textkritischer Forschung und wissenschaftlicher Erkenntnisse hinwegsetzen? Durfte man es, wenn man ehrlich sein wollte, vor sich selbst, und wenn man an die vielen dachte, die „draußen" stehen? - Die mythologischen Aussagen des Lukasevangeliums waren nicht das Ergebnis eines feingesponnenen Betruges, sie beruhten auf echter Intuition. Aber der Heilige Geist scheut vor zeitbedingten Einkleidungen nicht zurück, wenn er Unsagbares nahebringen will. Er ist sich nicht zu schade dafür, sich unserer jeweiligen menschlichen Fassungskraft anzupassen. Hätte er die gleichen göttlichen Wahrheiten heute nahezubringen, so würde er sich anderer Mittel bedienen.

So waren Heiler und seine Leute schon Jahre vor dem von Heilers Kollegen Rudolf Bultmann ausgelösten Theologenstreit um die Entmythologisierung der neutestamentlichen Texte in eine ähnliche Auseinandersetzung geraten. Nur: Einer Eliminierung der mythologischen Elemente hätte Heiler nie zugestimmt. Sie waren für ihn zeitbedingte, doch unverzichtbare Hinweise und Einkleidungen göttlicher Geheimnisse, ohne die dem Glauben eine entscheidende Dimension fehlen würde. Sollte er den in Münster aufgebrochenen Dissens auf sich beruhen lassen? - Nach langem Überlegen kam er zu dem Ergebnis, auf die Dauer könne er Spiritual in der Evangelisch-Ökumenischen Vereinigung nur bleiben, wenn er nicht länger im Verdacht stünde, mit seinem Glauben könne etwas nicht stimmen. Sein „Liberalismus" mußte als ein notwendiges Element evangelischer Katholizität begriffen werden.

Wie konnte er seine größere Gemeinde dazu bringen? - Heiler hat Jahre gebraucht, bis er ein Heft über „Evangelische Marienverehrung" herausbrachte.[191] Das Heft stand insofern unter keinem guten Stern, als Reintraut Schimmelpfennig, Heilerschülerin und Verfasserin einer fundamentalen Dissertation über „Die Geschichte der Marienverehrung im deutschen Protestantismus"[192] im letzten Augenblick verhindert war, einen geschichtlichen Überblick zu geben. Heiler sprang mit einem Rundfunkvortrag über „Evangelische Marienverehrung" ein.[193] Da von solcher Verehrung nach dem Reformationsjahrhundert kaum noch die Rede sein kann, blieb dieser Vortrag im wesentlichen auf Luther und seine Nachfolger konzentriert. Weder die Fragen der Aufklärung und des Liberalismus noch Heilers eigene Position kamen zur Sprache. Ein ergänzender Aufsatz mußte also folgen.

---

[191] Evangelische Marienverehrung, EHK 28/I (1955/56)
[192] Schimmelpfennig, Reintraut, Die Geschichte der Marienverehrung im deutschen Protestantismus, Paderborn 1952.
[193] Heiler, Friedrich, Evangelische Marienverehrung, in: EHK 28/I (1955/56) 20-25.

Wie beschreibt Heiler Luthers Einstellung zur Mutter des Herrn? - „Dieser [Luther] steht in einer Reihe mit den größten Marienkündern und Mariensängern der katholischen Kirche des Ostens und Westens. Gerade in dem Augenblick, da Luther nach Worms fuhr, um sein mutiges Glaubensbekenntnis vor Kaiser und Reich abzulegen, schrieb er seine zarte Auslegung des *Magnificat*. Auch nachdem er durch den Bann aus der römisch-katholischen Kirche ausgestoßen war, fuhr er fort, jahraus, jahrein an den katholischen Marienfesten zu predigen und das Lob der Mutter des Herrn zu singen. Sie ist ihm 'die größte Frau im Himmel und auf Erden', die 'höchste, edelste, heiligste Mutter', 'das edelste Kleinod nach Christo in der ganzen Christenheit.'" (21) Luther stimmte - so Heiler - mit dem mittelalterlichen Mariendogma völlig überein. Maria war „immerwährende Jungfrau" oder - um es mit Luthers Worten zu sagen - „allzeit reine Magd". Sie ist „schwanger worden durch den Heiligen Geist und Gottes Kraft allein". Auch Luther war davon überzeugt, daß Maria ihren Sohn „unbefleckt" empfangen habe, d.h. frei von der Erbsünde. Auch für Luther konnte der Mutter Jesu kein zutreffenderer Name beigelegt werden als der des Konzils von Ephesus (431): Theotokos, „Gottesgebärerin". „Wie Luther mit der katholischen Dogmatik hinsichtlich der übernatürlichen Würde Marias übereinstimmt, so vertrat er mit der katholischen Predigt den vorbildlichen Charakter ihres Tugendlebens. Maria ist nach ihm für die Christenheit, vor allem für das 'Weibervolk', 'ein mächtig schönes Exempel'. Der Kranz ihrer Tugenden, wie Lukas ihn in seinem Evangelium malt, ist 'mit drei sonderlich schönen und lieblichen Rosen geschmückt: Glaube, große Demut, und feine, züchtige Gebärde vor den Leuten' ..." (22) Aus beiden Gründen verstand es sich für Luther von selbst, daß nach Christus niemand größere Liebe und Ehre verdiene denn Maria. Dieses Erfordernis stand allerdings unter einem für Luther bezeichnenden Vorbehalt: Die Verehrung Marias dürfe nie zu dem werden, was allein dem Sohn gebühre, nämlich zur Anbetung. Christus müsse das A und O aller Seligpreisung Marias bleiben. Auch sie gehöre zu den von Christus Erlösten. Daß sie alles Gottes Gnade in ihrem Sohn verdanke, habe sie selbst im Magnificat ergreifend zum Ausdruck gebracht. So sei sie das Urbild wahren Christenglaubens.

Es liegt auf der selben Linie, wenn Luther nach Heiler den zu seiner Zeit weit verbreiteten Glauben verwarf, Maria habe sich ihre Erwählung durch ihr tugendhaftes Leben verdient; ebenso, wenn Luther von einer Gnadenmittlerschaft Marias nichts wissen wollte. Selbst der der Mutter Jesu zugesprochenen fürbittenden und fürsprechenden Fähigkeit stand Luther zurückhaltend gegenüber.

Aus Heilers Vortrag wird deutlich: Einige evangelische Akzente hat Luther eben doch gesetzt. Daraus hätte sich eine spezifisch evangelische Marienverehrung entwickeln können, wenn, wie Heiler am Schluß seines Aufsatzes berichtet, die Geschichte der evangelischen Marienverehrung nicht die Geschichte eines traurigen Niedergangs gewesen wäre. Einige Generationen seien den Impulsen Luthers gefolgt, dann sei im deutschen Protestantismus die Marienverehrung - bis auf einen Wiederbelebungsversuch durch das Neuluthertum des 19. Jahrhunderts - fast völlig zum Erliegen gekommen. Die Lage wäre trostlos, hätte Maria nicht in den alten evangelischen Kirchenliedern, zumal den weihnachtlichen, einen festen Platz gefunden, und hätten nicht einige Dichter etwas von dem aufgegriffen, was die Theologen vernachlässigt hatten.

Was hatte zu diesem Niedergang geführt? - Nach Heiler waren es der Einfluß des alle Marienverehrung ablehnenden Calvinismus und der Rationalismus der Aufklärung, der eine Auflösung der überkommenen gottesdienstlichen Formen nach sich gezogen hatte. So richtig das ist, der Hauptgrund für die evangelische Zurückhaltung Maria gegenüber ist „die Überbetonung der römischen Art der Marienverehrung im nachtridentinischen Katholizismus", wie es in einem Aufsatz von Martin Leuner heißt.[194]

Wie soll sich das ändern, solange evangelische Christen durch den von Privatoffenbarungen in Fatima und Lourdes ausgelösten Marienkult abgestoßen und durch das Mariendogma von 1950 schockiert wurden? Wie konnte Heiler evangelischer Marienverehrung weiterhin das Wort reden, wo ihm doch die biblischen Grundlagen dieser Verehrung in ihrem historischen Quellenwert fragwürdig waren? Da er lieber andere für sich sprechen ließ, gab er zunächst dem Berner Pfarrer Dr. Jakob Amstutz das Wort, der zu jenem Freundeskreis gehörte, dem Heiler schon bald nach seiner Begründung 1948 beigetreten war, dem „Bund für freies Christentum". Unter diesem Dach hatten sich neben einigen seiner Fakultätskollegen so bedeutende Leute wie Paul Tillich, Kurt Leese, Gustav Mensching, Martin Werner, Rudolf Dauer und Albert Schweitzer zusammengefunden. Sie alle vereinte das Bedürfnis, gegen den sich ausbreitenden theologischen Fundamentalismus und Obskurantismus ein Zeichen zu setzen.

Was Jakob Amstutz über „Die Verehrung Marias vom freien Protestantismus gesehen"[195] zu Papier brachte, scheint mir den Gedanken Heilers allerdings nur teilweise zu entsprechen. Der biblische Befund stellte sich wie folgt dar: „Die neutestamentlichen Stellen, welche der Mutter Jesu eine besonders hohe Würde geben und Ansätze zu ihrer Verehrung enthalten, gehören alle einer späteren Überlieferung innerhalb der frühen christlichen Gemeinden an. Dafür, daß Maria zu ihren eigenen, oder gar zu Jesu Lebzeiten schon besonders verehrt worden wäre, fehlt im Neuen Testament jede Spur. Im Gegenteil ist bezeugt, daß Jesus selber die Anfänge einer Seligpreisung der Maria zurückgewiesen hat. [Es folgt das Zitat von Lk 11,27f.] Ferner ist bezeugt, daß Jesus sich, wohl mit dem Beginn des öffentlichen Wirkens, von seiner Familie trennte, in einer Weise, die uns schroff erscheinen muß, die aber in der Notwendigkeit seines Lebensweges lag. [Es folgt das Zitat von Mk 3,31-35.] Seine abweisende Haltung gerade gegenüber seiner Mutter muß allen Augenzeugen ... eindrücklich gewesen sein. So gibt gerade der späteste neutestamentliche Bericht über Jesu Leben, das Johannesevangelium, sein härtestes Wort an die Mutter wieder: Als bei der Hochzeit zu Kana der Wein ausging, wandte

---

[194] Leuner, Martin, Die Mutter meines Herrn, in: EHK 28/I (1955/56) 25-33, Zit. 27.

[195] Amstutz, Jakob, Die Verehrung Marias vom freien Protestantismus gesehen, in: EHK 28/I (1955/56) 37-42

sich Maria an ihren Sohn, von ihm Hilfe erwartend. Er aber fuhr sie an: 'Weib, was habe ich mit dir zu schaffen? Meine Stunde ist noch nicht gekommen'. (Joh. 2,3f)" (38) „Fassen wir den recht paradoxen neutestamentlichen Befund zusammen: Die späten mythischen Stücke über Jesu Herkunft, welche vorliegen besonders in den lukanischen Vorgeschichten, lassen den Engel und dann im Loblied indirekt sogar Maria selber (Luk. 1,48) gerade jene Seligpreisung der Mutter Jesu aussprechen, welche Jesus ganz deutlich abgelehnt hatte.

Die dogmengeschichtliche Entwicklung bis zur Reformation hin, und im Katholizismus bis 1950, verlief ganz als Verlängerung und Steigerung der wenigen Ansätze zur Marienverehrung, die wir besonders in den lukanischen Vorgeschichten sehen. Jesu eigene Haltung in dieser, wie ja auch in anderen Fragen, wurde überhört." (39)

Der Grund für diese Entwicklung liegt für Amstutz einerseits darin, daß Maria in der Volksfrömmigkeit zu einem Ersatz für die vom Christentum entthronten heidnischen Muttergöttinnen wurde, andererseits war „die Entwicklung der Christologie" dafür verantwortlich. Die menschliche Natur Jesu war schon bald in den Hintergrund geraten. In dem Maße aber, wie die göttliche Natur Jesu beherrschend ins Zentrum rückte, wuchs auch das Bild des begnadeten Menschen Maria über sich selbst hinaus. Am Ende dieser Entwicklung steht das Mariendogma von 1950. Amstutz fragt dann: „Wie stellen wir uns nun als freie Protestanten zu dieser katholischen Marienlehre ...? Wir werden ... nicht aufhören, uns beglücken zu lassen durch die Advents- und Weihnachtsgeschichten, und wir werden in ihnen immer Sinnbilder für die Tatsache sehen, daß Gott zum Menschen kommen, in ihm wohnen, sich mit ihm vereinigen will. Aber der Widerspruch innerhalb des Neuen Testamentes kann uns nur einmal mehr zeigen, daß auch die Autorität der Schrift uns nicht e i g e n e s D e n k e n und E n t s c h e i d e n ersparen kann ... Daß die katholische Kirche für die Gläubigen a u t o r i t a t i v entscheidet, daß sie (was nicht vergessen werden darf) jeden verdammt, der nun nicht an die unbefleckte Empfängnis und die Himmelfahrt der Maria, an die Unfehlbarkeit des Papstes in Lehrfragen usw. glauben kann -, das ist es, was wir g e g e n sie haben. Wir halten das eigene Denken und die persönliche Entscheidungsfreiheit für eine dem Menschen so wesentliche und nicht abnehmbare Sache, daß wir eben deshalb nie Katholiken werden könnten ... Zu nichts möchten wir den Menschen verpflichten, als zu einem Leben in der Nachfolge Jesu und zum Streben nach immer größerer Gottes- und Selbsterkenntnis, welches Streben nur in völliger Freiheit möglich ist." (41, Hervorhebung von J.A.)

Laufen diese Gedanken nicht darauf hinaus, daß es für eine evangelische Marienverehrung keinen Grund gibt? - Amstutz läßt in seinem Schlußwort zwei Möglichkeiten gelten: „Hinter der im Laufe der Jahrhunderte sich steigernden Verehrung der Maria steht das Suchen nach einem weiblichen Gottessymbol. Dieses Suchen verstehen wir sehr wohl. Dieses Suchen hat die größten protestantischen Dichter auch dazu geführt, Maria zu verehren, als 'Jungfrau,

Mutter Königin', wie Goethe sie im zweiten Teil des 'Faust' preist. Vergessen wir auch des Novalis Lied nicht:

> Ich sehe dich in tausend Bildern,
> Maria, lieblich ausgedrückt.
> Doch keins von allen kann dich schildern,
> Wie meine Seele dich erblickt.

Eine solche, nicht kirchlich verlangte und kontrollierte Verehrung Mariens als Sinnbild der Mütterlichkeit und Reinheit bejahen wir und können wir selber pflegen." (42)

Was Amstutz hier einräumt, hat mit seinen auf die Schrift sich gründenden Gedanken wenig zu tun. Ich bezweifle, ob er Heilers Vorstellungen mit alledem in vollem Umfang wiedergibt. Hinter der angeblichen „katholischen" Marienlehre steht Heiler zufolge immerhin auch Luther. Und daß die Weihnachtsgeschichten Sinnbilder für die Tatsache sein sollen, daß Gott zum Menschen kommen, in ihm wohnen und sich mit ihm vereinigen will, ist nur dann richtig, wenn Christus dabei nicht unterschlagen wird. Den Ergebnissen textkritischen Abwägens dürfte Heiler weitgehend zugestimmt haben. Auch darin teilt er die Meinung von Amstutz, daß die Widersprüche in den Evangelien autoritative lehramtliche Entscheidungen nicht zulassen und jeden Christ zu eigenem Nachdenken und Entscheiden herausfordern.

Trotzdem: Heiler hat den Aufsatz seines freisinnigen Freundes nicht veröffentlicht, um eine evangelische Marienverehrung als unmöglich zu erweisen, sondern um auf dem Weg des Nachdenkens zu einer echten evangelisch-katholischen Marienverehrung zu gelangen.

Gibt es für eine solche Verehrung bei Friedrich Heiler Anhaltspunkte? - Heiler hat im nämlichen Heft zwei eigene Marien-Predigten abgedruckt, die Hinweise darauf enthalten, wie er sich in dieser Frage vorgetastet hat. In einer Predigt vom 15. August 1948, am Fest des Hinscheidens Marias, heißt es: „Der Mensch gewordene Gottessohn ist nicht ohne Mutter denkbar. Von ihr hat Er jenen wunderbaren Leib angenommen, den die christlichen Künstler darzustellen suchten, von ihr Seine heilige Seele, die aus allen Evangelienworten leuchtet. Sie hat Ihn neun Monate unter dem Herzen getragen, sie hat Ihn gesäugt und gewiegt, sie hat Ihn großgezogen. Ihre Seele lebte in Seiner Seele; ihre Reinheit, Heiligkeit und Schönheit ist auf Ihn übergegangen; in ihrem Schoße ist das große Wunder geschehen, das Wunder der Person Jesu, das keine Geschichte erklären und keine Psychologie enträtseln kann. Ist schon das Geheimnis jedes menschlichen Genius nicht faßbar ohne das Geheimnis der Mutterschaft, dann ist erst recht das Geheimnis des Gottessohnes nicht faßbar ohne das Geheimnis der Gottesmutter. Aber im Wunder der Gottesmutter ist das Wunder aller Mutterschaft beschlossen; jede Mutter nimmt an der Würde der Gottesmutter teil." [196] Auch für Heiler ist Maria die Gottesmutter. Und Gott hat sie nicht ohne Grund erwählt. Sie ist für ihn ein Mensch von außergewöhnlicher Reinheit, Schönheit, ja Heiligkeit. Vielleicht hat er sich gesagt: Weil es Menschen wie die Mutter Maria gab, wollte Gott uns heraushelfen aus dem von uns selbst verschuldeten Dasein „in Finsternis und im Schatten des Todes". Nicht ohne Grund hat sich im Schoße Marias jenes Wunder ereignet, „das keine Geschichte erklären und keine Psychologie enträtseln kann": das Wunder der Person Jesu: „Gott wird Mensch, dir Mensch zugute, Gottes Kind, das verbindt / sich mit unserm Blute." (EKG 27,2)

Daß schon bei der Empfängnis des Sohnes Gottes heiliger Geist am Werk war und daß dabei etwas von dem aufleuchtete, was dieser Sohn seiner Mutter und wie ihr allen Menschen erringen sollte, war auch für Heiler naheliegend. Deshalb kostete es ihn keine Überwindung, mit der Kirche aller Zeiten im Apostolicum zu bekennen: „Empfangen durch den Heiligen Geist, geboren von der Jungfrau Maria". Daß aber Maria in einem wörtlichen Sinn Jungfrau gewesen und geblieben sein sollte, war für Heiler ein in der Religionsgeschichte zu weit verbreitetes mythologisches Motiv, als daß er es für bare Münze hätte nehmen können. Und daß Maria von der Erbsünde frei gewesen sein sollte, hatte für ihn den Geruch einer zweifelhaften Erklärung für jenes immer Unerklärliche an sich, um dessentwillen Paulus in Jesus den zweiten Adam hatte sehen wollen (1Kor 15,45). In Heilers Augen bedarf der Mensch solcher Hinweise auf übernatürliche Vorgänge heute nicht. Ohne sie leuchten ihm die stets unerklärlichen Geheimnisse des Glaubens eher ein. Das Bild der Mutter Jesu war für Heiler gerade um der menschlichen Züge willen glaubwürdig, die in den Evangelien hervortreten. Dieses Bild durfte nicht um seine Klarheit gebracht werden.

Mir scheint, trotz solcher Gedanken stand Heiler der Marienverehrung Luthers nicht sehr fern. Für diesen ist Maria die von Gott zur Mutterschaft dieses Sohnes Erwählte. Darin bekommt sie von ferne Anteil am göttlichen Geheimnis seiner Person. Wenn Luther in der Mutter Maria ein einzigartiges Vorbild des zum Glauben befreiten Menschen sieht und sich dabei auf die legendären Berichte des Lukas stützt, ist Heiler der letzte, der das bestreiten möchte. Im Gegenteil: Er ist ein Bewunderer der „zarten" Auslegung des Magnificats, und was Legenden betrifft, so können sie für Heiler Wahrheiten enthalten, bis zu denen historische Berichte niemals vordringen. Wenn Luther diesen Lobgesang für ein unüberbietbares Zeugnis des rettenden Glaubens allein durch Christus und allein aus Gnade hielt, gilt das für Heiler nicht minder.

---

[196] Heiler, Friedrich, Transitus Sanctae Mariae (Das Geheimnis der Mutterschaft II), in: EHK 28/I (1955/56) 67-72, Zit. 70.

„ ... im Wunder der Gottesmutter ist das Wunder aller Mutterschaft beschlossen; jede Mutter nimmt an der Würde der Gottesmutter teil", hatte es in der Predigt zum 15. August 1948 geheißen. Wie Heiler das meint, hat er in einer späteren Predigt angedeutet: „Maria ist für die christliche Verehrung der Prototyp jeder Jungfrau und Mutter geworden, das Vorbild jeder Jungfräulichkeit, jeder Mutterfreude, jedes Mutterleides. In ihr ist jeder Strahl weiblicher Reinheit, Zartheit, Güte und Schönheit wie in einem Brennspiegel aufgefangen. Jede Mutter wird in der Empfängnis ihres Kindes von einem Engel Gottes gegrüßt; jede Mutter hat 'Gnade vor Gott gefunden' wie Maria, jede Mutter steht staunend vor einem Wunder und fragt: 'Wie kann das geschehen?' Jede erlebt dieses Wunder und wirkt mit an diesem Wunder, indem sie ihr 'Fiat' - 'mir geschehe nach deinem Worte' spricht (Luk. 1,28 ff.). Jede Mutter erfährt sinnend die Freude, wie sie Maria an der Krippe erfuhr, und jede bewegt die Erinnerung an die frühen Tage ihres Kindes, wie Maria es tat (Luk. 2,19); jede durchlebt auch wie Jesu Mutter die tiefste Qual (Joh. 19,25 ff.), wenn sie vor ihren Augen ihr Kind sterben sieht. Das Leben Marias ist das Mutterleben schlechthin, und die Verehrung Marias muß ihre natürliche Fortsetzung und selbstverständliche Ausstrahlung finden in der Verehrung jeder Mutter." [197] Erstaunliche, heute kaum noch glaubwürdige Sätze! Wird nicht sich ankündigende Mutterschaft von vielen nur noch erschrocken zur Kenntnis genommen? Möchte man ihrer nicht oft genug um jeden Preis wieder ledig werden? - Heiler würde das nicht leugnen wollen. Auch Maria - so würde er sagen - wußte bald, daß um ihres Kindes willen ein Schwert durch ihre Seele dringen würde. Er würde zugleich darauf beharren, daß jede sich ankündigende Mutterschaft eine Anrührung aus der Welt Gottes in sich schließe. Gewiß, da kündige sich nicht der „Sohn Gottes", sondern ein armes Menschenkind an. Aber dieses Kind sei in diesem „Sohn Gottes" nicht mehr zur Knechtschaft, sondern zur Freiheit der Kinder Gottes berufen! Wer angesichts dessen der Anrührung „von oben" recht gebe, und das „fiat" der Gottesmutter durch das eigene „Ja" mitspreche, gebe Maria wie kaum jemand sonst die Ehre und würde in allem Beschwerlichen auch etwas von dem Glück und der Freude Mariens erfahren. Diese Freude bleibt in dem Maße in Kraft, als die innere Verbindung zur Mutter Gottes nicht abreißt. Und wenn eine von Sorgen bedrängte Mutter in ihrer Not die Mutter Maria um ihre Fürbitte anrufen sollte, so würde Heiler nicht lutherischer als Luther sein wollen und dem von Herzen zustimmen.

In der gleichen Adventspredigt stoßen wir auf einen Gedanken, der uns schon bei Amstutz begegnete: „Die Verehrung des Charismas der Mutterschaft weist aber auf ein noch tieferes Geheimnis hin, auf die Liebe des ewigen Gottes. Im Alten und Neuen Testament wird diese Liebe vorwiegend unter dem Bild des Vaters dargestellt, aber die Vaterschaft ist ja auch nur e i n Bild für dieses tiefste Geheimnis der ewigen Gottesliebe, die unserer Liebe vorausgeht. Viele

---

[197] ders., Predigt, gehalten am 3. Adventssonntag, 16. Dezember 1951, in der Franziskuskapelle zu Marburg (Das Geheimnis der Mutterschaft I), in: EHK 28/I (1955/56) 60-67, Zit. 62 (Hervorhebung von F.H.).

alte Religionen haben Gott nicht als Vater, sondern als Mutter oder auch als beides dargestellt. Auch das Alte Testament gebraucht an zwei Stellen das Bild der Mütterlichkeit für die Liebe und Barmherzigkeit Gottes. Beim 'zweiten Jesaja' heißt es: 'Kann auch ein Weib ihres Kindleins vergessen, daß sie sich nicht erbarme über den Sohn ihres Leibes? Und ob sie desselben vergäße, so will ich doch dein nicht vergessen' (Jes. 49,15). Und im Buch des 'dritten Jesaja' heißt es: 'Ihr sollt getragen werden auf Armen, und man wird euch wiegen im Schoß, und ich will euch trösten, wie einen seine Mutter tröstet' (Jes. 66,2)." (66, Hervorhebung von F.H.)

Dieser Hinweis wäre mißverstanden, sollte er dazu herhalten, Maria göttliche Würde zu verleihen, wie sie allein dem Sohn und dem Vater gebührt. Heiler möchte vielmehr, daß in der Mutterschaft Mariens ein über sich selbst hinausweisendes Bild sichtbar wird, das uns dem Geheimnis Gottes näherbringt. Gott ist nicht nur im Bild des Vaters zu erfahren. Die Bibel erlaubt, in Not und Trübsal auch an Gottes mütterliches Trösten und Stärken zu denken. Hätte es bereits 1955/56 den erst zwanzig Jahre später erschienenen „Evangelischen Erwachsenenkatechismus" gegeben, hätte Heiler vermutlich gedacht: Das meiste von der Replik dieses nicht ganz geratenen Heftes der „Eine[n] heilige[n] Kirche" hätte ich mir sparen können.

Im Evangelischen Erwachsenenkatechismus von 1975 heißt es in einer erstaunlich knappen Zusammenfassung: „Maria ist nicht nur 'katholisch'; sie ist auch 'evangelisch'. Protestanten vergessen das leicht. Aber Maria ist ja die Mutter Jesu, ihm näher als seine nächsten Jünger. Mit welcher Menschlichkeit zeichnet das Neue Testament diese Nähe, ohne Marias Abstand von Jesus zu verschweigen! Ein Beispiel für diesen Abstand steht ausgerechnet bei Lukas ...: Da sagt eine Frau aus der Menge zu Jesus: 'Selig ist der Leib, der dich getragen hat, und die Brüste, die du gesogen hast.' Jesus entgegnet: 'Ja, selig sind, die das Wort Gottes hören und bewahren' (11,27f). Aber gilt nicht genau das für Maria? Sie wird als die beispielhafte Hörerin des Wortes Gottes gezeichnet, als die Magd des Herrn, die 'ja' zu Gottes Willen sagt, als die Begnadete, die aus sich selber nichts, durch Gottes Güte aber alles ist. So ist Maria das Urbild der Menschen, die sich von Gott öffnen und beschenken lassen, der Gemeinschaft der Glaubenden, der Kirche ... Dabei bleibt sie ganz und gar ein Mensch, und keine biblische Aussage über sie dehnt das Bekenntnis, das für Jesus gilt, auf sie aus: 'empfangen durch den Heiligen Geist'. In solche Regionen ist sie erst im Verlaufe der Marienverehrung erhoben worden - gewiß aus bester Absicht und ausgehend von gewissen Ansätzen, die schon im Neuen Testament beginnen ...

So konnte schließlich das unscheinbare Wort 'Jungfrau' mit schwerstem dogmatischem Gewicht belastet werden - bis hin zu den römisch-katholischen Lehren von der unbefleckten Empfängnis ... und von der leiblichen Aufnahme Marias in den Himmel. Evangelische Marienverehrung kann bescheidener sein, weil die Bibel bescheidener ist. 'Empfangen durch den Heiligen Geist, geboren von der Jungfrau' - das bekennen wir nur von Jesus, und damit bekennen wir uns auch zu Maria als der Mutter unseres Herrn. Das Weibliche, das Empfangende, das Mütterliche ist nicht der schlechteste, eher der bessere Teil des Menschlichen und erst recht des Christlichen." [198]

Das ist großenteils im Sinne Heilers gesagt; über den letzten Satz hätte er sich besonders befreut. Eines hätte er vermutlich hinzugefügt: Die evangelischen Theologen verstehen es oft, trefflich zu formulieren. Aber das meiste davon bleibt für gewöhnlich auf dem Papier. Wir evangelischen Katholiken aber wollen es anders halten. Die Mutter Jesu soll uns in jedem Gottesdienst als das große, einzigartige Vorbild im Glauben, das sie ist, vor Augen stehen. In jeder Vesper wollen wir mit der ganzen Kirche ihren Lobgesang anstimmen. Und in der Messe hat das Gedenken der Mutter des Herrn im diakonischen Fürbittengebet zum Schluß der erweiterten Chrysostomus-Ektenie seinen festen Platz:

D. Unserer lieben Frau, der preiswürdigen Gottesmutter und allzeit reinen Magd Maria samt allen Heiligen gedenkend, wollen wir uns selbst und einander unser ganzes Leben Christo, unserem Gotte, hingeben.

G. Dir, o Herr.

---

[198] Evangelischer Erwachsenenkatechismus. Kursbuch des Glaubens, Im Auftrag der Katechismuskommission der Vereinigten Evangelisch-Lutherischen Kirche Deutschlands herausgegeben von Jentsch, Werner / Jetter, Hartmut / Kießig, Manfred und Reller / Horst, Gütersloh 1975, 392f.

Die Frau und das Amt der Kirche

Evangelische Marienverehrung - diese Frage hatte in der Predigt Heilers eine merkwürdige Antwort gefunden: „Das Leben Marias ist das Mutterleben schlechthin, und die Verehrung Marias muß ihre natürliche Fortsetzung und selbstverständliche Ausstrahlung finden in der Verehrung jeder Mutter." Ein anderer Satz aus der Predigt laute: „Maria ist das Urbild der Frau und der liebenden Mutter".

Heiler hat aus diesen Gedanken Folgerungen gezogen, mit denen er selbst im Kreise seiner Freunde zunächst ziemlich allein stand, und die er in der kirchlichen Öffentlichkeit seiner Zeit kaum äußern durfte, so anstößig waren sie und so sehr hätten sie ihm und seinem Anliegen geschadet. Nur wenigen Vertrauten gegenüber vertrat er die Ansicht, es dürfe in den Kirchen Christi nicht länger dabei bleiben, daß die Frauen praktisch zum Schweigen verurteilt seien, daß ihnen Funktionen und Ämter von größerer Verantwortung vorenthalten blieben und überall ausschließlich Männer das Sagen hätten. Es sei dies weder im Sinne Christi noch stimme es mit der Bedeutung der Frau im Urchristentum und in der frühen Kirche überein.

Sich in dieser Frage völlig zurückzuhalten, daran dachte Heiler nicht. So behandelte er das Thema zunächst in historischen Darstellungen, die nachdenklich machen mußten.[199] Erst als er - nicht lange vor seinem Tode - das Thema noch einmal in Vorlesungen an seiner Heimatuniversität München gründlicher und umfassender als zuvor behandelte, blieb es nicht bei einer rein historischen Betrachtung. Nun brachte er offen zur Sprache, was er - längst schon - für notwendig gehalten hatte.[200]

Wie Heiler in dieser Frage gesonnen war, war aus besonderem Anlaß bereits 1952 in Marburg an den Tag gekommen. Damals sollte eine um das kirchliche Leben in der Stadt hochverdiente Frau, die „Vikarin" Claudia Bader, ordiniert werden. Anders als „Vikarin" durften sich Frauen im pfarramtlichen Dienst damals nicht nennen, auch wenn sie alle theologischen Examina abgelegt hatten. Frau Bader war Pfarrer Ritter in den dreißiger Jahren zur Seite gestellt worden und hatte ihn, als er im Krieg Militärdienst leisten mußte, Jahre hindurch weitgehend vertreten. Sofern erforderlich, hatte sie auch Abendmahlsgottesdienste in Marburg gehalten. Ähnlich wie Friedrich Heiler hatte sie - wenn es ihre Zeit erlaubte - auch in anderen Gemeinden der Stadt auf der

---

[199] 1939 erscheint ein wichtiger Aufsatz: „Der Dienst der Frau in den Religionen der Menschheit" (EHK 21 [1939] 1-48). - 1949 lautet Heilers Beitrag zur Festschrift „Veritati" für seinen 60-jährigen Freund Johannes Hessen: „Wertung und Wirksamkeit der Frau in der christlichen Kirche" (München 1949, 116-140). - 1955 nutzt Heiler die Einladung zu sechs Gastvorlesungen der Divinity-School of Chicago zu Vorträgen über „Die Rolle der Frau in den Religionen". (Heiler, Anne Marie, Nachwort der Herausgeberin, in: Heiler, Friedrich, Die Frau in den Religionen der Menschheit, Berlin, New York 1977, 187ff.)

[200] Seine Absicht, diese Vorlesungen in Buchform herauszugeben, konnte er nicht mehr verwirklichen. Frau Heiler hat das zehn Jahre später für ihn nachgeholt. (Vgl. Anm. 199)

Kanzel und am Altar gestanden. Das war nicht nur „unter der Hand" geschehen, sondern mit Wissen und im Auftrag der Landeskirche. Auch in den Jahren nach dem Krieg hatte sich Claudia Bader im pfarramtlichen Dienst als unentbehrlich erwiesen. Nun sollte das dadurch gewürdigt werden, daß ihr die zur vollen Ausübung des Pfarramtes erforderliche Berufung erteilt würde. Der Landesbischof Wüstemann war in diesem außerordentlichen Falle auch bereit, die Ordination vorzunehmen. Heiler und Ritter sollten assistieren. Doch dann kamen Ritter Zweifel, ob es erlaubt sei, in einer Frage von so grundsätzlicher Bedeutung gewissermaßen vollendete Tatsachen zu schaffen. Auch das Landeskirchenamt legte Widerspruch ein. Hier brachte man zusätzlich die Frage auf, ob Heiler zur Assistenz berechtigt, d.h. ob seine eigene Ordination rechtens sei.

Die Claudia Bader freundschaftlich verbundene, Friedrich Heiler als Studentin nahestehende spätere Oberstudiendirektorin Erika Opelt-Stoevesandt berichtet über diese Situation brieflich: „Heiler fühlte sich zutiefst verletzt, nachdem er in der schwierigen Zeit der Kirchenverfolgung Pfarrer Ritter in seinem Pfarramt ebenfalls oft vertreten und jahrelang mehrere Lazarette seelsorgerlich betreut hatte. Er hielt trotz aller Widerstände getreulich zu Claudia Bader, besuchte sie, tröstete sie, fuhr ihretwegen zum Bischof und verhandelte mit Ritter. Regelmäßig feierte er mit ihr zusammen in der Universitätskirche die Messe, jener Kirche, die zum Zentrum der liturgischen Bewegung geworden war."

Als Frau Bader schließlich am 4. Advent doch ordiniert wurde, lag über dem so erfreulichen Vorgang ein Schatten. Frau Stoevesandt berichtet: „Allerdings durfte Heiler nicht assistieren. Das Landeskirchenamt zögerte lange, ehe es ihm die Anerkennung [seiner Ordination] zurückgab."

Immerhin: In der Hauptsache hatte er - der Hauptbefürworter - sich durchgesetzt. Es gab nun einen Präzedenzfall. Fortan ging Heiler die Frage nicht aus dem Sinn, wie das Einmalige und Außerordentliche zu einer allen Theologinnen erreichbaren Möglichkeit werden könnte, und das nicht nur in Kurhessen-Waldeck.

Der Vorgang blieb nicht verborgen. Im evangelischen Bereich begann die Frage eines angemessenen Dienstes der Frau in der Kirche ernsthaft erörtert zu werden. Sich da einzuschalten, hielt Heiler - vermutlich um der Sache willen - nicht für ratsam. Er wollte sich auch als Ökumeniker nicht vor der Zeit ins Zwielicht bringen. Vorerst mußte genügen, daß er für jeden, der sich hier einsetzen wollte, eine reiche Fülle Hintergrundmaterial bereitgestellt hatte. Dann aber, 1966/67 in München, zögerte er nicht länger, offen zu sagen, was ihm so lange schon am Herzen lag. Bedauerlicherweise konnten seine Vorlesungen erst zehn Jahre später als Buch herausgebracht werden. Überholt waren sie auch da noch nicht, und bis heute findet man kaum ein Werk, in welchem die kirchenhistorische Entwicklung der Frage so umfassend dargestellt und so überzeugend beleuchtet wird. Zu einer Initialzündung konnte das Buch - im deutschen evangelischen Bereich - allerdings nicht mehr werden. Anders lagen die Dinge bei Heilers Mutterkirche. Hier hatte das II. Vatikanische

Konzil viel in Bewegung gebracht. Im dort begonnenen innerkirchlichen Dialog konnte auch die Frage eines angemessenen Dienstes der Frau nicht mehr ausgeklammert werden.

Nun zu einem kurzen, summarischen Überblick über den Inhalt der Vorlesungen, so weit sie das Christentum betreffen. - Mehr als die Hälfte des alle Religionen umfassenden Textes ist den christlichen Kirchen gewidmet. Auf weite Strecken geht es um die geschichtliche Entwicklung der Frage. Heiler weiß: Das Für und Wider eines verantwortlichen Dienstes von Frauen in den Kirchen kann nur beurteilt und entschieden werden, wenn die Geschichte dieses Dienstes klar vor Augen steht.

Wie hat Jesus sich den Frauen seiner Zeit gegenüber verhalten? - Heiler war nicht der erste, der gesehen hat, wie sehr sich Jesus gerade in diesem Punkt von seinen Zeitgenossen unterschied. Hat man Heilers knappe Darstellung dieses Sachverhaltes gelesen, meint man, Jesus neu begegnet zu sein. Schon das war ungewohnt: Jesu Botschaft richtete sich keineswegs bevorzugt an Männer. Sie galt ebenso den Frauen. Als „Seelsorger" war Jesus auch den Frauen zugewandt. Und - mochte es noch so anstößig sein - er verkehrte völlig unbefangen auch mit alleinstehenden Frauen wie Martha und Maria (Lk 10,38). Selbst Frauen mit „anrüchiger" Vergangenheit gewährte er Zutritt. Einmal hielt er sogar über eine Frau die Hand, die soeben des Ehebruchs überführt worden war, und er entwaffnete ihre Ankläger mit den Worten: „Wer unter euch ohne Sünde ist, der werfe den ersten Stein!" (Joh 8,7). Dabei lag Jesus nichts ferner, als das Verpflichtende der Ehe aufzuweichen oder in Frage zu stellen. Bis heute klingt sein Wort nach: „Was Gott zusammengefügt hat, das soll der Mensch nicht scheiden." (Mt 19,6) Daß damals Männer - und nur sie - in dieser Hinsicht ein Ausnahmerecht besaßen, bezeichnete Jesus als einen Abfall vom Willen Gottes (Mt 19,8).

Was Wunder, daß Frauen Jesus in besonderem Maße anhingen. Einige von ihnen folgten ihm nach wie seine Jünger - und durften es. Sie durften es nicht nur, weil Frauen unübertrefflich sind in ihrer Fürsorge (Martha), sondern eher noch deshalb, weil sie wie kaum ein Mann imstande waren, sein Wort in sich aufzunehmen und weiterzugeben (Maria). Angesichts dessen hat Heiler unbefangen von „Jüngerinnen" Jesu gesprochen.[201]

So ist es kein Wunder, daß es nicht Männer und nicht seine Jünger waren, die Jesus bis in sein Leiden und Sterben hinein die Treue hielten, sondern Frauen! Maria Magdalena, Maria, die Mutter von Jakobus und Joses, sowie Salome waren bei seiner Grablegung zugegen (Mk 15,40ff.). Dieselben Frauen machten sich gleich nach Ablauf des Sabbats auf den Weg, um seinen Leichnam zu salben. So wurden sie - und nicht Männer - die ersten Zeugen seines Lebens über den Tod hinaus. Wieder ragt Maria Magdalena aus ihnen hervor. Heiler fragt: War sie nicht wirklich - wie Erzbischof Hrabanus von Mainz gesagt hat - eine apostola apostolorum? (99)

---

[201] Heiler, Friedrich, Die Frau in den Religionen der Menschheit, 96.

Wenig später wird die Mutter Jesu zu einem Mittelpunkt der verwaisten Gemeinde. Das nicht nur deshalb, weil sie ihrem Sohn mütterlich verbunden war. Heiler nimmt an, auch ihr sei der Sohn als Auferstandener erschienen. Daß aus der Mutter Jesu eine Mutter der Gemeinde wurde, ist nur denkbar, weil sie ihren Sohn im „Leben" wußte und dieses „Lebens" schon selber inne und teilhaftig geworden war. (101f).

Die Erinnerung an Jesu Verhältnis zu den Frauen und die Bedeutung einzelner Frauen in seiner Nachfolge wirkte eine ganze Zeit nach. Die Jerusalemer Urgemeinde konnte sich zwar von Vorurteilen gegen Frauen nicht freimachen. In den heidenchristlichen Gemeinden jedoch stand das Pauluswort in Kraft: „Hier ist nicht Jude noch Grieche, hier ist nicht Knecht noch Freier, hier ist nicht Mann und Weib, sondern ihr seid alle eins in Christus Jesus" (Gal 3,28). In diesen frühen Gemeinden traten - so Heiler - Frauen auf vier Gebieten hervor:

1. Als *Prophetinnen*. Nicht nur Männer, auch Frauen hatten prophetische Gaben. Sie waren vom Pfingstgeist zu Predigt und Gebet besonders befähigt. In den Gottesdiensten hatten prophetische Charismatiker das Vorrecht, das eucharistische Hochgebet zu sprechen. Unter ihnen waren mit großer Wahrscheinlichkeit Frauen. So haben sie in der frühen Kirche auch Brot und Wein gesegnet. Die Montanisten haben diesen Brauch noch lange beibehalten. (103-106)

2. Als *Lehrkräfte* waren Frauen unentbehrlich. Nur sie hatten zu den Frauengemächern Zutritt. An ihrer missionarisch-katechetischen Befähigung zweifelte niemand. In den Paulusbriefen treten Phoebe, Prisca, vier Frauen zu Rom sowie Thekla und Mariamne als Lehrerinnen hervor. Um des Taufunterrichtes willen waren sie dem Bischof verantwortlich. (106-110)

3. Frauen bewährten sich sogar als *Vorsteherinnen* mancher Gemeinde. Die Gemeinden kamen in Ermangelung geeigneter Versammlungsräume in den Häusern zusammen und konstituierten sich als Hausgemeinden. Da lag es nahe, bewährten Hausfrauen die Gemeindeleitung zu übertragen. Vier von ihnen werden im Neuen Testament namentlich genannt: die Mutter des Johannes Markus zu Jerusalem, Nympha in Laodicea, Lydia in Philippi; Phoebe war zugleich Vorsteherin und missionarische Lehrerin. (110f)

4. Zunehmend wichtig wurden *caritativ tätige Frauen*. Ihnen oblag die Fürsorge der Wanderapostel, aber auch aller Bedürftigen, Armen, Witwen und Waisen. Witwen hatten oft ein besonders schweres Los. In den Gemeinden wurde ihnen vielfach dadurch geholfen, daß man sie in den Kreis der „barmherzigen Schwestern" einbezog. Nicht lange, dann hatte sich in der frühen Kirche ein regelrechtes Witwenamt entwickelt. Es bekam ein solches Gewicht, daß es durch Ordination übertragen wurde. Diese vielleicht erste kirchliche Kongregation wurde da und dort zu einem weiblichen Gegenüber für das Amt der Ältesten. Der einst so gewichtige Witwenstand („Viduat") ging in dem Maße zurück, als jungfräulich gebliebene Frauen hervortraten und zu „Diakonissen" geweiht wurden. (111f)

Die Ebenbürtigkeit von Mann und Frau trat in der frühen Kirche dadurch am stärksten hervor, daß nicht nur Männer zu Märtyrern wurden und ihren Glauben mit dem Leben bezahlten, sondern auch Frauen. In Alexandrien erlitten nach der Mitteilung des Eusebius Zehntausende von ihnen den Märtyrertod. (112f)

Was in der Frühzeit der Kirche zu einer ersten Blüte geführt hatte, ein um des Glaubens willen erstaunlich unbelastetes Miteinander und Füreinander von Frauen und Männern, geriet, als die frühe Kirche sich zur Großkirche entwikkelte, ins Zwielicht. Mann und Frau wurden einander zur Gefahr. Das „stärkere Geschlecht" meinte, diesem Ungemach nur dadurch begegnen zu können, daß es - Heiler vermerkt es mit Ingrimm - die Frauen als Verführerinnen verdächtigte und ihren Einfluß auf das gottesdienstliche Leben der Kirche mehr und mehr einschränkte. Faktisch kam es zu einer fast völligen, in der Form oft tief beschämenden Entrechtung der Frau. (114)
Bereits das Neue Testament enthält erste Spuren dieser Entwicklung. Das „mulieres in ecclesiis taceant" (1Kor 14,34) ist zwar nach einhelliger Meinung aller Neutestamentler ein späterer Einschub - Heiler wiederholt die wichtigsten Argumente -, aber dieses Wort steht im Neuen Testament! Die Pastoralbriefe - ebenfalls späteren Ursprungs - enthalten ähnliche Weisungen. Erstaunlich ist, daß bereits hier das Redeverbot für Frauen mit ihrer vermeintlichen sittlichen Inferiorität begründet wird. „Nicht Adam wurde getäuscht, sondern die Frau, die sich täuschen ließ, kam zu Fall." (1Tim 2,14)
In Anbetracht dessen ist es nicht verwunderlich, daß den Frauen unter den Kirchenvätern unerbittliche Gegner erwuchsen. Der erste und langehin am meisten gefürchtete von ihnen war Tertullian (160 - 220). Für ihn trägt die Frau sogar die Schuld am Fall der Engel. Er fordert, daß in den Gottesdiensten das verführerische Antlitz der Frau verhüllt bleibe. (116) Hieronymus (340 - 419) wird das Wort zugeschrieben: „Omnia mala est mulieribus". Selbst Augustinus (354 - 430) wurde von dieser Welle erfaßt. So sehr er an seiner Mutter Monika hing und so innig er Jahre hindurch einer Frau verbunden war, die ihm einen Sohn geschenkt hatte, seine Bekehrung brachte es mit sich, daß er Frauenliebe aus seinem Herzen zu verbannen suchte. Nun glaubte er, durch die Zeugung setze sich die Erbsünde fort. Selbst in der Ehe war geschlechtlicher Umgang für ihn mit einem Makel behaftet. (144)
Sogar der große Scholastiker Thomas von Aquin (1226 - 1274) war von der Minderwertigkeit der Frau überzeugt. Für ihn ist „der Mann das Prinzip und der Zweck der Frau, so wie Gott das Prinzip und der Zweck aller Kreatur ist". „Der Zweck der Erschaffung der Frau ist einzig und allein das Gebären von Kindern." „Die Frau ist natürlicherweise dem Manne unterworfen, weil ... der Mann die stärkere Unterscheidungskraft der Vernunft besitzt." (145)
Über dem allen wurde der Frau die Befähigung abgesprochen, in der Kirche ein verantwortliches Amt zu bekleiden. Im ausgehenden Mittelalter kam es zu unerhörten Exzessen des Frauenhasses. Ihren Höhepunkt erreichten sie im „Hexenhammer", der - 1487 verfaßt - bis 1669 nicht weniger als 29 mal gedruckt wurde und den Wahnsinn der Hexenverfolgung auslöste. (148)

Das alles unter dem Dach der Kirche! Man begreift fast nicht, daß sie ob dieser ungeheuerlichen Anmaßung der Männer nicht zerbrach. Aber den gedemütigten Frauen war der lebendige Herr vermutlich besonders nahe. Sie entdeckten immer von neuem Nischen zur Entfaltung ihrer Gaben. Die Domäne der Familie konnte ihnen niemand nehmen. Zuerst gab es noch Frauenämter, in denen sie die ihnen zugewachsenen Kräfte des Glaubens zur Geltung bringen konnten, so das frühkirchliche Witwen- und das etwas spätere Diakonissenamt. In letzterem blieb das Wissen um die Ebenbürtigkeit von Mann und Frau wenigstens der Idee nach erhalten. Im byzantinischen Weiheritus werden den für dieses Amt Erwählten Funktionen übertragen, wie sie einst der Phoebe eigneten: das prophetische Reden und Beten im Gottesdienst, die Befähigung zur Gemeindeleitung, die Erlaubnis zu missionarischem und katechetischem Wirken, die Erlaubnis zur Spendung der Taufe. In der Praxis mußten sich die solchermaßen Bevollmächtigten allerdings bald mit der Taufkatechese, der Assistenz bei der Taufe, der Überbringung der Krankenkommunion, dem Hüten der Kirchentüren sowie mit caritativen Diensten begnügen. Im 4. bis 5. Jahrhundert verfiel mit der Erwachsenentaufe auch das Diakonissenamt. (131f)

Als im Gemeindeleben an einen aktiven Dienst von Frauen nicht mehr zu denken war, entstanden klösterliche Gemeinschaften, in die sich Frauen retten konnten, die durch eine Ehe nicht oder nicht mehr gebunden waren und die ihren Glauben nicht nur als Empfangende leben wollten. Im 4. Jahrhundert entstanden zahlreiche Nonnenklöster in Ägypten und im Orient. In Mailand leitete die Schwester des Ambrosius ein von diesem gegründetes Nonnenkloster. In Hippo stand Perpetua, die Schwester des Augustinus, an der Spitze eines Klosters. Neben den Benediktinerinnen gab es später Dominikanerinnen, Franziskanerinnen, Karthäuserinnen, Karmeliterinnen, bei denen sich die Eigenart der entsprechenden männlichen Orden widerspiegelte. Hier kamen sie wieder zum Tragen und Leuchten, die geleugneten und unterdrückten schöpferischen Kräfte und Charismen von Frauen: ihre Fähigkeit zu leitenden Ämtern (Brigida von Kildare, Hilda von Witby), zur Mission (Lioba), zur Kirchenpolitik (Birgitta von Schweden), zur Ordensreform (Theresa von Jesus), zur Caritas (Elisabeth von Thüringen), zum Unterricht (Mary Ward), zur mystischen Schau (Gertrud von Helfta, Juliana von Norwich, Birgitta von Schweden, Katharina von Siena), zur Dichtung (Roswitha von Gandersheim), zur Autobiographie (Elisabeth Stagel, Margaretha Ebner) und zur humanistischen Bildung (Caritas Pirkheimer). Auf liturgischem Gebiet haben mittelalterliche Nonnen eine Reihe neuer Andachtsformen geschaffen. Die universalste aller christlichen Nonnen war Hildegard von Bingen, eine Frau von gewaltiger Tiefe, großem Freimut und Kühnheit des Geistes. So flossen „aus den Gebetszellen und Gebetschören der Nonnenklöster .. mächtige Ströme und Kräfte hinüber in das religiöse und kulturelle Leben der mittelalterlichen Welt, ja bis in das Leben der Gegenwart ... Die weitreichenden Wirkungen der mittelalterlichen Nonnen sind der stärkste Beweis für die schöpferische Kraft der ehelosen Frau." (162)

Damit die Gemeinden den geistlichen Einfluß von Frauen nicht zu sehr entbehrten, fand man in der Verehrung der Gottesmutter ein Gegengewicht gegen die männliche Anmaßung. „Als die Frau nicht mehr im kirchlichen Leben als Prophetin, Lehrerin und Liturgin wirken konnte, wurde sie selbst Objekt des Kultes." (163) Die jungfräuliche Gottesmutter galt als Verkörperung göttlicher Weisheit und als Mutter der Kirche. Sie war das große Vorbild fraulicher Reinheit, Demut und Liebe. Und mehr und mehr wurde sie zu einer fürbittenden Allmacht. (163)

Dichter und bildende Künstler haben diese Apotheose Mariens im Mittelalter zunächst nach Kräften unterstützt. Doch nicht lange, dann bekam die Mutter Jesu in ihrem Munde und unter ihren Händen wieder deutlich menschliche Züge. (164) Großen Anteil an diesem Wandel hatte der Minnesang. Ihre schönste Ausprägung fand die Marienminne bei Heinrich Seuse (1295 - 1366). „Für ihn wurde Mariendienst zur schlichten Ehrfurcht vor jeder, auch der ärmsten Frau: der Eros wandelte sich in die Agapê." (164) „Hier ist der Madonnenkult nicht mehr Verehrung eines fernen asketischen Virginitätsideals, sondern ehrfürchtige Beugung vor der wirklichen Frau in ihrer geistleiblichen Werthaftigkeit." „Durch diese Entwicklung des Madonnenkultes sind viele Abirrungen wieder gut gemacht worden ... die tieferen und freieren Geister [sind] zu einer rein symbolischen Form der Madonnenverehrung fortgeschritten, welche die Hülle einer echt menschlichen und zugleich tief sittlichen Wertung der Frau bildet." (165)

In Anbetracht dessen war es kein Wunder, daß die Ehe zu jener Zeit ihren sakramentalen Charakter bekam. Sie wurde wieder - wie schon im Epheserbrief (5,22ff.) - zum Bild für die Gemeinschaft Christi mit seiner Kirche (165).

Die Reformation griff die Wertschätzung der Ehe auf und gelangte zu umstürzenden Folgerungen. Luther - zunächst noch im Bann der augustinischen Angst vor sündhafter Befleckung durch den Zeugungsakt - tat den Schritt in die Ehe und konnte sagen: „Wer sich der Ehe schämt, der schämt sich auch, daß er ein Mensch sei oder heißt, oder er mach's besser, denn Gott gemacht hat." [202] Ehelosigkeit war für Luther fortan nicht mehr der bessere Weg, sondern der Weg einiger dazu besonders Berufener. Der häusliche Dienst der Frau konnte für Luther geradezu gottesdienstlichen Charakter haben. Er schätzte ihn höher als die außerordentlichen Gebetsleistungen der Nonnen. Überhaupt war die Frau in seinen Augen zu einem Leben im Glauben fähiger als der Mann. „Wenn Weiber", so zitiert ihn Heiler, „die Lehre des Evangeliums annehmen, sind sie stärker und brünstiger im Glauben, halten härter und steifer darüber denn Männer." [203]

---

[202] Martin Luther, Brief an Wolfgang Reißenbusch vom 27. März 1527 (Erl. 53,299), zit. nach Heiler, Friedrich, aaO., 167.

[203] Martin Luther, Tischreden (Erl. 57, 270), zit. nach Heiler, Friedrich, ebd.

Im Protestantismus erweiterte und vertiefte sich diese Sicht. Friedrich Schleiermacher predigte mutig „die Heiligkeit der Natur und der Sinnlichkeit". Nun ist die Frau verehrungswürdig nicht mehr nur als jungfräuliche Asketin, als Witwe oder Nonne, sondern als gottbestimmtes Gegenüber des Mannes. Beide, Frau und Mann, können einander zu einem mystischen Ganzen werden. (168f) „Auf dem Hintergrund dieser neuen Wertschätzung der Frau bahnte sich ein neuer Frauendienst in den protestantischen Kirchen an: die Institution der Armenpflege. Sie wurde von A m a l i e   S i e v e k i n g ins Leben gerufen als Dienst an den alleinstehenden, berufslosen Frauen, dann aber auch an allen sonstigen Notleidenden - weiterhin die Institution der Krankenpflege, begründet von den deutschen Pastoren T h e o d o r   F l i e d n e r   u n d   W i l - h e l m   L ö h e . Sie schufen nach dem Vorbild der tätigen römisch-katholischen Nonnenorden ein neues Diakonissentum für die Krankenpflege und die Jugenderziehung." (169, Hervorhebung von F.H.) „Während die Diakonissen der großen Mehrzahl der protestantischen Kirchen nur caritative und pädagogische Arbeit übernommen haben, belebte die a n g l i k a n i s c h e   K i r c h e in der zweiten Hälfte des 19. Jahrhunderts das [in seinen Funktionen viel weiter gefaßte] a l t k i r c h l i c h e   D i a k o n i s s e n a m t ." (169f, Hervorhebung von F.H.)

Heiler sah in diesem anglikanischen Amt den Ausgangspunkt einer weitergehenden Entwicklung. Er beruft sich dabei auf den anglikanischen Canon R.A. Howard, der angesichts der ersten Frauen, die in England Diakonissen im ursprünglichen Sinn des Wortes wurden, in einer Predigt sagte: „Es kann sein - sicherlich, es muß sein - daß, wenn genug solche Frauen gefunden werden können, um als Pionierinnen zu wirken, unsere Kirche als Ganze eines Tages diese Hingabe und diesen Dienst anerkennen wird als eine echte Antwort Gottes, als einen so klaren und unmißverständlichen Ruf, daß zuerst das Kirchenvolk und dann die Bischöfe nicht länger wagen werden, die Identifizierung des Rufes als eines klaren Gebotes des heiligen Geistes abzulehnen, welcher wie einstens spricht: 'Sende m i r diese Frauen aus für das Werk des vollen Amtes, zu dem i c h sie berufen habe.'" (171, Hervorhebung von F.H.)

Jener erhoffte weitere Schritt blieb in der anglikanischen Kirche länger aus als in anderen Kirchen der Reformation. Den Grund dafür sah Heiler in der durch bischöfliche Verfassung und apostolische Sukzession bedingten besonderen Traditionsgebundenheit dieser Kirche. Eines Tages, so hoffte er, werde auch hier der Bann gebrochen sein.

Wie hart die Anglikaner um ein auch der Frau sich öffnendes Priestertum rangen, entnahm er einem Bericht der Commission on Women and Holy Orders vom Dezember 1966. Die hier vorgenommene zusammenfassende Gegenüberstellung der Argumente, mit denen man einander nicht überwinden konnte, schien ihm der Übernahme in seine Vorlesungen wert, so kennzeichnend war sie für die Lage.

Gegner:

1. Eine solche Ordination wäre gegen die Tradition der Kirche seit der apostolischen Zeit;
2. es ist falsch, diese Ordination als logische Folgerung der ständig wachsenden Anerkennung des vollen Menschseins der Frau aufzufassen;
3. ein weibliches Priestertum würde praktische Schwierigkeiten mit sich bringen;
4. vieles vom Wert des eigentümlich weiblichen Dienstes ginge verloren, wenn Frauen zum ordinierten Priestertum herangezogen würden.

Befürworter:

1. Es gibt keinen biblischen Beweis (*evidence*), der den Ausschluß der Frauen vom Priestertum rechtfertigen würde;
2. das Priestertum kann nie voll repräsentativ sein, bis Männern und Frauen gestattet wird, ihren Platz in gleicher Weise darin einzunehmen;
3. die Wandlungen in den sozialen Verhältnissen der Frau haben jetzt die Beschränkungen beseitigt, welche es Frauen in den vergangenen Jahrhunderten unmöglich machten, ordiniert zu werden;
4. es können keine Gründe für den Ausschluß der Frauen lediglich auf Grund ihres Frauentums vorgebracht werden;
5. ihrer Anlage nach sind die Frauen für die Erfordernisse des Priestertums ebenso geeignet wie die Männer.
   Das Priestertum der Frau würde zwar nicht das gleiche sein wie das des Mannes. Aber die Frau würde für das Priesteramt besondere Gaben und Einsichten mitbringen, welche seine Blickrichtung erweitern, seine Zeugniskraft bereichern und es wahrhaft reformatorisch gestalten würden." [204]

Die evangelischen Landeskirchen Europas konnten das Problem seinerzeit 1966/67 unbelasteter angehen und waren teilweise im Begriff, unumkehrbare Voraussetzungen zu schaffen. In der römischen Kirche war man über die Hoffnung auf eine Wiederbelebung des altkirchlichen Diakonissenamtes vorerst nicht hinausgekommen. Aber selbst diese Hoffnung blieb bis zu Heilers Tod unerfüllt und ist es bis heute geblieben. Heiler erfüllte es mit Trauer, daß nicht einmal das Konzil in dieser Frage etwas bewegt hatte. Andererseits wußte er gut, wie sehr die römische, wie mehr noch die orthodoxe Kirche in der Frauenfrage Gefangene ihrer Tradition waren. Und er wußte: Solange sich in diesen Kirchen nichts bewege, würde alles, was sonst geschehe, von einem Zweifel behaftet bleiben.

Ob es in der Verantwortung für das geistliche Leben zu einem neuen, gleichrangigen Miteinander von Mann und Frau komme, war für Heiler eine Lebensfrage der Kirchen. Die Möglichkeit eines priesterlichen Wirkens der Frau gehörte für ihn in den Umkreis dessen, was er um einer evangelischen Katholizität willen für notwendig erachtete. Er wollte das am Ende seiner Lehrtätig-

---

[204] Church Times, London, Dez. 16, 1966, pp. 1, 11, 20; zit. nach Heiler, Friedrich, aaO. 172f (Hervorhebung bei F.H.)

keit nicht länger unausgesprochen lassen. So fand er im Februar 1967 in seinen letzten Vorlesungen endlich zu einem offenen Wort. Bedenkt man, daß ihn wenige Wochen später die zum Tode führende Krankheit ereilte, bekommt dieses Wort eine geradezu vermächtnishafte Bedeutung. Es soll - nur unwesentlich gekürzt - zum Schlußwort dieses Kapitels werden.

„Die Forderung der Frau nach gleichen Rechten mit dem Mann auch in der Kirche läßt sich heute nicht mehr übergehen. Dazu kommt dann noch die Not der Zeit, der Mangel an Nachwuchs im Pfarr- bzw. im Priesteramt. Aber auch das stärkere Hervortreten der Frau im [ö]ffentlichen Leben ... wird dazu beitragen, Vorurteile und Fehlentwicklungen zu überwinden ..." (181f)
„Die Entwicklung der kirchlichen Verhältnisse drängt in der ganzen Christenheit auf eine stärkere Beteiligung der Frau am Dienst der Kirche. Die Kirche braucht diesen Dienst der Frau mehr als in vergangenen Zeiten, wie das schon bei den Verhandlungen der Amsterdamer Weltkonferenz 1948 erkannt worden ist. Die Meinungsgegensätze sind heute auch nicht mehr so absolut wie vor Jahrzehnten, sondern gehen zumeist dahin, ob dieser Dienst dem männlichen Dienst völlig gleichgestellt oder auf besondere 'weibliche Aufgaben' begrenzt werden soll.
Der historischen Wissenschaft kam es zu, viele falsche Einwände richtigzustellen ... Die sich .. auf Paulus berufen, übersehen zweierlei:
So manches hat Paulus gelehrt, was niemand als gültig für alle Zeiten annimmt, sondern als zeitgeschichtlich bedingt erklärt: seine Begründung der Verschleierung der Frau als eines magischen Schutzes gegen die Engel ...; der stellvertretende Empfang der Taufe für schon Gestorbene ...; seine künstliche und rabulistische Exegese alttestamentlicher Stellen ...; seine Rechtfertigung der Ehe als eines Heilmittels gegen die Hurerei wagt heute kaum noch ein Moraltheologe zu wiederholen ... Wenn so vieles von dem, was Paulus vertreten hat, heute als zeitgeschichtlich bedingt erklärt wird, warum sollen dann gerade die textkritisch ungesicherten Worte gegen das Reden der Frau in der Gemeinde ... als ewig gültig die heutige Kirche verpflichten? ...
Aber auch die Berufung auf die Schöpfungsordnung ist fehl am Platze, denn die Erlösungsordnung des Neuen Testamentes steht über der Schöpfungsordnung des Alten Testamentes. Das neutestamentliche 'Hier ist nicht Mann noch Weib' hebt das alttestamentliche 'Er soll dein Herr sein' auf ... Es liegt gewiß zu einem gut Teil im Zuge der kulturellen Gesamtentwicklung, daß der Frau, wenn freilich nur zögernd und zu allerletzt, auch auf kirchlichem Gebiet die volle Einsatz- und Entfaltungsmöglichkeit ihrer Gaben und Kräfte zugestanden wird. Dabei geht es aber, allem Augenschein zum Trotz, nicht um die bürgerliche Rechtsgleichheit, sondern um die Verwirklichung einer dem Christentum eigentümlichen, ihm wesensmäßig inhärenten Strukturform: die Gleichbegnadung, die Teilhabe von beiden - Mann und Frau - an der Neuen Schöpfung ... Die Dienste in der christlichen Gemeinde, in der Kirche Christi, erfolgen ja nach den Darlegungen des Apostels (1. Kor. 12) auf Grund von 'geistlichen Gaben', von denen die Frauen nicht ausgeschlossen waren, d.h.

auf Grund der Neuschöpfung, als 'Amt nicht des Buchstabens, sondern des Geistes' (2. Kor. 3,6) an welchem die Frau teilhat." (182ff).

„Es ist ohne Zweifel ein der Frau hoch anzurechnendes Verdienst, daß sie das 'Herdfeuer der Nächstenliebe' am Brennen erhalten hat ... Aber caritative Tätigkeit allein genügt nicht ... Wo die Botschaft zur Freiheit recht verstanden wird, da ist Raum für ein volles, vielgestaltiges, den männlichen Diensten gleichwertiges Frauenamt.

Dabei sei noch einmal betont: die Eingliederung der Frau in die kirchlichen Ämter ist eine W i e d e r eingliederung; sie greift auf uranfängliche Ordnungen der Kirche zurück und stellt diese - heutiger Situation entsprechend - wieder her. Die bürgerliche Gleichberechtigung gibt der Frau - ohne früheres Vorbild im zivilisierten Europa oder der antiken Welt - die Rechtsstellung, die ihr als geistig-sittlichem Wesen gebührt. Die kirchliche Gleichstellung restituiert, was schon einmal war, was die vom Gottesgeist ergriffene Urgemeinde richtig verstanden und praktiziert hat: den Dienst von Frauen wie von Männern im Auftrage Gottes, erfüllt von Seinem Geist zur Verkündigung Seines Evangeliums, zur Verwaltung Seiner Mysterien. Über den Schwierigkeiten einer solchen gemeinsamen Arbeit von Mann und Frau - den vielleicht manchmal nicht geringen, oft aber nur kleinen Problemen - hat man im menschlich- all zu menschlichen Alltag die Größe dieses Auftrages vergessen ...

Die Botschaft und der universale Auftrag der Kirche, der letztlich allen ihren Gliedern gilt, verlangt, je nach Begabung und Lebensumständen, nach Charisma und Auftrag, heute den Dienst der Frau ebenso wie in den Anfangszeiten ..." (184ff, Hervorhebung von F.H.)

Das ferne und das nahe Ziel

Es wird Zeit innezuhalten. Lange sind wir der Spur einer sich im Leben und im Einflußbereich Friedrich Heilers verwirklichenden evangelischen Katholizität gefolgt. Welche Hoffnungen standen hinter diesem Wirken?

Zunächst war es ihm um das eigene kirchliche Überleben gegangen. Seinem Wahrheitsgewissen zuliebe hatte er die Grenzen seiner Mutterkirche hinter sich gelassen und Zuflucht gefunden bei den Kirchen der lutherischen Reformation. Als Marburger Theologieprofessor aber hätte er am liebsten alles wieder rückgängig gemacht. Was ihn in seiner Mutterkirche mit Christus verbunden hatte, entbehrte er hier schmerzlich. Hier meinte man, fast ausschließlich von der Predigt des Wortes leben zu können. Der christliche Gottesdienst aber hatte von Anfang an noch eine andere - mystische - Dimension: das Gedächtnis des Todes und der Auferstehung Christi im Sakrament des Altars.

Es war alles andere als im Sinne Luthers, daß diese Dimension so weitgehend verlorengegangen war. Wonach er, Friedrich Heiler, vergeblich Ausschau hielt, das er zurückzugewinnen trachtete, war also eine Lebensfrage für große Teile des Protestantismus. Daß Heiler in diesem Bestreben nicht allein blieb und in seiner neuen Kirche eine Zelle evangelisch-katholischer Erneuerung hervorrufen konnte, half ihm, dort nicht nur kirchlich zu überleben. Er tat es bald auch in der Gewißheit, an zentraler Stelle der Erneuerung der Kirche Christi zu dienen.

Denn bei allem, was er lebte und wirkte, stand ihm zugleich seine nach wie vor geliebte Mutterkirche vor Augen. Er wußte wie stark und wie berechtigt auch hier die Sehnsucht nach innerer Erneuerung war. Erneuerung sogar des Meßgottesdienstes! Was die Reformation zurückgewonnen hatte, war hier fast ganz unberücksichtigt geblieben: das Hören auf - und das Leben aus dem Wort Gottes. Ein um dessentwillen unerläßliches Maß an innerer Freiheit des einzelnen und seine Mitverantwortung für das Leben der Kirche. Mit Recht hatte Luther das "allgemeine Priestertum der Gläubigen" angemahnt. So hatte Heiler die verwegene Hoffnung, daß sich auch seine einstigen Glaubensgenossen von dem würden anstecken lassen, was er auf evangelischem Boden an "Evangelischer Katholizität" zurückzugewinnen im Begriff stand. Er dachte dabei nicht zuletzt an die Ordnung der Deutschen Messe. Sollte das zu der drüben schon vorhandenen inneren Unruhe richtungsweisend hinzukommen, würde es Rom auf die Dauer nicht unbeantwortet lassen können, und die ersehnte Wiedervereinigung der katholischen Kirchen des Westens wäre in greifbare Nähe gerückt.

Evangelische Katholizität auf beiden Seiten, das könnte - so dacht Heiler - nicht ohne Folgen bleiben. Käme es wirklich zu solch gegenseitiger Annäherung, wäre es Ungehorsam gegen den Geist der Kirche, nicht den entscheidenden Schritt zu einer neuen, zu der wieder alten Einheit der Kirche Christi zu wagen.

Das war ein sehr fernes Ziel, ein nahezu utopischer Wunschtraum. Zeitweise mag Heiler sich gefragt haben, ob dieses langsame Hinwachsen zueinander nicht abgekürzt werden könnte. Lag es nicht nahe, mit einem noch ganz vorläufigen und lockeren Zusammenschluß zu beginnen, wie Söderblom das im Auge hatte, als er die Kirchen Christi 1925 zu einer ökumenischen Konferenz nach Stockholm einlud? „Life and work", dieser kleinste gemeinsame Nenner war tatsächlich zu einer erfolgreichen Initialzündung geworden. Doch alles Erreichte blieb Fragment. Es fehlte ihm die fortzeugende und verpflichtende Kraft, weil jene Kirche abseits stand, auf deren Mitwirkung allein um ihrer Größe willen es angekommen wäre: die römisch-katholische.

Einige Male schien es Heiler, als wäre die Verabredung einer wenigstens partiellen Gemeinsamkeit ein Gebot der Stunde. Unter dem Eindruck des ersten interkonfessionellen Theologengesprächs 1934 in Berlin-Hermsdorf und der sich abzeichnenden staatlichen Angriffe auf beide Kirchen hatte Heiler eine Denkschrift mit diesbezüglichen Anregungen verfaßt. Er hatte sie selbst in Rom überreicht. Die Antwort Roms war, daß sie zu den Akten gelegt wurde, ohne daß man auch nur eine Empfangsbescheinigung für nötig gehalten hätte. Mit einem „Häretiker" wurde nicht verhandelt!
Nach Kriegsende setzte Heiler noch einmal Hoffnung auf die in beiden Kirchen lebendig gewordene Una-Sancta-Bewegung. Alle Vorurteile schienen wie ausgelöscht und man ging in der Zuversicht aufeinander zu, beim anderen manches von dem zu finden, was einem selbst fehlte. Was einst nur Theologen betrieben hatten, war zur Sache einer beachtliche Teile des Kirchenvolkes umfassenden Laienbewegung geworden. Aber als man in Rom merkte, was sich in dem so geschlagenen Deutschland anbahnte, überwog die (nicht ganz unberechtigte) Sorge vor einem „von unten" kommenden, wesentliche Voraussetzungen außer acht lassenden Zusammenschluß. Diese Sorge äußerte sich in Monita und Warnungen. Schließlich setzte die von Pius XII. 1950 zum Dogma erhobene leibliche Aufnahme der Mutter Maria in den Himmel allen Hoffnungen auf ein rasches Zusammenwachsen der Kirchen ein jähes Ende.

Auf Wegen vorzeitiger, partieller Annäherung war das große Ziel offenbar nicht zu erreichen. Auch noch so spektakuläre Einzelkonversionen - deren es damals einige gab - würden, so wußte es Heiler nur zu gut, nicht weiterhelfen. „Die Einheit der Christenheit kann nicht durch Konversionen hergestellt oder auch nur angebahnt werden. Nicht durch 'Rückkehr' oder 'Heimkehr', sondern nur durch mutige 'Vorwärtskehr' kommen wir der von uns allen ersehnten Einheit näher ... Ich bin Franziskaner und Joachit, und glaube mit Joachim von Fiore und den Franziskanerspiritualen, daß die Einigung der Christenheit und der ganzen Menschheit nur in einer ganz neuen Kirche, eben in der johanneischen Kirche, der 'Ecclesia spiritualis' Wirklichkeit werden kann, wie sie zuerst Joachim von Fiore verkündet hat ...
Mit diesem Bekenntnis muß ich ein zweites verbinden. Der erste der vier Verfasser [des Konvertitenbuches] beruft sich wiederholt auf mich, wie dies auch schon andere Konvertiten getan haben. Ich kann es niemand verwehren, aus

dem, was ich gesagt und getan habe, andere Folgerungen zu ziehen als ich selber ... Aber ebenso klar muß ich betonen: Wer nach Rom geht, hat mich nicht verstanden ..., der weiß nicht, was für mich Una Sancta bedeutet. Er geht nur in einem und demselben Stockwerk von einem Raum in einen anderen, statt in ein höheres Stockwerk emporzusteigen ... 'Der lutherische Teufel ist so schwarz wie der katholische', hat einmal Johann Goßner gesagt, der es aufgrund seiner Konvertitenerfahrungen wissen mußte. Die Umkehrung dieses Wortes ist aber genau so richtig. Ich habe seit Jahrzehnten alle, die meinen seelsorgerlichen Rat suchten, vor einer Konversion gewarnt ... und einem jeden gesagt, er solle in der Kirche, in die er gestellt sei, für jene Kirche der Zukunft wirken, dann komme die Einigung von selber. Konversionen müssen ganz seltene Ausnahmen sein und können nur auf einer besonderen göttlichen Führung beruhen ... Kirchenführer von der Weite eines Erzbischofs Söderblom, Bischofs Brent und Bischofs Bell sind nicht die Regel, sondern die Ausnahme. Dennoch ist es verkehrt, zu früh an der Kirche zu verzweifeln, wie am besten das Beispiel Newmans zeigt. Er hat die anglikanische Kirche verlassen, weil er nicht an die Möglichkeit ihrer katholischen Wiedergeburt glaubte. Und doch ist diese Wiedergeburt erfolgt, und die anglikanische Kirche sieht heute ganz anders aus als vor hundert Jahren. In der lutherischen und reformierten Kirche ist es nicht anders, sie haben nicht weniger Ansatzpunkte zu einer katholischen, d.h. universalen, ökumenischen Erneuerung. Was not tut, ist Wahrhaftigkeit und Mut, aber auch Hoffnung und Geduld, vor allem aber Weitherzigkeit und Liebe gegenüber den Andersdenkenden." [206]

Das ferne und das nahe Ziel - gab es eine der Kirchen der Reformation, in der das nahe und vielleicht erreichbare Ziel einer evangelisch-katholischen Erneuerung schon ansatzweise verwirklicht war, so daß diese Kirche als Vorbild dienen konnte? - Seit Mitte der zwanziger Jahre stand Heiler jene Kirche vor Augen, von der er im eben zitierten Text spricht, die Kirche von England. Was die lutherischen Reformer des 19. Jahrhunderts nicht erreicht hatten, war in ihr zum Ziel gelangt. Hier war es auf breiter Front zu einer liturgisch-sakramentalen Erneuerung des vorher weithin erstarrten gottesdienstlichen Lebens gekommen. Zugleich - auch das gehört ins Bild dieser Erneuerung - bot diese Kirche weiten Raum für andere als spirituell-liturgische Bedürfnisse. Heilers Interesse an dieser so katholischen wie evangelischen Kirche war schon wach geworden, als er Vertretern dieser Kirche auf der Stockholmer Weltkirchenkonferenz 1925 begegnete. Nach einem längeren Aufenthalt in England 1926 war er wie elektrisiert heimgekehrt. In der anglikanischen Kirche war faktisch all das realisiert, wofür er zusammen mit den Hochkirchlern

---

[206] Heiler, Friedrich, Ein römisches Konvertitenbuch (Zu: Bekenntnis zur Katholischen Kirche. Mit Beiträgen von Martin Giebner, Georg Klünder, Rudolf Goethe, Heinrich Schlier, hg. von Karl Hardt, Würzburg 1955), in: EHK 28/I 28 (1955/56) 76-86, Zit. 84ff (Hervorhebung von F.H.).

in Deutschland zu wirken sich anschickte. Wenn es Erfahrungen gab, von denen man lernen konnte, hier waren sie gewonnen.[207]

Paula Schaefer - die Heiler so kongeniale Frau - hat später an dieses prägende Erlebnis erinnert.[208] Da auch Frau Schaefer in ihrer Frömmigkeit stark vom Anglikanismus bestimmt war, hätte wohl niemand kompetenter darstellen können, was für Heiler damals in England so wichtig wurde. Was „evangelische Katholizität" in sich schließe, sei Heiler erst in England in vollem Umfang aufgegangen. „Im Anglikanismus stellt sich in einzigartiger Weise die Bipolarität des Christentums dar. Wie im Urchristentum wohnt hier das institutionell-hierarchische Element mit dem prophetisch-charismatischen unter demselben Dache. Lassen wir Friedrich Heiler selbst sprechen: 'Für mich liegt das Ideal einer evangelischen Volkskirche in dem fruchtbaren, obgleich spannungsreichen Nebeneinander von *High Church* (ritualistisch-katholisch), *Low Church* (puritanisch-evangelisch) und *Broad Church* (liberal-protestantisch) ...'... Das ist es also, was Heiler am Anglikanismus zunächst so anzog: seine *comprehensiveness*. Seine weite Halle bietet Raum für die ganze Fülle christlichen Lebens. Im Anglikanismus trat ihm eine Kirche entgegen, in der sich katholischer Glaube mit evangelischer Frömmigkeit eint. Vielleicht ist es die dem Angelsachsentum eigene uralte Wertschätzung der bürgerlichen Freiheit, die ein solches kirchliches Ideal dort Gestalt gewinnen ließ. Und das größte Wunder ist, daß alle drei Richtungen friedlich nebeneinander bestehen und arbeiten ... Dabei ist es nicht etwa Indifferentismus, der diese Toleranz bewirkt, sondern bei eigener feststehender Überzeugung die ehrfürchtige Anerkennung des Gewissens der Anderen: eine Haltung, die auch diejenige Friedrich Heilers ist." (88, Hervorhebung von P.S.)
"In einem zweiten, damit zusammenhängenden Wesenszug ist Heiler der anglikanischen Kirche verwandt: In der Frage der Stellung von Glaube und Wissen. Für den Anglikaner gibt es keinen Widerspruch zwischen beidem, und kein Tribunal, das die Freiheit der Forschung einschränken oder gar verbieten könnte. 'Gott gab dem Menschen den Verstand, daß er sich seiner bediene', ist die allgemeine Ansicht. So ist man aufgeschlossen für jeden Fortschritt, wie Heiler es auch immer war, ohne einer unfruchtbaren Negation zu verfallen. Vor einer Überschreitung der Grenze gesunder theologischer Kritik bewahrt den Anglikaner neben einem angeborenen Konservativismus seine innere religiöse Disziplin ... Sogar die dogmatisch strengste Richtung..., der Anglo-Katholizismus, folgt dieser Linie." (89)
Dazu zitiert Frau Schaefer Heiler: „Nach wie vor bildet das Inkarnationsdogma das Zentrum der ganzen Theologie. Die Bibelkritik hat mehr und mehr innerhalb der anglokatholischen Theologie Boden gewonnen ... Die kritische

---

[207] Vgl. dazu die zunächst in der Zeitschrift „Die Hochkirche" erschienene Artikelserie: Heiler, Friedrich, Die hochkirchliche Bewegung (Catholic Movement) in der anglikanischen Kirche, in: Hki 9 (1927) 79-85, 105-115, 136-144, 169-173; erweitert und verändert in: ders., Im Ringen um die Kirche, 391-441.

[208] Schaefer, Paula, Friedrich Heiler und der Anglikanismus, in: ÖE 3/II (1952) 86-92.

anglokatholische Theologie zeigt ..., daß es möglich ist, ein enthusiastisches katholisches Glaubensleben mit freimütigster wissenschaftlicher Kritik zu verbinden." [209]

Was Heiler besonders erregte, war die Tatsache, daß dieser neue Anglokatholizismus nicht einfach der alte war: Was einst aus dem aus dynastischen und politischen Gründen vollzogenen Abfall von Rom hervorgegangen war, hatte sich später so gut wie verflüchtigt. Das einstige kirchliche und noch durchaus katholisch geprägte Leben war unter dem auch in England mächtigen Einfluß des Rationalismus und der Aufklärung nahezu zum Erliegen gekommen. Alles, was nun wie eine Restitution erscheinen mochte, war in Wirklichkeit neu begriffen und durchblutet. Die einst von Rom geprägte Katholizität hatte einen neuen Inhalt erhalten und war großenteils auch neu gestaltet worden. Hier hatte sich jene Erweckungsbewegung ausgewirkt, die Heiler bewundert und als vorbildlich empfunden hatte. „ ... wie dann vor 120 Jahren ... durch das *Oxford Movement* ein einzigartiger Wiederbelebungsprozeß einsetzte, der den Anglikanismus zu dem machte, was er heute ist: eine autokephale bischöfliche Kirche, fest auf den alten katholischen Bekenntnissen stehend, die sich das Recht, katholisch zu leben, wieder zurückerobert hat und doch gleichzeitig evangelisch-biblischer Frömmigkeit Raum gewährt." [210]
„Der Weg des *Oxford Movement* erschien ihm [Heiler] nun auch als der Weg der jungen hochkirchlichen Bewegung im Protestantismus, die Heiler zu ihrem Führer wählte ... Zur Leitung der Hochkirchlichen Bewegung berufen, hat er dann viel altkirchliches Gut besonders unter Berufung auf anglikanischen Brauch wieder hergestellt: so Einzelbeichte, Diakonissenweihe als *ordo*, bischöfliche Firmung und die apostolische Sukzession. Auch seine Einstellung zum päpstlichen Stuhl geht jener des Anglikanismus konform: dem Patriarchen des Abendlandes gebührt als Inhaber des Sitzes des Apostelfürsten höchste Verehrung; er ist oberste moralische, doch nicht jurisdiktionelle Autorität. Dogmatisch bindende Entscheidungen kann er nur gemeinsam mit einem ökumenischen Konzil treffen. '*Primacy, not supremacy, leadership, not lordship*', sagt Heiler mit den Worten eines Anglikaners." (90f, Hervorhebung von P.S.)
Darüber hinaus hatte Heiler mit Verwunderung festgestellt, daß es trotz der in England vorherrschenden calvinischen Theologie - und also auch calvinischer Abendmahlsauffassung - zu einer Meßordnung gekommen war, bei der Luther Pate gestanden hatte. Da mag ihm die Frage gekommen sein: Lag in dieser im Anglokatholizismus fast problemlosen Verbindung beider Traditionen nicht ein Vorbild, das auch im deutschen Protestantismus dazu beitragen konnte, den Konfessionsfrieden wiederherzustellen?

War Heiler im Blick auf dieses Nahziel mit dem Vorbild der anglikanischen Kirchlichkeit nicht auf einer besseren Spur als seine weithin allein am Neulu-

---

[209] aaO. 89 (Schaefer zitiert Heiler, Friedrich, Die katholische Bewegung in der anglikanischen Kirche, in: ders., Im Ringen um die Kirche, 240f).
[210] Schaefer, Paula, Friedrich Heiler und der Anglikanismus, 89 (Hervorhebung von P.S.).

thertum des 19. Jahrhunderts ausgerichteten hochkirchlichen Freunde? Hatte sich die liturgisch-sakramentale Erweckungsbewegung des Neuluthertums nicht vor allem deshalb totgelaufen, weil sie zu einseitig auf nur eine Form religiöser Verwirklichung festgelegt war? - Daß nach der Reformation die Kirche Wittenbergs zur „Kirche des Wortes" und die Kirche Roms zur „Kirche des Sakramentes" wurden, ist beiden schlecht bekommen. Die von Christus ausgehenden Intentionen gehen - nicht nur für den Gottesdienst - in verschiedene Richtungen, die sich gegenseitig nicht ausschließen, sondern ergänzen. Sie wollen auch dann sorgfältig beachtet und befolgt werden, wenn es ein Defizit auszugleichen gilt.

Heiler muß spätestens nach seinem England-Erlebnis gewußt haben, daß sein Vorstoß in Richtung auf eine liturgisch-sakramentale Erneuerung des deutschen Protestantismus nur dann Aussicht auf Erfolg haben würde, wenn er begleitet war von jener Weitherzigkeit, die ihm in England begegnet war. Im Gedanken an den Gottesdienst durfte man nicht auf das Altarsakrament konzentriert bleiben. Solange nicht auch das verbum audibile wieder durchlässig wurde für die viva vox evangelii, wäre nicht viel gewonnen. Ein rituell gebundenes Beten dürfe das freie, geistgeprägte Gebet nicht verdrängen. Ein wieder auf göttlicher Stiftung beruhendes Amt würde nur dann glaubwürdig sein, wenn es den Geist nicht hindere, sondern prophetisch-charismatischen Gaben Raum gewähre oder sie ermögliche. Eine auf die Verbindung mit Christus und der Welt Gottes ausgerichtete Frömmigkeit müsse mit einer von Herzen kommenden Mitmenschlichkeit einhergehen. Die Mahnung zur Nachfolge Christi - als so unmöglich ihre Anforderungen auch immer erscheinen mögen - dürfe keinen Tag überhört werden. Das Denken des Glaubens sei unerläßlich; nie mehr dürfe es dazu kommen, daß Glaube und Wissen als Gegensätze erschienen wie so oft in der Vergangenheit. Kirchlicher und politischer Einsatz gehören zwar zwei Reichen zu, deren Verschiedenheit zu respektieren ist, dennoch bleibt eine gegenseitige Verwiesenheit. Das kirchliche Leben bedarf zu seinem Schutze der staatlichen Ordnung - sei diese auch nicht mehr als eine Notordnung der gefallenen Schöpfung -, die Wächter dieser Notordnung bedürfen der moralischen Prinzipien der Kirche, auch wenn diese einer bloßen Notordnung schon weit voraus sind.
Heiler war zwar ein Vorbild einer derartigen Weite. Doch allem zugleich gerecht zu werden, vermochte auch er nicht. Schon sein Ringen um eine liturgisch-sakramentale Erneuerung des evangelischen Gottesdienstes hatte zeitweilig fast seine ganze Kraft beansprucht; er hatte eine beachtliche liturgische Bewegung hervorgerufen und dazu beigetragen, daß es innerhalb der EKiD zu einer erstaunlichen agendarischen Neuordnung gekommen war. Aber einerseits war man von dem damals vielleicht erreichbaren Ziel noch weit entfernt. Andererseits haperte es schon gleich mit der Verwirklichung. Von einer „sakramentalen Durchsäuerung des ganzen Teiges" - wie in England - konnte im evangelischen Deutschland nicht entfernt die Rede sein. Und bereits gegen Ende der 50er Jahre machte sich allenthalben eine unübersehbare Gegenbewegung bemerkbar. Da war es denn unausweichlich, weiterhin mit großer Ent-

schiedenheit bei der Sache zu bleiben. Gleichzeitig war jene Toleranz geboten, wie sie den englischen Christen eignet. Die Liebe zu einer liturgisch-sakramentalen Erneuerung ist nur dann erfolgreich und auch nur dann durchzuhalten, wenn sie nicht zu einem unguten Liturgismus verkommt. Es muß in der Kirche immer so zugehen können wie es einst Petrus empfahl: „Dienet einander, ein jeglicher mit der Gabe, die er empfangen hat, als die treuen Haushalter der mancherlei Gnade Gottes." (1. Petr. 4,10)

Die eben angesprochene Toleranz bedarf unter den deutschen Protestanten einer besonderen Konkretion: Lutheraner und Reformierte müssen ihr Streitbeil begraben! Gegensätzliche Auffassungen in der Abendmahlsfrage, näherhin in der Deutung der Gegenwart Christi in den Elementen, können bestehen bleiben, wenn man sich darüber im klaren ist, daß weder die eine noch die andere Auffassung dem „Geheimnis des Glaubens" wirklich beikommt. Beides, sowohl der lutherisch-mittelalterliche Realismus, d.h. Luthers Insistieren auf dem „est" der Einsetzungsworte (das im aramäischen Urtext fehlt), als auch Calvins, auf Augustinus zurückgehende spirituelle Deutung von einem Parallelismus der Vorgänge im Sichtbaren wie im Unsichtbaren, sind nur Versuche einer Annäherung an ein allein dem Glauben vorbehaltenes Mysterium. Luthers resümierendes Wort nach dem Marburger Religionsgespräch - es galt allerdings Zwingli und nicht Calvin -: „Ihr habt einen anderen Geist", ist also nicht mehr aufrecht zu erhalten. Wenn dann - wie in England - Calvinisten bei Lutheranern entdecken, daß es einen ökumenischen, an den frühchristlichen Quellen orientierten Meßgottesdienst gibt, der mit ihrer Abendmahlsauffassung durchaus vereinbar ist, werden sie vielleicht nicht länger zögern, sich dieser Gottesdienstgestalt anzuschließen. Spätestens dann gibt es auch bei Lutheranern - wie im Anglokatholizismus - keinen Grund mehr, von zwei verschiedenen Konfessionen zu sprechen. Die Spiritualität der reformierten Seite wird, wenn sie mit dem lutherischen Realismus nur noch konkurriert, dazu führen, daß „evangelische Katholizität" in ihrer ganzen Weite richtig begriffen wird.[211]

Kommt es so weit, dann war Rom am Zuge. Aber war nicht angesichts des Mariendogmas von 1950 jede Hoffnung auf einen entgegenkommenden Aufbruch vergeblich? Trotz aller Resignation, von der auch Heiler nicht frei war,

---

[211] In der „Leuenberger Konkordie" von 1973 ist der Versuch unternommen worden, eine gewisse Übereinstimmung zwischen Lutheranern, Unierten und Reformierten in der Abendmahlsfrage herbeizuführen. Die je eigene Position zu relativieren, war keine Konfession bereit. Immerhin kam es u.a. zu der folgenden gemeinsamen Festlegung: „Im Abendmahl schenkt sich der auferstandene Jesus Christus in seinem für alle dahingegebenen Leib und Blut durch sein verheißendes Wort mit Brot und Wein. So gibt er sich selbst vorbehaltlos allen, die Brot und Wein empfangen; der Glaube empfängt das Mahl zum Heil, der Unglaube zum Gericht". Konkordie reformatorischer Kirchen in Europa (Leuenberger Konkordie), 16. März 1973, Nr. 18, in: Asendorf, Ulrich / Künneth, Friedrich Wilhelm (Hg), Leuenberg - Konkordie oder Diskordie? Ökumenische Kritik zur Konkordie reformatorischer Kirchen in Europa, Berlin 1974, 355-367, Zit. 358.

hörte er keinen Tag auf, gegen alle Hoffnung zu hoffen. Nicht anders als die Brüder von Taize vertraute er der letztlich siegreichen Kraft des heiligen Geistes, der drüben - Heiler wußte es nur zu gut - für eine kaum noch zu stillende Unruhe sorgte. Daß diese Hoffnung nicht trog, sollte Heiler noch erleben.

Die Wende in Rom

1958/59 konnte Heiler auf einer Weltreise zum ersten Mal Stätten besuchen, denen seine religionswissenschaftliche Arbeit gegolten hatte. Er befand sich in Asien, als ihn aufregende Nachrichten aus Rom erreichten. Pius XII. war am 9. Oktober 1958 gestorben, und die Kardinäle waren zu ihrem Konklave zusammengetreten, um den Nachfolger zu wählen. Derartiges konnte Heiler noch immer schier aus dem Gleichgewicht bringen. Wir wissen, was er von einem Wechsel auf dem Papstthron erhoffte! Als er dann hörte, die Wahl sei auf Angelo Guiseppe Roncalli, den Patriarchen von Venedig, gefallen, waren Überraschung und Freude groß. Er wußte doch, wie sehr diesem Bauernsohn eine Erneuerung seiner Kirche am Herzen lag, und wie sehr er diese Erneuerung mit der Hoffnung verband, die getrennten Kirchen würden wieder zusammenfinden. Heiler wußte sogar, welche Bedeutung Roncalli für dieses Zusammenfinden der Ostkirche zumaß, hatte sie doch „die reinen Linien der Urzeit" am treuesten bewahrt. Das alles entsprach Heilers Denken. Wenn von Johannes XXIII. - so hatte sich Roncalli inzwischen genannt - überdies berichtet wurde, er sei ein Mann der Mission, so traf sich das ebenfalls mit einem auf der großen Reise neu erwachten Verlangen Heilers. Er hat davon später berichtet: „Ich habe ... des öfteren gesagt und nach Hause geschrieben, daß ich, wäre ich zehn Jahre jünger, noch Missionar werden würde, allerdings nach einer radikal anderen Methode zu missionieren, teils durch caritative Arbeit, teils durch Bezeugung meiner Liebe zu den Religionen des Ostens; nicht Bekehrung, sondern Begegnung. Es gibt bereits solche Missionare ..."[212]

Der neue Papst hatte nur einen „Mangel": Er war mit 77 Jahren in einem Alter, in dem die Kräfte meist nicht mehr ausreichen, noch etwas von dem ins Werk zu setzen, was einem zeitlebens als wichtig und notwendig vor Augen stand. Vier Wahlgänge hatten die Kardinäle benötigt, um sich zu einigen. Da liegt der Gedanke nahe, man habe in ziemlicher Verlegenheit auf Roncalli zurückgegriffen, weil er einerseits große Sympathien genoß, andererseits aber mit seinen „Eigenwilligkeiten" kaum noch viel Unheil würde anrichten können. Man sah in ihm den Mann, den man derzeit brauchte: einen Übergangspapst. Heiler hat die Vorgänge in Rom seinerzeit ähnlich gedeutet. Er bezweifelte jedoch, ob die Rechnung der Kardinäle aufgehen werde. Warum sollte dieser alte Mann nicht doch noch die Kraft finden, wenigstens anzustoßen, was ihm um seiner Kirche willen am Herzen lag?

Als Heiler heimgekehrt war, erkannten wir - die Glieder seiner Familie - ihn fast nicht wieder, so hatte er sich belebt, so hoffnungsfroh war er geworden. Zum einen zehrte er von großen und für ihn wichtigen Reiseerlebnissen. Der Zen-Buddhismus in Japan hatte ihn besonders tief berührt. Noch erregender

---

[212] Heiler, Friedrich, Meine ökumenischen Begegnungen, in: Krüger, Hanfried (Hg), Vom Werden der Ökumene. Beihefte zur ökumenischen Rundschau Nr. 6, Stuttgart 1967, 5-26, Zit. 24.

waren für ihn die Nachrichten, die er aus Rom bekam. Er hatte dorthin seine besonderen Verbindungen. Aus Anlaß verschiedener Lichtbildervorträge über seine Reise kehrte er des öfteren bei den Familien seiner Kinder ein. War dann das Familiäre zu seinem Recht gekommen, ging es in unseren Gesprächen fast nur um die Papstwahl und ihre Folgen. Was der sonst so stille Mann darüber zu erzählen wußte, nahm kein Ende. Wie mochten sie ihm zu Ohren gekommen sein, die vielen Geschichten von und über Johannes XXIII.? Man spürte es deutlich: Heiler schlug das Herz höher, wenn er berichten konnte, was alles dieser Mann aus dem Volk auf dem Papstthron zum Entsetzen seiner kurialen Umgebung „anrichtete". Ob sich das wirklich so zugetragen, was sich da mittlerweile schon fast anekdotisch verdichtet hatte - wer vermochte das genau zu sagen? In einem tieferen Sinn waren diese Geschichten aber „wahrer" als alle noch so gelehrten Psychogramme es sein können.

Als Heiler 1967 aus Anlaß der Feiern zu seinem 75. Geburtstag über „Das Werden der Ökumene" sprach, kam er nicht umhin, noch einmal des unvergeßlichen Papstes zu gedenken. Als ob er das Katheder vergessen hätte und was ein Mann seinesgleichen diesem schuldig ist, charakterisierte Heiler Johannes XXIII. wiederum fast ausschließlich mit Hilfe ihm bekannt gewordener Anekdoten. Die wichtigsten Partien dieser beinahe letzten Vorlesungen Heilers mögen hier folgen.[213]

„Schon seine erste päpstliche Handlung zeigt seinen Charakter. Kaum war die Wahl bekanntgegeben, da stürzten unerlaubterweise eine Anzahl von römischen Theologiestudenten in die Sixtinische Kapelle. Kardinal Tisserant packte einen am Kragen und rief in höchster Erregung: 'Ihr seid exkommuniziert!' - da ertönte aus dem Hintergrund eine sanfte Stimme: 'und schon absolviert!' - es war die Stimme des neu gewählten Papstes. Dieser Bauernsohn stellte nicht nur einen völlig anderen Typus dar als Pius XII., der ein Aristokrat vom Scheitel bis zur Sohle war, sondern er war auch ganz anders als alle seine Vorgänger. Ich glaube, in der Papstgeschichte einigermaßen Bescheid zu wissen, aber einen solchen Papst habe ich nie gefunden. Als ich während des Konzils einen südamerikanischen Bischof fragte, was für einen Eindruck von ihm er bei seiner Audienz bekommen habe, da antwortete er nur (wir sprachen italienisch): *buono, umano*. Ein Papst, der mit den Arbeitern in der Vatikanstadt ebenso scherzte wie mit seinen Besuchern, der sich selbst ironisierte, indem er sich gegenüber Präsident Eisenhower wegen seines schlechten Englisch entschuldigte: 'Ich besuche noch die Abendschule; ich bin der letzte in der Klasse' -, ein Papst, der herzhaft lachen konnte - den jetzigen Papst [Paul VI.] habe ich noch nie auf einem Photo lachen sehen, obgleich ich täglich den Osservatore Romano lese - ist gewiß ungewöhnlich. Einige Beispiele mögen diese schlichte Menschlichkeit illustrieren. Als Mrs. Kennedy ihn besuchte, fragte er seinen Sekretär, wie er sie anreden solle. Dieser sagte ihm, da er ja französisch mit ihr sprach, er solle einfach Madame sagen. Als sie das Audienzzimmer betrat, breitete er die Arme aus und sagte strahlend:

[213] ders., Das Werden der Ökumene, in: Vom Werden der Ökumene, 27-55

'Jacqueline!' Um das höfische Zeremoniell kümmerte er sich nicht; er lud sich Freunde zum Essen ein, und als man ihm bedeutete, daß dies den päpstlichen Traditionen nicht entspreche, erklärte er: 'Ich habe in den Evangelien nachgelesen und keine Bestimmung darüber gefunden.' Er kümmerte sich auch nicht um die Vorschrift, daß ein Papst immer bei Empfängen erhöht sitzen müsse. Als die nichtrömischen Beobachter des Konzils zu ihm kamen, setzte er sich nicht auf den erhöhten Sitz, sondern nahm .. sich einen Stuhl und setzte sich mitten unter diese mit den Worten, 'Ich will bei meinen Brüdern sein.' (38f, Hervorhebung von F.H.)

„Sein Herzensanliegen aber war die Einheit der Kirche. Ein Erlebnis während seiner Nuntiatur auf dem Balkan hatte ihn zutiefst aufgewühlt. Als er einmal die Kommunion austeilte, kamen auch Orthodoxe, um sie zu empfangen. Er stand hilflos mit dem Kelch da, und schließlich sagte er: *Je ne peux pas*. Das Kirchengesetz verbot es ihm. Dieses Nein schmerzte ihn so tief, daß er den ganzen Tag wie verstört herumging und den Entschluß faßte, alles zu tun, um diese Trennung zu überwinden. Schon in seiner ersten Enzyklika rief er den getrennten Brüdern zu: 'Kommt, ich bin Joseph, euer Bruder.' Sein Kurialist strich ihm diesen Satz aus dem Manuskript heraus. Er aber bemerkte das und setzte ihn wieder ein. 'Wir laden euch ein, nicht in ein fremdes Haus, sondern in euer eigenes, in unser aller gemeinsames Vaterhaus.' Auch Pius XII. hatte die Getrennten aufgefordert, ins Vaterhaus zurückzukehren, weil sie sonst ihres Heils nicht sicher sein könnten. Aber dessen Worte hatten einen anderen Sinn als die des Johannes; die Getrennten sollten ihr Haus verlassen und in das päpstliche Haus übersiedeln; die Worte des Johannes hingegen besagten das Gegenteil: sie sollten eben nicht ihr Geburtshaus verlassen, sondern es als Teil des gemeinsamen großen Vaterhauses erkennen. Johannes war sich im klaren darüber, daß die Ursachen der Spaltung und ihrer Aufrechterhaltung zumeist in der dogmatischen Theologie zu suchen waren. Darum sagte er zu einem anglikanischen Priester, der ihn besuchte und mit dem er, als er hörte, daß dieser das römische Brevier lese, sein eigenes Exemplar mit dem jenes Priesters vertauschte: 'Die Theologen sind schuld daran, daß die Kirche gespalten wurde, und wir einfachen Christen, wie Sie und ich einer sind, müssen es wieder gutmachen.' ... Verblüffend war, wie Johannes mit der für nichtrömische Christen so anstößigen Lehre von der Unfehlbarkeit fertig wurde. Zu römischen Theologiestudenten, die ihn besuchten, sagte er: 'Ich bin nicht unfehlbar', und als diese ihn erstaunt ansahen, fuhr er fort: 'Der Papst ist nur unfehlbar, wenn er *ex cathedra* spricht; ich werde nie *ex cathedra* sprechen' - eine einfachere Lösung dieses schwierigen Problems kann man sich nicht denken." (39, Hervorhebung von F.H.)

Schon im 19. Jahrhundert, so fährt Heiler fort, habe es in Bayern einen lutherischen Dekan gegeben, der genau das vorhergesehen habe, was sich mit Johannes XXIII. ereignen sollte: Ein Johannes werde auf den Papstthron kommen, der das Wort des Evangelisten Johannes wahrmache: 'Liebet euch untereinander". Seine Hauptsorge werde es sein, daß die Einheit der Kirche

Christi nicht weiter nur ein Glaubensartikel bleibe, sondern sichtbare Gestalt annehme. (vgl. 40)

Liest man weiter, wird klar, weshalb Heiler über Johannes XXIII. so gut Bescheid wußte:

„ ... wie bei Söderbloms ökumenischer Arbeit die liberale protestantische Theologie Pate gestanden war, so bei der Einigungsidee von Papst Johannes der katholische Modernismus. Sein Losungswort lautete: *aggiornamento*, und zwar sowohl für die Dogmatik wie für die Kanonistik. Für die Dogmatik bedeutet *aggiornamento* bei Bewahrung der Glaubenssubstanz eine zum heutigen Menschen redende Sprache, ein neuer *modus enuntiandi*, für das kanonische Recht bedeutet es, daß die bisherigen Rechtsvorschriften auf den Stand von heute zu bringen seien, 'wobei die Kirche kühn sein wird'. Für die Einheit mit den getrennten Brüdern heißt es: 'Wir sind zu jedem nur möglichen Zugeständnis bereit.' *Aggiornamento* ('Anpassung an den heutigen Tag') bedeutet nichts anderes als Modernismus (auch *modo* bedeutet ja heute, jetzt). Dieser Papst war frühzeitig mit dem Modernismus in Berührung gekommen. Sein Mitschüler im Priesterseminar zu Rom und Freund war Italiens späterer Erzmodernist Ernesto Buonaiuti; ausgerechnet er war es, der bei Roncallis Priesterweihe assistierte ...“ (40, Hervorhebung von F.H.)
Buonaiuti aber und Friedrich Heiler standen sich seit Jahren nahe. Sie hatten eine gemeinsame geistliche Mutter: Sorella Maria, die Vorsteherin einer Gemeinschaft von Franziskanertertiarinnen in Umbrien. - Buonaiuti und der spätere Papst blieben Freunde, auch als Buonaiuti exkommuniziert worden war und Roncalli mit dessen sehr radikalen Anschauungen nicht übereinstimmte. Heiler weiß darüber zu berichten:
„Als nun eines Tages Kardinal Ottaviani von Papst Johannes dessen Unterschrift unter ein Buchverbot erbat, weigert sich dieser. Auf den Einwand: 'Das Heilige Offizium hat einstimmig diesen Beschluß gefaßt', war die Antwort des Papstes: ... 'Rufen Sie das Heilige Offizium, dann werde ich ihm etwas sagen. Ich kenne einen Priester, der beim Heiligen Offizium angezeigt wurde, weil er mit einem Modernisten verkehrte; dieser Priester heißt Roncalli und das bin ich.' Nach einem solchen Wortwechsel darf man sich nicht wundern, daß Johannes die Kurie in einem Brief an Ottaviani als die ihm 'von Gott gesandte Dornenkrone' bezeichnete.“ (41)

„Dieser Papst, der aus eigenster Erfahrung darum wußte, welch beklemmende Atmosphäre des Mißtrauens und der Verfolgung in der römischen Kirche zu Beginn dieses Jahrhunderts herrschte, hatte eines Tages eine wundersame Erleuchtung: ein Konzil von Bischöfen, ein II. Vatikanum einzuberufen, das keine neuen Dogmen verkünden und keine neuen Anatheme aussprechen sollte, sondern als ein pastorales Konzil der Menschheit 'die Medizin der Barmherzigkeit' reichen würde. Es sollte eine innerkirchliche Erneuerung bringen, und zwar die Kirche 'nach den reinen Linien ihrer Urzeit' neu gestalten'. Es sollte schließlich den Weg für eine Wiedervereinigung mit den getrennten Brüdern bereiten. Als ein Besucher Papst Johannes über das Ziel des

Konzils befragte, öffnete er das Fenster und sagte nur 'Frische Luft'. Und diese frische Luft begann nun wirklich zu wehen ... Dieses Konzil war wie kein zweites ein Konzil des Heiligen Geistes, des Pfingstgeistes, der mit Sturmesbrausen und Feuerzungen über die römische Kirche hinfuhr - denn dieser Heilige Geist war nicht ernstlich in den mühsam erarbeiteten, sorgsam abgewogenen und wiederholt im letzten Augenblick durch aufgezwungene Retuschen wieder abgeschwächten Konzilsdekreten zu spüren, sondern eben in den Flammenzungen der Reden der Bischöfe und in dem Sturmesbrausen, das wiederholt entstand, wie etwa beim Angriff von Kardinal Frings gegen das Sanctum Officium ... Johannes hat nach einem Wort des Münchener Kardinals Döpfner die Kirche aus einer statischen in eine dynamische verwandelt." (41f)

Wenige Wochen nach den Vorlesungen, denen dieser Text entnommen ist, erkrankte Heiler schwer. Er starb am 28. April 1967. Bis zu seinem Lebensende also hat das in ihm nachgewirkt, ja hat er von dem gezehrt, was mit Papst Johannes XXIII. über seine Mutterkirche heraufgekommen war. Dann und wann mag es ihm, dem leicht etwas Schwärmerischen, so vorgekommen sein, als sei in Roncalli der so sehnlich erwartete Engelspapst erschienen, um die „Kirche des Geistes" heraufzuführen. Doch Heiler war Realist genug, um zu wissen, daß die Kraft dieses Papstes zwar noch zu einem gewaltigen Anstoß gereicht hatte, daß er aber etwas nahezu Umstürzendes nicht mehr würde bewirken können. Immerhin, dieser Papst war für ihn ein lebendiges, weit über sich hinausweisendes Zeichen. Heiler brauchte seiner nur zu gedenken, um zu wissen, daß Gottes Geist auch im 20. Jahrhundert Wunder wirken kann. Im Gedanken an diesen Papst wußte Heiler, daß er selbst sich mitnichten von einer utopischen Illusion hatte leiten lassen, sondern daß alles, was er verfolgt und ins Werk gesetzt hatte, übereinstimmte mit dem die Kirche lenkenden und leitenden Geist Gottes.

Papst Johannes starb während des Konzils, zwischen der ersten und zweiten Session am 8. Juni 1963. Daß die Konstitution über die Liturgiereform an erster Stelle zur Beratung stand und daß an diesem bevorzugten Platz auch dann nicht gerüttelt wurde, als man gegen Ende der ersten Session das viel zu umfangreiche Programm des Konzils erheblich kürzen mußte, geht sicher noch auf die Intention des Papstes zurück. Johannes XXIII. wußte ebensogut wie Friedrich Heiler, was eine durchgreifende Gottesdienstreform nicht nur für das Leben der eigenen Kirche, sondern auch für das Zusammenwachsen der getrennten Kirchen bedeuten könnte. Würde die Eucharistiefeier wieder zur Sache der ganzen feiernden Gemeinde und würden hier „die reinen Linien der Urzeit" wieder hervortreten, stünde man auf dem gemeinsamen Boden aller Kirchen. Da unverkennbar auch andere Kirchen in gottesdienstlicher Hinsicht auf ähnlicher Spur waren, durfte man hoffen, daß der Schatz des Verbindenden einmal ein so verpflichtendes Maß erreicht haben würde, daß Folgerungen unausbleiblich wären.

Was Johannes XXIII. bei der Liturgiereform vor Augen stand, waren offensichtlich ganz evangelische Anliegen. Hans Küng, damals einer der wichtigen, vom Papst berufenen Konzilstheologen, faßt sie in vier Punkte zusammen: „1. *Angleichung an das Abendmahl Jesu*: ... Wir Katholiken sind der Meinung, daß das Wesentliche des 'Tut dies zu meinem Gedächtnis' immer durchgehalten worden war. Es läßt sich aber nicht bestreiten, daß die ursprüngliche und wesenhafte Grundstruktur des eucharistischen Gottesdienstes im Laufe der Jahrhunderte vielfach überdeckt und verdunkelt worden war ... Die heutige liturgische Erneuerung zielt darauf ab, die Beziehung der Eucharistiefeier der Kirche zum Abendmahl Jesu wieder deutlicher zu machen: durch eine Reform des ganzen Ritus, Herausstellen des Wesentlichen, Zurückdrängen des Unwesentlichen, Kürzungen, Vermeiden von Verdoppelungen, Wiederaufnahme guter alter Traditionen usw. Wichtig ist - und dies wäre besonders eindringlich zu wünschen - die Wiederherstellung des alten Eucharistiegebetes und somit die Reform des Kanons. Die Angleichung der Eucharistiefeier an das Abendmahl Jesu ist von höchster ökumenischer Bedeutung." [214]

„2. *Hören auf das Wort Gottes:* ... Die heutige liturgische Erneuerung zielt darauf ab, die Verkündigung des Wortes Gottes wieder in neuer Weise innerhalb des Gottesdienstes zur Geltung zu bringen: verständliche Lesung der Heiligen Schrift in der Volkssprache, Lesung auch der bisher vernachlässigten Texte (neue Perikopenordnung, die sich über mehrere Jahre erstrecken soll), Betonung der Bedeutung der Predigt, die Wiederherstellung des alten Wortgottesdienstes (der besonders in Gebieten des Priestermangels auch unabhängig von der Eucharistiefeier von einem Diakon oder einem vom Bischof beauftragten Laien gehalten werden kann), Durchdringung der ganzen Liturgie (auch der Lieder und der Andachten) mit dem Geist der Schrift." (111f, Hervorhebung von H.K.)

„3. *Gottesdienst des ganzen priesterlichen Volkes:* ... Hauptziel der liturgischen Erneuerung seit Jahrzehnten ist es, die aktive Teilnahme des Volkes an der gesamten Liturgie wiederherzustellen: verständliche Gestaltung des Gottesdienstes, gemeinsames Beten und Singen, gemeinsames Teilnehmen am eucharistischen Mahl, Volkssprache und Kelchkommunion. Zurückdrängung der 'Privatmessen', Erneuerung der Kirchenmusik in pastoraler Ausrichtung durch neue Formen des Psalmengesanges usw." (112, Hervorhebung von H.K.)

„4. *Anpassung an die Völker:* Der Vorwurf der Reformatoren war, daß wie die Kirche so auch die Liturgie in einer ungebührlichen Weise 'romanisiert' worden sei. Der Gottesdienst sei in seiner ganzen Mentalität, in seinem Aufbau, in Sprache, Gestik und Gesang zu wenig den einzelnen Völkern angepaßt ... Die heutige liturgische Erneuerung zielt darauf ab, den Gottesdienst wieder so weit als möglich den einzelnen Völkern anzupassen, damit die Liturgie der Kirche wieder eine echte Volksliturgie sei. Unitas, aber nicht Uniformitas;

---

[214] Küng, Hans, Kirche im Konzil, Freiburg, Basel, Wien 1963, 110f (Hervorhebung von H.K.).

Einheit, aber nicht Einerleiheit: das ist das richtungweisende Wort. Anpassung an die einzelnen Völker ist möglich in der liturgischen Sprache, in der Gestik, im Inhalt und in der Formulierung der Gebete, in den Gesängen und in der musikalischen Gestaltung, im ganzen Aufbau der Liturgie. Dies alles setzt die größere Selbständigkeit der einzelnen Landesepiskopate und eine Dezentralisierung der römischen Kurie voraus." (112f, Hervorhebung von H.K.)

Heilers Freude muß groß gewesen sein, als er davon hörte, was von Beginn des Konzils an im Mittelpunkt stand und worum dabei auf das Intensivste gerungen wurde. Diese „evangelischen" Bestrebungen entsprachen genau den Zielen, die er in seiner ökumenischen Meßordnung hatte erreichen wollen. Man konnte beinahe denken, Heiler habe bei der Formulierung der Grundsätze Pate gestanden.

Im Wesentlichen blieben diese Grundsätze bestimmend bei der endgültigen Abfassung der in sieben Kapitel zu 130 Artikel gegliederten Konstitution „Sacrosanctum Concilium", die am 4. Dezember 1963 promulgiert wurde. Um den nicht nur teilweisen, sondern vollständigen Ersatz der lateinischen Kirchensprache durch die Volkssprache hatte man sehr lange gerungen. Er wurde schließlich mit überwältigender Mehrheit - 2147 Ja- gegen 4 Neinstimmen - beschlossen. Bedeutsam ist auch, daß im 6. Artikel auf Wunsch der orientalischen Konzilsväter als zusammenfassende Schlußwendung hinzugefügt wurde: „All das aber geschieht in der Kraft des Heiligen Geistes" (SC 6). Die pneumatische Tradition des Ostens sollte mit der Tradition des Westens verbunden werden. Wir werden sehen, wie weit diesem Anliegen in der Liturgiereform selbst Rechnung getragen wurde. Darauf kommt alles an, ob und inwieweit es gelingt, die guten Grundsätze in ein praktikables liturgisches Formular umzusetzen. Tatsächlich sollten die Diözesen ein gewisses Mitspracherecht erhalten. Weil aber der Teufel im Detail steckt, konnte es noch zu erheblichen Abweichungen von der ursprünglich beschlossenen Linie kommen. Heiler hatte - im Gedanken an den neuen Papst - besondere Besorgnisse. „Eine wenig glückliche Hand hatte er [Paul VI.] mit der dogmatischen Enzyklika über die Eucharistie, die mitten während der Konzilsverhandlungen veröffentlicht wurde, in welcher er die der scholastischen Transsubstantiationslehre zugrunde liegende, heute unhaltbar gewordene aristotelische Theorie für verbindlich erklärte." [215]
Im Zusammenhang damit charakterisiert Heiler Paul VI. als einen Mann guten Willens, der zwar ehrlich bestrebt sei, das von Johannes XXIII. Begonnene in dessen Sinn weiter und zu Ende zu führen, der aber ständig schwanke zwischen den neuen Erkenntnissen des Konzils und der hergebrachten Scholastik. „Man kann bisweilen sich nicht des Gefühls erwehren, daß er das, was er mit einer Hand gibt, mit der anderen wieder zurückzieht." (45)
Im Blick auf das von Johannes XXIII. Angestoßene kann Heiler fortfahren: „Alle enttäuschenden Rückschläge ändern jedoch nichts daran, daß schon durch die Haltung Johannes XXIII. und dann durch die Konzilsdekrete ein

---

[215]   Heiler, Friedrich, Das Werden der Ökumene, 45.

völliger Wandel in der römischen Kirche eingetreten ist ... Hatten noch im 19. Jahrhundert die Päpste ... die Forderung der Gewissensfreiheit als ein *deliramentum* (Wahn) ... bezeichnet, so ist diese jetzt feierlich als ethische Norm ... verkündet worden ... Hatten Dogmatik und Kirchenrecht bisher von Häretikern gesprochen, so kennt der heutige Sprachgebrauch nur noch 'getrennte christliche Brüder'. Und waren bisher die außerrömischen Kirchen als *sectae acatholicae* bezeichnet worden, so wird ihnen jetzt der Name Kirche nicht mehr vorenthalten ... und hatten die Päpste immer wieder Verbote des Bibellesens für Laien ausgesprochen, so werden sie jetzt nachdrücklich dazu ermahnt. Hatten zu Beginn dieses Jahrhunderts deutsche Katholiken vergeblich um kleine Milderungen in der Handhabung des 'Index der verbotenen Bücher' sich bemüht, so ist dieser nun völlig aufgehoben.
Am deutlichsten aber können wir den völligen Wandel erkennen, wenn wir das Klima des I. und II. Vatikanums miteinander vergleichen." (45, Hervorhebung von F.H.)

„Das alles sind Unterschiede wie Tag und Nacht. Gewiß hätte noch viel mehr erreicht werden können und stünden wir heute einer völligen Einigung viel näher, wenn sich die großen Impulse Johannes XXIII. ungehemmt hätten entfalten können, wenn die ständigen Störungen durch die Kurie, ihr steter Druck auf den Papst und dessen Nachgiebigkeit ihr gegenüber vor allem, wenn das Schema von der Kollegialität der Bischöfe in seiner ursprünglichen Form ... angenommen worden wäre, in welcher erklärt wird, daß der Papst jederzeit auch ohne Befragung des Episkopats jede Entscheidung treffen könne, dann wäre das größte Hindernis einer vollen Einigung, nämlich die Dogmen des I. Vatikanischen Konzils vom Jurisdiktionsprimat und von der Unfehlbarkeit des Papstes, faktisch beseitigt gewesen ... Aber das Erreichte ist so groß und bedeutsam, daß wir dafür nur dankbar sein können.
Zu diesem Großen gehört - *last not least* - eine neue Haltung gegenüber den Nichtchristen, den Juden, den Muslimen und den 'Heiden', ja, sogar den Nichtglaubenden. Auch diese neue Haltung entspringt der Initiative von Papst Johannes." (47, Hervorhebung von F.H.)

„ ... Nicht nur zu den Juden, sondern auch zu den sogenannten Heiden haben Papst Johannes und das Konzil eine neue Tür aufgetan - also *apertura*, Öffnung auf allen Seiten ... Bei seiner Ansprache an die Vertreter der indischen Religionen in Bombay pries er [Paul VI.] Indien als die Wiege großer Religionen, die Heimat einer Nation, die Gott mit unermüdlicher Sehnsucht in tiefer Betrachtung und im Schweigen sucht ... Die Religionsgeschichte Indiens nannte er einen einzigen großen Advent ... Christentum und Indien hätten große Reichtümer miteinander auszutauschen ... Auch das Konzil fand ehrende Worte sowohl für den Islam wie für die Religionen Indiens und Ostasiens. Es entsprach dieser Haltung, daß parallel zum christlichen Einigungs-Sekretariat ein Sekretariat für Kontakte mit den nichtchristlichen Religionen geschaffen wurde ...

Die *Apertura* Johannes XXIII. ging aber noch weiter. Seine grenzenlose Güte ... umfaßte auch die Nichtglaubenden, die kommunistischen Atheisten ..." (48f, Hervorhebung von F.H.)

Ich kann das nur in Andeutungen wiedergeben. Man merkt, wie bewegt Heiler bis in seine letzten Lebenswochen hinein war, wenn er von Johannes XXIII., seinen Initiativen und ihren Auswirkungen auf das Konzil berichtete. Die „Umkehr", die Wende, die sich in seiner Mutterkirche anbahnte, muß so etwas wie ein Licht auf dem Weg durch seine späten Jahren gewesen sein. Und gewiß stand Heiler mehr als einmal vor der Frage, ob nicht der Grund entfallen sei, um dessentwillen er sich einst von ihr habe trennen müssen. Er muß jedoch zu der Überzeugung gekommen sein, daß es längst nicht mehr um ihn persönlich gehe, und daß sein Schicksal zu sehr mit der ökumenischen Bewegung verknüpft war, als daß er noch an sich selbst hätte denken können. Trotz der „apertura" Roms war die Bewegung der Kirchen aufeinander zu längst nicht am Ziel. In ihr wurde Friedrich Heiler als einer ihrer konsequentesten Vorkämpfer unverändert gebraucht. Und schließlich: Auch die derart gewandelte Mutterkirche war noch nicht die Kirche, für die er lebte und priesterlich wirkte: die in manchen Herzen schon vorhandene, sich zwar überall ankündigende, aber doch noch zukünftige Kirche des Geistes, die wieder eine heilige Kirche Christi.

Die römisch-katholische Liturgiereform

Heiler hat die Vollendung der römisch-katholischen Liturgiereform nicht mehr erlebt. Das damit 1964 beauftragte Consilium nahm seine Arbeit zwar noch im gleichen Jahr auf, und vom Fastensonntag 1965 an konnte der in konzentrierterer Gestalt vorliegende Wortgottesdienst in der Volkssprache und vom Sedile bzw. dem Ambo aus begangen werden. Aber dann stockte die Arbeit. Das neue „Hochgebet" durfte erst vom Fastensonntag 1967 an laut und auf Deutsch gebetet werden. Bis jedoch alles, samt dem umfangreichen Proprium de tempore in vorläufig endgültiger Gestalt vorlag, übersetzt war und eingeführt werden konnte, war der 1. Advent 1970 gekommen.

Den Neubeginn von 1965 an hat Heiler sehr bewußt in sich aufnehmen können. Nach seiner verspäteten Emeritierung versah er vom Herbst 1962 an einen Lehrauftrag an seiner Heimatuniversität in München. Zunächst hielt er sich dort nur während des Semesters auf. Im April 1966 siedelte er mit seiner Frau dorthin über. Die Eheleute lebten, wo Heiler schon vorher zeitweise gewohnt hatte, im Stadtteil München-Gern. Hier lag in unmittelbarer Nähe die Laurentiuskirche der Oratorianer. Das schlichte, von Emil Steffan in den fünfziger Jahren errichtete Gotteshaus war für Heiler bald zur gottesdienstlichen Heimat geworden. Pfarrer dieser Gemeinde war in jenen Jahren wohl noch der spätere Münchener Weihbischof Tewes. Von seinen Ordensbrüdern unterstützt, hatte er dafür gesorgt, daß St. Laurentius zu einem Zentrum der konziliaren Erneuerung wurde. So weit es irgend erlaubt war, wurde der Gottesdienst in der Muttersprache gefeiert. Die Gemeinde war ungewöhnlich stark mittragend und mitgestaltend beteiligt. Es wurde viel gesungen. Der Wortgottesdient hatte besonderes Gewicht. Gehaltvolle und tief nachgehende Predigten waren beinahe die Regel.

Ich weiß das alles so genau, weil ich diese Gottesdienste bald nach dem Tod des Schwiegervaters im April 1967 habe miterleben dürfen. Meine Landeskirche hatte mir einen mehrmonatigen Arbeitsurlaub gewährt, um Anne Marie Heiler dabei zu helfen, aus dem Nachlaß „Die Ostkirche" herauszubringen. Sie sollte das mittlerweile vergriffene Werk „Urkirche und Ostkirche" ersetzen. Auch ich kam von den Gottesdiensten in St. Laurentius nicht mehr los, nachdem ich einmal dort eingekehrt war.

Weil Heiler starb, ehe die erneuerte römische Messe vollendet und zum Gebrauch freigegeben war, wissen wir nur, mit welcher Freude er die Grundzüge der Reform zur Kenntnis genommen hatte, und wie dankbar er in St. Laurentius verfolgte, was alles sich bereits abzeichnete. Da uns ein Urteil über das erst drei Jahre nach seinem Tod vollendete Werk in Heilers Namen nicht zusteht, könnte ich an dieser Stelle abbrechen. Heiler aber hatte zu sehr auf dieses Reformwerk zugelebt, als daß ich hier innehalten dürfte. Ich will deshalb versuchen, das 1970 in Kraft Gesetzte umrißhaft darzustellen. Dabei werde ich nicht umhinkönnen, Abweichendes von der Heilermesse zu konstatieren. Sie war ja doch der Prototyp eines wieder ökumenischen Gottesdienstes, und ökumenisch sollte auch das Reformwerk werden.

Die einschneidendste und folgenreichste Neuerung lag im Ersatz des Lateinischen durch die Volkssprache. Sie war unumgänglich, weil die Kluft zwischen dem Handeln des Priesters am Altar und der Andacht der Gemeinde zu groß geworden war. Der Gottesdienst sollte wieder werden, was er in der Frühzeit der Kirche war: eine Feier, an der die Gemeinde unmittelbar, d.h. mittragend, mitverantwortlich, mitgestaltend beteiligt war. Das „gemeinsame Priestertum der Gläubigen" durfte kein leeres Wort bleiben. Der Übergang zur Volkssprache barg Gefahren in sich. Die ehrfurchtgebietende Distanz zu den Texten, vor allem denen der Heiligen Schrift, durfte nicht verlorengehen. Verständliches Deutsch war nicht gleichzusetzen mit der Umgangssprache. Heiler - und mit ihm die evangelischen Glaubensgeschwister - hatten es insofern leicht, als sie auf das Lutherdeutsch zurückgreifen konnten. Dies war um der noch immer gebräuchlichen Bibelübersetzung Luthers willen ohnehin geboten. Das Lutherdeutsch hatte fast den Rang einer „heiligen" Sprache bekommen, war aber gleichwohl jedermann verständlich. Ja, um seiner Urwüchsigkeit willen hatte es eine ungeschmälert prägende Kraft behalten. Der Rückgriff auf eine solche „geheiligte" Sprache war den katholischen Geschwistern um Luthers willen noch immer unmöglich. Übersetzer waren gefragt, die - wie einst Luther - imstande waren, „dem Volk aufs Maul zu schauen" und doch zu einer dem Inhalt der Texte angemessenen Sprachgestalt zu finden.

Persönlich meine ich, sehr vieles habe eine nicht zu beanstandene, der großen Sache entsprechende Form gefunden. Manche Formulierung scheint mir jedoch schon jetzt abgegriffen und verschlissen zu sein. Manches hat mir als einem dem Lutherdeutsch Verhafteten von vorneherein mißfallen. Ein paar Vergleiche. Das Agnus Dei lautet in der römischen Messe deutsch:
P.   Lamm Gottes, du nimmst hinweg die Sünde der Welt,
G.   Erbarme dich unser.
Bei Heiler heißt es nach Luther:
P.   Christe, du Lamm Gottes, der du trägst die Sünd' der Welt,
G.   Erbarm' dich unser.
Der Vorruf zur Präfation lautet in der katholischen Übersetzung:
P.   Erhebt die Herzen.
G.   Wir haben sie beim Herrn.
Bei Heiler dagegen heißt es nach Luther:
P.   Die Herzen in die Höhe!
G.   Erheben wir zum Herrn!
Die katholische Fassung scheint die sprachlich edlere zu sein. Luther aber hat sich genau an den griechischen Wortlaut gehalten und damit erreicht, daß der Priester nicht gleichsam vom anderen Ufer her ruft, sondern als ein Betroffener sich mit einbeziehen kann.
Sehr verschieden ist auch, wie die Mutter Maria apostrophiert wird. Im Fürbittengebet der römisch-deutschen Messe gedenkt man ihrer als der „glorreichen,

allzeit jungfräulichen Mutter unseres Herrn und Gottes Jesus Christus". Heiler hingegen formuliert (nach Luther): „Unserer lieben Frau, der preiswürdigen Gottesmutter und allzeit reinen Magd Maria gedenkend, wollen wir ..." Das „preiswürdig" ist gewiß auch nicht gut. Aufs Ganze gesehen aber führt dieser Wortlaut dazu, daß wir in der Gottesmutter noch immer als einer der Unseren begegnen. Die Worte „allzeit reine Mad" kommen m.e. dem gottseligen Geheimnis dieser Erwählten näher als das dogmatisch zwar korrekte, sprachlich aber doch formelhaft gebliebene „allzeit jungfräulich".

Auch ein Vergleich der Einsetzungsworte samt ihrer Umkleidung läge nahe und gäbe zu denken. Aber ich will hier abbrechen. Es wäre zu wünschen, daß dieser zentrale Text vereinheitlicht würde - wie das beim Vaterunser und bei den Glaubensbekenntnissen der Fall war.

Nun zum Inhaltlichen. Der Wortgottesdienst hat deutlich stärkeres Gewicht bekommen. Statt der bisher zwei Schriftlesungen hat man - um des Alten Testamentes willen - deren drei vorgesehen. Das sollte eine vollständige Erneuerung der Perikopenordnung nach sich ziehen - insofern ein folgenschwerer Entschluß, als die bisherige Ordnung durchweg auch in den Kirchen der Reformation Geltung hatte.

Eine weitere Aufwertung hatte der Wortgottesdienst dadurch erfahren, daß an den Sonntagen eine den Lesungen folgende Homilie oder Predigt obligatorisch geworden war. Ihr folgt nun nicht nur das Credo, sondern auch ein allgemeines Fürbittegebet. Beides zeigt an, mit welchen Erwartungen man einer Auslegung des Wortes Gottes entgegensah. Hatte nicht der Herr seinen Jüngern verheißen: „Wer euch hört, der hört mich" (Lk10,16)?

Dieser Aufwertung steht eine schmerzliche Einbuße entgegen. Das dem Einzug des Priesters folgende Stufengebet (Ps 43,1-3 mit der Antiphon: „Ich will hintreten zum Altare Gottes") war entfallen! Heiler hatte es beibehalten, weil es die Zielrichtung des Ganzen ankündigte, eine gemeinsame Vorbereitung von Priester und Gemeinde ermöglichte und beiden das Sündenbekenntnis nahelegte! Was hatte man vorgezogen? - Eine Begrüßung, mit freibleibendem Wortlaut!

Beim Übergang zum Abendmahlsteil der Messe bemerken wir mit Erstaunen ganz neue Überschriften. Aus der früheren „Opfermesse" (Schott) war nun eine „Eucharistiefeier" geworden. Der Opferbegriff war überdies in den Gebeten deutlich zurückgetreten. Wo früher vom Canon Missae die Rede war, lesen wir jetzt: „Eucharistisches Hochgebet". Die beiden neuen Überschriften hatte als erster Friedrich Heiler in seiner Messe von 1931 verwendet. Das lange in Vergessenheit geratene „Eucharistia" entsprach dem ursprünglichen Verständnis des Gottesdienstes. Man übersetzt das Wort gewöhnlich mit „Danksagung". Gemeint ist freilich ein Dank besonderer Art. Mit im Spiel ist das Wort charis - „Gnade". Dieser Dank hat seinen Grund in der in Christus empfangenen Gnade, er spiegelt sie gleichsam zurück. Für das uns erlösende Opfer Christi soll gedankt werden. Und dieser Dank steht unter der Verheißung, das uns rettende Ereignis erneut in seiner befreienden Kraft erfahren zu dürfen.

Wie es heißt, soll das vom Konzil eingesetzte Consilium lange geschwankt haben, ob nicht die Eucharistiefeier - wie bei Heiler - mit dem Friedensgruß beginnen solle. Man entschied sich jedoch dafür, die Pax wie bisher der Kommunion voranzustellen und mit dem Offertorium zu beginnen. Auch für dieses hatte man einen neuen Namen gefunden. Nicht mehr von „Opfervorbereitung" war die Rede, sondern einfach von „Gabenbereitung". Der Opferbegriff war in den begleitenden Gebeten nicht völlig eliminiert. Die hier gemeinte Hingabe stand jedoch nun unter dem Vorzeichen des Dankes für das Opfer Christi. Das abschließende, so schöne Gebet lautet:

P. Herr, unser Gott, wir bringen das Brot dar, das aus vielen Körnern bereitet, und den Wein, der aus vielen Trauben gewonnen ist. Schenke deiner Kirche, was die Gaben geheimnisvoll bezeichnen: Einheit und Frieden. Darum bitten wir durch Christus, unseren Herrn.

G. Amen.

Nun kommt es unmittelbar zum Kernbereich der Messe, zum „Eucharistischen Hochgebet". Für einen Heilerschüler geht das ein bißchen zu schnell. Der Weg zum Kreuz Christi erfordert mehrere Stationen. Das „Hochgebet" umfaßt jetzt beides, die Präfation und den einstigen Canon Missae. Was dem Sanctus und Benedictus folgt, wird in nicht weniger als vier Varianten dargeboten und zur Wahl gestellt. Nach Josef Andreas Jungmann entspricht deren erste dem einer maßvollen Revision unterzogenen römischen Meßkanon. Bei der zweiten habe man „die Eucharistia aus der Kirchenordnung des Hippolyt zugrundegelegt". In der dritten werden „beste Überlieferungen in breiterer Entfaltung verwertet", die vierte sei „nach orientalischem Muster gestaltet".[216]

Im erneuerten Römischen Meßkanon (Variante 1) folgen dem Sanctus Fürbitten für die Kirche und ihre leitenden Brüder, die in ein Gedächtnis der Heiligen übergehen. In den anderen Varianten wird das Sanctus zum Stichwort für einen mehr oder weniger ausführlichen heilsgeschichtlichen Rückblick. Überraschenderweise mündet dieser jedesmal in eine Epiklese. Diese sehr alte Anrufung des Heiligen Geistes über die Gaben fehlte im bisherigen Römischen Meßkanon. In den neuen eucharistischen Hochgebeten wird die Epiklese in doppelter Weise wieder aufgegriffen. An ihrem „angestammten" Ort nach den Verba testamenti erscheint sie als Herabrufung des Geistes auf die Gemeinde. Unmittelbar vor den Einsetzungsworten ist sie den Gaben zugewendet. Sie lautet z.B. im zweiten Hochgebet: „Sende deinen Geist auf diese Gaben herab und heilige sie, damit sie uns werden Leib und Blut deines Sohnes, unseres Herrn Jesus Christus."

Heiler hätte sich kaum dazu entschließen können, das Herzstück der Messe in mehreren Fassungen zur Wahl zu stellen. Ihm lag viel daran, daß über dem Sanctus das ihm folgende Benedictus nicht übersehen würde. Mit dem hier zitierten Psalmvers (118,26) war Jesus bei seinem Einzug in Jerusalem be-

---

[216] Vgl. Jungmann, Josef Andreas, Art. „Messe", in: Rahner, Karl (Hg), Herders Theologisches Taschenlexikon, Band 5, Freiburg, Basel, Wien 1973, 41-54, bes. 52ff.

grüßt worden (Mt 21,9). Mit ihm wollte er bei seiner Wiederkunft erneut begrüßt werden (Mt 23,39). Wenn der Vers im Gefolge des Sanctus aufklang, dann deshalb, weil für die Feiernden der Einzug des Herrn in seine Gemeinde unmittelbar bevorstand. Dieses Kommen manifestierte sich in den Verba testamenti. Sie mußten also unverzüglich folgen, wenn das Benedictus nicht in der Luft hängen sollte. In der Heilermesse folgen denn tatsächlich nur noch Augenblicke tiefer, erwartungsvoller Stille, während denen der Priester unhörbar ein altes Postsanctus-Gebet spricht. Sodann gibt der Diakon mit dem Vorruf „Geheimnis des Glaubens" das Stichwort zur Rezitation der Einsetzungsworte durch den Priester. Das Brotwort wird von der Gemeinde ebenso mit „Amen" bestätigt wie das Kelchwort. Ein längeres „Postsanctus"-Geschehen, wie es die alte Kirchenordnung Hippolyts vorsieht, war für Heiler deshalb kein bindendes Vorbild, weil er zu gut wußte, wie sehr die Strukturen der Eucharistiefeier zur Zeit dieser Kirchenordnung noch im Fluß waren.[217]

In der erneuerten römischen Messe werden wir unmittelbar nach der Rezitation der Verba testamenti in allen vier Versionen von etwas ganz Neuem überrascht. Nun gilt das Stichwort „Geheimnis des Glaubens" nicht mehr den Einsetzungsworten, sondern dem einstimmigen, bekenntnishaften Ausruf der Gemeinde: „Deinen Tod, o Herr, verkünden wir und deine Auferstehung preisen wir, bis du kommst in Herrlichkeit."
Er steht dort, wo in der Heilermesse der Diakon an das Apostelwort 1Kor 11,26 erinnert: „So oft ihr von diesem Brot esset und aus diesem Kelch trinket, sollt ihr des Herrn Tod verkündigen, bis daß er kommt."
Man kann auch feststellend übersetzen „verkündigt ihr des Herrn Tod". Aus dieser Feststellung des Apostels ist nun das antwortende Bekenntnis der Gemeinde geworden. Wenn diese Aussage des Apostels vor allem der Kommunion gilt, kommt die bekenntnishafte Verpflichtung dann nicht zu früh?
Zur Klärung der Sachlage sollte man wissen, daß die Väter der neuen Ordnung einem bestimmten Vorbild folgen. Die Gemeindeakklamation findet sich an gleicher Stelle und in gleichem Wortlaut in der Messe der zu einer Union vereinten nicht-römischen Kirchen Südindiens von 1950. Dem Ausruf soll eine alte Tradition der südindischen Thomaschristen zugrundeliegen.[218]
In Rom hat man den Zwischenruf mit dem nun zweckentfremdeten Vorruf „Geheimnis des Glaubens" versehen, wohl in der Absicht, ihn zu motivieren.

Heiler kannte sowohl die neue südindische Messe, als auch ihre Akklamation. Er hatte in den fünfziger Jahren einen Doktoranden aus Südindien, der ihm eben diese Kirche in persona nahebrachte. Hätte ihm die Akklamation zugesagt, hätte er sie vermutlich irgendwann einmal lobend erwähnt oder sie als der Nachahmung würdig bezeichnet. Warum schwieg er? Er hatte doch selbst an die zugrundeliegenden Paulusworte erinnert! Vermutlich, weil die Verkündigung des Geheimnisses der Erlösung, die der Apostel der Kommunion

[217] Vgl. Heiler, Friedrich, Der Katholizismus, 430.
[218] Vgl. Book of Common Worship (Kirche von Südindien) 1950/63, in: Wigan, Bernard (Hg), The Liturgy in English, London 1962, 119f.

zuschreibt, für ihn einen anderen Charakter hatte als das Zeugnis einzelner. Gewiß war an ihr die ganze versammelte Gemeinde beteiligt. Aber sie war es nur indirekt als Werkzeug eines gnadenhaften Geschehens, das mit der Kommunion einhergeht. Heilers Sorge war vermutlich, daß die daran Teilhabenden, die Gemeinde als Ganze, diese Verkündigung als eigene Tat empfinden und herausstellen könnten.

In allen vier Varianten folgt dem Zwischenruf eine verschieden gestaltete Anamnese. Diese wird aber nicht wie einst und überall sonst auf die Worte Christi bezogen: „Solches tut zu meinem Gedächtnis", sondern auf die soeben erfolgte Verkündigung des Todes Christi. Man wollte offenbar vermeiden, daß die Akklamation als das erschiene, was sie in Wirklichkeit ist: ein nahezu in der Luft hängender Zwischenruf.

Merkwürdigerweise erfreut sich gerade dieser Zwischenruf größter Beliebtheit. Verständlich ist das deshalb, weil die Gemeinde nach langem Schweigen endlich ihr Wort sagen darf. Vielleicht auch, weil mit diesem Ausruf das Abendmahlsgeschehen in einem Licht erscheint, das zu neuer Verantwortung ruft. Wie auch immer, der Ausruf hat inzwischen Kreise gezogen, selbst über die römisch-katholische Kirche hinaus. Frère Max Thurian hat ihn in die Lima-Liturgie aufgenommen. Auch die Lutherische Liturgische Konferenz meinte ihn bei ihren Vorschlägen zu einer Neugestaltung der Gottesdienste in der evangelisch-lutherischen Kirche in Deutschland nicht übergehen zu dürfen.[219]

Wo in der Heilermesse der Anamnese die Epiklese folgt und der der Konsekration der Elemente gewidmete Abschnitt mit dem Vaterunser zuendegeht, münden alle vier Varianten der römischen Messe in ein letztes großes Fürbittengebet. Hierin ist das Gedenken der Entschlafenen einbezogen. Die Fürbitten werden beschlossen durch eine zeichenhafte Handlung: Priester und Diakon erheben die Hostienschale und den Kelch. Der Priester bezieht beides auf des Herrn Gegenwart und preist Gott mit den Worten: „Durch ihn und mit ihm und in ihm ist dir, Gott, allmächtiger Vater, in der Einheit des Heiligen Geistes alle Herrlichkeit und Ehre jetzt und in Ewigkeit". - G. „Amen".

Es folgt der „Kommunion" überschriebene Teil in nur einer einzigen Fassung. Er beginnt mit dem von allen gemeinsam gebeteten Vaterunser. Die sich anschließende Pax ist zur Sache der ganzen Gemeinde geworden. Der Priester zerteilt sodann eine große Hostie, während die Gemeinde dreimal das Agnus Dei in deutscher Fassung singt oder spricht. Hernach zeigt der Priester die Hostie und sagt dazu: „Seht das Lamm Gottes, das hinwegnimmt die Sünde der Welt". Alle beten gemeinsam: „Herr, ich bin nicht würdig, daß du eingehst unter mein Dach, aber sprich nur ein Wort, so wird meine Seele gesund" (nach Mt 8,8).

---

[219] Vgl. Erneuerte Agende, Vorentwurf, Im Auftrag des Rates der EKU, der Kirchenleitung der VELKD erarbeitet von der Arbeitsgruppe „Erneuerte Agende", Hannover, Bielefeld 1990, 58.

233

Der Priester kommuniziert gewöhnlich zuerst selbst. Sodann teilt er mit seinen Helfern die Hostien aus. Bei kleineren Feiern kann in beiderlei Gestalt kommuniziert werden. Zum Beschluß betet der Priester: „Barmherziger Gott, du hast uns alle mit dem Brot vom Himmel gespeist. Erfülle uns mit dem Geist deiner Liebe, damit wir ein Herz und eine Seele werden. Darum bitten wir durch Christus unseren Herrn." - G. „Amen".
Die Eucharistiefeier geht danach rasch mit dem Segen und einer Entlassung zu Ende.

Die Heilermesse unterscheidet sich von diesem letzten Teil der Missa reformata vor allem darin, daß bei ihr Konsekration und Kommunion möglichst eng miteinander verklammert sind. Hier keine zu große Unterbrechung entstehen zu lassen, daran schien Heiler vor allem das Apostelwort 1Kor 11,26 zu gemahnen. Nach dem Konsekrationsakt, als dessen letzter Bestandteil das gemeinsame Vaterunser gelten darf, folgt nur noch das so wunderbar zur Kommunion überleitende Gebet des Brotbrechens.

Eine kleine Zwischenbemerkung sei erlaubt. Ich frage mich, ob hier nicht für das Gedächtnis der Entschlafenen hätte Raum sein können. Sie sind den Mitfeiernden in der Gegenwart des Auferstandenen und vor der Kommunion ohnehin ganz nahe und warten darauf, ihnen zur Seite treten zu können. Heute wäre ich so frei, Heiler darum zu bitten, das Fürbittengebet zu Beginn des Sakramentsgottesdienstes von diesem Gedächtnis zu entlasten und es an dieser Stelle einzufügen.

Hätte Heiler selbst die deutsche Messe seiner Mutterkirche noch besprechen können, hätte er - anders als sein Schüler - Anstöße und Bedenken hinter dem zurücktreten lassen, was ihn tief dankbar stimmte. Im Zuge dieses Reformwerkes war im katholischen Gottesdienst fast alles anders und neu geworden. Die Hoffnungen der katholischen liturgischen Bewegung in Deutschland hatten sich in einem Maße erfüllt, wie das kaum erwartet werden konnte. Vor allem: Die Messe war wieder zu einem Gottesdienst geworden, an dem die Gemeinde selbst unmittelbar teilhatte. Die Muttersprache bewirkte, daß das Handeln des Priesters nicht nur offen zutagelag, sondern auch, daß die Gemeinde nahezu partnerschaftlich daran beteiligt war. Manches war sogar zur gemeinsamen Sache aller geworden. So die Gemeindeakklamation, das Vaterunser, die Pax und das von Mt 8,8 inspirierte Gebet vor dem Empfang der Kommunion. Nicht zuletzt waren die - z.T. evangelischen - Lieder zu einem organischen Element des Ganzen geworden.
Diese neue Gemeinsamkeit hatte eine tiefgreifende Folge. Galt ehedem die „Wandlung" als der Höhepunkt des Gottesdienstes, trat ihr jetzt - mindestens gleichen Ranges - die in früheren Zeiten oft vernachlässigte Kommunion zur Seite. Man wußte wieder: Erst in ihr kam die Gemeinschaft auf ihren tragenden Grund.
All das hing zusammen mit einem neuen Verständnis des Gottesdienstes. Aus dem einstigen „Meßopfer" war eine Eucharistiefeier geworden. Darin hätte

Heiler vermutlich das erstaunlichste Ergebnis des Reformwerkes gesehen. Nun lobte und dankte man in der Feier des Opfers Christi, indem man tat, was der Herr zu seinem Gedächtnis geboten hatte, und sich am Geheimnis seiner Lebenshingabe Anteil geben ließ. Darüber hinaus hätte Heiler mit Nachdruck auf die Erneuerung des Wortgottesdienstes hingewiesen. Dieser früher eher vernachlässigte Teil war nun mit drei Schriftlesungen versehen. Und an den Sonntagen war eine Homilie bzw. Predigt zur Pflicht geworden. Daß dieser das Credo und ein Fürbittgebet folgen sollten, zeigte, mit welcher Hoffnung und Erwartung man die Predigt begleitete. In alledem komme das Reformwerk - so würde Heiler weiter hervorheben - nicht nur der eigenen Kirche zugute, es sei auch ein für die Ökumene wichtiges Ereignis. Würde jetzt ein evangelischer Christ einer katholischen Messe beiwohnen, würde er dort so viel Gemeinsames entdecken, daß der Gedanke naheläge, aus dem Nebeneinander beider Kirchen müsse ein Miteinander werden. Offensichtlich galten die Bemühungen auch einer Annäherung an die Kirchen des Ostens. Die Variante 4 des Hochgebetes kommt in ihrem Wortlaut dem östlichen Glauben an die Macht des Heiligen Geistes so weit entgegen, daß die Epiklese daraus geradezu mit Notwendigkeit hervorwächst und sichtlich einen Höhepunkt darstellt. In ihrer Wiederaufnahme liegt das wohl größte Entgegenkommen an die Ostkirche.

Was verschlug es demgegenüber, daß ein mit der Liturgie der Kirche Vertrauter manches von jenen „reinen Linien der Urzeit" vermißte, die den getrennten Kirchen einst gemeinsam waren, daß in Bezug auf die Struktur wie im Detail noch Fragezeichen zu setzen waren, und daß die Übersetzung in absehbarer Zeit einer Überprüfung bedürfte? Die römische Kirche war ja nun - nach einem Wort von Kardinal Döpfner - durch Johannes XXIII. aus einer statischen zu einer dynamischen Größe geworden. Da würde sie bei dem Erreichten kaum stehenbleiben und auf dem Weg zu einer gemeinsamen Eucharistiefeier aller Kirchen weiterschreiten.

Ich bin sicher, daß Heiler in diesem Sinne votiert hätte. Diesem fiktiven Votum möchte ich von mir aus hinzufügen: Zu den Vätern dieses gewaltigen Umschwunges gehörte nicht zuletzt Friedrich Heiler selbst. Zwar hatte man im für die Reform verantwortlichen Consilium nicht daran gedacht, Arbeitsergebnisse eines Abtrünniggewordenen einfach zu übernehmen. Daß man sie aber gründlich studiert hatte, bleibt dem Kundigen nicht verborgen.

Darüber hinaus darf man nicht übersehen, wie sehr Friedrich Heiler in seinen Büchern und Schriften auch zum Sprecher der katholischen liturgischen Bewegung in Deutschland geworden war. Was seine Freunde dort oft nur erträumten, hatte er als ihr Ziel bereits 1923 offen ausgesprochen.[220] Seine

---

[220] Vgl. Heiler, Friedrich, Der Katholizismus, 429f: „Sie [die liturgische Bewegung] bezweckt eine Restauration des gottesdienstlichen Lebens und von ihm aus eine Erneuerung des religiös-sittlichen Lebens überhaupt. Sie bedeutet eine Rückkehr vom mittelalterlichen und nachtridentinischen Katholizismus zum Katholizismus der alten Kirche ... Die Konzentration auf die Liturgie bewirkt eine Vereinfachung und Läuterung des ge-

Gottesdienstordnungen von 1931 und 1939/48 waren für sie ernsthaft in Betracht zu ziehende Modelle einer allfälligen Gottesdienstreform der eigenen Kirche. Man darf sagen: Alles, was auf dem Konzil um dieser Reform willen beschlossen wurde, hatte Heiler als stiller Weggenosse auch seiner katholischen Freunde in Deutschland vorbedacht und ins Werk gesetzt.

Er war sich dieses Einflusses selbst bewußt. Als er zu Beginn des Jahres 1967 seinen 75. Geburtstag im Kreise seiner Familie beging, widmete er auch seinen Kindern und Enkeln eine längereRede. Was er in dieser Hinsicht der Öffentlichkeit kaum preisgegeben hätte, davon kam hier einiges zu Wort. Strahlend berichtete er u.a., es habe ihn noch unlängst ein befreundeter katholischer Pfarrer als einen „Großvater des Konzils" apostrophiert. Das war in Heilers Augen natürlich ein Spaß. Einen wahren Kern - das spürten wir alle - hatte dieses Wort für ihn aber doch. Ein derartiges Echo erfahren zu dürfen, hat ihn tief gefreut.

Wenige Wochen nach der so beglückenden Geburtstagsfeier wurde Heiler erneut und so heftig wie nie zuvor von seinem lebenslangen Leiden heimgesucht. Vergeblich versuchten die Ärzte, das schwindende Leben zu retten. Was ihn in dieser Zeit trug, war noch anderes als die Genugtuung darüber, nicht umsonst gearbeitet und gelitten zu haben. Seiner Bitte entsprechend, feierte sein hochkirchlicher Freund Pfarrer Mund am Krankenbett noch einmal die heilige Eucharistie. Es geschah in der Form, die Heiler einst um der Einheit der Kirche Christi willen zu Stand und Wesen gebracht hatte. Er hatte noch die Kraft, die konsekrierenden Worte selbst zu sprechen. Ein später Hörer und Schüler, katholischer Ordensgeistlicher, brachte die Mutterkirche ins Krankenzimmer. Anne Marie Heiler empfand seine Besuche „im wahrsten Sinne wie die eines angelos",[221] Heiler hat die heilige Kommunion auch aus seinen Händen empfangen. Mochte man darüber denken wie man wollte. Gott allein wußte, wie sehr er als evangelischer Christ auch seiner Mutterkirche treu geblieben war. Das letzte Wort, das er vernehmlich zu sagen vermochte, war kein christliches. Es entstammte der Tradition des Mahayána-Buddhismus und lautete: „Herz des großen Erbarmens".

---

samten Katholizismus. Dort wo die Liturgie im Mittelpunkt des religiösen Denkens und Lebens steht, müssen Kasuistik und Kirchenpolitik, Kanonistik und Scholastik von selbst zur Bedeutungslosigkeit herabsinken."

[221] Schroeder, Oskar, Aufbruch und Mißverständnis, Graz 1969, 451.

Vermächtnishafte Worte

Zum Beschluß soll Heiler selbst das Wort haben. Seine besondere Liebe und Sorge galt denen, die ihm auf dem Weg einer „evangelischen Katholizität" folgten. 1941/42 glaubte er, daß ihm auf Erden nicht mehr viel Zeit vergönnt wäre. Im Mai 1941 war sein Leiden schlimmer als je zuvor aufgeflammt. So verfaßte er für die Hochkirchliche Vereinigung ein „geistliches Testament", das mir in einer ausführlichen Fassung vom 30. Januar 1942 vorliegt. Es muß eine knappere Fassung vorausgegangen sein. Heiler hat zwar noch 25 Jahre länger leben und wirken dürfen. Er hat seine aus der Kriegszeit stammenden „letzten Worte" aber weder zurückgenommen noch überarbeitet. Ich habe sie nur dort ein wenig gekürzt, wo es um Details seiner Nachfolge im Bischofsamt geht, die heute nicht mehr von Belang sind.

Heiler beginnt mit den Worten aus dem Epheserbrief über die Kirche (1,23), die ich gleich in deutscher Übersetzung wiedergebe: „'Die Kirche, sie ist Sein Leib, nämlich die Fülle des, der alles in allem erfüllt.' - Dieses Wort ist der Wahlspruch meines Vorsteheramtes im hochkirchlichen Kreise gewesen. In ihm kommt jene unendliche Weite der Kirche zum Ausdruck, die der Apostel Paulus von Gott selbst im Hinblick auf den Vollendungszustand des Kosmos aussagt, auf das ewige Gottesreich: 'Gott alles in allem' (1.Kor. 15,28). Die Kirche Christi ist nicht jenes kleine Gebilde einer ausschließlichen und eifersüchtigen Organisation, zu der sie frühzeitig so manche ihrer Lehrer und Diener verengt haben; sie ist vielmehr die Gemeinschaft derer, die Gott geschaffen, denen Er Sich geoffenbart und die Er erlöst hat, die Er liebt, heiligt und vollendet. Darum reicht die wahre Kirche räumlich und zeitlich über die Grenzen der äußeren Kirchenanstalt, ja des geschichtlichen 'Christentums' hinaus; sie ist so weit wie der Kosmos und so alt wie der göttliche Logos, 'durch den alles gemacht ist' (Joh. 1,3). Als 'Kirche von Anbeginn' bestand sie wie die Welt von Ewigkeit her im Gedanken Gottes; als die 'ecclesia, qua ubique est' (die Kirche, die überall ist), wie sie Augustin nennt (De civ. Dei XXVIII 46), bestand sie zu allen Zeiten und unter allen Völkern, auch den 'heidnischen'; und sie wird im Zustand der Vollendung, den sie erlangen wird, bestehen in Ewigkeit. Und weil Gott in Seinem innersten Wesen Liebe ist, darum ist die Kirche nach Augustins schönem Worte nichts anderes als 'invisibilis compages caritatis' (De bapt. III 19,26), das große heilige Liebesband, das alle und alles umschlingt. Das Bewußtsein der Gliedschaft an dieser unendlichen und ewigen Liebesgemeinschaft, der communio sanctorum, zu wecken und zu stärken, war Sinn und Ziel meiner 'evangelisch-katholischen' Arbeit. 'Alles Vergängliche ist nur ein Gleichnis'; die Verkündigung, die Sakramente, die Liturgie, die heiligen Ämter sind die Funktionen des irdischen Leibes, den jene wesenhafte Kirche, 'die Kirche des Geistes' hier auf Erden trägt und tragen muß. So wie in dieser Zeitlichkeit unser Leib das schwache und gebrechliche Werkzeug des unsterblichen Geistes ist, so sind auch die irdischen Einrichtungen der sichtbaren Kirche nur unzureichende Hilfsmittel der 'himmlischen', 'unsichtbaren' Kirche. Und so wie unser Leib vergänglich ist, so müssen auch die äußeren Institutionen der Kirche vergehen: 'wenn kommen wird das Vollkommene, so wird das Stückwerk aufhören' (1. Kor 13,10). Nur wenn die 'Hochkirchliche Vereinigung' ihren Blick unablässig zu dieser weiten und großen 'Kirche des Geistes' emporrichtet, wird sie den Gefahren, die allem kirchlichen Institutionalismus drohen, entgehen, nur dann wird ihre Arbeit weiter Frucht bringen. Mag sie auch äußerlich klein bleiben wie bisher, so wird sie trotzdem auch künftig ihren Dienst an der *ganzen* Christenheit tun und in ihr die Gegenwart des lebendigen Christus erfahren, der spricht: 'Wo zwei oder drei versammelt sind in meinem Namen, da bin ich mitten unter ihnen' (Mt. 18,20).

Immer in die Weite und nach dem Ganzen strebend, müssen die Verfechter des 'Hochkirchentums' sich hüten vor allem selbstzufriedenen Besitzertum und aller selbstgenügsamen Isolierung. Die 'apostolische Sukzession' darf nicht zu einer magischen Äußerlichkeit werden, sondern muß allezeit Gabe und Aufgabe sein, einerseits Sinnbild und Unterpfand des unlöslichen Zusammenhangs mit allen vorausgehenden frommen Geschlechtern, mit allen Gottsuchern und Betern, allen Zeugen der Wahrheit und allen Helden des Opfers und der Liebe, andererseits Mahnung zur apostolischen Schlichtheit und Armut, zum altchristlichen Bekennermut und Märtyrergeist.

Wenn meine eigene Wirksamkeit als des bischöflichen Leiters des hochkirchlichen Kreises sein Ende gefunden hat, rate ich dazu, zunächst die 'apostolische Nachfolge' bei einer größeren und anerkannten Kirche, wie der orthodoxen oder altkatholischen zu suchen. Da ich aber aus eigener Erfahrung die Schwierigkeiten dieser Bemühungen kenne, habe ich für den Fall, daß dieser mein Rat sich nicht durchführen läßt, die Bitte meiner Mitbrüder erfüllt und in Anbetracht meines Gesundheitszustandes, der bereits im Mai 1941 einer Katastrophe nahe war, ... für die Erhaltung der Sukzession Vorsorge getroffen ... (Wer in meiner Nachfolge stehen soll, der möge) einen weiten Blick haben, frei von dogmatischer Engherzigkeit sein und das nötige wissenschaftliche Rüstzeug haben. Er möge den Gedanken der 'evangelischen Katholizität' weitertragen, bis diese Brückenarbeit überflüssig geworden ist und die 'hochkirchliche' Bewegung in einer größeren Gemeinschaft aufgehen kann.

Die Arbeit an der 'kommenden Kirche', die ich im Rahmen der 'hochkirchlichen Vereinigung' getan habe, ist das Schwerste und Leidvollste, was ich in meinem Leben erfahren habe. Jahrelange Anfeindung und Verfolgung von äußeren Gegnern, aber auch von einzelnen, glücklicherweise ganz wenigen Anhängern der hochkirchlichen Idee, die ich trotz aller Vergebungsbereitschaft nicht versöhnen konnte, haben meine Arbeitskraft und -freudigkeit und meine Gesundheit geschwächt. Die Größe und Schwere des zu bringenden Opfers stand bereits deutlich vor meinen Augen, als ich 1930 vor der Bischofsweihe stand. Ich vernahm die Frage des Herrn an die Zebedaiden: 'Könnt ihr den Kelch trinken, den ich trinke, und mit der Taufe getauft werden, mit der ich getauft werde?' Ich zögerte mit den Aposteln zu antworten: 'Ja, wir können es wohl' (Mk. 10,38f.). Aber schließlich nahm ich das Opfer auf mich in dem Glauben, daß ein schweres Opfer immer segensreiche

Früchte bringen muß (Ps. 126,5f). Die Erfüllung dieser Verheißung habe ich zum Teil bereits erfahren dürfen. Ich sah, wie die Saat des christlichen Einheitsgedankens ... allmählich aufging, selbst an Stellen, wo ich es nicht vermutet hätte. Der Widerstand gegen mich von kirchlicher und theologischer Seite verminderte sich immer mehr, das Verständnis für die Einheit aller Christusjünger und Gotteskinder nahm immer mehr zu ... das Zeitalter des Konfessionalismus ist im Vergehen, ein neues Zeitalter ist im Anbrechen, der Aeon des Heiligen Geistes, die johanneische Epoche der Kirche, in der die Weissagungen des johanneischen Jesus in Erfüllung gehen: die Weissagungen von der 'Anbetung des Vaters im Geist und in der Wahrheit' (Joh. 4,21ff), die Weissagungen von der 'einen Herde und dem einen Hirten' (Joh. 10,16) und die Prophetie von dem Paraklet, dem 'Geist der Wahrheit, der die Christusjünger in alle Wahrheit führen wird' (Joh. 16,13). Im Hinblick auf den wunderbaren Anbeginn der Erfüllung unserer Herzenssehnsucht können wir nur mit dem Psalmisten sprechen: 'Nicht uns, Herr, nicht uns, sondern Deinem Namen gib Ehre' (Ps. 115,1).

So sage ich allen denen, die mit mir gearbeitet haben und mit denen ich im Glauben und im heiligen Dienst verbunden war, von Herzen Dank und segne sie in brüderlicher Liebe und mit dem Segensgruß des Apostels: 'Die Gnade unseres Herrn Jesus Christus, die Liebe Gottes und die Gemeinschaft des Heiligen Geistes sei mit Euch allen' (2. Kor. 13,13).

Zu Marburg in der Stadt der heiligen Elisabeth,
30. Januar 1942

gez.: + Irenaeus
(Friedrich Heiler)"

Noch im gleichen Jahr, am 10. Juni 1942, hielt Heiler auf der Pfarrkonferenz in Kirchhain einen großen, umfassend orientierenden Vortrag über „Die liturgisch-sakramentalen Erneuerungsbestrebungen im Protestantismus". Gegen Ende und beim Ausblick kam er nicht umhin, einige Sorgen auszusprechen. Sie bezogen sich mehr oder weniger auf alle von ihm besprochenen liturgischen Bewegungen. Er dachte naheliegenderweise besonders an die, welche sich seiner Führung anvertraut hatte. Er wußte, wie schwer es war, durchzuhalten und in der ersten Liebe zu bleiben.

„Die liturgischen Erneuerungsbewegungen haben segensreiche Wirkungen innerhalb des Protestantismus ausgeübt dadurch, daß sie viele vergessene Güter wieder zurückgeholt haben. Es dürfen jedoch auch nicht die G e f a h - r e n übersehen werden, die in den verschiedenen Ländern diese Bewegung bedrohen. Diese Gefahren sind:

1.) der E k k l e s i a s t i z i s m u s , d.h. die Überschätzung der sichtbaren Kirche als einer äußeren Institution. Die wahre Kirche ist und bleibt die allumfassende, Himmel und Erde umspannende unsichtbare Gemeinschaft aller Gotteskinder. Der größte Herold des Kirchengedankens im Abendland, Augustinus, hat die Kirche als *invisibilis compages caritatis* definiert. Die Scho-

lastik hat den Satz verfochten, daß 'die Gnade nicht an die Sakramente gebunden' ist. Und die größte Franziskanerin unserer Tage, Sorella Maria, tat
den Ausspruch: 'Die Kirche hat keine Grenzen durch die Gnade Gottes' ....
Wo dieser wahrhaft katholische Kirchenbegriff verdunkelt wird, da lauert jene
Machtdämonie, die sich in der Kirchengeschichte so furchtbar ausgewirkt hat.

Die zweite Gefahr ist die des D o g m a t i s m u s , der glaubt, die göttliche
Wahrheit in theologischen Formeln festhalten zu können. Jede dogmatische
Formel aber ist, wie im § 1 jeder katholischen Dogmatik zu lesen ist,
inadäquat und darum unzulänglich. Eben deshalb darf sie nie zu einer Fessel
werden. Der Weg der Anathematismen endet, wie die Kirchengeschichte un-
widerleglich zeigt, im Scheiterhaufen. Der Weg zur wahren Gotteserkenntnis
geht nur über die vorurteilsfreie Wahrheitsforschung.

Die dritte Gefahr ist der L e g a l i s m u s , die Gesetzlichkeit, durch welche
das Evangelium Jesu aufgehoben und an seine Stelle der pharisäische Judais-
mus gesetzt wird. Diesem Legalismus steht als Warnung gegenüber das Wort
des Apostels: 'Der Buchstabe tötet, aber der Geist macht lebendig' (2. Kor.
3,6) und die Mahnung Augustins: *'Dilige et quod vis fac'*.

Die vierte Gefahr der liturgischen Bewegung ist der K l e r i k a l i s m u s ,
der besonders gesteigert wird durch das Pochen auf die äußere 'apostolische
Sukzession'. Das Sichrühmen einer Stellvertreterschaft Gottes und Christi auf
Erden kann nur überwunden werden durch den franziskanischen Geist der
Demut, durch die Anerkennung des Geistes, der 'weht, wo er will' und immer
wieder schlichte Laien ergreift und zu seinem Werkzeug macht.

Die fünfte Gefahr ist der L i t u r g i z i s m u s , das Spielen mit Gewändern,
Lichtern und Weihrauch. Wohl ist die Liturgie nach den schönen Ausführungen Romano Guardinis 'heiliges Spiel', aber sie darf nicht zur bloßen Spiele-
rei werden. Dieses 'Sakristei-Christentum' muß gebannt werden durch die
Aktivität der Liebesarbeit, die Christus nicht nur auf dem Altar findet, sondern ebenso im notleidenden Bruder, und die über alle kirchlichen Schranken
hinwegschreitet in der Bereitschaft, jedem Menschen zu helfen, sei er nun
Glaubensgenosse oder Ketzer, Jude oder Heide.

Die sechste Gefahr ist der R o m a n i s m u s , das Schielen nach dem römischen Muster, wie er zuerst bei einer extremen Gruppe der Anglokatholiken
entstanden ist und sich nachher in den liturgischen Erneuerungsbewegungen
anderer Länder wiederholt hat. Die römische Kirche enthält viel Wertvolles
und Vorbildliches, aber auch viel Gefährliches, das ohne Schaden nicht nach-
geahmt werden kann. Nicht Rom, sondern die alte christliche Kirche, wie sie
in vielem in der östlichen Kirche noch heute fortlebt, und letztlich die Urkirche muß das wahre Vorbild jeder liturgischen Renaissance sein. Durch die
Nachahmung römischer Bräuche wird aber auch keine wirkliche Annäherung

herbeigeführt. Der Romanismus kann nur überwunden werden durch die wahre Katholizität, die im Evangelium verwurzelt ist.

Diese wahre K a t h o l i z i t ä t schließt in sich die Freiheit zur schöpferischen Erfahrung, zum prophetischen Zeugnis, und zur wissenschaftlichen Forschung. Was uns heute not tut, ist eine Form des Liberalismus, neu und doch alt im Sinne des Apostelwortes: 'Wo der Geist des Herrn ist, da ist Freiheit' (2. Kor. 3,17). Die Theologie ist heute wieder in Gefahr, in einen Fanatismus und Obskurantismus zu versinken, während die Säkularisierung der Menschheit weithin fortschreitet. Doch nicht der alte, individualistisch-rationalistische Liberalismus kann dieser Säkularisierung steuern, sondern nur ein ökumenischer Liberalismus, der in die Tiefe des göttlichen Offenbarungsgeheimnisses gedrungen ist, jenes Logos, der jeden Menschen erleuchtet (Joh. 1,9). Wahre Katholizität ist Weite und Freiheit, Fernsein von jeder Einseitigkeit und Exklusivität. Jede ökumenische Erneuerung muß in die 'dritte Dimension' vorstoßen, wie sie mit seherischem Blick schon vor mehr als 750 Jahren Abt Joachim von Fiore vorhergeschaut hatte. Auf das Reich des alttestamentlichen Gesetzes und das der kirchlichen Institution folgt das 'dritte Reich', das Reich des Heiligen Geistes als Reich der Freiheit, und mit ihm die 'Geistkirche'. Die evangelisch-ökumenische Bewegung darf nicht zurückführen ins Zeitalter der „Klerikerkirche', sondern sie muß vorwärts führen zur Kirche des Geistes, zur *ecclesia spiritualis*, zur johanneischen Kirche der Liebe, in welcher die petrinische Kirche Roms und die paulinische Kirche der Reformation abgelöst und in einer höheren Einheit verbunden sind, in welcher das Wort des Johannes verwirklicht ist:
'Niemand hat Gott je gesehen. So wir uns untereinander lieben, so bleibt Gott in uns, und seine Liebe ist vollkommen in uns' (1.Joh. 4,12)." [222]

---

[222] Heiler, Friedrich, Die liturgisch-sakramentalen Erneuerungsbestrebungen im Protestantismus (vgl. Anm. 154), 62ff (Hervorhebungen von F.H.). - Der Abschlußgedanke nimmt Bezug auf F.W.J. von Schelling, Philosophie der Offenbarung, Ges. Werke IV 1958, 310ff.

Friedrich Heiler - Eine Einladung zu katholischer Evangelizität

Nachwort von Theodor Schneider

Es ist weit mehr als ein Spiel mit Worten, wenn die christlichen Kirchen ihr Selbstverständnis im bewußten Rückgriff auch auf jene Attribute bestimmen, die als spezifische Konfessionsbezeichnungen geläufig sind: Gemeinsam unter dem Anruf des Evangeliums stehend, wissen sie sich zur weltweiten, allumfassenden Verkündigung der Heilsbotschaft Gottes gesandt, deren Wahrheit sie in Wort und Tat bezeugen. In diesem Sinne „evangelisch", „katholisch" und „orthodox" zu sein, das erstreben alle Bekenntnisgemeinschaften - wenn auch die Bestimmung dessen, was im einzelnen genau darunter zu verstehen ist, weiterhin kontrovers diskutiert wird.

Im bald zu Ende gehenden 20. Jahrhundert, das in der Rückschau bereits als das „ökumenische Jahrhundert" bezeichnet wird, waren es zunächst vor allem herausragende Einzelgestalten, die sich auf den weiten und mühsamen Weg der Konfessionen zueinander machten. Ihre besondere Rolle und bleibende Bedeutung liegt nicht zuletzt darin, daß sie in ihrer Person bereits symbolisieren, was für die Christenheit als gesamte noch aussteht: die Versöhnung des Verschiedenen. Friedrich Heiler, katholisch von Herkunft, evangelisch nach Wahl und orthodox aus Neigung, ist eine solche Persönlichkeit, deren Lebenswerk einmalig bleibt, weil sich die geschichtlichen Konstellationen nicht wiederholen, deren Lebenszeugnis jedoch verpflichtet - auch zu dankbarer Erinnerung, mehr aber noch zu fortschreitender Suche nach heute gangbaren Wegen.

„Alles wirkliche Leben ist Begegnung" - diesen Gedanken entfaltet Martin Buber in seiner bekannten philosophischen Schrift „Ich und Du". Ein Begegnungsgeschehen stand auch am Anfang meiner Bemühungen, die vorliegende Darstellung des Lebensweges und der ökumenischen Anliegen Friedrich Heilers einer interessierten Öffentlichkeit zugänglich zu machen. Am Rand einer Tagung der Hochkirchlichen Vereinigung Augsburgischen Bekenntnisses im Herbst 1991 kam es zu Gesprächen mit dem Autor dieses Buches, Dr. Hans Hartog, dessen persönlich gefärbtes, lebendiges Erzählen von seinem Schwiegervater Friedrich Heiler schon damals beeindruckte. Große Teile des Manuskripts sind in Zeiten entstanden, in denen sein Autor durch schwere Krankheit geschwächt war. Die in dieser Zeit gewachsene evangelisch-katholische Freundschaft bestätigt eine Erfahrung, die ich auch andernorts mache: Ökumene ereignet sich vor allem auch im Geschehen menschlicher Begegnung. Theologisches Gespräch wird anders, wenn hinter den Positionen Gesichter stehen, die sie vertreten und für deren Wahrheit mit ihrem Tatzeugnis einstehen.

Bei der Betrachtung der Entscheidungen und der Gedankenwelt Friedrich Heilers aus heutiger römisch-katholischer Perspektive ist vieles eindrucksvoll, wird manches auch zur Anfrage. Da ist seine ganz eigene Art, die Katholizität der Kirche zu leben. Naturgemäß ist die Gewissensentscheidung für einen Konfessionswechsel von außen nie angemessen einzuschätzen. Aber was für eine „Konversion" war Heilers persönlicher Weg? Geprägt nicht zuletzt durch seine intensive Kenntnis der Welt der Religionen, vermißte Heiler in seiner Herkunftskirche jene Weite, die ihr Name verspricht. Er suchte sie in Kontakten mit der Orthodoxie, vor allem aber bei Menschen und Gruppen in der evangelischen Kirche und fand dort Ermutigendes, aber offenbar auch die Notwendigkeit, das ihm zunächst eher Fremde durch das ihm Eigene zu bereichern. Später formulierten auch die Väter des 2. Vatikanischen Konzils im Ökumenismusdekret den Gedanken, es sei angesichts der konfessionellen Spaltungen „für die Kirche selber schwieriger, die Fülle der Katholizität unter jedem Aspekt in der Wirklichkeit des Lebens auszuprägen" (Unitatis Redintegratio 4). Ganz vorsichtig bringt sich hier der Gedanke ins Wort, die Katholizität der Kirche im Vollsinn werde erst in der ökumenischen Gemeinschaft der getrennten Glaubensgeschwister lebendig erfahrbar.

Das von Heiler so freudig begrüßte 2. Vatikanum nahm auch (endlich!) eine positive Wertung der nicht-katholischen Bemühungen um die Wiederherstellung der Einheit der Christenheit vor, die man als Glied der römisch-katholischen Kirche gerne schon früher gelesen hätte. Das Studium der Geschichte der Ökumenischen Bewegung im Vorfeld des 2. Vatikanischen Konzils führt vor Augen, wie schwer die römisch-katholische Kirche sich lange Zeit tat, die Anfänge der Ökumenischen Bewegung, die Suche der Christen nach ihrer gemeinsamen Wurzel, aus der das Glaubensleben und die Kirchlichkeit hier wie dort gespeist wird, ohne Argwohn gutzuheißen und darin das Wirken des Geistes Jesu Christi zu erkennen. So manche Äußerung in den offiziellen Dokumenten jener Zeit macht den heutigen katholischen Betrachter ratlos und beschämt. Ähnlich haben die zum Konzil versammelten Bischöfe wohl empfunden, wenn sie den schuldhaften Anteil auch der römisch-katholischen Kirche an der Zerrissenheit der christlichen Gemeinschaft nicht verschwiegen (vgl. Unitatis Redintegratio 3). Das in diesem Buch erinnerte authentische Ringen eines Menschen um die auch sichtbare Darstellung christlicher Gemeinsamkeit ist voller Lebendigkeit, die durch ein Studium der trockenen Buchstaben der Dokumente jener Zeit allein kaum wahrzunehmen wäre.

In Friedrich Heilers theologischem Schaffen gehen die Ökumenische Bewegung und die Liturgische Bewegung eine einzigartige „Personalunion" ein. Um ihre Wechselwirkung wissen die Deuter der jüngeren Kirchengeschichte schon lange. In beiden Bewegungen ging es um eine Reform der Kirche durch

Umkehr zur Mitte, durch Hinkehr zum Wesentlichen: zu dem einen Evangelium - zu Jesus Christus. Seine Heilsbotschaft sollte wieder verstehbar erscheinen, sie sollte leuchten über allem, was im einzelnen zu bedenken wäre. Heilers Bemühungen um eine erneuerte Liturgie wollten zugleich den Mysterien-Charakter des worthaften Glaubens wahren. Katholisches sakramentales Empfinden, Offenheit für den Reichtum des Symbolischen und Spirituellen aus der orthodoxen Liturgie umfingen, verstärkten und überboten zugleich das intensive Predigen des Evangeliums: Das Geheimnis Gottes ist letztlich nicht aussagbar - ineffabile. Es will feiernd umschritten sein, immer wieder, singend und schweigend und anbetend.

Bis heute ist die wohl größte Herausforderung der evangelisch-katholischen Ökumene die Frage nach dem Verständnis der kirchlichen Ämter, ihrer Sinnbestimmung und ihrer Weitergabe - mit all den leidvollen Konsequenzen im Blick auf eine mögliche Eucharistiegemeinschaft der Kirchen. Friedrich Heiler hat nach langem Zögern mit dem Empfang der Bischofsweihe (in geschichtlicher „Sukzession") einen Weg gewählt, auf dem ihm viele ökumenisch gesinnte evangelische Theologen damals wie heute nicht folgen wollen. Auch wenn stärker ins allgemeine Bewußtsein dringt, daß nach Auffassung der lutherischen Bekenntnisschriften die geübte presbyterale Sukzession der Amtsträger im 16. Jahrhundert eine „Notordnung" war, eine Auffassung, welche Raum ließe für den Gedanken, die bischöfliche Handauflegung sei als Regelordnung anzustreben, so scheint doch das dornige Problem einer Verständigung über die Notwendigkeit und die konkrete Form einer Rückbindung an die alte Weise der „apostolischen Sukzession" im evangelischen Raum nicht durch separate Ordinationen einzelner zu lösen zu sein. Weiterführend sind aus gegenwärtiger Perspektive eher die in den ökumenischen Dialogen angestellten Überlegungen zur Gesamtgestalt apostolischer Sukzession im christlichen Glauben, den die verschiedenen Traditionen in der kirchlichen Gemeinschaft auf unterschiedliche Weise zu leben versuchen.

Friedrich Heiler ist, so glauben und hoffen wir, im Tod der Wahrheit begegnet, über die sich mit Worten (dann) nicht (mehr) streiten läßt. Auch darin ist er uns voraus - doch nur um kurze Zeit. Uns ist aufgegeben, inzwischen miteinander nach sichtbaren Formen der gemeinsamen Feier dessen zu suchen, was Leben schenkt: des einen Gottes, des einen Christus, des einen Glaubens, der einen Taufe.

Bibliographie Friedrich Heiler

auf der Basis der von Anne Marie Heiler und Gerd Muschinski
zusammengetragenen Angaben[1]
erarbeitet
von Theodor Schneider und Gundelinde Stoltenberg

Die **Abkürzungen** entsprechen:
S.M. Schwertner, Internationales Abkürzungsverzeichnis für Theologie und Grenzge-
biete (IATG), Berlin-New York ²1992

Außerdem werden verwendet:

ChrW	=	Christliche Welt
EHK N.F.	=	Eine heilige Kirche, Neue Folge
MNN	=	Münchener Neueste Nachrichten

Innerhalb der durch Überschriften und Zwischenüberschriften vorgenommenen
Einteilungen sind alle Titel in **chronologischer Reihenfolge** geordnet.

I. Monographien, Aufsätze und Artikel

1. Religionswissenschaft und Religionsgeschichte

a) Monographien

Das Gebet. Eine religionsgeschichtliche und religionspsychologische Untersuchung,
München 1918 (XV und 476 S.) - ⁵1923 (XX und 622 S.). Nachdruck der 5.Aufl.
mit Literaturergänzungen, München-Basel 1969 (XX und 632 S.).
> Bönen, En religionshistorisk och religionspsykologisk undersökning. Av
> författaren förkortad svensk upplaga, bemyndigad översättning av G. Tegen,
> Stockholm 1922 (369 S.).
> La prière. Traduit d'après la 5ᵉ édition allemande par E. Kruger et J. Marty,
> Paris 1931 (529 S.).
> Prayer. A Study in the History and Psychology of Religion. Translated and
> edited by S. McComb, London-New York- Toronto 1932 (XXVIII und 376
> S.). Reprinted 1958 (a Gallax Book).

Die buddhistische Versenkung. Eine religionsgeschichtliche Untersuchung, München
1918 (VII und 93 S.). - 2. vermehrte und verbesserte Aufl. 1922 (VI und 100 S.).

Die Bedeutung der Mystik für die Weltreligionen. Vortrag am 21.3.1919 in der
Gesellschaft für Anthropologie München, München 1919 (31 S.).

---

[1] Vgl. A.M. Heiler (Hg.), Inter Confessiones. Beiträge zur Förderung des interkonfessionellen und interrreligiösen Gesprächs. Friedrich Heiler aus Anlaß
seines 80. Geburtstages am 30.1.1972 (Marburg 1972) 154-196.

Sādhu Sundar Singh, ein Apostel des Ostens und Westens, München 1924 (234 S.).
- 4. erweiterte und verbesserte Aufl. 1926 (XIV und 292 S.).
  Sādhu Sundar Singh, ett österns sändebud till västerlandet. Bemyndigad
  översättning av S. Bosson-Alin, Uppsala 1925 (284 S.).
  Oestens och Vestens Apostel, Sādhu Sundar Singh. Oversat af I. Koch og E.
  Geismar, med forword af E. Geismar, København 1925 (375 S.).
  The Gospel of Sādhu Sundar Singh. Abridged Translation by O. Wyon,
  London 1927 (277 S.). - First Indian Edition, with an Introduction by A.J.
  Appasamy, Lucknow 1970 (263 S.).
  Tōyō oyobi seiyo shito, sei San-dā Shin-gu. Kanei Tame-ichirō. Takemura
  Kiyoi kyō yaku. (Des Ostmeeres und des Westmeeres Apostel, Seine Heilig-
  keit Sundar Singh. [Von] Tame-ichiro Kanai [und] Kiyoi Takemura [gemein-
  same Übersetzung].) Tokyo 1930 (532 S.).

Die Mystik in den Upanishaden. Untersuchungen zur Geschichte des Buddhismus und
verwandter Gebiete, München 1925 (46 S.).
  Il Misticismo delle Upanisad, Milano 1944, ²1947 (81 S.).

Apostel oder Betrüger? Dokumente zum Sādhustreit, München 1925 (XV/191 S.).

Christlicher Glaube und indisches Geistesleben. Rabīndranāth Tagore, Mahātmā
Gandhi, Brahmabandhav Upadhyaya, Sādhu Sundar Singh, München 1926 (104 S.).
  Krestanská viera a indickýduchovný život. Preložila L. Škultéty, Tranosius
  1947 (90 S.).

Die Wahrheit Sundar Singhs. Neue Dokumente zum Sādhustreit, München 1927 (XIV
und 299 S.).

Die Mission des Christentums in Indien. Marburger Theologische Studien, hg. v. H.
Frick, Heft 5. Rudolf-Otto-Festgruß, Gotha 1931 (54 S.).
  De Openbaring in de Godsdiensten van British-Indie en de Christusverkon-
  diging. Vertaald en bewerkt van J.C. Helders. Met een voorwoord van H.Th.
  Obbink, Amsterdam 1931 (79 S.).

Indische Geisteswelt - Einheit in der Vielfalt. Zum Verständnis des Hinduismus und
seiner Bedeutung für das Abendland. Ost-West-Begegnung. Schrift 2. Im Auftrag der
dtsch. Institutsgemeinschaft f. d. Kulturaustausch mit den Ländern Osteuropas u.
Asiens hg. v. R. Zimmermann und W. Exner, Frankenau/Hessen o.J. (27 S.).

Die Stellung der Frau in den außerchristlichen Religionen und im Christentum. Heim
und Familie Nr.2, Darmstadt 1950 (38 S.).

Unsterblichkeitsglaube und Jenseitshoffnung in der Geschichte der Religionen. Glauben und Wissen Nr.2, München-Basel 1950 (35 S.).

Die Religionen der Menschheit in Vergangenheit und Gegenwart. Unter Mitarbeit v.
K. Goldammer, F. Hesse, G. Lanczkowski, K. Neumann, A. Schimmel, Stuttgart
1959 (1063 S.). - ²1962 (1077 S.).
  Storia delle religioni. Traduzione di G. Dei, Firenze 1962; Bd.I (444 S.), Bd.
  II (359 S.).

Erscheinungsformen und Wesen der Religion. - Die Religionen der Menschheit, hg.
v. Ch.M. Schröder, Bd.I., Stuttgart 1961 (605 S.).

Die Frau in den Religionen der Menschheit, Berlin-New York 1977 (194 S.)

Sadhu Sundar Singh, Bietigheim 1987 (292 S.)

Die Religionen der Menschheit. 5. bibliographisch ergänzte Auflage, Stuttgart 1991
(672 S.)

b) Aufsätze

Die Entwicklung der Religionspsychologie, in: "Das Neue Jahrhundert", Wochenschrift für religiöse Kultur, 6 (1914) 318-321, 326-330, 341-342, 352-355.

Die buddhistischen Versenkungsstufen, in: Aufsätze zur Kultur- und Sprachgeschichte des Orients. Ernst Kuhn zum 70.Geburtstag gewidmet (Breslau 1916) 357-387.

Die Körperhaltung beim Gebet. Eine religionsgeschichtliche Skizze. Orientalische Studien. Fritz Hommel zum 60.Geburtstag gewidmet, in: Mitteilungen der Vorderasiatischen Gesellschaft 22 (Leipzig 1917) 168-177.

Die Absolutheit des Christentums im Lichte der allgemeinen Religionsgeschichte. Vortrag in der Religionswissenschaftlichen Gesellschaft zu Stockholm (1919), in: ChrW 34 (1920) 226-230, 244-248, 258-262; auch in: Das Wesen des Katholizismus (München 1920) 116-137.

Sādhu Sundar Singh, der Apostel Indiens, in: ChrW 37 (1923) 417-422, 447-452, 479-483.

Der Streit um Sādhu Sundar Singh, in: ChrW 38 (1924) 947-956, 1072-1076; 39 (1925) 78-84, 118-127, 155-164.

Sannheten om Sundar Singhs liv, in: Et svar. Kirke og Kultur (Oktober 1926) 493-505.

Sādhu Sundar Singh im Lichte neuerschlossener Quellen, in: Evangelisches Missionsmagazin 72 (1928) 79-89.

Berichtigungen zu Dr. O. Pfisters Aufsatzreihe "Der Bankrott eines Apostels", in: Zeitschrift für Missionskunde und Religionswissenschaft 45 (1930) 97-115.

Die Frage der "Absolutheit" des Christentums im Lichte der vergleichenden Religionsgeschichte (Zusammenfassung der Olaus-Petri-Vorlesungen in Uppsala, September 1932), in: EHK 20 (1938) 306-336.

Der Dienst der Frau in den Religionen der Menschheit, in: EHK 21 (1939) 1-48; 168.

Weltabkehr und Weltrückkehr außerchristlicher Mystiker. 1.Teil: Lao-tse's Taoteh-king und die Bhagavadgītā, in: EHK 22 (1940/41) 181-213.

Wertung und Wirksamkeit der Frau in der christlichen Kirche, in: W. Falkenhahn (Hg.), Veritati. Festschrift zum 60.Geburtstag von Johannes Hessen (München 1949) 116-140.

Söderblom als Religionshistoriker, in: ThLZ 75 (1950) 313-320.

Die Bedeutung der Religionen für die Entwicklung des Menschheits- und Friedensgedankens, in: ÖE 2/I (1951) 1-29.

Die Bedeutung Rudolf Ottos für die vergleichende Religionsgeschichte, in: B. Forell - H. Frick - F. Heiler, Religionswissenschaft in neuer Sicht (Marburg 1951) 13-26.

Um die Zusammenarbeit der Christenheit mit den außerchristlichen Religionsgemeinschaften, in: SThU 22 (1952) 1-11.

World Crisis and World Faiths, in: Forum, published by the World Congress of Faiths 18 (September 1953) 13-21.

"Mut zur Liebe" - Die Zusammenarbeit der Religionen im Dienste der ganzen Menschheit, in: EHK 27/I (1953/54) 18-33.

How can Christian and Non-Christian Religions co-operate?, in: HibJ 52 (1954) 3-14.

Von der Einheit der Religionen. Die Zusammenarbeit der Christenheit mit den außerchristlichen Religionsgemeinschaften als religiöse Aufgabe, in: Bulletin der Indischen Botschaft, Nr.12 (Bonn 1954) 1-10.

Der Gottesbegriff der Mystik. Vortrag in der Internationale School voor Wijsbegerte in Amsterdam, 3.9.1953, in: Numen I 3 (1954) 161-183.

> Mistisizmde tanri mefhumu. Übersetzt v. A. Schimmel, in: Ilâhayat Fakültesi Dergisi I-II (1955) 58-72.

Um die Zusammenarbeit der Christenheit mit den außerchristlichen Religionsgemeinschaften, in: Mitteilungen des Instituts für Auslandsbeziehungen 5 (Bonn 1955) Heft 1/2.

Einheit und Zusammenarbeit der Religionen, in: Gemeinschaft und Politik. Zeitschrift für soziale und politische Gestalt (Bad Godesberg 1957) 1-19.

> Eining och sanstarf truarbragdanna. Isländische Übersetzung v. J. Auduns, in: Morgun (Reykjavík 1958) 26-32.

The Idea of God in Indian and Western Mysticism, in: Our Heritage, Bulletin of the Department of Postgraduate Training and Research, Sanskrit College, Calcutta, V (1957) 1-12; in: The Indo-Asian Culture 9 (1960/61) 42-60; auch in: Vedanta for East and West X (1961) 168-180.

Stada kristnidómsins medal trúarbragdanna (Die Stellung des Christentums unter den Religionen), in: Morgun (Reykjavík 1957) 51-85. (Zwei Vorlesungen an der Universität Reykjavik, 23.1.1956, ins Isländische übersetzt v. J. Auduns.)

The History of Religions as a Preparation for the Co-operation of Religions, in: The History of Religions. Essays in Methodology, edited by M. Eliade and J.M. Kitagawa (Chicago/Illinois 1959) 132-160. [2]1967.

Fortleben und Wandlungen des antiken Gottkönigtums im Christentum, in: Studies in the History of Religions (Supplement to Numen) IV, The Sacral Kingship (Leiden 1959) 543-580.

Buddhismus in westlicher Sicht, in: Yoga 6 (1959) 433-441.

> Buddhism in Western Perspective, in: Buddhism and Culture, dedicated to Dr. Daisetz Teitaro Suzuki in Commemoration of his Ninetieth Birthday (Kyoto 1960) 46-52.

The History of Religions as a Way to Unity of Religions, in: Proceedings of the IXth International Congress for the History of Religions. Tokyo and Kyoto 1958 (Tokyo 1960) 7-22.

The Influence of the Eastern Religions on the European Intellectual and Spiritual Life, in: Proceedings of the IXth International Congress for the History of Religions. Tokyo and Kyoto 1958. (Tokyo 1960) 709-716.

The Influence of Eastern Religions on Western Thought, in: The Indo-Asian Culture 9 (1960/61) 123-140.

"Gott ist der Gott der ganzen Menschheit." Ansprache zum Weltreligionstag am 15.1.1961 in Hamburg, in: BaBr 2 (1961) 86-92.

Religion und Religionen, in: G. Günther (Hg.), Die großen Religionen (Göttingen 1961) 9-26.

Die Lage der Weltreligionen in Ostasien, in: Tradition und Gegenwart. Fünf Gastvorlesungen anläßlich des 150jährigen Bestehens der Berliner Theologischen Fakultät (Berlin 1962) 35-51.

Das Geistesleben Asiens in westlicher Sicht, in: Bild und Verkündigung. Festgabe für Hanna Jursch (Berlin 1962) 54-70.

Die Religionsgeschichte als Wegbereiter für die Zusammenarbeit der Religionen, in: Grundfragen der Religionswissenschaft. Acht Studien, hg. v. M. Eliade und J.M. Kitagawa, in: RWA, Bd.32, hg. v. M. Vereno (Salzburg 1963) 40-74.

Die Verständigung zwischen den Religionen in alter und neuer Zeit. Tagung für allgemeine Religionsgeschichte 1963, in: Sonderheft der wissenschaftlichen Zeitschrift der Friedrich-Schiller-Universität (Jena 1963) 39-46.

Una Sancta Religionum. Dokumente vom X.Internationalen Kongreß für Religionsgeschichte in Marburg, 11.-17. September 1960, in: EHK N.F. 1 (1963) 54-61, 64-70, 72-76.

Radhakrishnan-Büste in der Marburger Universität (Rede bei der Aufstellung), in: Bulletin der Indischen Botschaft 13/5 (Bonn 1963) 22-32.

Das Christentum und die Religionen, in: Einheit des Geistes. Jahrbuch der Evangelischen Akademie der Pfalz (1964) 5-40.

Das Gebet in der Problematik des modernen Menschen, in: Interpretation der Welt. Festschrift für Romano Guardini (Würzburg 1965) 227-246.

Anima naturaliter christiana, in: Una Sancta 21 (1966) 133-144; auch in: Kult und Kontemplation in Ost und West, hg. vom Ökumenischen Institut der Abtei Niederaltaich (Regensburg 1967) 20-45.

Das Wirklichwerden Gottes in der Liebe. Eine Betrachtung über Buddha, in: BaBr 6 (1965) 449-502.

Il Buddhismo, Religione della tolleranza, in: Introduzione al Buddhismo (Palermo 1966) 98-104.

Vom Naturwunder zum Geistwunder. Der Wandel des primitiven Wunderglaubens in der hohen Religion, in: K. Rudolph - R. Heller (Hg.), Festschrift Walter Baetke. Dargebracht zu seinem 80.Geburtstag am 28. März 1964 (Weimar 1966) 151-166.

Religious Unity and Co-operation, in: Man and Religion. German Opinions on Problems of Today 6 (München 1967) 38-63.

Die religiöse Einheit der Menschheit, in: Menschliche Existenz und moderne Welt, Teil II, hg. v. R. Schwarz (Berlin 1967) 578-593.

Die Weltreligionen und der Friede der Welt, in: Areopag, hg. v. G. Edel, 2 (Marburg 1967) 193-210.

Vivekānanda, der Künder der Harmonie der Religionen, in: St. Andres - H. Barian u.a., Religion und Religionen. Festschrift für Gustav Mensching (Bonn 1967) 35-49.

c) Lexikonartikel

Gebet I. Gebet und Gebetssitten, in: RGG² II (1928) 79-89.

Gandhi, Mohandas Karamchand, in: RGG² II (1928) 856 f.

Nārāyan, Vaman Tilak, in: RGG² IV (1930) 414.

Sundar Singh, Sādhu, in: RGG² V (1931) 919f.

Upadhyaya, Brahmabandhav, in: RGG² V (1931) 1401.

Anbetung I. Religionsgeschichtlich, in: RGG³ I (1957) 356 f.

Erbauungsliteratur 2. Zur Geschichte der kath. E.L., in: RGG³ II (1958) 542-544.

Erlebnis I. Religionsgeschichtlich, in: RGG³ II (1958) 569-571.

Gebet I. Gebet und Gebetssitten, religionsgeschichtlich, in: RGG³ II (1958) 1209-1213.

Gelassenheit, in: RGG³ II (1958) 1309f.

Kontemplation, in: RGG³ III (1959) 179f.

Menschheitsbund, Religiöser, in: RGG³ IV (1960) 876.

Mystik II. Religionsgeschichtlich, in: RGG³ IV (1960) 1239-1241.

Reliquien, in: RGG³ V (1961) 1044-1047.

Prayer, in: EBrit 18 (1966) 433-435.

d) Kleinere Beiträge

Das Christentum und die großen Kulturreligionen, in: Hessische Landeszeitung, 14.11.1921.

Der Sādhu, Streit um einen Friedensmann, in: MNN, 25.1.1925.

Sierp und Sundar. Eine Antwort, in: MNN, 5.2.1925.

Sādhu Sundar Singh, in: "Der deutsche Gedanke", hg. v. P. Rohrbach, 2 (1925) 311-316.

Nochmals Sierp und Sundar. Eine zweite Antwort an P. Sierp, in: MNN, 5.3.1925.

Ein Bild vom Sādhu. Der indische Heilige im eigenen Wort und im Urteil seiner Freunde, in: MNN, 24.4.1925.

Jesuiternas förföljelse av Sundar Singh, in: Svenska Dagbladet, 3.5.1925.

Nikodemuschristen in Indien, in: Arve. Beilage zur Bündener Zeitung, 11.8.1925.

Indiens Gnadenreligion und das Christentum. Zu Rudolf Ottos gleichnamiger Schrift, in: MNN, 13.12.1930.

F.R. Merkel's Entwicklung und religionswissenschaftliche Wirksamkeit, in: EHK 22 (1940) 315-318.

Das Religionsproblem bei Nathan Söderblom. Zu Ehmarks gleichnamigem Werk, in: ÖE 2/I (1951) 65-68.

Die Frau in der kirchlichen Arbeit, in: Mädchenbildung 2 (1952) 4-9.

VIII. Internationaler Kongreß für Religionsgeschichte in Rom, 17.-23.4.1955, in: ThLZ 80 (1955) 688-691.

Frommes Schrifttum im Osten und Westen, in: Weser-Kurier. Bremer Tagblatt, 28.7.1956.

Ein Weltbund der Religionen, in: Oberhessische Presse, 5.10.1957.

Ein Weltbund der Religionen, in: Freies Christentum 11 (1957) 139f.

Unity and Collaboration of Religions, in: News Digest of the International Association for Liberal Christianity and Religious Freedom 35 (1957) 4-7.

Rom-Tokio-Marburg. Drei internationale Kongresse für Religionsgeschichte, in: Oberhessische Presse, 11.10.1958.

Ein Ausländer in buddhistischen Klöstern, in: Yoga 6 (1959) 74-76.

Bericht über den 15. Internationalen Kongreß für Liberales Christentum und Religiöse Freiheit in Chicago, 9.-14.8.1958, in: Yoga 6 (1959) 385-389.

The Legend of Barlaam and Josaphat, in: Religious Digest, ed. by K. Ramachandra, 49 (Ceylon, April-June 1960) 27.

2. Christliche Religion, Kirchen- und Konfessionskunde

a) Monographien

Luthers religionsgeschichtliche Bedeutung. Probevorlesung, gehalten am 12. Oktober 1918 an der Universität München, München 1918 (31 S.).

Jesus und der Sozialismus. Vortrag, gehalten am 5. April 1919 zu München im Verband der staatlichen Büroangestellten, München 1919 (40 S.).

Das Wesen des Katholizismus. Sechs Vorträge, gehalten im Herbst 1919 in Schweden, München 1920. (143 S.).
  Katolicismen, Sex föredrag (Sveriges Kristliga Studentrörelses Skriftserie Nr. 122), översatt av I. Ljungqvist, Stockholm 1920 (168 S.).

Katholischer und evangelischer Gottesdienst, München 1921 (48 S.). 2. völlig neubearbeitete Aufl., München 1925 (72 S.).
  Den kristna gudstjänstens huvudformer, in: Kristendom och vår tid (1924) 21-56 (übersetzt nach der 2. Aufl.).
  The Spirit of Worship. Its Forms and Manifestations in Christian Churches (nach der 2. Aufl.). Translated by W. Montgomery. With a foreword by G.K.A. Bell, London 1926 (214 S.).
  Reihai no seishin. Kanai Tame-ichirō, Kondo Hachigi, kyō yaku (Der Geist des Gottesdienstes. [Von] Tame-ichiro Kanai [und] Hachigi Kondo [gemeinsame Übersetzung].), Tōkyō 1932 (150 S.).

Der Katholizismus, seine Idee und seine Erscheinung. Völlige Neubearbeitung der schwedischen Vorträge über Das Wesen des Katholizismus, München 1923 (XXXV und 704 S.). - Unveränderter Nachdruck, München-Basel 1970.

Die katholische Kirche des Ostens und Westens, Bd.I: Urkirche und Ostkirche, München 1937 (XX und 607 S.).

Die katholische Kirche des Ostens und Westens, Bd.II,1: Altkirchliche Autonomie und päpstlicher Zentralismus, München 1941 (XVI und 420 S.).

Der Vater des katholischen Modernismus - Alfred Loisy (1857-1940), München 1947 (252 S.).

Die Ostkirchen. Völlige Neubearbeitung von Urkirche und Ostkirche, München-Basel 1971 (XX und 640 S.).

b) Aufsätze

Evangelisches Christentum und Mystik, in: Das Geheimnis des Gebets (München 1919) 7-21.
> Evangelisk kristendom och mystik, översatt av Y. Söderblom (Vortrag in der Birgittakirche zu Vadstena, 7.8.1919), in: Religionen och tiden (Stockholm 1919) 35-51.

Katholisches und evangelisches Christentum. Vortrag in der Religionswissenschaftlichen Gesellschaft zu Stockholm (1919), in: Das Wesen des Katholizismus (München 1920) 67-91.

Die Hauptmotive des Madonnenkultes, in: ZThK 2 (1920) 417-447.

Luthers Weihnachtspredigten, in: MNN, 21.Dezember 1924. Abgedruckt in: Im Ringen um die Kirche (1931) 259-269.

Morgenländischer und abendländischer Katholizismus, in: IKZ 16 (1926) 1-30; erweitert als: Morgenländisch-orthodoxes, römisch- katholisches und evangelisches Christentum, in: Im Ringen um die Kirche (1931) 61-97.
> Catholicity, Eastern, Roman, and Evangelical, in: The Spirit of Worship, its Forms and Manifestations in the Christian Churches. Translated by W. Montgomery (London 1926) 123-195.

Der heilige Franz von Assisi und die katholische Kirche, in: Una Sancta, hg. v. A. von Martin, 2 (1926) 19-61; auch in: Im Ringen um die Kirche (1931) 98-146.
> St. Francis of Assisi and the Catholic Church (gekürzt), in: The Review of the Churches 4 (1927) 314-328.

Die hochkirchliche Bewegung (Catholic Movement) in der anglikanischen Kirche, in: Hki 9 (1927) 79-85, 105-115, 136-144, 169-173; erweitert und verändert in: Im Ringen um die Kirche (1931) 391-441.

Die religiösen Bewegungen im römischen Katholizismus der Gegenwart. Vortrag auf dem Altkatholikenkongreß 1928 in Utrecht, in: IKZ 18 (1928) 236-257; auch in: Im Ringen um die Kirche (1931) 174-197.

A Lutheran Review of Anglo-Catholicism, in: CQR 209 (1929) 2-49.

Luthers Bedeutung für die christliche Kirche, in: A. von Martin (Hg.), Luther in ökumenischer Sicht (Stuttgart 1929) 136-186. - Erweitert unter dem Titel: Martin Luther und die katholische Kirche, in: Im Ringen um die Kirche (1931) 198-258.

Wo ich St. Franziskus fand, in: RelBes 2 (1929/30) 76-87.

Apostolische Sukzession, in: Hki 12 (1930) 34-54; erweitert und verändert in: Im Ringen um die Kirche (1931) 479-516.
Apostolic Succession, Translated by G. Liebig, in: The Anglican Church Magazine X, 2.11.1930.

Evangelisches Franziskanertum, in: Hki 12 (1930) 67-79; auch in: Im Ringen um die Kirche (1931) 517-535.

Der ganze Christus. Vortrag, in: Hki 12 (1930) 98-116, 138-153; teilweise verändert auch in: Im Ringen um die Kirche (1931) 9-60.

Die Katholizität der Confessio Augustana, in: Hki 12 (1930) 172-208.

St. Augustinus als Lehrer der Kirche, in: Hki 12 (1930) 249-256.

Zeugnis von der einen, heiligen, katholischen Kirche. Die 7. Lambeth-Konferenz der anglikanischen Bischöfe, in: Hki 12 (1930) 298-308.

Die Gottesmutter im Glauben und Beten der Jahrhunderte, in: Hki 13 (1931) 172-203, 251f.
La madre di Dio nella fede e nella preghiera dei primi secoli, in: RicRel 7 (Rom 1931) 390-409.

Im Kampf um die apostolische Sukzession, in: Hki 13 (1931) 276-284.

Il culto postefesino della madonna, in: RicRel 8 (Rom 1932) 16-39.

Katholizität und Nationalität der Kirche, in: Hki 14 (1932) 177-187.

Vom rechten Kampf wider Rom, in: Hki 14 (1932) 234-242.

Kirche und Volk, in: Hki 15 (1933) 195-215.

Das Alte Testament in der abendländisch-katholischen Liturgie, in: EHK 16 (1934) 112-118.

Kirche und Volkstum, in: EHK 16 (1934) 206-224.

Das Urchristentum und die irdischen Gewalten, in: EHK 16 (1934) 228-238.

Die Kontemplation in der christlichen Mystik, in: O. Fröbe-Kapteyn (Hg.), Eranos-Jahrbuch 1933 (Zürich 1934) 245-326.
Contemplation in Christian Mysticism, in: Spiritual Disciplines. Papers from the Eranos Yearbooks, edited by J. Campbell. Bollingen Series 4 (Princeton, N.Y. 1960) 186-238.

Die Madonna als religiöses Symbol, in: O. Fröbe-Kapteyn (Hg.), Eranos-Jahrbuch 1934 (Zürich 1935) 277-317.
The Madonna as Religious Symbol, in: The Mystic Vision. Papers from the Eranos Yearbooks, edited by J. Campbell. Bollingen Series XXX 6 (Princeton, N.Y. 1968) 348-374.

Die Bedeutung des Sakraments der Firmung für die Gegenwart, in: EHK 18 (1936) 125-233.

Sacrament and Ministry in the Undivided and Medieval Church, in: R. Dunkerley (Ed.), The Ministry and Sacrament, Report of the theological Commission appointed by the Continuation Committee of the Faith and Order Movement under the Chairmanship of A.C. Headlam, (London 1937) 391-437.

Um die Gültigkeit der anglikanischen Weihen (Zu: E. Messenger, The Reformation, the Mass, and the Priesthood.), in: EHK 19 (1937) 146-155.

Vom Wesen des Protestantismus (Zu: H. Stephan, Die Geschichte der evangelischen Theologie seit dem deutschen Idealismus; W. Nigg, Geschichte des religiösen Liberalismus; K. Leese, Die Religion des protestantischen Menschen.), in: EHK 20 (1938) 359-366.

Die russisch-orthodoxe Kirche von heute, in: ÖE 1/II (1950) 52-66.

Die schwedische Kirche, in: ÖE 1/II (1950) 82-94.

Das neue Mariendogma im Lichte der Geschichte und im Urteil der Oekumene, in: ÖE 2/II (1951) 4-44.

Dokumente zum neuen Mariendogma, in: ÖE 2/II (1951) 49-88.

Katholischer Neomodernismus. Zu den Versuchen einer Verteidigung des neuen Mariendogmas, in: ÖE 2/II (1951) 229-238.

Prophetie und Mysterium im christlichen Gottesdienst, in: ÖE 3/I (1952) 1-24.

Das evangelische Abendmahl in seiner Mannigfaltigkeit und Einheit, in: EHK 27/II (1953/54) 56-77.

Assumptio. Werke zur Dogmatisierung der leiblichen Himmelfahrt Marias, in: ThLZ 79 (1954) 2-48.

Die liturgisch-sakramentalen Erneuerungsbestrebungen im Protestantismus, in: EHK 28/II (1955/56) 32-64.

Die gottesdienstlich-sakramentale Erneuerung als Weg zur kirchlichen Einheit, in: EHK 28/II (1955/56) 136-147.

Kirchliches Leben in den USA. Meine Erfahrungen als Gastprofessor in den USA, in: EHK 29/I (1957/58) 1-25.

Der Gottesdienst der orthodoxen Kirche, in: R. Stupperich (Hg.), Die Russische Orthodoxe Kirche in Lehre und Leben (Witten 1966) 118-138.

Alfred Loisy, in: H.J. Schultz (Hg.), Tendenzen der Theologie im 20. Jahrhundert. Eine Geschichte in Porträts (Stuttgart-Olten 1966) 62-68.

c)   Lexikonartikel

von Hügel, Friedrich, in: RGG^2 II (1929) 679-695.

Katholizismus (konfessionskundlich), in: RGG^2 III (1929) 679-695.

Marienverehrung, in: RGG^2 III (1929) 2014-2016.

von Martin, Alfred, in: RGG^2 III (1929) 2030.

Mosel, Heinrich Weddig, in: RGG^2 IV (1930) 237.

Reformkatholizismus (Modernismus), in: RGG^2 IV (1930) 1795-1802; auch in: Im Ringen um die Kirche (1931) 147-159.

Schell, Herman. RGG^2 V (1931) 145.

Semeria, Giovanni, in: RGG^2 V (1931) 419.

Tyrell, George, in: RGG² V (1931) 1333f.

Volksfrömmigkeit, katholische, in: RGG² V (1931) 1649-1655.

Elisabeth von Thüringen, in: RGG³ II (1958) 433f.

Fronleichnamsfest, in: RGG³ II (1958) 1165f.

Marienverehrung I. In der kath. Kirche, in: RGG³ IV (1960) 763-765.

d) Kleinere Beiträge

Magie und Messe. Eine Verwahrung gegen einen Wortmißbrauch, in: Kölnische Volkszeitung 15.12.1921.

Ein evangelischer Theologe. Rudolf Ottos Lebenswerk, in: MNN, 12.10.1926.

Die drei Kirchen. Ein Vergleich, in: MNN (Unterhaltungsbeilage Die Einkehr), 4.8.1926.

Das Madonnenbild. Aus seiner Geschichte, in: MNN, 21.12.1927.

Ein vergessenes Marburger Jubiläum. St. Elisabeths Einkleidung als Franziskanertertiarin bei der Eröffnung des Franziskushospitals in Marburg, Herbst 1228, in: Oberhessische Zeitung, 19./20.11.1928.

Das christliche Weltbild. Rundfunkvortrag, 26.April 1926 in Köln, in: Allgemeine Rundschau Nr. 23 (Juni 1930) 401-403.

Professor Heiler und die apostolische Sukzession 2. (Erwiderung auf Karl Ludwig.), in: ChrW 44 (1930) 479f.

Evangelische Franziskanertertiaren, in: RelBes 3 (1930/31) 124-127.

Die hl. Elisabeth im psychoanalytischen Experiment (Zu: E. Busse-Wilson, Das Leben der hl. Elisabeth von Thüringen, das Abbild einer mittelalterlichen Seele.), in: Hki 13 (1931) 366-368.

Die Verehrung der heiligen Elisabeth in Marburg, in: MNN, 3.12.1931; erweitert: Die Verehrung der heiligen Elisabeth in Marburg - einst und jetzt, in: Hki 13 (1931) 374-378.

Pacificus, St. Elisabeth in der Verehrung evangelischer Christen, in: A. Emmerich (Hg.), St. Elisabeth. Festschrift zum 700. Todestage (Paderborn 1931) 28f.

Nationalsozialismus und evangelisches Christentum. Von einem bekenntnistreuen Mitglied der lutherischen Kirche, in: Hessisches Tageblatt 9.4.1932.

Die Kirche und das Dritte Reich, in: L. Klotz (Hg.), Die Kirche und das Dritte Reich. Fragen und Forderungen deutscher Theologen (Gotha 1932) 38-43.

Sakrament, kirchliches Amt und apostolische Sukzession, in: Hki 14 (1932) 126-141.

Die Siebenzahl der Sakramente, in: Hki 15 (1933) 5-10.

Amtsträger und Geistträger, in: Das Gottesjahr XV (1935) 82-87.

Lord Acton und Döllinger. Anhang: War Döllinger Altkatholik?, in: EHK 19 (1937) 107-110.

Russische Frömmigkeit in alter und neuer Zeit (Zu: I. Smolitsch, Leben und Lehre der Starzen; P. Hendrix, Russisch Christendom, Personlijke Herinneringen.), in: EHK 20 (1938) 116-119.

Schriften zur 200. Wiederkehr von John Wesleys Bekehrung (M. Schmidt, John Wesleys Bekehrung; S.B. Frost, Die Autoritätslehre in den Werken John Wesleys.), in: EHK 20 (1938) 168-170.

Die Kirche des Geistes, in: Oberhessische Presse Marburg, 27.5.1950.

Das neue Mariendogma im Lichte der Geschichte, in: Neue Zürcher Zeitung, 4.1.1951.

Die Petrusfrage im Licht der neuesten Forschung. Zur Kontroverse zwischen Oskar Cullmann und Otto Karrer, in: EHK 27/II (1953/54) 101-105.

Zur Diskussion über die Dogmatisierung der Assumptio Mariae (Kontroverse J. Brinktrine - F. Heiler), in: ThLZ 80 (1955) 57-62.

Evangelische Marienverehrung, in: EHK 28/I (1955/56) 20-25.

Ewig bleibt das Vorbild der Liebe. St. Elisabeth in der Verehrung evangelischer Christen, in: Oberhessische Presse, 19.11.1957.

Der Sehnsuchtstraum vom Papa angelicus. Drei Prophetien vor 50 und 40 Jahren. Joseph Schnitzer - Friedrich von Hügel - Friedrich Heiler, in: EHK N.F. I (1963) 7-11.

3.   Kirchliche Einigungsbestrebungen, Hochkirchliche Bewegung

a)   Aufsatzsammlungen und Aufsätze

Evangelische Katholizität. Gesammelte Aufsätze und Vorträge, Bd. I, München 1926 (351 S.).

Im Ringen um die Kirche. Gesammelte Aufsätze und Vorträge, Bd. II, München 1931 (568 S.).
        De Strijd om de Kerk. (Übersetzung J.K. van den Brink.) Met een Voorword van G. van der Leeuw. Baarn o.J. (240 S.).

Evangelische Katholizität. Vortrag in Upsala, 1919, in: Das Wesen des Katholizismus (München 1920) 92-115; auch in: Evangelische Katholizität (1926) 150-179.

Die religiöse Einheit der Stockholmer Weltkonferenz, in: ChrW 39 (1925) 865-875; teilweise in: Hki 7 (1925) 359-363; 8 (1926) 118f; vollständig auch in: Evangelische Katholizität (1926) 37-56.

Ein Zerrbild von Stockholm, in: ChrW 39 (1925) 991-997.

Die Weltkonferenz für praktisches Christentum in Stockholm, in: Evangelische Katholizität (1926) 56-150.

Wege zur Einheit der Kirche Christi. Sammelvorlesung an d. Universität Marburg, 12.12.1925; in: Evangelische Katholizität (1926) 250-351.

Evangelisches Hochkirchentum. Vortrag auf dem 7.Hochkirchentag in Magdeburg, 1.12.1925, in: Hki 8 (1926) 2-16, 36-46, 68-74; auch in: Una Sancta 2 (1926) 37-57, 128-153; sowie in: Evangelische Katholizität (1926) 198-250.

Evangelisk Högkyrklighet. Ett Budskap till Kristenheten. Schwedische Übersetzung von E. Erlandson, Lund 1927.

Lutherisches Hochkirchentum. Vortrag, in: IKZ 7 (1927) 166-192; erweitert in: Im Ringen um die Kirche (1931) 442-478.

Die Lausanner Konferenz für Glaube und Kirchenverfassung, in: Hki 9 (1927) 297-301, 323-341.

Auf dem Wege zur einen Kirche. Kritische Gedanken über Lausanne, in: ChrW 41 (1927) 899-907; auch in: Im Ringen um die Kirche (1931) 287-300.

Ergebnisse und Folgerungen der Lausanner Weltkonferenz, in: IKZ 18 (1928) 1-17; auch in: Im Ringen um die Kirche (1931) 301-321.

Rom und die Einigung der Kirchen (Die Mechelner Besprechungen - Die benediktinischen Patres unionis - Die Enzyklika Mortalium animos), in: IKZ 18 (1928) 65-109; erweitert in: Im Ringen um die Kirche (1931) 322-372.

Hochkirchliche Aufgaben, in: Hki 11 (1929) 318-331.

Reformation der Reformation, in: Hki 11 (1929) 358-365.

Orthodox, katholisch und evangelisch, in: Hki 12 (1930) 3-9.

Ex Oriente lux. Der 12. Hochkirchentag - ein Schritt zur ökumenischen Einheit, in: Hki 12 (1930) 330-337.

Evangelische Katholizität. Vortrag in Berlin, 6.10.1930, in: Hki 12 (1930), 355-366; unter dem Titel: Die Einheit von Evangelisch und Katholisch, in: Im Ringen um die Kirche (1931) 373-390.

Die Krisis des Protestantismus und die evangelisch-katholische Erneuerung. Vortrag in Berlin, 1930, in: Im Ringen um die Kirche (1931) 536-556.

Die evangelisch-katholische Bewegung im deutschen Protestantismus, in: ChrW 45 (1931) 591-605.

Vom Neuentzünden des erloschenen Mysteriums, in: Hki 13 (1931) 102-116.

Die evangelische Linie der hochkirchlichen Bewegung. Vortrag auf dem 14. Hochkirchentag, in: Hki 14 (1932) 326-334.

Wider gröbliche Verkennung unseres evangelischen Denkens. Berichtigung der Kritik Erich Försters "Kirche wider Kirche", in: Hki 14 (1932) 343-349.

Die evangelisch-katholische Bewegung in Deutschland, ihre Entwicklung und Gegenwartsbedeutung, in: EHK 16 (1934) 1-9.

"Jesuitische Aktion" einer "klerikalen Unterwelt"? Zur Richtigstellung moderner Legenden. Beilage zu EHK 1938 (13 S.).

Berneuchener Liturgie (Zu: Der deutsche Dom. Die Ordnung der deutschen Messe. Die Ordnung der Beichte.), in: EHK 20 (1938) 52-58.

Ein liturgischer Brückenschlag zwischen Ost und West (Zu: Die deutsche Messe, hg. v. der Hochkirchlichen Vereinigung Augsburgischen Bekenntnisses.), in: EHK 21 (1939) 249-256.

Was lehrt uns das Konzil von Florenz für die kirchliche Einigungsarbeit?, in: EHK 21 (1939) 183-193.

Utopie oder Wirklichkeit der Una-Sancta-Arbeit?, in: ÖE 1/I (1948) 6-31.

Die Krise der Una-Sancta-Bewegung, in: ÖE 1/I (1948) 115-132.

Ein römisches Konvertitenbuch (Zu: Bekenntnis zur Katholischen Kirche. Mit Beiträgen von M. Giebner, G. Klünder, R. Goethe, H. Schlier, hg. v. K. Hardt, Würzburg 1955, [194 S.]), in: EHK 28 (1955) 76-86.

Neue Wege zur Einheit der Kirche, in: EHK N.F. 1 (1963) 11-24.

Söderbloms Leben und Wirken, in: Der lebendige Gott im Zeugnis der Religionsgeschichte. Nachgelassene Gifford-Vorlesungen von L.O.J.N. Söderblom. In Verbindung mit Ch.M. Schröder und R. Hafner deutsch hg. v. F.H., München-Basel 1966, XI-LI und Vorwort V-IX.

Meine ökumenischen Begegnungen, in: Vom Werden der Ökumene. Beihefte zur Ökumenischen Rundschau Nr. 6, hg. v. H. Krüger (Stuttgart 1967) 5-26.

Das Werden der Ökumene, in: Vom Werden der Ökumene, a.a.O. 27-55.

b)   Lexikonartikel

Glinz, Gustav Adolf, in: RGG^2 II (1928) 1242.

Hansen, Heinrich, in: RGG^2 II (1928) 1627.

Löwentraut, Alexander, in: RGG^2 III (1929) 1713.

Söderblom, Nathan, in: RGG^2 V (1931) 592f.

Glinz, Gustav Adolf, in: RGG^3 II (1958) 1621.

Hansen, Heinrich, in: RGG^3 III (1959) 72.

c)   Kleinere Beiträge

Zur Einigung der Christenheit, in: MNN, 9.8.1925.

Erzbischof Söderbloms Lebenswerk, in: MNN, 28.8.1925.

Die Stockholmer Kirchenkonferenz, in: MNN (Beilage Die Einkehr), 6./7.9.1925.

Stockholmer Nachlese. Vom Ausklang der Weltkonferenz für praktisches Christentum, in: MNN (Beilage Die Einkehr), 20.9.1925.

Die Stockholmer Weltkonferenz. Ein kritischer Bericht, in: Una Sancta 1 (1925) 153-157.

Ein nordischer Kirchenfürst. Erzbischof Söderbloms Persönlichkeit. Zu seinem 60. Geburtstag, in: MNN, 15.8.1926.

Einheit in Christus! Die Einigungsbewegung in den christlichen Kirchen, in: MNN, 5.10.1927.

Lausanner Echo, in: Das Evangelische Deutschland 4 (1927) 328f.

Tagung des hochkirchlich-ökumenischen Bundes 1926 in Berlin, in: ChrW 41 (1927) 35-37.

Aus der ökumenischen Bewegung, in: Hki 12 (1930) 338-339.

Evangelische Marienandachten im Advent, in: Hki 12 (1930) 370-374.

Die Sakramentsnot des Protestantismus als Glaubens- und Lebensnot, in: Hki 14 (1932) 107-110.

Irenaeus, Karwochen- und Osterliturgie in Marburg, 20. bis 27. März 1932, in: Hki 14 (1932) 166-168.

Irenaeus, Ein evangelisch-katholisches Gotteshaus, in: EHK 14 (1932) 165-166.

Entstellende Berichte über die hochkirchliche Bewegung. Berichtigung, in: Hki 14 (1932) 222-224, 268-270.

Een Verdediging, in: Algemen Werkblad voor Christendom en Cultur, 6.11.1931.

Protestantische Ketzerbekämpfung im 20. Jahrhundert, in: Hki 14 (1932) 263-268.

Kirchliche Umschau II. Hochkirchliche Vereinigung, in: EHK 16 (1934) 192-196.

Vergebung der Sünden. Nach einem Vortrag in der Berliner Ortsgruppe der Hochkirchlichen Vereinigung, 23.4.1934, in: EHK 17 (1935) 197-203.

Wege zur kirchlichen Befriedung Deutschlands. Eine Neujahrsbetrachtung, in: Kölnische Zeitung, Kulturbeilage: Kultur der Gegenwart, 1.1.1936; erweitert unter dem Titel: Evangelische Katholizität als Weg zur kirchlichen Einigung Deutschlands, in: EHK 18 (1936) 27-32.

Römisch-katholische Stimmen zur Wiedervereinigung der christlichen Kirchen (Zu: A. Rademacher, Die Wiedervereinigung der christlichen Kirchen; M.J. Congar, Chrétiens désunis. Principes d'un oecuménisme catholique.), in: EHK 20 (1938) 30-35.

Konversion oder kirchliche Wiedervereinigung? Gedanken zu einer Konvertitenschrift (F. Kretschmar, Der Heimweg zur Kirche), in: EHK 20 (1938) 45-50.

Der Einfluß A.F.C. Vilmars auf die hochkirchliche Vereinigung, in: EHK 20 (1938) 254-259.

Nachwort zu K.B. Ritters "Ordnung der deutschen Messe". Nova et vetera, in: EHK 20 (1938) 282-284.

Evangelisch-ökumenische Vereinigung, in: ÖE I (1948) 165-169.

Vorstoß in neue ökumenische Dimensionen. Ergebnisse einer Tagung des Weltkirchenrates in New Delhi, in: EHK N.F. (1963) 50-53.

II. Herausgebertätigkeit, Übersetzungen

1. Herausgabe

a) Buchreihen

Aus der Welt christlicher Frömmigkeit, Bde 1-16, München 1921-1940.

Bd.1: Heiler, F., Katholischer und evangelischer Gottesdienst, München 1921.

Bd.2: Fendt, L., Die religiösen Kräfte des katholischen Dogmas, München 1921.

Bd.3: Fröhlich, K., Die Reichgottesidee Calvins, München 1922.

Bd.4: Bechmann, H., Evangelische und katholische Frömmigkeit im Reformationsjahrhundert, München 1922.

Bd.5: Fendt, L., Der lutherische Gottesdienst des 16. Jahrhunderts, München 1923.

Bd.6: Lüers, G., Marienverehrung mittelalterlicher Nonnen, München 1923.

Bd.7: Heiler, F., Sadhu Sundar Singh, München 1924.

Bd.8: von Arseniew, N., Ostkirche und Mystik, München 1925.

Bd.9: Fogelklou, E., Die heilige Birgitta von Schweden, München 1929.

Bd.10: Parpert, F., Das Mönchtum und die evangelische Kirche, München 1930.

Bd.11: Fröhlich, K., Gottesreich, Welt und Kirche bei Calvin, München 1936.

Bd.12: Matthes, K., Luther und die Obrigkeit, München 1937.

Bd.13: Frost, S.B., Die Autoritätslehre in den Werken John Wesleys, München 1938.

Bd.14: Emmrich, R., The concept of the church in the writings and life of the German-English philosopher Baron Friedrich von Hügel, München 1939.

Bd.15: Minkner, K., Die Stufenfolge des mystischen Erlebnisses bei William Law, München 1939.

Bd.16: Georgi, C.R.A., Die Confessio Dosithei, München 1940.

Christentum und Fremdreligionen. Religionsgeschichtliche und religionsphilosophische Einzeluntersuchungen, Bde 1-7, München 1925-1939.

Bd.1: Leeuw, G. van der, Einführung in die Phänomenologie der Religion, München 1925.

Bd.2: Sundar Singh, S., Das Suchen nach Gott, München 1925.

Bd.3: Heiler, F., Christlicher Glaube und indisches Geistesleben, München 1926.

Bd.4:   Schröder, Ch.M., Das Verhältnis von Heidentum und Christentum in Schellings Philosophie, München 1936.

Bd.5:   Voigt, W., Die Wertung des Tieres in der zarathustrischen Religion, München 1937.

Bd.6:   Krüger, H., Verständnis und Wertung der Mystik im neueren Protestantismus, München 1938.

Bd.7:   Ahmad, M.M., Die Verwirklichung des Summum Bonum in der religiösen Erfahrung, München 1939.

b)   Zeitschriften

Die Hochkirche, hg. unter Mitwirkung von P. Schorlemmer. Jg. 12-15, München 1930-1933.

Eine Heilige Kirche, Fortsetzung der "Hochkirche" und der "Religiösen Besinnung", hg. unter Mitwirkung v. P. Schorlemmer, 16.-18. Jg. der "Hochkirche", München 1934-1936.

Eine heilige Kirche, Zeitschrift für Kirchenkunde und Religionswissenschaft. 19.-22. Jg. der "Hochkirche", München 1937-1942.

Oekumenische Einheit. Archiv für ökumenisches und soziales Christentum. Fortsetzung der "Eiche" und "Einen Heiligen Kirche", hg. mit F. Siegmund-Schultze. Jg. 1-3, München 1948-1952.

Eine heilige Kirche. Zeitschrift für ökumenische Einheit, hg. mit F. Siegmund-Schultze. 27.-29. Jg. der "Eiche" und der "Hochkirche", München-Basel 1953-1958.

Eine heilige Kirche, Neue Folge, Nr. 1 Neue Wege zur Einen Kirche, München-Basel 1963.

c)   Einzelschriften

Regel für die "Evangelische Franziskanerbruderschaft der Nachfolge Christi" (Evangelische Franziskanertertiaren), in: Hki 9 (1927) 245-249.

Eucharistiefeier der "Evangelisch-katholischen Eucharistischen Gemeinschaft", in: Hki 13 (1931) 145-162.

Evangelisch-katholisches Brevier, hg. im Auftrag der Brevierkommission der Hochkirchlichen Vereinigung, in: Hki 14 (1932) Heft 12 (96 S.).

Beichtbüchlein für evangelische Christen, hg. mit F.O. Schoefer, in: EHK 17 (1935) Beilage zu Heft 7/9 (16 S.).

Deutsche Messe, hg. v. der Hochkirchlichen Vereinigung des Augsburgischen Bekenntnisses, München 1939 (35 S.).

Nathan Söderblom, Der lebendige Gott im Zeugnis der Religionsgeschichte. Nachgelassene Gifford-Vorlesungen, hg. mit Ch.M. Schröder und R. Hafner, München 1942. - 2., durch eine biographische Einleitung vermehrte Aufl., München-Basel 1966.

Deutsche Messe oder Feier des Herrenmahles nach altkirchlicher Ordnung, hg. im Auftrag der Evangelisch-ökumenischen Vereinigung des Augsburgischen Bekenntnisses, 2., vermehrte und verbesserte Aufl., München 1948 (56 S.).

George Tyrell, Das Christentum am Scheideweg. Eingeleitet und übersetzt v. E. Erasmi, München-Basel 1959.

2. Übersetzungen ins Deutsche

Singh, Sadhu Sundar, Das Suchen nach Gott. Gedanken über Hinduismus, Buddhismus, Islam und Christentum, München 1925 (94 S.; englisch).

Worte des hl. Augustinus über die katholische Kirche, in: Hki 12 (1930) 247f. (lateinisch).

Des hl. Franziskus Lob der Tugenden (Laudes de virtutibus), in: Hki 12 (1930) 287f. Privatdruck. Holzminden 1949. (lateinisch).

Gebet einer italienischen Franziskanerin, in: Hki 12 (1930) 288 (italienisch).

Das einfältige Auge. Homilie einer Franziskanerin am Vorabend des Festes der hl. Elisabeth, in: Hki 12 (1930) 319f. (italienisch).

Monod, W., Das Geheimnis des "Und". Ansprache am 29. August 1930 bei der Tagung des Fortsetzungsausschusses der Lausanner Konferenz in Mürren, in: Hki 12 (1930) 320-323 (französisch).

Von der Kraft des Sakraments, Worte des hl. Augustinus, in: Hki 13 (1931) 65 (lateinisch).

Söderblom, N., Der innere Gast. Aus einer Universitätspredigt, Stockholm 1909, I, 39f., in: Hki 13 (1931) 289-292 (schwedisch).

Söderblom, N., Eine heilige katholische Kirche. Aus einer Predigt in Jamestown (USA). Frän Upsala till Rock Island. En predikofärd i nya världen, Stockholm 1924, 135f., in: Hki 13 (1931) 292-297 (schwedisch).

Evangelische Katholizität. Erzbischof Söderbloms Vermächtnis an uns. Aus seinen Briefen, in: Hki 13 (1931) 298-302 (schwedisch).

Seliges Sterben. Erzbischof Söderbloms letzte Stunden. Von Domvikar Anderberg. Nya Dagligt Allehanda, 16. Juli 1931, in: Hki 13 (1931) 314f. (schwedisch).

Janni, U., Die Grundgedanken der evangelisch-katholischen Bewegung (Movimento Pancristiano) in Italien, in: Hki 15 (1933) 122-127 (italienisch).

Erlandson, E., Schwedisches Hochkirchentum, in: Hki 15 (1933) 127-134 (schwedisch).

Brenk, V.E., Die hochkirchliche Bewegung in der dänischen Kirche, in: Hki 15 (1933) 135-139 (dänisch).

Buonaiuti, E., Martin Luther im Urteil eines italienischen Katholiken, in: Hki 15 (1933) 321-323 (italienisch).

dell'Aquila, A. (= U. Janni), Evangelische Katholizität in Italien, in: EHK 18 (1936) 43-46 (italienisch).

Söderblom, A., Life und Work 1935, in: EHK 18 (1936) 71-73 (schwedisch).

Söderblom, N., Die Pflicht der Christen, eins zu sein. Predigt in der Kathedrale zu Peterborough 1921, Stockholm 1921, 146f., in: EHK 18 (1936) 145-149 (schwedisch).

Söderblom, N., Briefe an F. Heiler, in: EHK 18 (1936) 149-155 (schwedisch).

Glubokowski, N., Söderbloms ökumenisches Werk, betrachtet im Licht der orthodoxen Kirche, Hågkomster och Livsintryck, XIV: Till minnet av N. Söderblom, 1933, 172f., in: EHK 18 (1936) 184-189 (schwedisch).

Das Gedächtnis der Heiligen im Book of Common Prayer, in: EHK 18 (1936) 361-364 (englisch).

Vigué, P.G., Die gallikanische Kirche in Südfrankreich, in: EHK 19 (1937) 73-77 (französisch).

Glubokowski, N., Die Überwindung der konfessionellen Scheidewände. Den orthodoxen kristenheten och kyrkans enhet, Stockholm 1921, 90f., in: EHK 19 (1937) 113f. (schwedisch).

Hertzberg, V., Michael Hertzberg, der Bahnbrecher der hochkirchlichen Bewegung in Norwegen, in: EHK 20 (1938) 131-134 (norwegisch).

Cullberg, J., Die schwedische Kirche, in: EHK 20 (1938) 140-147 (schwedisch).

Bruun, J., Die dänische Kirche, in: EHK 20 (1938) 143-147 (dänisch).

Nörregaard, J., Die Weltkirchenkonferenz in Edinburgh, in: EHK 20 (1938) 173-180 (dänisch).

Söderblom, A., Eindrücke von der Oxforder Weltkirchenkonferenz, in: EHK 20 (1938) 182-184 (schwedisch).

Gebet des Nikolaus von Kues um die Einheit der Religionen, in: EHK 20 (1938) 305 (lateinisch).

Gebet um die Einigung der östlichen und westlichen Kirche, gesprochen vom Erzbischof Bessarion von Nicaea in der ersten Sitzung des Konzils von Ferrara-Florenz (8. Oktober 1438), in: EHK 21 (1939) 170f. (griechisch).

del Pesco, G., Ein Prophet der Una Sancta, Ugo Janni, in: EHK 21 (1939) 288-293 (italienisch).

III.   Rezensionen

Religionswissenschaft, in: W. Schumann (Hg.), Literarischer Ratgeber des Dürerbundes (München ⁵1919) 319-360.

Protestantische Theologie, in: W. Schumann (Hg.), Literarischer Jahresbericht des Dürerbundes (München 1920/21) 61-64.

Die hochteure Pforte. Schriften von Jakob Böhme, hg. v. W. Irmer, Berlin 1921, in: ChrW (1921) 923.

Scholz, H., Religionsphilosophie, Berlin 1921, in: DLZ (1921) 553-559.

Hügel, F. von, Essays and Adresses on the Philosophy of Religion, London 1921. ThLZ (1922) 235f.

Söhngen, O., Das mystische Problem in Plotins Weltanschauung, Leipzig 1923, in: ChrW 37 (1923) 592.

Religionswissenschaft und Theologie in: W. Schumann (Hg.), Literarischer Vierteljahresbericht des Dürerbundes 1924/25, II.Teil (August 1924) 27-31.

Gilg, O., Die Messe, Olten 1934, in: ChrW 38 (1924) 917.

Hauer, J.W., Die Religionen. 1. Buch: Das religiöse Erlebnis auf den unteren Stufen, Stuttgart 1923, in: DLZ (1924) 1173-1176.

Jahrbuch für Liturgiewissenschaft, hg. v. O. Casel, Bde I, II, Münster 1921f., in: ChrW 38 (1924) 59f.

Die Reden Gotamo Buddhos. Aus der mittleren Sammlung Majjhimanikāyo des Palikanons, 3 Bde. - Die letzten Tage Gotamo Buddhos. Aus dem großen Verhör über die Erlöschung. Mahāparinibbānasuttam. - Die Lieder der Mönche und Nonnen Gotamo Buddhos. Aus den Theragāthā und Therigātā. Der Wahrheitspfad Dhammapadam. - Die Reden Gotamo Buddhos. Aus der längeren Sammlung Dighinikāyo. Übersetzt v. K.E. Neumann. 2. und 3. Aufl., München 1921 und 1923, in: ChrW (1924) 193.

Wendlandt, H.K., Die weiblichen Orden und Kongregationen der katholischen Kirche und ihre Wirksamkeit in Preußen von 1818-1918, Paderborn 1924, in: Zeitschrift der Savigny-Stiftung für Rechtsgeschichte 45, Kan. Abt. 14 (1925) 609-611.

Lehrbuch der Religionsgeschichte, begründet von Ch. de la Saussaye, 4. neubearbeitete Aufl., hg. v. A. Bertholet und E. Lehmann, Tübingen 1926, in: DLZ (1926) 2317-2321.

Braeunlich, P., Sundar Singh in seiner wahren Gestalt, Dresden, in: Hki 9 (1927) 27f.; auch in: ChrW41 (1927) 233f.

Habicht, V.K., Maria, Oldenburg, in: MNN, 21.12.1927.

Das Buch der Reformation Huldrych Zwinglis. Von ihm selbst und gleichzeitigen Quellen erzählt durch W. Köhler, München 1926, in: ChrW 41 (1927) 832.

Schmidt, W., Der Ursprung der Gottesidee, Bd.I, Münster 1912, 1926, in: DLZ (1928) 1049-1051.

Anwander, A., Die Religionen der Menschheit, Freiburg 1927, in: DLZ (1928) 849-852.

Söderblom, N., Das Werden des Gottesglaubens. Deutsch hg. v. R. Stübe, Leipzig ²1926, in: DLZ (1928) 1049-1051.

Clemen, C., Die Religionen der Erde, München, in: ChrW 42 (1928) 724f.

Grisar, H., Martin Luthers Leben und sein Werk, Freiburg 1926, in: A. von Martin (Hg.), "Luther in ökumenischer Sicht", (Stuttgart 1929) 257-260.

Martin, A. von, Die Weltkirchenkonferenz von Lausanne, Stuttgart 1928, in: DLZ (1929) 605-608.

Görres, J. von, Mystik, Magie und Dämonie ("Die christliche Mystik" in Auswahl, hg. v. J. Bernhart), München 1927, in: DLZ (1929) 796f.

Hügel, F. von, Essays and Adresses on the Philosophy of Religion, Second Series, London 1926, in: MNN, 15.5.1929.

Hügel, F. von, Selected Letters, edited with a memoir by B. Holland, London 1927, in: MNN, 15.5.1929.

Le Fort, G. von, Hymnen an die Kirche, München ²1929, in: Hki 12 (1930) 31f., 95f.

Fendt, L., Der Wille zur Reformation im Augsburgischen Bekenntnis. Ein Kommentar, Leipzig 1930, in: Hki 12 (1930) 242.

Lortzing, J., Die Augsburgische Konfession im Lichte des Neuen Testaments und der Geschichte, Paderborn 1930. - Ders., Die Augsburgische Konfession vom religiösen und nationalen Standpunkt aus beleuchtet, Paderborn 1930, in: Hki 12 (1930) 242f.

Vollrath, W., Das Augsburger Bekenntnis und seine Bedeutung für die Gegenwart, Leipzig 1930, in: Hki 12 (1930) 243f.

Thieme, K., Die Augsburgische Konfession und Luthers Katechismen, auf ihren theologischen Gegenwartswert untersucht, Gießen 1930, in: Hki 12 (1930) 244.

Aus gottgeschenkter Fülle. Gedanken aus den Schriften des Kirchenvaters Augustinus. Ausgewählt und übertragen von W. Roetzer, München, in: Hki 12 (1930) 286.

Vetter, J., Der heilige Augustinus und das Geheimnis des Leibes Christi, Mainz 1929, in: Hki 12 (1930) 286.

Lexikon für Theologie und Kirche, hg. v. M. Buchberger, in: Hki 12 (1930) 339f.

Die Religion in Geschichte und Gegenwart, ²1927/31, in: Hki 12 (1930) 339-341.

Religionsgeschichtliches Lesebuch, hg. v. A. Bertholet, Heft 1-17, Tübingen ²1926ff., in: Hki 12 (1930) 342-344.

Analekten zur Geschichte des Franziskus von Assisi, hg. v. H. Boehmer; 2. Aufl. von F. Wiegand, Tübingen 1930, in: Hki 12 (1930) 345.

Ausgewählte Märtyrerakten, hg. v. R. Knopf; 3. Aufl., bearbeitet von G. Krüger, Tübingen 1929, in: Hki 12 (1930) 345.

Bernhart, J., Der Vatikan als Thron der Welt, Leipzig 1928, in: Hki 12 (1930) 346-348.

Das Leben des heiligen Kirchenvaters Augustinus, beschrieben von seinem Freunde Bischof Possidius, übersetzt von K. Romeis, Berlin 1930, in: Hki 12 (1930) 377.

Gilson, St., Der heilige Augustin. Eine Einführung in seine Lehre, übersetzt v. Ph. Böhner und Th. Sigg, Hellerau, in: Hki 12 (1930) 378.

Krebs, E., Sankt Augustinus, der Mensch und Kirchenlehrer, Köln 1930, in: Hki 12 (1930) 377f.

Bibel und Liturgie, Blätter für volksliturgisches Apostolat, hg. v. P. Parsch. Augustinus-Jubiläums-Festnummer, Klosterneuburg bei Wien 1930, in: Hki 12 (1930) 378f.

Harnack, A. von, Aus der Werkstatt des Vollendeten, hg. v. Axel von Harnack, Gießen 1930, in: Hki 12 (1930) 380f.

Otto, R., Indiens Gnadenreligion und das Christentum, Leipzig 1930, in: MNN, 13.12.1930.

Schmidt, W., Der Ursprung der Gottesidee, Bd.II,2, Münster 1929, in: DLZ (1930) 2068-2070.

Pettazzoni, R., La confessione dei Peccati I, Bologna, in: DLZ (1930) 2358-2359.

Rosendal, G., Kyrklig förnyelse, Osby 1935, in: EHK 18 (1930) 74.

Das Neue Testament, übersetzt und erläutert von C. Rösch, Paderborn 1930, in: Hki 13 (1931) 26.

Dibelius, M., Evangelium und Welt, Göttingen ²1929 in: Hki 13 (1931) 27f.

Algermissen, K., Konfessionskunde. Ein Handbuch der christlichen Kirchen und Sektenkunde der Gegenwart, Hannover ⁴1930, in: Hki 13 (1931) 29f.; ⁵1939, in: EHK 21 (1939) 326f.

Lutherjahrbuch XXII, 1930, hg. v. Th. Knolle, München, in: Hki 13 (1931) 53-55.

Nagel, W.E., Luthers Anteil an der Confessio Augustana, Gütersloh 1930, in: Hki 13 (1931) 55.

Quellen und Forschungen zur Geschichte des Augsburgischen Bekenntnisses, Bd.2: D. Johann Ecks vierhundertundvier Artikel zum Reichstag von Augsburg 1530, hg. und erläutert von W. Gußmann, Kassel 1930, in: Hki 13 (1931) 55f.

Gallex, A., Die Jahrhundertfeiern der Augsburgischen Konfession von 1630, 1730, 1830, Leipzig 1930, in: Hki 13 (1931) 56.

Petras, O., Der deutsche Protestantismus auf dem Wege nach Rom, 1530-1930, Berlin 1930, in: Hki 13 (1931) 58.

Bornkamm, H., Der protestantische Mensch nach dem Augsburgischen Bekenntnis, Gießen 1930, in: Hki 13 (1931) 58f.

Jahrbuch für Liturgiewissenschaft, hg. v. O. Casel, Bd.IX, Münster 1929, in: Hki 13 (1931) 139.

Roetzer, W., Des heiligen Augustinus Schriften als liturgiegeschichtliche Quelle, München 1930, in: Hki 13 (1931) 140.

Baumstark, A., Missale Romanum. Seine Entwicklung, ihre wichtigsten Urkunden und Probleme, Eindhoven-Nijmwegen, in: Hki 13 (1931) 141.

Eberle, A., Die Mariologie des heiligen Cyrillus von Alexandrien, Freiburg, in: Hki 13 (1931) 254.

Sägmüller, J.B., Lehrbuch des katholischen Kirchenrechts, Freiburg ²1925-1930, in: Hki 13 (1931) 317.

Busse-Wilson, E., Das Leben der hl. Elisabeth von Thüringen, das Abbild einer mittelalterlichen Seele, München 1931, in: Hki 13 (1931) 366-368.

Zezschwitz, G. von, Aus zwei Glaubenswelten. Dokumente als Beiträge zur Konfessionskunde, Berlin 1931, in: Hki 14 (1932) 70f.

Die Religion in Geschichte und Gegenwart, ²1927/31, in: Hki 14 (1932) 171.

Lexikon für Theologie und Kirche, hg. v. M. Buchberger, in: Hki 14 (1932) 172f.

Der Große Herder. Nachschlagewerk für Wissenschaft und Leben, Freiburg 1931-1937; Bde I, II, III, in: Hki 14 (1932) 173, 302.

Wissig, O., Wynfried Bonifatius, Gütersloh 1929. - Ders., Iroschotten und Bonifatius in Deutschland, Gütersloh 1932, in: Hki 14 (1932) 220f.

Solowjew, W., Monarchia Sancti Petri. Aus den Hauptwerken von W.S. ges., übersetzt und erklärt v. L. Kobilinski-Ellis, Mainz 1929, in: Hki 14 (1932) 270.

Pastor, L. von, Geschichte des Papsttums seit dem Ausgang des Mittelalters, Freiburg, Bde XV und XVI,1, in: Hki 14 (1932) 271.

Krüger, G., Das Papsttum. Seine Idee und ihre Träger, Tübingen 1932, in: Hki 14 (1932) 271.

Il Nuovo Testamento e i Salmi, tradotti e annotati da G. Luzzi, Florenz 1930, in: Hki 14 (1932) 292.

Ranft, J., Der Ursprung des katholischen Traditionsprinzips, Würzburg 1931, in: Hki 14 (1932) 293.

Religionsgeschichtliches Lesebuch, hg. v. A. Bertholet, Heft 1-17, Tübingen [2]1926f., in: Hki 14 (1932) 293f.

Worte des Ramakrishna, hg. v. E. von Pelet, Erlenbach-Zürich 1930, in: Hki 14 (1932) 294f.

Rolland, R., Das Leben des Ramakrishna, Erlenbach-Zürich 1929, in: Hki 14 (1932) 294f.

Andrä, T., Mohammed. Sein Leben und sein Glaube, Göttingen 1932, in: Hki 14 (1932) 295.

Schmitz, E., Das Madonnenideal in der Tonkunst, Halle/Saale 1931/32, in: Hki 14 (1932) 295f.

Schomerus, H.W., Indien und das Christentum, 2 Bde, Halle/Saale 1931/32; I. Buddha und das Christentum; II. Das Ringen des Christentums um das indische Volk, in: Hki 14 (1932) 295f. sowie in: DLZ (1932) 2305-2308.

Väth, A., Das Bild der Weltkirche, Hannover 1932, in: Hki 14 (1932) 296f.

Ehrhard, A., Die Kirche der Märtyrer, ihre Aufgaben und ihre Leistungen, München 1932, in: Hki 14 (1932) 297.

Linhardt, R., Die Sozialprinzipien des heiligen Thomas von Aquino, Freiburg 1932, in: Hki 14 (1932) 299.

Posch, A., Die concordantia catholica des Nicolaus von Cusa, Paderborn, in: Hki 14 (1932) 299.

Herwegen, I., Vom christlichen Sein und Leben, Berlin 1932, in: Hki 14 (1932) 299f.

Das katholische Deutschland, Biographisch-bibliographisches Lexikon von Wilhelm Koch, Augsburg, in: Hki 14 (1932) 301.

Andrian-Werburg, C.V., Ihre Wege nach Rom. Konvertitenzeugnisse für den katholischen Glauben, Paderborn 1929, in: Hki 14 (1932) 301f.

Grabert, H., Religiöse Verständigung, Leipzig 1932, in: Hki 14 (1932) 303.

Falk, F., Die religiöse Symbolik der deutschen Arbeiterdichtung der Gegenwart, Stuttgart 1930, in: Hki 14 (1932) 303f.

Schmidt, W., Der Ursprung der Gottesidee, Bd.II,3, Münster 1931, in: DLZ (1932) 2009-2011.

Elert, W., Morphologie des Luthertums, München 1931, in: Hki 15 (1933) 38f.

Eisenhofer, L., Handbuch der katholischen Liturgik, Bd.I, Freiburg 1932, in: Hki 15 (1933) 104f.

Cuthbert, P., Die Kapuziner, München 1932, in: Hki 15 (1933) 105.

Zoepfl, F., Deutsche Kulturgeschichte, Bde [2]I, II, Freiburg 1930/31, in: Hki 15 (1933) 108.

Den heliga Mässan i Svenska Kyrkan. Ett liturgisk föreslag av Kåre Skredsvik, Uppsala, in: Hki 15 (1933) 146f.

Brinktrine, J., Das römische Brevier, Paderborn 1932, in: Hki 15 (1933) 147.

Tidskrift för Kyrkomusik och Svenskt Gudstjänstliv, hg. v. A. Adell. 7. Jg., Stockholm, in: Hki 15 (1933) 147.

Unsere liturgischen Lieder. Ins Deutsche umgedichtet und erklärt von C. Blume, Regensburg 1932, in: Hki 15 (1933) 147f.

Adam, K., Jesus Christus, Augsburg 1933, in: Hki 15 (1933) 148f.

Lietzmann, H., Geschichte der alten Kirche, Bd.I, Berlin 1932, in: Hki 15 (1933) 149.

Kirsch, J.P., Kirchengeschichte, Bd.I. Die Kirche der antiken griechisch-römischen Kulturwelt, Freiburg 1930, in: Hki 15 (1933) 149f.

Veit, L.A., Die Kirche im Zeitalter des Individualismus, 1648 bis zur Gegenwart (Kirsch, Kirchengeschichte IV, 1,2), Freiburg 1931-1933, in: Hki 15 (1933) 149f.

Völker, W., Das Vollkommenheitsideal des Origenes, Tübingen 1931, in: Hki 15 (1933) 150f.

Zarncke, L., Die Exercitia Spiritualia des Ignatius von Loyola, Leipzig 1931, in: Hki 15 (1933) 151.

Buonaiuti, E., La Chiesa Romana, Mailand 1933, in: Hki 15 (1933) 151f.

Bolley, A., Gebetsstimmung und Gebet, Düsseldorf 1930, in: Hki 15 (1933) 152.

Dimmler, H., Skrupulosität und religiöse Seelenstörungen, Donauwörth 1930, in: Hki 15 (1933) 152.

Gerstenhauer, M.R., Was ist Deutschchristentum?, Berlin-Schlachtensee, in: Hki 15 (1933) 227f.

Herwegen, I., Antike, Germanentum und Christentum, Salzburg 1932, in: Hki 15 (1933) 230f.

Bie, R., Das katholische Europa, Leipzig 1932, in: Hki 15 (1933) 277f.

Schmidlin, J., Papstgeschichte der neuesten Zeit, Bd.I, München 1932, in: Hki 15 (1933) 281.

Hauer, J.W., Der Yoga als Heilweg, Stuttgart 1932, in: Hki 15 (1933) 283f.

Grünewald, S., Franziskanische Mystik, München 1932, in: Hki 15 (1933) 341.

Gunning, J.H., John Henry Kardinal Newman, Amsterdam 1933, in: EHK 16 (1934) 86.

Horst, J., Proskynein, Gütersloh 1932, in: EHK 16 (1934) 88.

Liturgische Lesebücher. Eine Sammlung von Schriften des christlichen Altertums, 1-5, Klosterneuburg bei Wien, in: EHK 16 (1934) 88.

Jahrbuch für Liturgiewissenschaft, hg. v. O. Casel, Bde X, XI, Registerband, Münster 1930-1933, in: EHK 16 (1934) 89.

Laienrituale, hg. v. P. Parsch, Klosterneuburg bei Wien, in: EHK 16 (1934) 90.

Theodor von Studion, Märtyrer-Briefe aus der Ostkirche, deutsch von B. Hermann, Mainz 1931, in: EHK 16 (1934) 91f.

Religionsgeschichtliches Lesebuch, hg. v. A. Bertholet, Heft 1-17, Tübingen [2]1926f., in: Hki 16 (1934) 92.

Lommel, H., Die Religion Zarathustras, Tübingen 1930, in: EHK 16 (1934) 92f.

Wesendonck, O.G. von, Das Weltbild der Iranier, München 1933, in: EHK 16 (1934) 92f.

Herrmann, P., Altdeutsche Kultgebräuche, Jena 1928. - Ders., Das altgermanische Priesterwesen, Jena 1928/29, in: EHK 16 (1934) 93.

Kramer, F.A., Das rote Imperium, München 1933, in: EHK 16 (1934) 94f.

Der Große Herder. Nachschlagewerk für Wissenschaft und Leben, Freiburg 1931-1937; Bde V, VI, in: EHK 16 (1934) 96.

Schuetz, K., Jesaias II, 2. Die sieben Gaben des hl. Geistes, Münster 1932, in: EHK 16 (1934) 186f.

Kittel, G., Die Judenfrage, Stuttgart 1934, in: EHK 16 (1934) 187f.

Lexikon für Theologie und Kirche, hg. v. M. Buchberger, in: EHK 16 (1934) 272.

Schütz, R., Die Offenbarung des Johannes und Kaiser Domitian, Göttingen 1933, in: EHK 16 (1934) 273f.

Sammlung ausgewählter kirchen- und dogmengeschichtlicher Quellenschriften, hg. v. G. Krüger, Nr.6 und 7: Quellen zur Geschichte der christlichen Gnosis, hg. v. W. Völker. - Quellen zur Geschichte der Askese und des Mönchstums in der alten Kirche, hg. v. H. Koch, Tübingen 1932/33, in: EHK 16 (1934) 274f.

Menzinger, O., Mariologisches aus der vorephesinischen Liturgie, Regensburg 1932, in: EHK 16 (1934) 275.

Theresia von Jesus, Sämtliche Schriften, übersetzt von P. Silverio di Teresa und P. Aloysius ab Immaculata Conceptione; Bd.I, München, in: EHK 16 (1934) 276.

Johannes vom Kreuz, Sämtliche Werke, Bde I u. II, München 1932. I. übersetzt v. P. Ambrosius a Theresia, II. übersetzt v. P. Aloysius ab Immaculata Conceptione, in: EHK 16 (1934) 277.

Arthofer, L., Zuchthaus. Aufzeichnungen des Seelsorgers einer Strafanstalt, München, in: EHK 16 (1934) 283.

Hainz, J., Das religiöse Leben der weiblichen Jugend, Düsseldorf 1932, in: EHK 16 (1934) 283.

Karrer, O., Das Religiöse in der Menschheit und das Christentum, Freiburg 1934, in: EHK 16 (1934) 332.

Ohm, Th., Indien und Gott, Salzburg, in: EHK 16 (1934) 332.

Clemen, C., Religionsgeschichte Europas, Bd.II, Heidelberg 1931, in: EHK 16 (1934) 333.

Koch, L., Jesuitenlexikon, Paderborn 1934, in: EHK 16 (1934) 334f.

Pastor, L. von, Geschichte des Papsttums seit dem Ausgang des Mittelalters, Freiburg, Bde XVI,2 und 3, in: EHK 16 (1934) 336.

Doering, O., Christliche Symbole, Freiburg 1933, in: EHK 16 (1934) 338.

Katholisch-konservatives Erbgut. Eine Auslese für die Gegenwart, hg. v. E. Ritter, Freiburg, in: EHK 16 (1934) 338.

Rumpf, M., Religiöse Volkskunde, Stuttgart 1933, in: EHK 16 (1934) 340f.

Eisenhofer, L., Handbuch der katholischen Liturgik, Bd.II, Freiburg 1933, in: EHK 16 (1934) 344f.

Panfoeder, Ch., Das Mystische in der Liturgie, Mainz 1930, in: EHK 16 (1934) 345.

Senfkornbibel, Stuttgart 1933, in: EHK 16 (1934) 385.

Clemen, C., Der Einfluß des Christentums auf andere Religionen, Leipzig 1933, in: DLZ (1934) 195f.

Hauer, J.W., Deutsche Gottschau. Grundzüge eines deutschen Glaubens, Stuttgart 1933, in: EHK 17 (1935) 158f.

Geschichte der führenden Völker; Bd.3: Die Völker des antiken Orients. Die Ägypter, v. H. Junker; Die Babylonier, v. L. Delaporte, Freiburg 1933; Bd.28: Die Inder, v. A. Väth, Freiburg 1934, in: EHK 17 (1935) 168f.

Altheim, F., Römische Religionsgeschichte I-III. Sammlung Göschen, Bd.III, Berlin 1933; Bd.I, Berlin 1956; Bd.II, Berlin 1956, in: EHK 17 (1935) 170.

Funk, F.X. - Bihlmeyer, K., Kirchengeschichte, 3 Bde, Paderborn (1931/34), in: Hki 17 (1935) 173f.

Bardenhewer, O., Geschichte der altchristlichen Literatur, Bde I-IV, Freiburg 1913-1924, in: EHK 17 (1935) 174.

Marienpredigten aus der Väterzeit, übersetzt von O. Bardenhewer, München 1935, in: EHK 17 (1935) 174f.

Grabmann, M., Die Geschichte der katholischen Theologie seit dem Ausgang der Väterzeit, Freiburg 1933, in: EHK 17 (1935) 175.

Tögel, H., Germanenglaube. Leipzig 1926. - Ders., Bilder deutscher Frömmigkeit. Leipzig 1937. - Ders., Völkische Prägungen des Christentums. Leipzig 1933, in: EHK 17 (1935) 175f.

Symeon der Neue Theologe, Licht vom Licht. Hymnen, übers. v. K. Kirchhoff, Leipzig 1930, in: EHK 17 (1935) 177.

Gottschling, E., Zwei Jahre hinter Klostermauern, Leipzig 1935, in: EHK 17 (1935) 178.

Wallfahrt und Volkstum in Geschichte und Leben, hg. v. G. Schreiber, Düsseldorf 1935, in: EHK 17 (1935) 179.

Frör, K., Evangelisches Denken und Katholizismus seit Schleiermacher, München 1932, in: EHK 17 (1935) 179f.

Die deutsche Thomas-Ausgabe, vollst., ungekürzte deutsch-lateinische Ausgabe der Summa theologica, Bde 1, 25, Salzburg 1934, 1935, in: EHK 17 (1935) 181f.

Die Kirche und das Staatsproblem der Gegenwart. Forschungsabteilung des Ökumenischen Rates für praktisches Christentum, Genf 1935, in: EHK 17 (1935) 188.

Brinktrine, J., Die heilige Messe, Paderborn ²1934, in: EHK 17 (1935) 194.

Der Große Herder. Nachschlagewerk für Wissenschaft und Leben, Freiburg 1931-1937; Bde VII, VIII, IX, X, in: EHK 17 (1935) 196.

Septuaginta, i.e. Vetus testamentum Graece, ed. A. Rahlfs, Stuttgart 1935, in: EHK 17 (1935) 270.

Die Ostkirche betet. Hymnen aus den Tagzeiten der byzantinischen Kirche. Übertragen von K. Kirchhoff, Leipzig 1935. Die Vorfastenzeit, in: EHK 17 (1935) 273.

Canisius, P., Katholische Marienverehrung und lauteres Christentum, Paderborn 1934, in: EHK 17 (1935) 276f.

Caspar, E., Geschichte des Papsttums, 2 Bde, Tübingen 1930/33, in: EHK 17 (1935) 311f.

Menschen, die zur Kirche kamen. Selbstdarstellungen, hg. v. S. Lamping, München 1935, in: EHK 17 (1935) 278.

Erman, A., Die Religion der Ägypter, Berlin 1934, in: EHK 17 (1935) 281.

Strothmann, R., Die koptische Kirche in der Neuzeit, Tübingen 1932, in: EHK 17 (1935) 282.

Augustanabote. Monatsblatt der Hochkirchlichen Vereinigung, in: EHK 17 (1935) 283.

Pieper, K., Jesus und die Kirche, Paderborn 1932. - Ders., Paulus und die Kirche, Paderborn 1932, in: EHK 17 (1935) 308.

Hofmann, F., Der Kirchenbegriff des hl. Augustinus, München 1933, in: EHK 17 (1935) 308f.

Haller, J., Das Papsttum, Idee und Wirklichkeit, Stuttgart-Berlin; I 1934, in: EHK 17 (1935) 310-315.

Koch, H., Cathedra Petri, Gießen 1930, in: EHK 17 (1935) 310-315.

Schmidlin, J., Papstgeschichte der neuesten Zeit, Bd.II, München 1934, in: EHK 17 (1935) 310-315.

Seppelt, F.X., Geschichte des Papsttums, Bd.I, Leipzig 1931, Bd. II, Leipzig 1934, in: EHK 17 (1935) 310-315.

Tyciak, J., Östliches Christentum, Warendorf i. Westf., in: EHK 17 (1935) 316.

Koren, H., Volksbräuche im Kirchenjahr. A, Salzburg ²1935, in: EHK 17 (1935) 318.

Grüninger, F., Der Ehrfürchtige. Anton Bruckners Leben, Freiburg 1935, in: EHK 17 (1935) 320f.

Benz, E., Ecclesia Spiritualis, Stuttgart 1934, in: EHK 17 (1935) 363f.

Die deutsche Thomas-Ausgabe, vollst., ungekürzte deutsch-lateinische Ausgabe der Summa theologica; Bde 2, 5, 29, Salzburg 1934, 1934, 1935, in: EHK 17 (1935) 365.

Thomas von Aquino, Die Summe wider die Heiden, in vier Büchern. Deutsch von H. Nachod und P. Stern; Bd.I, Leipzig 1935, in: EHK 17 (1935) 366f.

Thomas von Aquino, Summe der Theologie, zusammengefaßt, eingeleitet und erläutert von J. Bernhart, 2 Bde, Leipzig 1934/35, in: EHK 17 (1935) 366f.

Katholische Leistung in der Weltliteratur der Gegenwart, dargestellt von führenden Schriftstellern und Gelehrten, Freiburg, in: EHK 17 (1935) 372.

Schmidt, W., Der Ursprung der Gottesidee, Bd.II,4 und 5, Münster 1933f., in: DLZ (1935) 1107-1109.

Andrews, C.F., Sadhu Sundar Singh. A Personal Memoir, London 1934, in: EHK 18 (1936) 196f.

Fischer, N., Nikolaus Bares. Bischof von Berlin, Kevelaer, in: EHK 18 (1936) 202f.

Schröder, Chr.M., Rasse und Religion, München 1936, in: EHK 18 (1936) 261-265.

Zenker, E.V., Religion und Kult der Urarier, Berlin 1935, in: EHK 18 (1936) 265.

De Vries, J., Altgermanische Religionsgeschichte, Bd.I, Berlin 1935, in: EHK 18 (1936) 265.

Lexikon für Theologie und Kirche, hg. v. M. Buchberger, in: EHK 19 (1937) 92f.

Monumenta eucharistica et liturgica vetustissima, collegit, notis et prolegomenis instruxit J. Quasten (Florileg. Patrist., fasc. 7), Bonn 1935/37, in: EHK 19 (1937) 84.

Boulgakoff, S., L'Orthodoxie, Paris 1932, in: EHK 19 (1937) 93f.

Sentzke, G., Die Kirche Finnlands, Göttingen 1935, in: EHK 19 (1937) 98.

Die Ostkirche betet. Hymnen aus den Tagzeiten der byzantinischen Kirche. Übertragen von K. Kirchhoff, Leipzig 1935. 1.-3., 4.-6. Fastenwoche, in: EHK 19 (1937) 100f.

Das Tagzeitenbuch des monastischen Breviers (Diurnale monasticum), hg. durch Erzabtei Beuron, Regensburg 1935, in: EHK 19 (1937) 101.

Parsch, P., Meßerklärung im Geist der liturgischen Erneuerung, Klosterneuburg bei Wien [2]1935, in: EHK 19 (1937) 101f.

Das römische Martyrologium, übersetzt von Mönchen der Erzabtei Beuron, Regensburg, in: EHK 19 (1937) 102.

Lietzmann, H., Geschichte der alten Kirche, Bd.II, Berlin 1936, in: EHK 19 (1937) 104.

Puniet, P. de, Das römische Pontifikale. Geschichte und Kommentar, übersetzt von den Benediktinerinnen der Abtei St. Gabriel zu Bertholdstein, I u. II. Klosterneuburg bei Wien, in: EHK 19 (1937) 102.

Rosendal, G., Mäster Olof och Ärkebiskop Lars, Osby 1936, in: EHK (1937) 106.

Herzog, W., Bischof Dr. Eduard Herzog, Laufen (Kt. Bern), in: EHK 19 (1937) 106f.

Noack, U., Katholizität und Geistesfreiheit. Nach den Schriften von John Dalberg-Acton, Frankfurt a.M. 1936, in: EHK 19 (1937) 107f.

Der Große Herder. Nachschlagewerk für Wissenschaft und Leben, Freiburg 1931-1937; Bde XI, XII, in: EHK 19 (1937) 112.

Messenger, E., The Reformation, the Mass and the Priesthood. 2 Bde, London-New York 1936, in: EHK 19 (1937) 146-155.

Haller, J., Das Papsttum, Idee und Wirklichkeit, Stuttgart-Berlin; II,1 1937, in: EHK (1937) 155f.

Schmidlin, J., Papstgeschichte der neuesten Zeit, Bd.III, München 1936, in: EHK 19 (1937) 155f.

Seppelt, F.X., Geschichte des Papsttums, Bd.V, Leipzig 1935, in: EHK 19 (1937) 155f.

Gemelli, A., Das Franziskanertum. Übersetzt von H. Dausend, Leipzig 1936, in: EHK 19 (1937) 172f.

Rademacher, A., Die Wiedervereinigung der christlichen Kirchen, Bonn 1937, in: EHK 20 (1938) 30f.

Congar, M.J., Chrétiens désunis. Principes d'un oecuménisme catholique, Paris 1937, in: EHK 20 (1938) 36-45.

Kretschmar, F., Der Heimweg zur Kirche. Limburg a.d. Lahn, 1937, in: EHK (1938) 45f.

Salvatorelli, L., San Benedetto e l'Italia del suo tempo, Bari 1929. - Der hl. Benedikt, der Abt des Abendlandes, übersetzt von G. Kühl-Claassen, Hamburg 1937, in: EHK 20 (1938) 71f.

Jedin, H., Girolamo Seripando, Würzburg 1937, in: EHK 20 (1938) 78f.

Stakemeier, E., Der Kampf um Augustin auf dem Tridentinum, Paderborn 1937, in: EHK 20 (1938) 78f.

Stakemeier, E., Glaube und Rechtfertigung, Freiburg 1937, in: EHK 20 (1938) 78f.

Preisker, H., Neutestamentliche Zeitgeschichte, Berlin 1937, in: EHK 20 (1938) 81.

Zahn-Harnack, A. von, Adolf von Harnack, Berlin 1937, in: EHK 20 (1938) 82f.

Nielen, J.M., Gebet und Gottesdienst im Neuen Testament, Freiburg 1937, in: EHK 20 (1938) 83f.

La prière des églises de rite byzantin. Par le R.P.F. Mercemnier et R.F. Paris. Preface du Card. E. Tisserant. Prieuré d'Amay sur Meuse, 1937, in: EHK 20 (1938) 84f.

Meßbuch, Das vollständige Meßbuch der katholischen Kirche, lateinisch und deutsch (Laumann-Meßbuch), Dülmen, in: EHK 20 (1938) 85.

Deutsches Brevier. Vollständige Übersetzung des Stundengebets der römischen Kirche, hg. v. J. Schenk, Regensburg 1937, in: EHK 20 (1938) 85f.

Schmidt, M., John Wesley's Bekehrung (Beiträge zur Geschichte des Methodismus, Heft 3), Bremen 1938, in: EHK (1938) 108f.

Hendrix, P., Russisch Christendom. Personlijke Herinneringen, Amsterdam 1937, in: EHK 20 (1938) 116-119.

Smolitsch, I., Leben und Lehre der Starzen, Wien 1936, in: EHK 20 (1938) 116-119.

Frost, S.B., Die Autoritätslehre in den Werken John Wesley's (Aus der Welt christlicher Frömmigkeit 13, hg. v. F. Heiler), München 1938, in: EHK 30 (1938) 168.

Mulert, H., Konfessionskunde, Berlin ²1937, in: EHK 20 (1938) 191.

Gogol, N., Betrachtungen über die göttliche Liturgie, übersetzt v. R. von Walter, Freiburg 1938, in: EHK 20 (1938) 192.

Gordilio, M., Compendium Theologiae Orientalis, Rom 1937, in: EHK 20 (1938) 192.

Tyciak, J., Die Liturgie als Quelle östlicher Frömmigkeit, Freiburg 1937, in: EHK 20 (1938) 192.

Die Ostkirche betet. Hymnen aus den Tagzeiten der byzantinischen Kirche. Übertragen von K. Kirchhoff, Leipzig 1935. Die heilige Woche, in: EHK 20 (1938) 192.

Vine, A.R., The Nestorian Churches, London, in: EHK 20 (1938) 193f.

The Doctrine in the Church of England. Society for Promoting Christian Knowledge. London 1938, in: EHK 20 (1938) 194.

Ekklesia, hg. v. F. Siegmund-Schultze, Leipzig. II 7: Die Kirche in Dänemark. Die Kirche in Island, in: EHK 20 (1938) 195.

Urban, R., Die slavisch-nationalkirchlichen Bestrebungen in der Tschechoslovakei, Leipzig 1938, in: EHK 20 (1938) 196.

Origenes, Geist und Feuer. Ein Aufbau aus seinen Schriften, von H.U. von Balthasar, Salzburg 1938, in: EHK 20 (1938) 197.

Augustinus, Aurelius, Über den dreieinigen Gott. Ausgewählt und übertragen von M. Schmaus, Leipzig 1936, in: EHK 20 (1938) 197f.

Augustinus, Aurelius, Über die Psalmen, ausgewählt und übertragen von H.U. von Balthasar, Leipzig 1936, in: EHK 20 (1938) 198.

Leo der Große, Die Passion, übertragen von M.Th. Breme, Leipzig, in: EHK 20 (1938) 198.

Schebler, A., Die Reordination in der "altkatholischen" Kirche, Bonn 1936, in: EHK 20 (1938) 198.

Thomas von Aquino, Die Summe wider die Heiden, in vier Büchern. Deutsch von H. Nachod und P. Stern, Bde II, III,1 und 2, IV, Leipzig 1936f., in: EHK 20 (1938) 199.

Die deutsche Thomas-Ausgabe, vollst., ungekürzte deutsch-lateinische Ausgabe der Summa theologica; Bde 4, 27, Salzburg 1936, in: EHK 20 (1938) 199.

Denifle, H.S., Das geistliche Leben, Salzburg 1937, in: EHK 20 (1938) 200.

Nach der Väter Art. Katholisches Gebetbuch, Dülmen 1936, in: EHK 20 (1938) 200.

Theresia von Jesus, Sämtliche Schriften, übersetzt von P. Silverio di Teresa und P. Aloysius ab Immaculata Conceptione; Bde II, V, München 1936/1938, in: EHK 20 (1938) 200.

Bremond, H., Das wesentliche Gebet (La métaphysique des saints), hg. v. E.M. Lange, Regensburg 1936, in: EHK 20 (1938) 201.

Brentano, C., Das Leben und Leiden unseres Herrn Jesu Christi und seiner hl. Mutter nach den Gesichten der gottseligen Anna Katharina Emmerick. Aus den Tagebüchern von Clemens Brentano, hg. v. D.K. Büche, München 1937, in: EHK 20 (1938) 201.

Winkelhofer, A., Die Gnadenlehre in der Mystik des heiligen Johannes vom Kreuz, Freiburg 1938, in: EHK 20 (1938) 201.

Schnürer, G., Katholische Kirche und Kultur in der Barockzeit, Paderborn 1937, in: EHK 20 (1938) 203f.

Stupperich, R., Der Humanismus und die Wiedervereinigung der Konfessionen, Leipzig 1936, in: EHK 20 (1938) 203.

Hirscher, J.B., Betrachtungen über die sonntäglichen Episteln des Kirchenjahres; neu bearbeitet von A. Wibbelt, Limburg ²1937, in: EHK 20 (1938) 204.

Newman, J.H., Zur Philosophie und Theologie des Glaubens I, hg. v. M. Laros, deutsch von M. Hoffmann, Mainz 1936, in: EHK 20 (1938) 204.

Pol, W. van de, De Kerk in het leven en denken van Newman, Nijkerk 1936. - Die Kirche im Leben und Denken Newmans. Übersetzt von M. Gmachl, Salzburg 1937, in: EHK 20 (1938) 204f.

Vilmar, A.F.C., Bücher von und über Vilmar. Von K.W. Garbe und K. Ramge, ergänzt und bearbeitet von F. Heiler, in: EHK 20 (1938) 264-271.

Gerhard, J., Vom Kampf und Trost der angefochtenen Christenheit. Neu dargeboten durch K. Kindt, Erlangen 1938, in: EHK 20 (1938) 286.

Bares, N., Im Lichte der Ewigkeit, hg. v. N. Fischer, Kevelaer 1936, in: EHK 20 (1938) 293.

Rudolf-Otto-Gedächtnisfeier der Theologischen Fakultät der Philipps-Universität, Berlin 1938, in: EHK 20 (1938) 341.

Karrer, O., Das Religiöse in der Menschheit und das Christentum, Freiburg 1934, ³1936, in: EHK 20 (1938) 341f.

Schulemann, G., Die Botschaft des Buddha vom Lotos des guten Gesetzes, Freiburg 1937, in: EHK 20 (1938) 342f.

Holmström, F., Uppenbarelsereligion och Mystik, Stockholm 1937, in: EHK 20 (1938) 343f.

Wolff-Dorr, H., Der lebendige Gott, Nathan Söderbloms Beitrag zur Offenbarungsfrage, Emsdetten 1938, in: EHK 20 (1938) 343f.

Andrä, T., Nathan Söderblom. Autoris. Übers. aus d. Schwed. (Übers.: E. Groening u. A. Völklein, Berlin, in: EHK 20 (1938) 343f.

Stephan, H., Die Geschichte der evangelischen Theologie seit dem deutschen Idealismus, Berlin 1938, in: EHK 20 (1938) 359.

Nigg, W., Geschichte des religiösen Liberalismus, Zürich 1937, in: EHK 20 (1938) 361.

Leese, K., Die Religion des protestantischen Menschen, Berlin 1938, in: EHK 20 (1938) 364.

Bleeker, C.J., Inleiding tot een Phaenomenologie van den Godsdienst, Assens 1934, in: EHK 20 (1938) 366f.

Leeuw, G. van der, Phänomenologie der Religion, Tübingen 1933, in: EHK 20 (1938) 366f.

Mensching, G., Vergleichende Religionswissenschaft, Leipzig 1938. - Ders., Das Heilige Wort, Bonn 1937, in: EHK 20 (1938) 366f.

Staerk, W., Die Erlösererwartung in den östlichen Religionen, Stuttgart 1938, in: EHK 20 (1938) 367.

Orientalische Stimmen zum Erlösungsgedanken, hg. v. F. Taeschner, Leipzig 1936, in: EHK 20 (1938) 367f.

Enders, F.C., Die Zahl in Mystik und Glauben der Kulturvölker, Zürich 1935, in: EHK 20 (1938) 368.

Evans-Wentz, W.Y., Milarepa. Tibets großer Yogi. Deutsche Bearbeitung und Übersetzung durch Alterego, München-Planegg 1937, in: EHK 20 (1938) 372.

Gibbon, E., Der Sieg des Islam, Wien-Leipzig 1937, in: EHK 20 (1938) 373.

Köhler, M., Melanchthon und der Islam, Leipzig 1938, in: EHK 20 (1938) 373.

Leisegang, H., Die Gnosis, Leipzig 1924, in: EHK 20 (1938) 374.

Helm, K., Altgermanische Religionsgeschichte, Bd.II,1, Heidelberg 1938, in: EHK 20 (1938) 375.

De Vries, J., Altgermanische Religionsgeschichte, Bd.II, Berlin 1937, in: EHK 20 (1938) 375.

Kummer, B., Midgards Untergang, Leipzig 1937, in: EHK 20 (1938) 375f.

Bauer, W., Griechisch-deutsches Wörterbuch des Neuen Testaments, Berlin [2]1937, in: EHK 20 (1938) 380.

Neumann, H., Die Mutter des Religionsstifters, Stuttgart 1935, in: EHK 21 (1939) 155.

Koch, H., Virgo Eva - Virgo Maria, Berlin 1937, in: EHK 21 (1939) 155f.

Démaret, G., Marie de qui est né Jésus. 3 Bde, Paris 1937, in: EHK 21 (1939) 156f.

Gratry, A., Die unbefleckte Empfängnis, Paderborn 1934, in: EHK 21 (1939) 157.

Korevaar-Hesseling, E.H., Die Entwicklung des Madonnentyps in der bildenden Kunst, Berlin 1938, in: EHK 21 (1939) 157.

Underhill, E., Worship, London 1937, in: EHK 21 (1939) 160f.

Ladomersky, N., Une histoire orthodoxe du dogme de la rédemption, Paris 1937, in: EHK 21 (1939) 232.

Deutinger, M., Das Reich Gottes nach dem Apostel Johannes, Mainz 1934, in: EHK 21 (1939) 321f.

Lietzmann, H., Geschichte der alten Kirche, Bd.III Berlin 1938, in: EHK 21 (1939) 324f.

Ehrhard, A., Die katholische Kirche im Wandel der Zeiten und Völker II,1, Bonn 1937, in: EHK 21 (1939) 325.

Pfannmüller, G., Jesus im Urteil der Jahrhunderte, Berlin [2]1939, in: EHK 21 (1939) 325f.

Ekklesia, hg. v. F. Siegmund-Schultze, Leipzig; II 8: Die Kirche in Finnland. V: Die Kirchen in der Tschechoslowakei. X: Geschichte, Lehre und Verfassung der orthodoxen Kirche, in: EHK Z1 (1939) 327f.

Der christliche Osten, Geist und Gestalt, hg. v. J. Tyciak, G. Wunderle, P. Werhun, Regensburg 1939, in: EHK 21 (1939) 329f.

Tarchnisvili, M., Die byzantinische Liturgie als Verwirklichung der Einheit und Gemeinschaft, Würzburg 1939, in: EHK 21 (1939) 330f.

Casper, J., Weltverklärung im liturgischen Geist der Ostkirche, Freiburg 1939, in: EHK 21 (1939) 331.

Lagier, C., L'orient chrétien dès apôtres jusqu'à Photius. Bureau de l'oeuvre de l'orient 1935, in: EHK 21 (1939) 331.

Gratieux, A., A.S. Chomiakow et le mouvement slavophile, Paris 1939, in: EHK 21 (1939) 332f.

Samarine, G., Preface aux Oeuvres théologiques de A.S. Chomiakow (Unam Sanctam 7), Paris 1939, in: EHK 21 (1939) 332f.

Schultze, B., Die Schau der Kirche bei Nikolai Berdiajew, Rom 1938, in: EHK 21 (1939) 333f.

Kologriwof, I. von, Das Wort des Lebens., Regensburg 1938, in: EHK 21 (1939) 334.

Procès-verbaux du Premier Congrès de théologie orthodoxe à Athenes, publ. par H.S. Alivisatos, Athen 1939, in: EHK 21 (1939) 334f.

Haller, J., Das Papsttum, Idee und Wirklichkeit, Stuttgart-Berlin; II,2 1939, in: EHK 21 (1939) 336.

Pastor, L. von, Geschichte des Papsttums seit dem Ausgang des Mittelalters, Bde III,1, XII, Freiburg, in: EHK 21 (1939) 336.

Schmidlin, J., Papstgeschichte der neuesten Zeit, Bd.IV, München 1939, in: EHK 21 (1939) 336.

Bierbaum, M., Das Papsttum, Leben und Wirken Pius XI, Köln 1937, in: EHK 21 (1939) 336f.

Butler, C., Das Vatikanische Konzil, seine Geschichte von innen geschildert in Bischof Ullathornes Briefen, übersetzt von H. Lang, München 1933, in: EHK 16 (1939) 336f.

Baumstark, A., Liturgie comparée, Monastère d'Amay à Chevetogne 1940, in: EHK 21 (1939) 344.

Die eine Kirche. Zum Gedenken J.A. Möhlers, besorgt durch H. Tüchle, Paderborn 1939, in: EHK 21 (1939) 346.

Janni, U., Corpus Domini, Modena 1938, in: EHK 21 (1939) 347f.

Seppelt, F.X. und Löffler, K., Papstgeschichte von den Anfängen bis zur Gegenwart, München ²1938, in: EHK 21 (1939) 355.

Benz, G., Gedanken und Betrachtungen, hg. v. K. Fueter, Basel 1938, in: EHK 21 (1939) 363.

Viller, M. und Rahner, K., Aszese und Mystik in der Väterzeit, Freiburg 1938, in: EHK 22 (1940) 231f.

Dörr, F., Diadochus von Photike und die Messalianer, Freiburg 1937, in: EHK 22 (1940) 232.

Lieske, A., Die Theologie der Logosmystik bei Origenes, Münster 1938, in: EHK 22 (1940/41) 232.

Lieblang, F., Grundfragen der mystischen Theologie nach Gregor des Großen Moralia und Ezechiel-Homilien, Freiburg 1934, in: EHK 22 (1940/41) 233f.

Thomas von Celano, Leben und Wundertaten des hl. Franziskus von Assisi, Paderborn 1939, in: EHK 22 (1940) 234f.

Mereschkowski, D., Franz von Assisi, übersetzt von L. Kaerrick, München 1938, in: EHK 22 (1940) 234f.

Meister Eckhart, Die deutschen und lateinischen Werke. Deutsche Werke I 1, 1.-3. Lieferung; lat. Werke I, 1. und 2. Lieferung; III, 1.-3. Lieferung; IV, 1. und 2. Lieferung; V, 1. und 2. Lieferung, Stuttgart 1936ff., in: EHK 22 (1940) 235f.

Kuckhoff, J., Johannes von Ruysbroeck, der Wunderbare, München 1938, in: EHK 22 (1940) 236f.

Altmann, U., Vom heimlichen Leben der Seele, Berlin ²1929, in: EHK 22 (1940) 238f.

Böhme, J., Schriften. Ausgewählt und eingeleitet von F. Schulze-Maizier, Leipzig 1938, in: EHK 22 (1940) 241f.

Wolfskehl, M.-L., Die Jesusminne in der Lyrik des deutschen Barock, Gießen 1934, in: EHK 22 (1940) 244f.

Scaramelli, J.B., Geistlicher Führer auf den Wegen der Mystik. Neubearbeitung von M. Schmid, Leutesdorf 1938, in: EHK 22 (1940) 245.

Stolz, A., Theologie der Mystik, Regensburg 1936, in: EHK 22 (1940) 246f.

Koepgen, G., Die Gnosis des Christentums, Salzburg 1941, in: EHK 22 (1940) 247.

Soiron, Th., Das Geheimnis des Gebets, Freiburg 1937, in: EHK 22 (1940) 248.

Yeats-Brown, F., Ist Yoga für Dich? Übersetzt von M. v. Bismarck, Berlin, in: EHK 22 (1940) 264.

Kerneïz, C., Der Hatha-Yoga, München-Planegg 1938, in: EHK 22 (1940) 264.

Suzuki, D.T., Die große Befreiung. Übers. v. H. Zimmer, Leipzig, in: EHK 22 (1940) 264.

Beckh, H., Indische Weisheit und Christentum, Stuttgart 1938, in: EHK 22 (1940) 265.

Eller, E., Das Gebet, Paderborn 1937, in: EHK 22 (1940) 277.

Mensching, G., Allgemeine Religionsgeschichte, Leipzig 1940, in: EHK 22 (1940) 320f.

Bernhart, J., Heilige und Tiere, München 1937, in: EHK 22 (1940) 341.

Leese, K., Der Protestantismus im Wandel der neueren Zeit, Stuttgart 1941, in: EHK 22 (1940) 346f.

Borst, J., Lobsinge dem Herrn, meine Seele. Gebete deutscher Dichter, Würzburg, in: EHK 22 (1940) 367.

Karlström, N.A., Kristna samförstandssträvanden under världskriget 1914-1918 med särskild hänsyn till Nathan Söderbloms insats, Stockholm 1947, in: ÖE 1/I (1948) 169-171.

Siegmund-Schultze, F., Die Überwindung des Hasses, Zürich 1946, in: ÖE I/1 (1948) 171f.

Hessen, J., Luther in ökumenischer Sicht. Grundlegung eines ökumenischen Gesprächs, Bonn 1947, in: ÖE 1/I (1948) 172f.

Nigg, W., Große Heilige, Zürich 1946, in: ÖE 1/I (1948) 175f.

Hügel, F. von, Religion als Ganzheit. Ausgewählt und übersetzt v. M. Schlüter-Hermkes, Düsseldorf 1948, in: ÖE 1/I (1948) 176.

Ehnmark, E., Religionsproblemet hos Nathan Söderblom, Lund 1949, in: The Ecumenical Review 3 (1950), 101-102; ebenso in: ÖE 2/I (1951) 65-68.

Nigg, W., Das Buch der Ketzer, Zürich 1949, in: ÖE 2/I (1951) 86f.

Ohm, Th., Die Liebe zu Gott in den nichtchristlichen Religionen, Krailing vor München 1950, in: ÖE 2/III (1951) 284f.

Leeuw, G. van der, Sacramentstheologie, Nijkerk 1949, in: ÖE 3/I (1952) 121.

De Vries, W., Sakramentstheologie der syrischen Monophysiter (Orientalia Christiana Analecta 125), Rom 1940, in: ÖE 3/I (1952) 121f.

Preuß, H., Die Geschichte der Abendmahlsfrömmigkeit, Gütersloh 1949, in: ÖE 3/I (1952) 122f.

Goldammer, K., Die eucharistische Epiklese in der mittelalterlichen abendländischen Frömmigkeit, Bottrop 1941, in: ÖE 3/I (1952) 123.

Bammel, F., Das heilige Mahl im Glauben der Völker. Eine religionsphänomenologische Untersuchung, Gütersloh 1950, in: ÖE 3/I (1952) 123f.

Trapp, W., Vorgeschichte und Ursprung der liturgischen Bewegung, vorwiegend in Hinsicht auf das deutsche Sprachgebiet, Regensburg 1940, in: ÖE 3/I (1952) 124.

Küry, A., Die liturgische Bewegung der römisch-katholischen Kirche im deutschen Sprachgebiet, Schönenwerd 1952, in: ÖE 3/I (1952) 124f.

Friz, K., Die Stimme der Ostkirche, Stuttgart 1950, in: ÖE 3/I (1952) 125.

Metropolit Seraphim (Lade), Die Ostkirche, Stuttgart 1950, in: ÖE 3/I (1952) 125f.

Arseniew, N. von, Ostkirche und Mystik. 2. vermehrte Aufl., München 1943, in: ÖE 3/I (1952) 126.

Symeon der Theologe, Licht vom Licht. Hymnen. Deutsch von K. Kirchhoff, hg. v. P.Ch. Schollmeyer, München ²1951, in: ÖE 3/I (1952) 126.

Laros, M., Schöpferischer Friede der Konfessionen. Die Una-Sancta-Bewegung, ihr Ziel und ihre Arbeit, Recklinghausen 1950, in: ÖE 3/II (1952) 154.

Hessen, J., Das Kirchenjahr im Lichte der Frohbotschaft, Stuttgart 1952, in: ÖE 3/II (1952) 156.

Benz, E., Geschichtsschreibung bis zur Gegenwart, Freiburg-München 1952, in: ÖE 3/II (1952) 157f.

Benz, E., Die abendländische Sendung der östlichen orthodoxen Kirche. Die russische Kirche und das abendländische Christentum im Zeitalter der Heiligen Allianz, Wiesbaden 1950, in: ÖE 3/II (1952) 158f.

Schultze, B., Russische Denker. Ihre Stellung zu Christus, Kirche und Papsttum, Wien 1950, in: ÖE 3/II (1952) 159f.

Hügel, F. von, Andacht zur Wirklichkeit. Ausgewählt, übersetzt und eingeleitet v. M. Schlüter-Hermkes, München 1952, in: ÖE 3/II (1952) 160.

Moss, C.B., The Old Catholic Movement, its Origins and History, London 1948, in: ÖE 3/II (1952) 160f.

Wentzlaff-Eggebert, F.W., Deutsche Mystik zwischen Mittelalter und Neuzeit, Einheit und Wandlung ihrer Erscheinungsformen, Tübingen ²1947, in: ÖE 3/II (1952) 161f.

Zeeden, E.W., Martin Luther und die Reformation im Urteil des deutschen Luthertums, Freiburg I 1950, II 1952, in: ÖE 3/II (1952) 162.

Grabs, R., Albert Schweitzer. Gehorsam und Wagnis, Hamburg 1949/52, in: ÖE 3/II (1952) 163.

Grabs, R., Albert Schweitzer - Denken und Tat, Hamburg 1952, in: ÖE 3/II (1952) 163.

Seaver, G., Albert Schweitzer als Mensch und Denker, Göttingen ³1950, in: ÖE 3/II (1952) 163.

Der große Brockhaus Bd.I, Wiesbaden ¹⁶1952, in: ÖE 3/II (1952) 166-168.

Der Große Herder, Bd.I, Freiburg ⁵1952, in: ÖE 3/II (1952) 166-168.

Cullmann, O., Petrus. Jünger - Apostel - Märtyrer. Das historische und theologische Petrusproblem, Zürich 1952, in: EHK 27 (1953/54) 101f.

Karrer, O., Um die Einheit der Christen. Die Petrusfrage. Ein Gespräch mit E. Brunner, O. Cullmann, H.V. Campenhausen, Frankfurt am Main 1953, in: EHK 27/II (1953/54) 101-105.

Mensching, G., (Hg.), Das lebendige Wort. Texte aus den Religionen der Völker, Darmstadt-Genf 1952, in: EHK 27 (1953/54) 112.

Bleeker, C.J., Om zoek naar het Geheim van de Godsdienst. Inleiding tot de godsdienstwetenschap, Amsterdam 1952, in: EHK 27/I (1953/54) 112f.

Anwander, A., Wörterbuch der Religionen, Würzburg 1948, in: EHK 27/I (1953/54) 113.

Mensching, G., Soziologie der Religion, Bonn 1947, in: EHK 27/I (1953/54) 114f.

Wach, J., Religionssoziologie, Tübingen 1951, in: EHK 27/I (1953/54) 114f.

Kötting, B., Peregrinatio religiosa. Wallfahrten in der Antike und das Pilgerwesen in der alten Kirche, Münster 1950, in: EHK 27/II (1953/54) 115f.

Radhakrishnan, S., Die Gemeinschaft des Geistes. Östliche Religionen und westliches Denken, Darmstadt-Genf 1952, in: EHK 27/I (1953/54) 115f.

Pfannmüller, G., Tod, Jenseits und Unsterblichkeit in der Religion, Literatur und Philosophie der Griechen und Römer, München-Basel 1953, in: EHK 27/I (1953/54) 116.

Kurten, E., Franz Lambert von Avignon und Nikolaus Herborn in ihrer Stellung zum Ordensgedanken und zum Franziskanertum im besonderen, Münster 1950, in: EHK 27/II (1953/54) 117f.

Weil, S., Lettre à un religieux, Paris 1951, in: EHK 27/I (1953/54) 118f.

Bödefeld, C., Die letzte Hymne. P. Kilian Kirchhoff †, 24.4.1944, Werl 1952, in: EHK 27/II (1953/54) 120.

Smolitsch, I., Entstehung, Entwicklung und Wesen, Würzburg (1953), in: EHK 27/II (1953/54) 121f.

Heyer, F., Die orthodoxe Kirche in der Ukraine von 1917-1945, Köln-Braunsfeld 1953, in: EHK 27/II (1953/54) 122.

Kirche, Gottesdienst, Abendmahlsgemeinschaft. Lund. 3. Weltkonferenz für Glauben und Kirchenverfassung, Witten 1954, in: EHK 27/II (1953/54) 124f.

Rathje, J., Die Welt des freien Protestantismus. Ein Beitrag zur deutsch-evangelischen Geistesgeschichte, dargestellt an Leben und Werk von Martin Rade, Stuttgart 1952, in: ÖE 27/I (1953/54) 125f.

Koenker, E.B., The Liturgical Renaissance in the Roman Catholic Church, Chicago/Illinois 1954, in: EHK 27/II (1953/54) 127.

Emonds, H., Archiv für Liturgiewissenschaft, Regensburg I 1950; II 1952; III 1953/54, in: EHK 27/II (1953/54) 127f.

Appasamy, A.J., The Gospel and India's Heritage. Society for Promoting Christian Knowledge. London-Madras 1942, in: EHK 27/I (1953/54) 128.

Constantini, C., L'arte cristiana nelle missioni. Manuale d'arte per i missionari, Rom 1940, in: EHK 27/I (1953/54) 128f.

Schorlemmer, P., Ordnung der kirchlichen Bestattung. Mit einer Einführung, in: EHK 27/II (1953/54) 129f.

Nigg, W., Maler des Ewigen. Meditationen über religiöse Kunst, Zürich-Stuttgart 1953, in: EHK 27/II (1953/54) 130f.

Onasch, K., König des Alls. Bildmeditationen über das Leben Christi, Berlin 1952, in: EHK 27/II (1953/54) 131.

Leese, K., Recht und Grenze der natürlichen Religion, Zürich 1954, in: EHK 27/II (1953/54) 133f.

Jugie, M., La mort et l'Assomption de la Sainte Vierge, Città del Vaticano 1944, in: ThLZ 79 (1954) 2f.

Schimmelpfennig, R., Die Geschichte der Marienverehrung im deutschen Protestantismus, Paderborn 1952, in: ThLZ 79 (1954) 47-49.

Weber, J.-J., Bischof von Straßburg. Die Jungfrau Maria im Neuen Testament, Kolmar 1951, in: ThLZ 79 (1954) 50-52.

Raschke, H., Das Christusmysterium. Wiedergeburt des Christentums aus dem Geist der Gnosis, Bremen. Bremer Nachrichten, 5.4.1955.

Sträter, P. (Hg.), Katholische Marienkunde; I. Maria in der Offenbarung; II. Maria in der Glaubenswissenschaft; III. Maria im Glaubensleben, Paderborn ²1952, in: EHK 28 (1955/56) 56f.

Hardt, K. (Hg.), Bekenntnis zur katholischen Kirche. Mit Beiträgen von M. Giebner, G. Klünder, R. Goethe, H. Schlier, Würzburg 1955, in: EHK 28/I (1955/56) 76-86.

Abd-El-Jalil, J.-M., Maria im Islam, Werl 1954, in: EHK 28/I (1955/56) 87.

Leiturgia. Handbuch des evangelischen Gottesdienstes, hg. v. K.F. Müller und W. Blankenburg; Bd.I. Geschichte und Lehre des evangelischen Gottesdienstes, Kassel 1954, in: EHK 27/II (1953/54) 128f. - Bd.II. Gestalt und Formen des evangelischen Gottesdienstes. 1. Der Hauptgottesdienst, Kassel 1955, in: EHK 28/II (1955/56) 147f.

Lotz, W., Das hochzeitliche Kleid. Zur Geschichte der liturgischen Gewänder im evangelischen Gottesdienst, Kassel, in: EHK 28/II (1955/56) 150f.

Lotz, W., Die Ordnung der Bestattung, Kassel 1947, in: EHK 28/II (1955/56) 151.

Rosendal, G., Kyrka och ordensliv. St. Eginostiftelsen 1954, in: EHK 28/II (1955/56) 153f.

Albright, W.F., Die Religion Israels im Lichte der archäologischen Ausgrabungen, München-Basel 1956, in: EHK 28/II (1955/56) 155f.

Schneider, C., Geistesgeschichte des antiken Christentums, München 1954, in: EHK 28/II (1955/56) 156-158.

Werner, M., Die Entstehung des christlichen Dogmas, problemgeschichtlich dargestellt, Bern-Leipzig (1941) ²1955, in: EHK 28/II (1955/56) 156-158.

Delius, W., Geschichte der irischen Kirche von ihren Anfängen bis zum 12. Jahrhundert, München-Basel 1954, in: EHK 28/II (1955/56) 158f.

Pol, W. van de, Das reformatorische Christentum in phänomenologischer Betrachtung, Einsiedeln-Zürich-Köln 1956, in: EHK 28/II (1955/56) 159f.

Leeuw, G. van der, Phänomenologie der Religion, Tübingen ²1956, in: EHK 28/II (1955/56) 163f.

Mensching, G., (Hg.), Buddhistische Geisteswelt. Vom historischen Buddha zum Lamaismus. Texte, Darmstadt-Genf 1955, in: EHK 28/II (1955/56) 164.

Schubert, K., Die Religion des nachbiblischen Judentums. Herder, Freiburg/Br. 1955, in: EHK 28/II (1955/56) 164.

Schweinitz, H. von, Buddhismus und Christentum, München-Basel 1955, in: EHK 28/II (1955/56) 164-166.

Lehmann, A., Es begann in Tranquebar, Berlin 1955, in: EHK 28/II (1955/56) 166f.

Lehmann, A., Die Kunst der jungen Kirchen, Berlin 1955, in: EHK 28/II (1955/56),166f.

Kopp, C., Das Mariengrab. Jerusalem? Ephesus?, Paderborn 1955, in: EHK 29/I (1957/58) 133f.

Scholem, G., Die jüdische Mystik in ihren Hauptströmungen, Frankfurt a.M.-Berlin, in: EHK 29/I (1957/58) 140.

Raab, H., Die Concordata Nationis Germanicae in der kanonistischen Diskussion des 17. bis 19. Jahrhunderts. Ein Beitrag zur episkopalistischen Theorie in Deutschland, Wiesbaden 1956, in: EHK 29/I (1957/58) 141f.

Söderblom, N., Worte für jeden Tag. Gesammelt aus den Schriften N. Söderbloms von A. Söderblom. Ins Deutsche übertragen von T. Baur, Berlin ²1956, in: ThLZ 83 (1958) 310-311.

Edel, R.-F., Heinrich Thiersch als ökumenische Gestalt, Marburg 1962, in: EHK N.F. I (1963) 92.

IV. Geleitworte und Erinnerungen - Nachrufe und Würdigungen

1. Geleitworte

Vorwort zu der Sammlung "Aus der Welt christlicher Frömmigkeit" in: Katholischer und evangelischer Gottesdienst (München 1921) 3-5.

Vorwort zu G. van der Leeuw, Einführung in die Phänomenologie der Religion (München 1925) VII.

Geleitwort zu N. v. Arseniew, Ostkirche und Mystik (München 1925) VII-X.

Geleitwort zu E. Underhill, Mystik, Eine Studie über die Natur und Entwicklung des religiösen Bewußtseins im Menschen (München 1928) IXf.

Geleitwort zu E. Fogelklou, Die heilige Birgitta von Schweden, übertragen von M. Loehr (München 1929) 7-10.

Vorwort zu C. von Richthofen, Unser Domherr [Karl Freiherr von Richthofen], Grimmen in Pommern 1930.

Geleitwort zu Evangelisch-katholisches Brevier, in: Hki 14 (1932) 91-94.

Vorwort zum Sonderheft "Kirche und Volk", in: Hki 15 (1933) 157.

Schlußwort zum Briefwechsel eines "Judenchristen" mit einem "Deutschen Christen", in: EHK 16 (1934) 263-266.

Status religionis. Geleitwort zum Sonderheft über Evangelische Orden und Bruderschaften, in: EHK 17 (1935) 1-4.

Vorbemerkung zu A. Rademacher "Der Katholizismus. Sein Stirb und Werde", in: EHK 20 (1938) 1f.

Vorwort zu M.M. Ahmad, Die Verwirklichung des Summum Bonum in der religiösen Erfahrung (München 1939) 5-8.

Vorwort zu Das neue Mariendogma im Lichte der Geschichte und im Urteil der Ökumene, in: ÖE 2/1 (1951) 1-3.

Geleitwort zu G. Tyrell, Das Christentum am Scheideweg. Eingeleitet und übersetzt v. E. Erasmi, hg. v. F. Heiler (München-Basel 1959) 7-8.

Vorwort zu N. Söderblom, Der lebendige Gott im Zeugnis der Religionsgeschichte (München-Basel 1966) V-IX.

Geleitwort zu Die Psalmen, in geistiger Übertragung von K.E. Lange, Wüstenrot-Weihenbronn o.J., hg. v. der Christlich-überkonfessionellen Bruder- und Schwesternschaft von Weihenbronn e.V.

2. Erinnerungen

Der Streit um die evangelische Katholizität. Meine Stellung zu Erzbischof Söderblom, in: "Die Eiche", 1926, 20-26; abgedruckt in: Evangelische Katholizität (1926) 179-198.

Was mir Martin Luther war, in: Hki 15 (1933) 314-317.

Veritati! Abschiedsworte am Schluß der Vorlesung über "Die Absolutheit des Christentums im Lichte der vergleichenden Religionswissenschaft" an der Universität Marburg, 18.6.1934, in: EHK 16 (1934) 324-325.

Begegnung mit Vilmar, in: EHK 20 (1938) 259-264.

Zum 60. Geburtstag von Adolf Attenhofer, in: Nationalzeitung Basel, 16.5.1939.

Berufung einer deutschen Frau auf den Lehrstuhl einer Türkischen Universität (Annemarie Schimmel), in: Die Welt der Frau 10 (März 1955) 24.

Prof. Hermelink 80 Jahre, in: Oberhessische Presse, 28.12.1957.

Begegnung mit Sarvepalli Radhakrishnan. Aus einem indischen Reisebericht, in: Yoga 6 (1959) 481-482.

Pilgerfahrt um die Erde. Die weiße Fahne 33 (1960) 70-74. Erweitert in: News Digest. Nachrichten aus dem Weltbund für Freies Christentum 41 (Den Haag 1960) 7-14.

My Impression in front of the Mausoleum of Prince Shōtoku. Edited by the Eifuku-ji Temple (Osaka 1961) 2f.

3. Nachrufe und Würdigungen

Fünfzig Jahre Altkatholizismus. Zum Tode von Bischof Eduard Herzog, in: ChrW 38 (1924) 651-660, 699-706; auch in: Evangelische Katholizität (1926) 9-37.

Ein katholischer Laientheologe. Zum Tode Friedrich von Hügels, in: MNN, 14.2.1925.

Friedrich von Hügel †, in: ChrW 39 (1925) 265-272; auch in: Im Ringen um die Kirche (1931) 160-173.

Zum Gedächtnis von Paul Sabatier. Sendbote Oberweiler, 1.5.1928, 34f.

Friedrich von Hügels literarischer Nachlaß, in: MNN, 15.5.1929.

Adolf von Harnack †. Seine Stellung zu Katholizismus und Protestantismus, in: Hki 12 (1930) 268-278; auch in: Im Ringen um die Kirche (1931) 270-286.

Richard Hensel †, in: Hki 13 (1931) 164.

Erzbischof Söderblom †, in: Hki 13 (1931) 257.

Gelehrter, Bischof und Heiliger. Erzbischof Söderbloms Leben und Wirken, in: Hki 13 (1931) 302-314.

Bischof Charles Gore †, in: Hki 14 (1932) 73-76.

Elsbeth von Knebel-Döberitz †, in: Hki 14 (1932) 352.

Pfarrer Gustav Adolf Glinz †. Der Vorkämpfer der evangelischen Katholizität in der Schweiz, in: Hki 15 (1933) 73-76.

Julius König †, in: Hki 15 (1933) 156.

En härold för de heligas samfund, in: Hågkomster och Livsintryk XIV; Till minnet av Nathan Söderblom (Uppsala 1933) 208-232.

Alexander Löwentraut †, in: Hki 15 (1933) 284.

Waldemar Brenkt †, in: Hki 15 (1933) 344.

Ein apostolischer Bischof. Zum Tode von Bischof Dr. Bares, in: EHK 17 (1935) 155-158.

Evangelische Franziskaner. Bruder Fritz Beck † und Schwester Maria Soldner †, in: EHK 18 (1936) 205-208.

Zum 70. Geburtstag von Erzbischof Söderblom, in: EHK I 8 (1936) 63-64.

Erinnerungen an Erzbischof Söderblom, in: EHK 18 (1936) 169-184.

Una Sancta. Gedächtnisworte am Grabe von Hermann Josef Giliard, in: EHK 15 (1937) 80-82.

Ein Vorkämpfer der hochkirchlichen Bewegung. Paul Gotthold Bronisch †, in: EHK 19 (1937) 128-132.

Vom Wesen der Religion. Rudolf Ottos Lebenswerk, in: Kölnische Zeitung, Kulturbeilage, 24.8.1937.

Protestantischer Universalismus. † Rudolf Otto's Lebenswerk, in: EHK 19 (1937) 133-141.

Ein Herold der christlichen Wiedervereinigung. Professor Arnold Rademacher †, in: EHK 19 (1937) 142-146.

Ernst Reinhardt †, in: EHK 19 (1937) 142-146.

Ein Bahnbrecher der Hochkirchlichen Vereinigung. Oberhofprediger Ludwig Ehrhardt †. Predigt im Gedächtnisgottesdienst in Darmstadt 20. März 1938, in: EHK 20 (1938) 271-277.

Ein schwedischer Kirchenmann. Bischof Einar Billing †, in: EHK 21 (1939) 293.

Ein Vorkämpfer des deutschen Reformkatholizismus. Joseph Schnitzer †, in: EHK 21 (1939) 297-313.

Von der Krankenschwester zur Kulturübermittlerin. Ada Dietzen †, in: Oberhessische Zeitung, 1.1.1940.

Erzbischof Nathan Söderblom, Religionsforscher und Herold christlicher Einheit, in: ÖE I/I (1948) 69-102.

Ein Heiliger unserer Tage. Dekan Anton Fischer †, in: ÖE 2/III (1951) 272-283.

Professor Gerardus van der Leeuw †, in: ÖE 2/I (1951) 77-78.

J. Wach in memoriam. The Divinity School News 22 (1955) 28-32.

Ein deutscher Religionsforscher. Joachim Wach (1898-1955), in: EHK 28/I (1955/56) 72-76.

Um das Erbe Nathan Söderbloms (Anna Söderblom), in: EHK 28/II (1955/56) 186f.

Professor D. Horst zum Gedenken, in: Oberhessische Presse, 25.8.1956.

Zum Gedächtnis Nathan Söderbloms, in: Oberhessische Presse, 16.7.1956.

Souvenirs sur Joachim Wach, in: Archives de Sociologie des Religions (1956) 21-24.

Erfahrung des Heiligen. Theologischer Universalismus. Zum 20. Todestag (6.3.37) von Rudolf Otto, in: Freies Christentum, 1.6.57.
The Experience of the Divine. Universal theology. On the 20th Anniversary of Rudolf Otto's Death (March 6, 1937), in: Journal of the Liberal Ministry (Spring 1961) 3-6.

Ein Künder der Una Sancta - Christian Huber †, in: EHK 29/I (1957/58) 142f.

Professor Hermelink †, in: Oberhessische Presse, 15.2.1958.

Der letzte Vorkämpfer des katholischen Modernismus. Ernesto Buonaiuti, in: ThLZ 83 (1958) 11-18.

Albert Schweitzer. Sein Denken und sein Weg, hg. v. H.W. Bähr, Tübingen 1962, Teil II: Begegnung und Erkenntnis, 104-106.

Eine Franziskanische Pionierin der Una Sancta. Sorella Maria †, in: EHK N.F. 1 (1963) 40-50.

Gustav Adolf Glinz, in: Neue Deutsche Biographie 6 (1964) 455f.

Heinrich Hansen, in: Neue Deutsche Biographie 7 (1966) 632-633.

Zum Tode von Karl Adam, in: ThQ 146 (1966) 257-261.

V. Predigten

1. Predigtbände

Mysterium Caritatis. Predigten für das Kirchenjahr, München 1949 (508 S.).

Ecclesia Caritatis. Oekumenische Predigten für das Kirchenjahr, Marburg/Lahn 1964 (440 S.).

2. Einzeltexte

Die Gemeinschaft der Heiligen. Ansprache, in: Das Geheimnis des Gebets. Kanzelreden in schwedischen Kirchen (München 1919) 22-26.

Das Geheimnis des Gebets (Högmässpredikan i Ockelbo, 24.8.1919), a.a.O. 27-42; selbständig in teilweise veränderter Form: Das Geheimnis des Gebets, Predigt, München 1920 (20 S.).

Bönens Hemlighet (Universitetspredikan i Upsala, 28.9.1919), Stockholm 1919 (24 S.).

Tajemstvi Modlitby. Tschechische Übersetzung von G.A. Molnár, Prag 1924.

Ut omnes unum. Predigt beim schwedischen Gottesdienst im "Michelchen" in Marburg, in: ChrW 34 (1920) 515-518.

Die Gottesmutter. Eine evangelische Marienbetrachtung, in: MNN, 23.12.1925. Abgedruckt in: Hki 8 (1926) 54-57; desgl. in: Badischer Generalanzeiger/Mannheimer Tageblatt, 4.4.1926; Unsere Burg. Unterhaltungsbeilage des Amberger Anzeigers, 1.4.1926; Sendbote (Oberweiler), 1.6.1926.

Jungfrau-Mutter. Eine Marienbetrachtung für die Adventszeit, in: Hki 12 (1930) 351-355.

Die Kirche als Fülle Christi. Predigt am Hochkirchentag in Berlin, 6.10.1930, in: Hki 13 (1931) 1-3.

> The Church as the Fullness of Christ. Translated G. Liebig, in: The Anglican Church Magazine XI, 1, October 1931.

Die Kirche als Mater dolorosa. Predigt in der St. Georgskirche in Berlin, 10.3.1931, in: Hki 13 (1931) 33-65.

Franziskanischer Brief aus dem Heimatlande des Poverello, in: Hki 15 (1933) 265-274.

Marburg als Schnittpunkt katholischen und evangelischen Christentums. Abschiedspredigt im "Michelchen", 14.6.1934, in: EHK 16 (1934) 314-323.

Die Kirche des Petrusbekenntnisses, in: "Eine Herde und ein Hirt", Christliche Wochenschrift (Lemgo 1934) 275-280.

Vom Sinn der Reformation. Predigt am Reformationstag in der St. Georgskirche in Berlin, 4.11.1934, in: EHK 16 (1934) 377-382.

Die Kirche als Säule und Grundfeste der Wahrheit. Predigt am 16. Hochkirchentag in Berlin, 10.7.1935, in: EHK 17 (1935) 296-302.

Transitus Sanctae Mariae, in: EHK 28/I (1955/56) 67-72.

Das Geheimnis der Mutterschaft. Zwei Marienpredigten, in: EHK 28/I (1955/56) 60-67.

Die Passion des mystischen Christus. Predigt am Sonntag Sexagesimae, 28.1.1967; Die Dämonie und ihre Überwindung. Predigt am Sonntag Invocavit, 11.2.1967 (als Manuskript gedruckt).

PERSONENREGISTER

(Nicht aufgeführt: Friedrich Heiler, biblische Namen und Gruppennamen)

Abd-El-Jalil, J.-M.	284
Acton, J.E.	257
Adam, K.	14, 270, 288
Adell, A.	270
Ahmad, M.M.	263, 286
Albertus Magnus	175
Albright, W.F.	284
Algermissen, K.	268
Alivisatos, H.S.	279
Aloysius ab Immaculata Conceptione	271, 277
Altheim, F.	272
Altmann, U.	280
Amadeus	175
Ambrosius von Mailand	200
Ambrosius a Theresia	271
Amstutz, J.	193ff, 197
Anderberg	264
Andrä, T.	269, 277
Andres, St.	251
Andrews, C.F.	274
Andrian-Werburg, C.V.	269
Anson, P.F.	40
Antonius von Padua	175
Anwander, A.	266, 283
Appasamy, A.J.	248, 283
Aristoteles	129
Arseniew, N. von	122, 262, 282, 285
Arthofer, L.	271
Asendorf, U.	218
Asmussen, H.	73, 116f, 132, 165
Attenhofer, A.	286
Auduns, J.	250
Augustinus, A.	27, 127, 134, 136, 138,163, 204, 217, 237, 239f, 255, 264, 267f, 273, 275f
Bader, C.	200f
Baetke, W.	251
Bähr, H.W.	288
Balla, E.	90
Balthasar, H.U. von	276
Bammel, F.	281
Banasch	60
Bardenhewer, O.	272
Bares, N.	66, 73, 274, 277, 287

291